中國社會科學院甲骨學殷商史研究中心集刊

甲骨文與殷商史

新七輯

宋鎮豪 主編

上海古籍出版社

《甲骨文與殷商史》（新七輯）編輯委員會

主 編：宋鎮豪

成 員：（帶★者爲執行編委）
　　　　宫長爲　孫亞冰★
　　　　趙　鵬★　郅曉娜★　趙孝龍★

目　錄

甲骨文材料的全面整理與研究 …………………………… 宋鎮豪（1）
國家圖書館的甲骨收藏與整理發布 ……………………… 趙愛學（13）
故宮博物院藏殷墟甲骨文的整理與出版 ………………… 王　素（27）
山東博物館藏甲骨述要 …………………………… 于　芹　張　媛（31）
"2015 全國首屆甲骨文整理與研究學術討論會"紀要 …… 任平生（41）

由甲骨文推演漢字起源及世界遠古文字溯源比較 ……… 陳光宇（46）
再論表意文字與象形信仰 ………………………………… 夏含夷（62）
介紹一封明義士寫給金璋的書信 ………………………… 郅曉娜（78）

讀《殷花東地甲骨》二則 ………………………………… 彭邦炯（85）
殷卜辭"王賓日"再辨析 …………………………………… 蔡哲茂（93）
釋《合集》36960 中的"🜲"字 …………………………… 孫亞冰（113）
小屯南地新出土午組卜辭相關問題研究 ………………… 韋心瀅（116）
甲骨文用辭及福祐辭 ……………………………………… 郭靜雲（137）
試探牛肋骨刻辭的貞卜意義 ……………………………… 湯　銘（176）

"中央圖書館"所藏甲骨文字原稿 ………………………… 金祥恒（186）
跋《"中央圖書館"所藏甲骨文字原稿》 ………………… 蔡哲茂（226）
史語所藏殷墟甲骨目驗校訂九則 ………………………… 張惟捷（233）
《殷虛書契四編》的整理 ………………………………… 吳麗婉（250）

《龜卜》校勘小記 …………………………………………………… 趙　鵬（262）
甲骨材質辨識 …………………………………………………… 李愛輝（276）
紐約蘇富比2015春季拍賣會所見部分中國古文字資料簡編 ………… 楊蒙生（282）

清華楚簡文獻所見商代史迹考 …………………………………… 沈建華（300）
商代饕餮紋及相關紋飾的意義 ……………………… 艾蘭（韓鼎 譯）（313）

甲骨文字契刻方法的初步顯微分析 ……………………………… 趙孝龍（347）
甲骨傳拓技藝的繼承和創新 ……………………………………… 何海慧（357）

徵稿啓事 ………………………………………………………………（362）

甲骨文材料的全面整理與研究

宋鎮豪

(中國社會科學院歷史研究所,出土文獻與
中國古代文明研究協同創新中心)

  河南安陽殷墟出土的3 000多年前殷商王朝時期的甲骨文與當今的漢字一脉相承,是中國文字的鼻祖。通過對甲骨文的探索,可以尋繹中國思想之淵藪和考察中國傳統文化的由來、特徵、品格與演繹始源。甲骨文厚實的原始素材,使有古文字可資考索的中國上古文明史相應上推,一個傳聞中的殷商王國再現於今,爲我們穿越3 000多年歷史時空隧道,近距離觀察殷商社會,"拉長"中國上古史,瞭解中國源遠流長的燦爛文明史和早期國家社會形態,提供了獨特而真實可貴的第一手歷史資料,對於加強中國上古史構建、文物遺產保護、文化傳承、人文演進、科學發展的認識,均有其積極推動價值。
  2016年5月17日,習近平總書記在哲學社會科學工作座談會上的講話中強調:"要重視發展具有重要文化價值和傳承意義的'絶學'、冷門學科。……如甲骨文等古文字研究等,要重視這些學科,確保有人做、有傳承。"而在三年前,2014年5月30日,總書記在北京視察工作中就指出:"中國字是中國文化傳承的標誌,殷墟甲骨文距離現在3 000多年,3 000多年來漢字結構没有變,這種傳承是真正的中華基因。"兩次重要講話,總書記都指出了甲骨文研究對於中華文化傳承的重要性。

一、新世紀甲骨文材料整理研究的繼往開來

  甲骨文刻寫在龜甲獸骨上,是中國獨特的歷史記憶文化遺產,它與巴比倫楔形文字、埃及碑銘體聖書文字、古印度印章文字、美洲大陸瑪雅文字一起,共同構成世界古代文明瑰寶。甲骨文屬於殷商王朝後期王都內的王室貴族占卜和記事的文字記録,

也是中國最早的成文古典文獻遺產。伴隨着甲骨文宏富的學術文化内涵與其反映的殷商社會歷史奧秘的逐漸揭示，"甲骨學"巋然成爲一門國際性顯學，影響廣泛而深遠。

著名甲骨學家胡厚宣教授於上世紀80年代發表《八十五年來甲骨文材料之再統計》(《史學月刊》1984年第5期)一文，得出1899年甲骨文自發現以來出土總數約計15萬片的結論。對此資料，學界有異議，或認爲在10萬片左右。我們重新做過一番調查，結論是只多不少，僅北京地區就收藏有7萬多片。新世紀之初，在申報甲骨文世界記憶遺產的過程中，我們又進一步進行了確認，舉例説，全國大宗收藏甲骨文在1 700片以上的單位有如下10餘家。

國家圖書館藏35 651片，原爲劉體智、孟定生、羅振玉、胡厚宣、羅伯昭、張仁蠡、張珩、徐炳昶、郭若愚、何遂、曾毅公、邵伯炯等舊藏，《善齋所藏甲骨拓本》、《戰後京津新獲甲骨集》、《殷契粹編》、《殷契拾掇》等有著録。

故宫博物院藏22 463片以上，爲明義士、瓠廬謝伯殳、馬衡、羅振玉、于省吾、賈敬顔、陳伏廬、倪玉書等舊藏，《殷虚書契續編》、《殷契佚存》、《卜辭通纂》、《殷契拾掇二編》、《戰後南北所見甲骨録》、《殷虚卜辭後編》、《謝氏瓠廬殷墟遺文》有著録。

山東博物館藏10 588片，爲明義士、柏根氏、孫文瀾、羅振玉等舊藏，《柏根氏舊藏甲骨文字》、《山東省博物館珍藏甲骨墨拓集》、《臨淄孫氏舊藏甲骨文字考辨》有部分著録。

上海博物館藏4 643片，爲王懿榮、劉鐵雲、羅振玉、戩壽堂、前孔德研究所、振寰閣、龍榆生、胡吉宣、潘景鄭、陳器成、傅高順等舊藏，《戩壽堂殷虚文字考釋》、《戩壽堂所藏殷虚文字補正》、《雲間朱孔陽藏戩壽堂殷虚文字舊拓》、《殷契摭佚》、《殷契摭佚續編》、《戰後南北所見甲骨録》、《甲骨續存》、《上海博物館藏甲骨文字》有著録。

北京大學藏2 929片，爲前北大國學門、前燕京大學、霍保禄、徐枋、羅福頤(端方原藏)、謝午生、張仁蠡、久下司舊藏，《殷契卜辭》、《殷虚書契續編》、《殷契佚存》、《戰後平津新獲甲骨集》、《戰後南北所見甲骨録》、《甲骨續存》、《北京大學國學門藏殷虚文字》、《北京大學珍藏甲骨文字》有著録。

南京博物院藏2 870片，原劉鐵雲、明義士、蔣友、方岡、胡小石等舊藏，《殷虚卜辭》、《甲骨續存》有著録。

旅順博物館藏2 220片，羅振玉、岩間德也舊藏，著録見《旅順博物館所藏甲骨》。

中國社科院歷史研究所藏有2 024片，爲王杏東、臧恒甫、羅福頤、羅福葆、羅守巽、徐宗元、邵伯炯、陳侃如、易均室、葉玉森、胡厚宣、顧承運、王獻唐、郭沫若、容庚、顧鐵符、蔣楚鳳、戩壽堂、郭若愚、周伯鼎、方曾壽、徐坊等28家舊藏，著録見《中國社會科學院歷史研究所藏甲骨集》。

天津博物館藏1 769片，來自王懿榮、王襄、王福重、陳邦懷、方若、魏智、徐寶祠、李鶴年（孟定生舊藏）藏品，《簠室殷契徵文》《殷虚書契續編》《殷契佚存》《甲骨文零拾》有著錄。

清華大學圖書館藏1 755片，爲于省吾、胡厚宣、通古齋、原興記、傅大卣舊藏，《雙劍誃古器物圖錄》《戰後平津新獲甲骨集》《戰後寧滬新獲甲骨集》《戰後京津新獲甲骨集》《甲骨續存》有著錄。

再如，像哈佛大學皮巴地博物館是美國收藏殷墟出土甲骨文最多的單位，有關其數量傳聞有960片與533片兩說。周鴻翔《美國所藏甲骨錄》有部分著錄。2015年5月余應邀去美國出席紐約邏各斯大學的"世界源起文字系統會議"，會後專程訪問皮巴地博物館，在庫房對其全部甲骨文進行了一一清點，一是得知原藏福格藝術館的24片今已歸了該館，二是確認該館實藏甲骨數量是847片，其中有字甲骨828片，無字19片，了却了學界存在的疑問。

至如中國社科院考古所，歷年來在安陽考古發掘出土品達6 555片，已著錄於《小屯南地甲骨》《殷墟花園莊東地甲骨》《殷墟小屯村中村南甲骨》等，近又有零星甲骨文出土。

上世紀中晚葉《甲骨文合集》與《甲骨文合集補編》等集大成性著錄集的出版，是具有里程碑意義的，爲推動甲骨文和甲骨學研究創造了良好條件。但由於不可周知的原因，仍有不少遺漏、疏略等不盡如人意處。一批國內收藏大宗甲骨文的單位，往往只是部分被著錄。而散落民間私家的甲骨文藏品，數量也相當可觀，許多都沒有機會得到專業性整理和公布。故有計劃地將各家甲骨藏品盡可能進行搜集整理，辨其真僞，別其組類，分期斷代，殘片綴合，釋讀文字，縷析文例，詮解史實，著錄公布，必可嘉惠學林，這方面的工作任重道遠，有心者當可大有作爲。

爲了展示甲骨文與甲骨學研究所取得的成果，及時傳遞信息，掌握學科發展動向，弘揚學術，提供研究上的便利，1999年我們編纂了《百年甲骨學論著目》，著錄16個國家3 000多位學者撰寫的有關甲骨文和甲骨學方面的文章或專著，總目超過13 000種。後來我們又編集了《甲骨文獻集成》40册，搜集存真殷墟甲骨文發現100年內包括中國內地、港臺以及日、美、加拿大、英、法、德、瑞典、瑞士、俄、澳、韓等國家和地區近千位學者的各種語種的甲骨學研究論著計2 470多種，爲甲骨學研究提供了基本齊整的學術資料。

在新舊世紀之交的近數十年間，國內深淺不一的各種甲骨文與甲骨學研究課題紛紛立項，宏、中、微觀並具，選題新穎，觀念時髦，有目不暇接之感。有的屬意於甲骨組類的斷代屬性爭議；有的棄改過去傳統考據的窠臼，借鑒其他學科的研究理論和方法，移植新概念、新思維、新命題，作研討更新；有的在材料利用上出奇制勝，結合新出土簡牘文字資料、田野考古資料、民族調查所獲資料，嘗試探索甲骨文奧秘和尋繹已遺失的商代史；有的則在甲骨文材料的董理、彙整、考訂、詮釋上顯其新活力。

比如在甲骨文殷商史研究領域，10多年前我主持的大型斷代史著《商代史》共11卷，2011年已由中國社會科學出版社出齊，字數達780萬字，該書強調多學科性，整合古文字學、文獻學、考古學、民族學、民俗學、人口學、文化人類學、歷史地理學、經濟學、天文學、古代科學技術史等學科的有效研究手段，集結衆家學術研究成果，以獲得商代史重建工作的新起點和新認識，各分卷目次如下：

- 卷一　　　商代史論綱（宋鎮豪主筆）
- 卷二　　　《殷本紀》訂補與商史人物徵（韓江蘇、江林昌撰述）
- 卷三　　　商族起源與先商社會變遷（王震中撰述）
- 卷四　　　商代社會與國家（王宇信、徐義華撰述）
- 卷五　　　商代都邑（王震中撰述）
- 卷六　　　商代經濟與科技（楊升南、馬季凡撰述）
- 卷七　　　商代社會生活與禮俗（宋鎮豪撰述）
- 卷八　　　商代宗教祭祀（常玉芝撰述）
- 卷九　　　商代戰爭與軍制（羅琨撰述）
- 卷十　　　商代地理與方國（孫亞冰、林歡撰述）
- 卷十一　　殷遺與殷鑒（宮長爲、徐義華撰述）

在甲骨文字考釋方面，有學者指出，甲骨卜辭是一種較爲嚴密的文字系統，一些字在不同的類組裏可能會有不同的寫法，在不同的類組裏，同一詞的詞義可能會相異，甲骨的語言文字已經處在衍變的過程中。甲骨文字的考釋是與時俱進的，上世紀80年代有學者指出甲骨文是意音文字，不能單純視爲表音文字或象形文字，其實甲骨文發現110多年以來，總體而言都是基於意音文字認識範疇而展開釋讀的。據李宗焜《甲骨文字編》（中華書局2012年3月版）云："截至2010年底所見殷墟甲骨文字，共計單字4378號，殘文52個、摹本26個，合文328組。單字4378號中，隸定2369號，其中可釋者1682號。"那些不認識的字，有的已經失落死亡，與今天的漢字對不上，這其中有很多是地名、人名、祭名，知道它的意思，但沒有今天相對應的漢字。甲骨文研究有難度，只有認真探索，根據甲骨文例、語境、文字屬性、字體構形分析，結合金文等其他古文字，以及晚後的簡帛文字，察其流變，集結成不同歷史時期每個單字形體構形的信息包，上下求索，才有可能破解。而我於甲骨文考釋，比較注重內在的取證方法,即通過甲骨文例與辭例語境比對,從相同及不同類組卜辭內容比對上確定相關字的詞位、詞性及用法,結合字體部件構形分析,由已知推未知,鈎沉文字與史的表裏,實徵殷商考古發現,使一批甲骨文釋義得到整體坐實(參見宋鎮豪《甲骨文釋義方法論的幾點反思》,《甲骨文與殷商史》新 6 輯,上海古籍出版社 2016 年)。

現在甲骨文研究和老一輩的甲骨文研究者成果相比,有很多有利條件。這些年來出土的戰國文字比較多,特別是許多地下簡帛文獻的再發現,像清華簡、上博簡、郭店簡等,簡文保留了很多古老字體的寫法和用法,可以追溯到甲骨文,找出它們構形變化的源與流,比以往考釋甲骨文更強調形、音、義分析,增加了更多的可參照素材,方法論上比過去嚴密,視角也大大開拓,有新進展。研究日趨精密化,一改過去粗放式的研究,過去往往只能依據自己能收集到的有限資料,進行"射覆"猜謎性的探索,現在各種甲骨著錄信息及過去各種考字說法都能比較便捷獲得,集成性研究成果的整理不斷湧現,對甲骨文的正確釋讀起到了積極的引導作用。

一百多年來甲骨文研究主要在文字考釋和殷商史料的解析利用方面,而在甲骨學研究領域,持續不斷的甲骨文材料的發現、整理和著錄,甲骨殘片綴合、甲骨組類區分、甲骨文例語法研究等諸多方面堪成規模,集大成性甲骨著錄集與大型甲骨文獻集成、各種完備工具書的相繼問世,無不爲 21 世紀甲骨文與甲骨學研究的發展積聚起相當的能量,別開甲骨文整理研究的新紀元。

二、甲骨文研究的新階段、新課題、新問題、新契機

進入新世紀,甲骨文材料的全面保護、整理、研究與著錄,已經進入了一個新階段:開展海内外甲骨藏品家底清查,啓動甲骨文申報世界記憶文化遺產,構建電子數字化甲骨文字形庫,2016 年度國家社科基金重大委託項目"大資料、雲平臺主持下的甲骨文字考釋研究"立項……近 10 多年來,隨着一個個堪稱大工程項目的相繼開展,殷墟甲骨文正進入全面整理和研究的新時期。有序將各地大宗甲骨文藏品加以徹底整理研究與著錄公布,通過整理促進研究,推動交叉學科協同探索,有利於發現問題、承認問題和解決問題,提升甲骨學科建設,爲加強甲骨文遺產的保護,爲中華優秀傳統文化傳承體系的構建和甲骨人才的培養,爲國家制定的"十三五"實施中華典籍整理工程建設,做出應有的貢獻。

2014 年故宫博物院與山東博物館藏大宗殷墟甲骨文的全面整理研究,被同時批准爲國家社科基金重大項目。中國社會科學院考古所藏科學發掘出土甲骨文的新整

理墨拓工作也正在有條不紊地進行中。2016 年國家圖書館、天津博物館、清華大學圖書館藏殷墟甲骨文整理研究的國家社科基金大課題也相繼啓動。爲了把握甲骨文研究新階段的發展動向，拓展學術研究新契機，凝聚共識，激勵創新，2015 年 12 月 22 日中國社會科學院歷史所、中國社會科學院考古所、故宫博物院、中國國家圖書館、山東博物館、天津博物館、旅順博物館等華北地區七家大宗甲骨文藏品單位（七家合起來有甲骨文藏品 81 200 多片，約占海内外所藏殷墟出土甲骨文總數的一半以上）的專家學者，在濟南山東博物館召開了"全國首届甲骨文整理研究學術研討會"，2016 年 12 月 8 日我們在山東博物館又組織召開了"第二届甲骨文整理研究學術研討會"，專就甲骨文全面保護整理展開研討。會議宣導科學精神，繼往開來，合力推進甲骨文遺産的保護，增添甲骨文與殷商史研究新活力，對今後工作的開展有鼓舞人心的引領推動作用。

近年來，在我的主持下，中國社會科學院歷史所甲骨學殷商史研究中心與有關方面合作，先後推出了以下 8 種甲骨著録集：

1.《雲間朱孔陽藏戩壽堂殷虚文字舊拓》（綫裝書局 2009 年）

上海朱孔陽藏戩壽堂舊拓 639 片，屬戩壽堂甲骨早期佳拓。後附《甲骨文集錦》二卷，爲不見於《戩》的同批之物，上卷《殷虚文字拾補》135 片，下卷《殷虚文字之餘》158 片，三批總計 932 片。近百片《合集》未收。如朱本 8.9 完好超《戩》、《續編》及《合集》，多出 13 字，"壬辰卜大貞翌己亥㞢于 ▨ 十二月。貞隹示。丁酉"等卜辭可完整釋讀。《殷拾》10.4"叀市日酉"與甲骨文"叀朝酉"、"叀昃酉"、"叀莫酉"等文例相同，據其辭例、詞位，知"市日"爲紀時詞無疑，相當雲夢秦簡的"下市申"（下午 15 至 17 點間）。《殷拾》12.5 可與北京國家圖書館藏原善齋一骨（《合集》33246）綴合，行款自下而上，自右而左，糾正了過去"南受年"的不確讀法，使八條對貞卜辭完讀："受年，東。不受年。受年，北。不受年。受年，西。不受年。受年，南。[不]受年。"

2.《張世放所藏殷墟甲骨集》（綫裝書局 2009 年）

著録安陽張世放收藏甲骨 385 片。如第 1 片屬自組細體，有新見貞人名"▨"與新見字"▨"。

3.《中國社會科學院歷史研究所藏甲骨集》（上海古籍出版社 2011 年）

著録甲骨 2 024 片，已被《合集》、《合補》收録 1 278 片，仍有 642 片未被兩書著録。有一些新見字，如 381 的"▨（眉）"。

4.《俄羅斯國立愛米塔什博物館藏殷墟甲骨》（上海古籍出版社 2013 年）

著録俄國冬宫藏甲骨 202 片。17 正："辛酉卜，爭，貞勿 ▨……" ▨（衙），从行从㠯，以往甲骨文字書失收。"勿⿰"，疑意義與"勿卒"相類。22："乙巳卜，矣，貞多君曰：其啓，⿰宰若，示弗左。"⿰（汪），新見字。186+《合》33061："癸未，貞王令子⿰。"⿰，畫的新見字形。189："甲戌，貞王令剛衰田于⿰。"⿰（嚨），从口，農田地名。《蘇聯》74 摹本誤从亡。《粹》1544 同字，亦从口，郭沫若《粹編釋文》誤識爲龍，謂是"从亡爲聲"的"龍之緐文"（754 頁）。《屯南》499 與俄藏 189 同文，嚨字从口，可證。

5.《旅順博物館所藏甲骨》（上海古籍出版社 2014 年）

著録甲骨 2 217 片，主要爲"甲骨四堂"之一羅振玉（雪堂）的舊藏品，少量爲日人岩間德也藏品。發現新字及新見字形 30 多個，還發現一批新辭例與新用詞（參見宋鎮豪《〈旅順博物館所藏甲骨〉介紹》，《甲骨文與殷商史》新 5 輯，上海古籍出版社 2015 年）。

6.《殷墟甲骨拾遺》（中國社會科學出版社 2015 年）

著録安陽民間所藏甲骨 647 片，有不少新材料。如第 646 人頭骨刻辭，殷墟出土人頭骨刻辭迄今總共發現 15 片，此又增一新例。647"甲申王賜小臣㚔，王曰：用。隹王用㺇"，爲牛距骨緑松石鑲嵌記事刻辭。93 一期龜腹甲卜辭，片大字多，正反有字 203 個，內容涉及商王征伐舌方、土方和"執⿰"。書中集中著録的 179 片出組卜辭群，可能出自一坑。375 大骨版，字數多至 52 個，貞卜某日可狩獵獲虎，契刻齊整，文例犁然有序。發現一批新見甲骨辭例，如第 65 片"買芻"，第 145 片"貞叀小賓爲"，第 190 片"侯亢來入宁于我戉商"，第 366 片"于方立史"，第 449 片"王比沘或下上徹示受又"、"王叀⿰（冀）方伐"，第 454 片"丙子貞赤其達亞侯令亡憂"。第 456 片歷二類"辛巳貞日又戠非憂"，爲天象祲異之占，與《合》33710"辛巳貞日又戠其告于父丁"、《合》33704"[辛]巳[貞]日戠在西憂"、《輯佚》658"辛巳貞日又戠其先……"同日數貞，可互證。第 234 片"[戊]寅卜出貞己卯□其水□㞢彗"，與《合》10154"[戊]寅卜爭[貞]翌己卯□其水"，一屬出組，一屬賓組，同事同卜，值得注意。又發現一批新詞，如"介母"、"興婦"、方國名"⿰（冀）方"、地名"南兆眯"等。還發現一批新字與新見字形，有的爲新見殷商方國名，有的是新見祭名，有的爲建築稱名等。

7.《重慶三峽博物館藏甲骨集》（上海古籍出版社 2016 年）

著録甲骨 208 片，爲羅福頤、孫作雲及重慶白隆平舊藏，部分爲衛聚賢、羅伯昭捐贈。當年《合集》選收了 36 片，其後《合補》又擇選 3 片（1 片與《合集》重），其餘約 140 多片沒有被著録過。1 與《懷特》898、《文攈》884 綴合，"元示五牛，二示三牛"與"元示五牛，它示三牛"同貞，"二示"與"它示"辭位、用牲數相同，抑或並非通常認爲的示壬、示癸兩位直系先王,似另有所指,如《合集》22098(午組)有"㞢歲于二示父丙、父戊"。120 祭祀用牲數"六牛",很少見。昔日郭沫若云"凡卜牢牛之數者……四、六、七、八、九諸數不用"(《殷契粹編考釋》586 片),看來也不盡然。26+《殷遺》41+《合補》1327"貞令犬豋罙麋視方"、"貞勿令犬豋罙麋",正反卜問偵察敵國動向的情報人員安排。45"囂曾",是與曾國之間的戰爭史料。

8.《笏之甲骨拓本集》(上海古籍出版社 2016 年)

著録原笏之高鴻縉輯集甲骨拓本 1 867 片。發現一些新見字形,如 1.48"", 地名,从木,疑"析"字缺筆。

以上 8 書總共著録甲骨文 8 476 片,我們采用分期斷代,按字體別其組類,再按内容次第排序,以甲骨彩照、拓本、摹本、釋文與來源著録檢索表互爲一體的體例形式編集,爲甲骨文與殷商史研究提供了一大批新資料。

比如,俄羅斯聖彼德堡國立愛米塔什博物館藏有中國殷墟出土甲骨 202 片,是 1911 年之前俄羅斯著名古文書研究家列卡契夫(Н. П. Лихачев)購藏,1925 年歸愛米塔什博物館保管,列卡契夫曾與聖彼德堡大學東方系漢學家伊萬諾夫(А. И. Иванов)教授合作研究。1932 年蘇聯科學院語言思想研究所布那柯夫(Ю. В. Бунаков)進行專題研究,因衛國戰爭而未能完成。1958 年歷史所胡厚宣教授、2000 年俄國劉克甫(М.В.Крюков)教授也曾整理部分,但均受條件所限,未能全面整理著録這批重要材料,深爲憾事。前幾年我們與愛米塔什博物館方合作,對其全部甲骨藏品進行墨拓、照相,再進行分期分組類斷代、綴合、考釋,以及撰述介紹文字和研究論文,以彩照、拓本、摹本、研究爲一體的著録形式,編著出版了《俄羅斯國立愛米塔什博物館藏殷墟甲骨》。彩照包括甲骨正反側面照片,除了爲便於觀察鑽鑿形態外,也留意於有的側邊文字,以及甲骨邊緣鋸截錯磨整治等人工干預痕迹,還意在存真上下左右斷口厚薄狀以供甲骨拼綴的驗證,既滿足了學界長期以來的期盼,也了却了百年來四代學者的夙願。

再如《笏之甲骨拓本集》,原骨不少已流落日本,有的曾著録於林泰輔《龜甲獸骨文字》(1918)、金祖同《殷契遺珠》(1939)、《龜卜》(1948)、饒宗頤《日本所見甲骨録》(1956)、渡辺兼庸《東洋文庫所藏甲骨文字》(1979)。其中的一批甲骨,歸了日本河井荃廬(1871—1945)收藏,二戰中 1945 年 3 月 10 日美軍空襲東京,波及位於千代田區九段富士見町的河井氏邸,甲骨遭到戰火焚燒,損毀嚴重,劫餘甲骨後入藏東京大學東洋文化研究所,松丸道雄《東京大學東洋文化研究所藏甲骨文字》(1983)有著録。數年前,我應邀訪問東京大學東洋文化研究所,在平勢隆郎教授的陪同下,觀察過這批甲骨,所見色澤灰白,開裂斷缺,表皮剥落,收縮形變,仍是慘不忍睹。此是河井藏品未損前的早期拓本，有可能墨拓於流入日本前，保存了甲骨原先形態，片形、字迹、墨色等明顯好於《東大》，彌足珍貴。

爲賡續《甲骨文合集》"輯集殷墟出土甲骨文之大成"的前緒，我主持的國家社科基金重點課題暨中國社科院重大科研項目《甲骨文合集三編》，歷經前後6年的艱辛工作，已經結項，輯集了《合集》與《合補》漏收的舊著舊拓殷墟甲骨文，以及編集《合集》問世後散見各處的甲骨文，補收補拓部分公私諸家所藏甲骨文，整合有關甲骨綴合資料，總計著録甲骨文達3萬片，將爲學界提供一部材料詳盡、能反映當今學術前沿水準的大型甲骨著録集，並且盡可能體現甲骨學研究的新認知，全面充分體現百餘年來甲骨文與甲骨學研究的新進展與新成果。

另外，我主持的"中國社科院歷史所藏墨拓珍本整理與研究"創新工程項目，也於去年結項，預計有8種甲骨珍本與孤本出版，其學術意義在於努力使一批甲骨墨拓珍本的原貌及蘊含其中的原始學術信息得到帶有搶救意義的整理保護，爲揭示甲骨文庋藏事略和諸家收藏曲折情委的學術史提供新的考訂途徑，同時也通過分家分册集中刊布甲骨拓本叢編的甲骨文著録形式，爲學界提供一批學術研究新成果。

時下我正在全力主持以下兩個國家社科基金項目的工作：

一是2014年11月5日立項的國家社科基金重大項目"山東博物館珍藏殷墟甲骨文的整理與研究"，由山東博物館與中國社會科學院甲骨學殷商史研究中心合作承擔。山東博物館珍藏甲骨文數量達10 580多片（胡厚宣先生早先的統計是5 468片，並不確實），主要爲加拿大明義士（約8 600片）、德國人柏根氏（124片）、上虞羅振玉（1 200多片）、臨淄孫文瀾（9）、濟南王惠堂（79）、山東文管會與原齊魯大學（530多片）等舊藏，屬於安陽殷墟早期出土品，當年《甲骨文合集》和《山東省博物館珍藏甲骨墨拓集》兩書，總共才公布了1 970片，未經著録的多達8 600片以上。

二是2016年12月21日立項的國家社科基金重大委託項目"大資料、雲平臺支援下的甲骨文字考釋研究"子課題"天津博物館藏甲骨文的整理與研究"。天津博物館是全國收藏大宗殷墟甲骨文的單位之一，數量1 800多片，主要爲王懿榮、王襄、孟廣慧、羅振玉、王福重、李鶴年、陳邦懷、方若、魏智、徐寶祠的原藏品，其中王懿榮、王襄、孟廣慧三位是甲骨文最早發現者。部分甲骨文1925年曾著録於《簠室殷契徵文》，然因"印刷不精，且多割剪"，書出之後，受到一些學者詬病，"多以材料可疑，摒而不用"。比如1930年郭沫若在《中國古代社會研究》中即説："僞片之傳播者，在中國則當推天津王襄的《簠室殷契徵文》一書，此書所列幾於片片可疑，在未見原片之前，作者實不敢妄事徵引。"商承祚也認爲："王書紙厚墨重，筆畫侵蝕，字形惡劣，訛誤百出。"1932年商氏在《甲骨文字研究》一書中還懷疑説："殆王（襄）氏摹刻而自欺欺世也。"但到

1935年，郭沫若在《卜辭通纂》"述例"中對自己的看法作了鄭重糾正："余曩聲言其僞，今案乃拓印不精，文字多上粉，原物不僞，特附正於此。"孫海波有專文《簠室殷契徵文校錄》，力證其片片皆真。邵子風在《甲骨書錄解題》也辨析説："今觀書中所錄各版，頗多訛誤，去真已遠，故書初出時，論者見其文字契刻殊劣，疑爲贋品。然……王書材料非僞，惟因各版割裂剽奪之處甚多，復由作者手加摹寫，故文字失真，有似於僞耳。"著名甲骨學家胡厚宣在《殷墟發掘》一書中也明確指出："王氏精於鑒別，書中並無僞品。"可惜受限於諸多原因，新中國成立後的大型甲骨著錄書《甲骨文合集》僅僅只是選收了其中一部分，有500多片失收。天津博物館甲骨文藏品其實從未徹底系統整理和全面公布過，成爲甲骨文發現迄今118年來的一大憾事。天津博物館所藏甲骨文，屬於甲骨文發現史上最早期的傳世品，片大字多，內容豐富，涉及殷商政治制度、王室結構、社會生活、經濟生産、天文曆法、自然生態、交通地理、方國外交、軍事戰爭、宗教祭祀、文化禮制等方方面面，具有極高的文物價值、史料價值和學術史研究價值，彌足珍貴。

兩館所藏甲骨文經過長達近90多年的"冷封"，有的骨片面臨破碎粉化，有的文字殘泐消磨，如不及時清除污垢蟲蠹對甲骨的腐蝕，則將因人爲物故或其他自然因素而招致"甲骨文收藏之日即漸滅之期"的時代遺憾，更不要說對甲骨古文字研究、出土文獻學與中國上古史研究所將造成的損失了。山東博物館與天津博物館所藏甲骨文，大部分没有照片、拓本和摹本，"山東博物館珍藏甲骨文的整理與研究"與"天津博物館藏甲骨文的整理與研究"兩大課題，不能因循守舊，必須別開生面，遵循"保護第一，整理第二"的原則，全面徹底保護性地整理研究兩館全部甲骨文藏品，進行多角度高清晰拍攝、整體性氈墨傳拓與文字文例考釋研究，編著出版兩部融學術研究與資料著錄爲一體的《山東博物館所藏甲骨》與《天津博物館藏殷墟甲骨集》，使這兩批中華古文化遺産齊整地公之於世，也有助於保護這批3 000多年前古文明瑰寶的可貴信息完善地留傳給子孫後代，同時要通過課題的實施，推動甲骨學科的建設，加強甲骨文專業人才的歷練和培養。

但也應看到，當今甲骨文與甲骨學研究也面臨不少新問題，選題呈碎片化，甲骨字體組類區分標準不一，趨瑣碎化，研究面臨瓶頸，難有突破。甲骨文字考釋內容不少陳陳相因，傳承性與獨立性兩極分化弊端明顯，很難說研究水準有大提高。考古出土整坑甲骨所擁有的組類屬性與同出考古遺物遺迹的年代界定，是研究甲骨組類分期的重要依據，應該重視運用考古學方法，標準化斷代，對甲骨出土地點與地層情況、坑位與甲骨瘞埋層位疊壓狀況、甲骨鑽鑿形態、共存陶器類型與考古文化分期，乃至與周圍遺迹的關係，進行精細分析，這對解決當前學界有爭議的"歷組卜辭"的時代問題，也有反樸歸真的意義。另外，在甲骨文資料全面收集的基礎上，應加強門類各異、相得益彰的甲骨文專題研究，如：

　　甲骨綴合專題研究
　　甲骨鑽鑿形態與卜法專題研究
　　甲骨契刻與朱書墨書專題研究
　　甲骨卜辭組類及其相互關係專題研究
　　甲骨字體構形與傳統"六書"演繹關係研究
　　甲骨多形字共時關係研究
　　甲骨文字中的"地方"屬性研究
　　甲骨文例文法專題研究
　　甲骨文句法與語序專題研究
　　甲骨文語言語境專題研究
　　甲骨文語法專題研究
　　甲骨文詞彙、虛詞、實詞專題研究
　　甲骨文祭名研究
　　甲骨文地名與地理地望研究
　　甲骨文人事活動研究
　　甲骨文與殷商禮制研究
　　甲骨占卜制度與殷商王權及國家管理形態研究
　　甲骨文中的殷商官制研究
　　甲骨文中的殷商軍制研究
　　西周甲骨文專題研究

　　茲不繁舉。甲骨文與甲骨學研究，這些年來有成爲"絕學"的趨勢。是不是絕學，關鍵是看有沒有後繼人才。我國雖有一些高校設置甲骨古文字學課程，但一些教學單位和科研機構中真正專門從事甲骨文研究的學者並不多，有也基本上屬於遊兵散勇，沒有形成合理的可持續開展重大課題的科研團隊。即使是收藏甲骨較多的單位，也是甲骨專家人才短缺。另一方面，由於地下出土簡牘文獻材料的大量出版，一些過去從事甲骨文研究的學者都轉向簡牘文字學領域，甲骨文與甲骨學研究遭遇清冷。客觀地說，近年來一些高校培養了不少甲骨學方面的博士、碩士，他們有可能成爲推動甲骨學發展的潛在力量，但教學往往要跟着就業行情走，他們工作後能否繼續從事甲骨文研究存在變數。期望能夠造就甲骨學領域多個具有研究優勢、能起到帶動和組織衆多學者開展相關研究的學術中心，培養出一批批甲骨學專家人才。

隨着新世紀以來甲骨文材料全面整理與研究的有序進行，全國性的甲骨藏品家底清查及其保存現狀調研的開展，有關甲骨藏品搶救性保護措施有望得到逐步落實，甲骨文研究漸呈專題化和系統化，甲骨學術史研究趨於精準化，甲骨文與甲骨學研究面臨的種種新問題有望在發展中得到解决。相信甲骨文研究"低迷"的情勢能有所改觀，能够服務社會需求，擴大甲骨文與甲骨學知識在公衆層面的認知度，凝聚國民的自豪感與自信心，弘揚中華古老文明的影響力和國家的文化軟實力。

國家圖書館的甲骨收藏與整理發布

趙愛學

（國家圖書館）

國家圖書館藏甲骨有 3.5 萬餘片，約占存世甲骨片數的四分之一，且多爲名家舊藏，如羅振玉、孟定生、郭若愚、劉體智、胡厚宣等。其中有不少具有重要文獻價值或材質少見的名片，如商王世系甲骨 2 片、四方風甲骨 2 片、人頭骨 2 片、最大肩胛骨、牛肋骨、疑似象骨等，其他有重要文獻價值的甲骨更是不可勝數。郭沫若所編《殷契粹編》即全部出自劉體智（善齋）所藏甲骨，郭氏在該書序中評價善齋甲骨説"所藏甲骨之多且精，殆爲海內外之冠"。國圖藏甲骨，《甲骨文合集》、《甲骨文合集補編》（下文分別簡稱《合集》、《合集補編》）已著録約 1.5 萬片，仍有相當數量的館藏甲骨未公布。目前，國家圖書館已制定規劃，決定加快整理速度，同時拍攝高清圖片，爭取早日向學界公布全部館藏甲骨。這裏我介紹一下國圖藏甲骨的來源與收集情況，以及整理的現狀與規劃。

一、國家圖書館藏甲骨收集的過程

國圖藏甲骨皆爲非科學發掘，是由舊藏家輾轉遞藏而來。關於國圖藏甲骨的來源，國圖有《甲骨裝箱目録》；[1]相關文獻關於國圖藏甲骨遞藏的記載也有不少，如陳夢家《殷虚卜辭綜述》第二十章"附録"、[2]胡厚宣《大陸現藏之甲骨文字》[3]等。上述相關記載關於國圖藏甲骨來源的舊藏家基本一致，包括羅振玉、孟定生、胡厚宣、張仁蠡、

---

[1] 相當於藏品登記目録，登記於 1964 年。
[2] 陳夢家：《殷虚卜辭綜述》，北京：中華書局 1988 年版，頁 647—673。
[3] 胡厚宣：《大陸現藏之甲骨文字》，《中研院歷史語言研究所集刊》第 67 本 4 分，1996 年。

羅伯昭、張珩、徐炳昶、郭若愚、邵章、劉體智、曾毅公、何遂、通古齋等,但對於舊藏數量的記載則存在一定差異。胡輝平《國家圖書館藏甲骨整理札記》一文,[①]已指出《甲骨裝箱目錄》存在一定問題。另外《殷虛卜辭綜述》與《大陸現藏之甲骨文字》相關説法也不一致,且國圖具體藏品與藏家的對應還存在問題,所以國圖藏甲骨的來源仍需進一步研究。近來,我們全面查閱了國圖所藏收集甲骨相關的檔案資料,新發現文化部文物局撥交北圖甲骨清單等資料,可以説是目前最權威的記載。在此基礎上我們盡可能全面地梳理相關文獻記載,力求進一步釐清國圖藏甲骨的來源與收集情況。《甲骨裝箱目錄》雖然存在問題,但作爲目前唯一直接的藏品登記目錄,仍應作爲我們討論的基礎,因此附列此目錄所載有來源情況者如下:[②]

1. 羅伯昭(沐園)舊藏　　463 片　　11. 羅振玉舊藏　　　　　　461 片
2. 慶雲堂舊藏　　　　　364 片　　12. 胡厚宣舊藏 1 985 片　1 985 片
3. 孟定生舊藏　　　　　300 片　　13. 北圖秘書科轉來　　　　164 片
4. 張珩舊藏　　　　　　 32 片　　14. 張仁蠡(柳風堂)舊藏　281 片
5. 徐炳昶舊藏　　　　　 24 片　　15. 文化部撥交(2)　　　　119 片
6. 曾毅公(喆厂)舊藏　　384 片　　16. 邵章(倬庵)舊藏　　　 24 片
7. 郭若愚(智厂)舊藏　　366 片　　17. 粹雅堂舊藏　　　　　 33 片
8. 文化部撥交(1)　　　 206 片　　18. 劉體智(善齋)舊藏　28 450 片
9. 通古齋舊藏　　　　　315 片　　19. 北圖中文采訪組購進　　 3 片
10. 尊古齋舊藏　　　　 73 片

下面根據我們的調查分析,按照時間順序梳理國圖藏甲骨收集情況如下:

1. 何遂舊藏甲骨捐入及調撥給歷博

就目前所知,國圖甲骨收藏最早始於 1932 年。本年北平圖書館購藏施密士、何遂舊藏甲骨拓本兩種,并接受何遂寄存甲骨 125 片。[③] 1934 年,何遂先生將所寄存甲骨捐贈北平圖書館,當時還特意爲此次捐贈舉辦了展覽。但根據《閩縣何氏贈品展覽會目錄》,[④]甲骨贈品編了 130 號,此與《殷虛卜辭綜述》記載相符。1959 年 7 月,爲響應中國歷史博物館新館建成及建國十周年展覽,北圖撥交何遂舊藏甲骨給歷博。據

---

① 胡輝平:《國家圖書館藏甲骨整理札記》,《文獻》2005 年第 4 期。
② 下述來源按照《甲骨裝箱目錄》順序,有個別未登記在一起者,以首次登記爲序。
③ 《北平圖書館新藏大批古物》,《中國出版》1933 年第 3—4 期。
④ 國家圖書館藏縮微文獻,索書號 MGTS/029511。該目錄僅流水編號,且僅著録各片字數,故無從查核現藏情況。

館藏檔案《北京圖書館調撥歷史博物館圖書文物清册》(1959年7月30日)記載,撥交"甲骨碎片129塊(片)"。① 另據館藏檔案,解放初期此批甲骨已撥歷博,1959年當爲正式撥交。何遂舊藏甲骨撥交歷博之外,當時歷博也借展北圖藏甲骨22片。根據館藏檔案,1959年7月22日北圖與歷史博物館擬簽借展合同,初定借展29塊;後9月14日最後確定22塊(含四方風甲骨、最大肩胛骨,其餘皆爲《殷契粹編》所收善齋舊藏甲骨)。1962年6月北圖發函催還,1965年5月歷博回函感謝,並云"請將上述甲骨20片長期借陳,或者改借爲調"(按,其中兩片已於1960年歸還)。1965年6月文化部文物管理局下文要求歷博歸還所借甲骨,同年7月,歷博所借20片甲骨全部歸還北圖。

2. 抗戰勝利前後購買200片甲骨

胡厚宣《五十年甲骨文發現的總結》記載"北京圖書館買了二百多片,承袁守和館長借我摹了一遍"。② 此爲胡厚宣先生1945年抗戰勝利後,赴京津搜購甲骨及拓本所得之一,則此200片甲骨當於1945年下半年之前購入北平圖書館。1946年5月,胡厚宣《戰後平津新獲甲骨集》出版,第一册總目包括"國立北平圖書館所藏甲骨文字",然遺憾的是,書中並未收錄,所以我們先也無從核實此200片的内容與現藏號。

3. 胡厚宣舊藏甲骨入藏

1945年胡厚宣先生赴京津二地搜購甲骨,四十幾天的時間,"計得甲骨實物二千餘片,拓本六千張,摹寫的二千片,共約萬片而强"。③ 胡先生赴北京時與北平圖書館館長袁同禮同機,袁先生邀請其擔任平圖編纂委員,胡先生婉謝,但答應把京津所搜甲骨讓與平圖。④ 胡先生最後讓與的數量,相關記載有一定差異。國圖目前登記胡厚宣舊藏甲骨數量爲1985片;胡厚宣《五十年甲骨文發現的總結》云"國立北京圖書館新購二〇五〇片"當即此批甲骨;曾毅公《論甲骨綴合》對此也有記載,"此批甲骨1 900

---

① 胡厚宣《大陸現藏之甲骨文字》記載歷史博物館收藏甲骨情況説"北圖撥192片(原何遂藏)",當爲誤記。宋鎮豪《記國博所藏甲骨及其與YH127坑有關的大龜六版》(《中國國家博物館館藏文物研究叢書·甲骨卷》,上海:上海古籍出版社2007年版,頁282)對數量表示懷疑,并核出國博所藏何遂舊藏76片。
② 胡厚宣:《五十年甲骨文發現的總結》,北京:商務印書館1951年版,頁52;同書第61頁統計"未著錄者",亦云"國立北京圖書館舊藏約二〇〇片"。
③ 胡厚宣:《五十年甲骨文發現的總結》,頁48。
④ 參《五十年甲骨文發現的總結》、曾毅公《論甲骨綴合》(饒宗頤主編:《華學》第4輯,北京:紫禁城出版社2000年版)及胡厚宣《我和甲骨文》(《書品》1997年第1、2期),此批甲骨胡氏先是帶回成都,傳拓之後由平圖重慶辦事處接收,館方接收人員爲錢存訓。平館復員時,再運回北京。

多片"；《殷虛卜辭綜述》附錄一之"國內收藏甲骨之統計"，云"購自胡厚宣 1 900"。①根據曾文，《京津》1266（《合集》6476 已與他片綴合）亦屬此批甲骨，但國圖現編號爲 35012，未與此批甲骨置於一處（根據《甲骨裝箱目錄》，因此片曾出國展覽，後來補登記），此當爲個別現象。數字差異也可能有計數方法不同的原因（北圖 35012 實碎爲 3 片，作一個號登記），並且胡先生也把此批個別甲骨出讓他人，②所以總數可以曾毅公所說的 1 900 多片，也就是現在的 1 985 片爲準。

關於胡先生此批甲骨的具體來源，胡先生《五十年甲骨文發現的總結》"七　戰後甲骨文的出土和采訪"有詳細敘述，即得自李泰棻（癡厂）448 片，其中就包括北圖 4453（《合集》15556）、北圖 4454（《合集》12628），爲國圖所藏僅有的兩塊完整龜腹甲，此二龜腹甲實際已碎爲幾十小片。③ 其他的得自慶雲堂 400 片（其中有半龜版四方風，即北圖 5396、《合集》14295）；通古齋六七百片；喬友聲代爲搜購八九宗，幾百片；晉雅齋 9 片；振寰閣、陶古齋、粹雅堂等店鋪和賈敬顔、李瑞生等個人若干片；天津茹香閣 19 片；天津志古齋若干片。

4. 張仁蠡舊藏甲骨入藏

國圖藏張仁蠡（柳風堂）舊藏甲骨，應爲接收日僞敵產而來。張仁蠡（1900—1951），張之洞第十三子，抗戰期間曾擔任僞武漢市、天津市市長。據北京大學 1947 年 4 月辦理接收張仁蠡所藏石刻碑版事，④北平圖書館接收張仁蠡甲骨應該在 1947 年左右。《中國國家圖書館館史資料彙編》收"國立北平圖書館藏書統計概數（約一九四八或一九四九）"，⑤中文采訪股接收日僞機關和個人圖書，其中即有張仁蠡。陳夢家《殷虛卜辭綜述》附錄一中"國內收藏甲骨之統計"，云"北京圖書館接收張仁蠡 292"，亦說明此片甲骨是接收而來。《甲骨裝箱目錄》現登記 281 片，與陳夢家 292 片

---

① 陳夢家：《殷虛卜辭綜述》，頁 655。
② 如《我和甲骨文》記載："我從北平復回重慶轉成都，……遇史語所考古組主任李濟之，曾將收集的甲骨給他看，其中一片人頭骨刻辭，李先生聞可否讓給史語所，我說當然可以。"（《書品》1997 年第 2 期）。
③ 曾毅公《論甲骨綴合》注釋[8]記載："這兩塊整龜，大約在北京淪陷前短時期歸癡厂所得，已用糨糊紙條在背面黏上。再經過兩次長途運輸，受到飛機、輪船、大車等轉運時的顛簸震動，整理時已破碎成數十小片。"
④ 1947 年 4 月 8 日，北京大學致函司法行政部、河北平津區敵僞產業處理局"將派員赴故宫博物院接收張仁蠡所藏之石刻碑版"[王學珍等主編：《北京大學紀事（1898—1997）》，北京：北京大學出版社 2008 年版，頁 415]。
⑤ 李致忠主編：《中國國家圖書館館史資料長編：1909—2008》，北京：國家圖書館出版社 2009 年版，頁 396。

有一定差别。

5. 羅振玉舊藏甲骨入藏

胡厚宣《五十年甲骨文發現的總結》"八　五十年出土甲骨的統計"統計"國內機構采集"，有"（一八）國立北京圖書館第二次新購四六一片"。其云"第二次新購"，也即在"新購 2 050 片"即 1946 年前後購胡厚宣舊藏之後，性質爲購買。據國圖藏檔案 1949 年 7 月 22 日、23 日爲請求撥付大連新發現羅振玉舊藏甲骨致華北高等教育委員會函，"本館前曾購得羅氏所藏甲骨一部分加意保藏，此次羅家舊藏續有發現，莫若合存一處"，亦說明此批羅氏舊藏爲采購而來。然陳夢家《殷虛卜辭綜述》附錄一中"國內收藏甲骨之統計"，載"北京圖書館接收羅振玉 462"，與所記張仁蠡同，似爲接收僞産而來。因羅振玉曾在僞滿洲國任職，所以"接收"也有一定可能性。但羅氏早在 1940 年已離世，且胡先生明確言"第二次新購"，國圖公函亦明言"購得"，故羅氏舊藏采購而來的可能性更大。胡氏《五十年甲骨文發現的總結》一書成於 1950 年 5 月 4 日，則此批羅氏舊藏甲骨入藏時間當在此之前，即 1946 年之後。《甲骨裝箱目錄》、《五十年甲骨文發現的總結》皆言此批甲骨計 461 片，①陳夢家《殷虛卜辭綜述》云 462 片，有一片之差。

6. 爭取明義士舊藏甲骨入藏未果

北平圖書館與胡厚宣先生合作洽購所藏甲骨之外，抗戰勝利後還曾合作尋求把明義士遺存齊魯大學甲骨收歸北平圖書館。探訪明義士遺存齊魯大學甲骨一直是胡厚宣心願，"一九四五年日本投降，抗戰勝利，我馬上從成都到重慶，想去濟南齊魯大學原校部，探訪明義士的這批甲骨"。②後來平圖館長袁同禮邀請胡先生任平圖編纂委員，胡先生婉謝的主要原因也是"其實是因爲我還沒有看到明義士的甲骨"。③但抗戰勝利後，各方面還未正常運作，加之内戰爆發，胡先生無法順利探訪齊魯大學所藏明義士甲骨。據國圖藏檔案，1946 年 10 月 16 日北平圖書館館長袁同禮呈文教育部，請求教育部致函齊魯大學，并委派胡厚宣前往調查明義士舊藏甲骨，尋求收歸國有。爲達成所願，呈文中指出"惟該大學對此不加重視，散佚堪虞，亟應移交國立圖書館妥爲保管云云。竊查該教士明義士在内地擅自發掘，已違中央頒布之古物保存法令；且二十餘年以來，對此批貴重史料未加研究；今則散佚堪虞，不得不亟謀安全辦法"。遺

---

① 胡厚宣《大陸現藏之甲骨文字》"六　各單位所藏特點舉例"言及北京圖書館，説"所藏較精的一批爲原羅振玉藏，共 32 盒 420 片"，當爲筆誤，"32 盒"之説則無誤。
② 胡厚宣：《五十年甲骨文發現的總結》，頁 48。
③ 胡厚宣：《我和甲骨文》。

憾的是，教育部並未支持此項提議。1947年6月13日教育部部長朱家驊簽發指令，回復北平圖書館："查該項甲骨文字已令飭齊魯大學保管，具報徐圖妥善辦法，藉供研究。所請收歸國有一節，暫從緩議，仰即知照此令。"

7. 爭取大連發現之羅振玉舊藏未果

北平圖書館一貫致力於甲骨收藏。據國圖藏檔案，1949年7月，北平圖書館得知大連新發現一批羅振玉舊藏甲骨消息，隨即呈文華北高等教育委員會，爭取收歸平圖。7月23日公函內容爲：

> 今有華東大學教授何封、李仲融、趙平生來館參觀，談及膠東行政公署有從大連得來甲骨兩箱，係得自大連寓公羅振玉者。考甲骨文字爲我國最古寫本書，本館前曾購得羅氏所藏甲骨一部分加意保藏，此次羅家舊藏續有發現，莫若合存一處。擬請大會轉函中央宣傳部，向膠東行署函商可否將兩箱甲骨送歸本館儲藏，俾分而後合，諒大會當予贊同。敬請查核辦理賜示爲感，此上高教會。

公函館長簽名爲"王代"，即時任代理館長王重民。9月15日，華北高等教育委員會下發由主任委員董必武及副主任委員簽發的通知，回復平圖：

> 前據你處七月廿三日呈請將膠東行署所存甲骨兩箱撥歸你館保藏事，已於七月廿三日轉呈華北政府辦理，昨奉華府轉來山東省人民政府九月六日覆函稱："八月一日秘總字一五七號，函詢膠東行署存有從大連得來甲骨兩箱，係得自大連寓公羅振玉的存品。當即函膠東行署查明具報。茲據該署報稱：'膠東之甲骨文原係大連日本人出賣的，經膠東各救會高自忠同志買來，現交膠東文管會保存，據鑒別內有三分之二是假的，至於大連寓公羅振玉的存品則未聽説過。'"特此通知。

北平圖書館又一次與珍貴甲骨入藏失之交臂。此片羅振玉舊藏甲骨現藏山東博物館。胡厚宣先生在《甲骨續存》序中言及在山東查看山東文管會所藏甲骨："羅振玉舊藏一三九〇片，係解放後從大連買來，先歸膠東文管會，後歸山東文管會。"① 另據《山東古代文物管理委員會工作簡述》一文，此批甲骨於1951年11月8日從萊陽運回。②

8. 通古齋舊藏甲骨入藏

《殷虛卜辭綜述》第十二章附錄一之"（八）出土甲骨的統計"，列舉北京圖書館甲骨收藏情況，述及羅振玉、張仁蠡、何遂、胡厚宣、通古齋五批。其中前四批上文已指出都是新中國成立以前入藏北圖，因此我們有理由相信，從通古齋采購的這批甲骨也

---

① 胡厚宣：《甲骨續存》序，北京：群聯出版社1955年版。
② 《文物參考資料》1951年第7期。

可能爲新中國成立前入藏,最晚也不會超過 1953 年。①

9. 1958 年文化部文物局撥交善齋、孟定生等舊藏多批甲骨

根據國圖藏檔案,1958 年 8 月 11 日,文化部文物管理局下文移交北圖該局收集的甲骨。公函内容爲:

> 兹將我局借給考古研究所進行研究的善齋舊藏甲骨 150 箱,共計二萬八千四百四十七片,即撥交你館入藏。已由我局丁燕貞同志與考古所陳公柔同志,你館曾毅公、索恩鋸二同志三方面會同點交接收,將該批甲骨與原始拓本,逐塊核對交接無誤。此外,又將我局收集的另(按,原文如此)星甲骨一千六百零五塊一併撥交你館,亦經曾、索二同志點收帶回。兹隨函附去撥交單據二份(附善齋舊藏甲骨清册一份),請在撥交欄處簽署蓋章後,即寄回一份,留存備查。

檔案所見,文物管理局移交處室負責人爲張珩。劉體智善齋甲骨"移交單證"記錄文物局善齋甲骨登記號爲"購 7119 至購 7268"。除撥交 150 箱甲骨及紅木盒座 12 個外,同時撥交原拓本目錄拾捌册及點交清單兩份(一份爲借考古所時點交清單,一份爲移交北圖點交清單)。善齋甲骨"一九五三年秋運來北京",②爲"購自劉體智"。③ 此檔案記載,文化部接收後,先借中國社會科學院考古所研究,"於一九五三年九月十四日開始點交,至十月十日點交完畢"。經手人爲社管局羅福頤,考古所陳公柔、周永珍。該所把此批甲骨全部傳拓一遍,并對照原拓本逐片辨别真僞,指明實物與拓本不對應等情况。現存國圖的善齋舊藏拓本,留有不少陳夢家、羅福頤、陳公柔等先生的墨迹,諸如"此僞　陳夢家"、"5102 號僅存左半截,羅福葆 1954.10.11",即爲當時的工作記録。1958 年 8 月,此批甲骨正式移交北圖。點交清單内容包括木盒編號、拓本卷頁數、甲骨片數、備注(指明僞刻、殘缺、無字等情况),末有總結説明:

> 以上甲骨計壹百伍拾木盒(附紅木盒座十二個),共計貳萬捌仟肆佰肆拾柒片,拓本目錄拾捌册。内計疑僞者三片,僞品二二五片,已斷折八片,剥蝕、折失、損字等十四片,無字者七片,有拓本未見原骨者十三片,甲骨與拓本不符者十八片。
>
> 又此批甲骨在一九五三年十月至一九五八年三月底撥交時止,因保管不善,大部分因潮濕,骨面生出白霜和形如小米的灰白霉點,紅木盒和紅木盒座開膠、折腿、盒散,小布盒部分發霉等情况。又盒内附空布小盒二個,另第二盒大肩胛骨改裝布盒内。
>
> 又此次係實物與原始拓本對照清點,綜數二萬八千四百四十七片,比考古所點

---

① 《殷虚卜辭綜述》"前言"云"本書從一九五三年開始寫起,至一九五四年底寫完,共經二年"。
② 陳夢家:《解放後甲骨的新資料和整理研究》,《文物參考資料》1954 年第 5 期。
③ 陳夢家:《殷虚卜辭綜述》,頁 656。

收時之二萬八千三百九十七片實多五十片。

此次撥交除善齋舊藏甲骨外,還有多批名家舊藏甲骨。移交清單內容如下:

號　　碼	名　　稱	備　　考
購 5090	甲骨 24 塊	一盒四塊與原槽不合,宋荔秋出售
獻 7842	甲骨 36 塊	張珩捐獻,內有四片無字
獻 10598	甲骨(獸骨刻文)1 塊	徐炳昶捐獻
購 3489	甲骨 380 塊	二盒(內有無字者 9 塊,一塊大者無字)李鶴年出售
獻 11115	甲骨(沐園甲骨)400 片	羅伯昭獻一盒
購 7280	甲骨 440 片	四盒(內一大塊無字)郭若愚出售
獻 10597	甲骨 14 片	徐炳昶捐獻
	甲骨(帶字)7 塊	徐炳昶捐獻
	甲骨(不帶字)19 塊	徐炳昶捐獻
獻 13738	甲骨 33 塊	黃錦雯捐獻
獻 13739	甲骨 20 塊	黃錦雯捐獻
獻 13740	甲骨 20 塊	黃錦雯捐獻
獻 13741	甲骨 41 塊	黃錦雯捐獻
獻 13742	甲骨 108 塊	黃錦雯捐獻
購 9017 之 1	甲骨 29 塊	梁及時出售
購 9017 之 2	甲骨 17 塊	梁及時出售
購 9017 之 3	甲骨 16 塊	梁及時出售

此表提供了不少新的信息。首先是來源信息。宋荔秋爲琉璃廠舊書店主人,黃錦雯、梁及時二人生平暫未查到相關資料,此三項來源之前無人提及。黃錦雯所捐,即獻 13738—13742,曾毅公曾言及此登記號,並說"計 73 小殘片,北圖編號爲 5200—5272",并懷疑它們可能是一批一坑所出,也可能與 YH127 坑有關。此 73 片甲骨《甲骨裝箱目錄》僅登記"文化部撥交"。

李鶴年出售 380 塊也少有提及。但我們分析,此批甲骨應該就是學術界常說的國圖藏"孟定生舊藏甲骨"。[①] 此批孟定生舊藏甲骨是先經李鶴年收藏,后李氏出讓給

---

① 《殷虛卜辭綜述》附錄一之"出土甲骨的統計"記載文化部"購自孟定生"。

文化部。據雷夢辰《津門書肆記》，李氏爲孟氏昔年學生，孟氏故後，李氏托天津楊永維茹香閣舊書店購孟氏舊藏甲骨。① 據《李鶴年談碑帖及甲骨鑒定》，李氏"收藏的甲骨共計 430 片，大都來自先生孟廣慧之手"，"解放以後，李先生出於愛國之心，將珍藏的 430 片甲骨，自己留下 30 片，那 400 片決定交國家入藏"。② 大約在 1951 年初，李先生帶着 400 片甲骨到文化部，與傅忠謨商定以 1 000 元半捐半賣給國家。因雷夢辰書云李氏購孟氏舊藏甲骨"一百三十塊"，故李氏舊藏是否全爲孟定生舊藏，有待進一步探討，說此批甲骨"購自孟定生"應該不合適。

羅伯昭舊藏甲骨，陳夢家曾云："本刊第五期刊載了我的《解放後甲骨的新資料和整理研究》，並其他兩文，曾得到許多反應。上海羅伯昭先生因看到該文，立刻將他所藏的甲骨四百余枚捐獻給政府。"③另《殷契拾掇三編》"圖版説明"亦提及羅伯昭藏甲骨事："一九五四年冬，他以南唐'保大元寶'背'天'銅錢一枚，向孫鼎先生易得甲骨一批。我氈拓後收入本編。"④則羅氏舊藏甲骨捐獻國家的時間當爲 1954 年底。葛亮先生詳細梳理《掇三》所收羅伯昭舊藏甲骨，並承郭若愚先生面告，得知《掇三》所收"羅伯昭藏"並非全部歸羅氏所有，也包括部分孫鼎舊藏，現藏復旦大學博物館。⑤ 據胡厚宣先生言，孫鼎藏甲骨百餘片，⑥則羅伯昭所捐 400 片並非全部得自孫鼎。葛先生又根據國圖網站所公布的館藏甲骨圖片和信息，分析《掇三》所收"智龕自藏"亦混入部分羅伯昭舊藏甲骨。但葛先生所據國圖藏羅伯昭舊藏甲骨 457 片（即北圖 1—457）與本文所引文物移交清單不符，有待進一步分析。

宋荔秋出售 24 塊，相關記載未涉及。《殷虛卜辭綜述》附錄一之"出土甲骨的統計"記載文化部撥交除劉體智、羅伯昭、徐炳昶、張珩、郭若愚、孟定生外，另有"購自邵伯絅"，片數爲 22，根據片數及《甲骨裝箱目録》登記順序，似可確定此宋荔秋出售甲骨爲邵章（字伯絅）舊藏。

關於張珩捐獻甲骨，根據上述國圖藏此移交檔案，張珩先生當時即爲文化部文物管理局負責移交的處室負責人，但其舊藏甲骨捐獻時間當在此次移交之前。根據"移

---

① 雷夢辰：《津門書肆記》，天津：天津古籍出版社 2014 年版，頁 10。
② 章用秀：《黑老虎的學問——李鶴年談碑帖及甲骨鑒定》，《鑒定家談古玩鑒定》，北京：藍天出版社 2002 年版，頁 146—147。
③ 陳夢家：《甲骨補記》，《文物參考資料》1954 年第 12 期。
④ 郭若愚編：《殷契拾掇三編》，《殷契拾掇》，上海：上海古籍出版社 2005 年版，頁 225。
⑤ 葛亮：《〈殷契拾掇〉校理》，《古籍研究》編輯委員會：《古籍研究》總第 57—58 卷，合肥：安徽大學出版社，頁 95—96。
⑥ 胡厚宣：《甲骨續存》序。

交清單"上的登記號"獻 7842",小於羅伯昭批登記號"獻 11115",所以捐獻時間當在 1954 年之前。

此次"移交清單"關於各家舊藏片數也提供了新的信息。清單顯示各舊藏家甲骨片數與現有相關統計有統一的,也有不統一的。邵章、張珩二家各處統計基本一致;徐炳昶舊藏數量與《甲骨裝箱目錄》一致,皆 24 片,《殷虛卜辭綜述》則爲 13 片;郭若愚舊藏《殷虛卜辭綜述》與清單一致,皆 440,《甲骨裝箱目錄》則爲 366;羅伯昭舊藏數量《甲骨裝箱目錄》爲 473 片,《殷虛卜辭綜述》爲 388,"清單"則爲 400 片;孟定生舊藏甲骨數量三者記載分別爲 300、360、380。

上文對國圖藏大部分批次甲骨來源情況進行了梳理,庆云堂、尊古齋、粹雅堂舊藏甲骨因無更多資料,目前無法確定其入藏情況。但因爲《殷虛卜辭綜述》未述及此三家,且《甲骨裝箱目錄》登記時間爲 1964 年,則可確定此三批大致入藏時間爲 1954 年至 1964 年。除此之外,其餘諸家遞藏情況也仍有不少不確定的地方,尤其是藏家與具體甲骨的對應還存在不少問題,還需進一步探討。

研究清楚國圖藏甲骨的遞藏來源非常有必要。未經科學發掘的甲骨,不同於經科學發掘所得的甲骨,沒有出土坑位、同出物等信息,給科學整理和研究甲骨造成很大的局限。以國圖爲代表的未經科學發掘所得的甲骨,占存世甲骨的比例不小。早在 1947 年,董作賓作《殷虛文字甲編》序已明確指出"以前著録的甲骨文字出土地,可借此推求",[1]并列出《鐵雲藏龜》、《殷虛書契前編》、《殷契粹編》等甲骨著録書與出土地及五期的對應關係。胡厚宣《大陸現藏之甲骨文字》附有"甲骨文早期出土源流表",也追溯甲骨傳世品和舊著録書源流至王懿榮、劉鶚、羅振玉等早期藏家。近年,學術界尤其重視通過追溯甲骨的遞藏源流來還原甲骨的大致出土地點。宋鎮豪先生重視私掘甲骨遞藏源流的梳理,其《甲骨學殷商史研究》第二章第三節"殷墟甲骨文的搜集和流傳"參考前輩學者相關論述,較爲全面地梳理了國內外甲骨的遞藏源流,並明確提出"盡可能地推斷私掘甲骨文最初的地點";[2]其《記歷史所收藏的殷墟甲骨文》[3]對社科院歷史研究所所藏甲骨的來源,一一進行了梳理,並把源頭追溯到王懿榮、劉鶚、羅振玉、端方、孫文瀾諸家,很有借鑒意義。近年幾部著録書的前言,也大多梳理了各自的甲骨遞藏源流。殷墟甲骨的出土地安陽小屯村,一般分爲村南、村北以及村中等區域,不同區域的甲骨埋藏各有一定特點,甲骨分期分類研究以及有關早期

---

[1] 董作賓:《殷虛文字甲編》序,中研院歷史語言研究所 1948 年版。
[2] 宋鎮豪、劉源:《甲骨文殷商史研究》,福州:福建人民出版社 2006 年版,頁 33。
[3] 《中國史研究》2011 年第 4 期,亦收爲《中國社會科學院歷史所藏甲骨集》前言。

甲骨流散的相關記載，爲甲骨傳世品追溯最早的出土點提供了可能。周忠兵在《卡内基博物館所藏甲骨的整理與研究》一書中指出，卡内基博物館所藏部分庫、方甲骨應該就是1904年在小屯村北朱坤地中所出。國圖藏甲骨量大、來源複雜，通過遞藏源流還原甲骨的出土地是非常有必要的。在目前基礎上，我們將進一步梳理相關文獻記載，利用著録書綫索、重片著録綫索、綴合綫索，盡可能追溯國圖藏甲骨從出土到流散的脉絡。

二、國内外非考古單位所藏甲骨整理現狀

隨着甲骨研究的深入和著録技術的提高，近年各非考古單位紛紛全面整理公布所藏甲骨，目前已有多家收藏單位整理完畢，并正式出版。這些著録書反映了甲骨著録方式和整理思路的新進展，提供了可資借鑒的經驗；甲骨綴合、辨僞、釋文校訂等甲骨基礎整理研究以及鑽鑿研究，也爲提高新的甲骨著録水平打下了基礎。

1. 甲骨著録方式

近年先後整理出版的同類甲骨著録書有：《中國國家博物館館藏文物研究叢書·甲骨卷》(2007)、《北京大學珍藏甲骨文字》(2008)、《上海博物館藏甲骨文字》(2009)、《史語所購藏甲骨集》(2009)、《中國社會科學院歷史所藏甲骨集》(2011)、《俄羅斯國立愛米塔什博物館藏殷墟甲骨》(2013)、《旅順博物館所藏甲骨》(2014)、《卡内基博物館所藏甲骨研究》(2015)。其著録方式已從之前單一的拓本或摹寫發展爲拓本、摹寫、照片"三位一體"，若再加上釋文、著録表，有學者稱之爲"五位一體"，這種方式已成爲目前各收藏單位著録甲骨的共識。

這些收藏單位所藏甲骨皆爲早期非科學發掘而來，與科學發掘所得的甲骨不同，編排方式一般按分期、分類編排（《上博藏》按館藏來源流水號編排，不便於參考研究，當屬個例）。《中國國家博物館館藏文物研究叢書·甲骨卷》片數較少，總體編排嚴格按照類組，類組下再按内容分類，共分祭祀、戰事、農業、氣象、田獵、其他王事、生育、卜旬、地理、人物、文字、記事12類。對於同版内容較多者，提出"依其内容較重要者決定次序"。《北京大學珍藏甲骨文字》主張"先分類、再分期"，可謂獨樹一幟。但因爲分類有一定主觀性，所以此種方法在客觀性和科學性方面似乎存在問題，不便於研究；並且先分類後分期，有的類分得過於瑣碎。該書還確定了以主要卜事爲主的分類原則，則有一定參考價值。按照此原則，該書具體分爲農事、田獵、祭祀、戰爭、巡狩、刑獄、徵調貢納、王事、天象氣象、干支曆數、卜法、其他12類，可以看出此分類應該是在《合集》分類基礎上作了一定程度的調整。社科院歷史所主持編纂的《中國社會科

學院歷史所藏甲骨集》、《俄羅斯國立愛米塔什博物館藏殷墟甲骨》、《順博物館所藏甲骨》延續《合集》、《合集補編》體例，采取"先分期後分類"的方式，分期采用五期分法，並適當兼顧分組；分類則在《合集》基礎上進行了很大調整，分祭祀、軍事、人名、出使、納貢、田獵、往來、天氣、農業、夢幻、病患、旬夕等細類，應該說在《合集》、《合集補編》的基礎上作了較大調整，代表了甲骨內容分類的最新進展。但此三書以及上述已出版同類著錄書在具體的類目名稱和數量上並不統一，如何設計一種分類清晰、便於操作又有一定繼承性的甲骨分類，仍需進一步探討。

2. 綴合、辨偽與釋文校訂

近幾年，甲骨綴合研究突飛猛進，據蔡哲茂、林宏明、黃天樹諸先生團隊等綴合專書，以及先秦史研究院網站發布的綴合成果粗略統計，僅國圖自綴者就有 320 餘組。已有的綴合成果大大增強了國圖藏甲骨的文獻價值，其相關綴合理論研究也會促進國圖藏甲骨更多綴合成果出現。

辨偽研究多是剔除已著錄材料中的偽刻，如臺灣朱歧祥、蔡哲茂二位先生利用各種著錄書互校，指出《殷墟甲骨輯佚》、《北京大學珍藏甲骨文字》、《上海博物館藏甲骨文字》等書中的偽片。[1] 此外，偽刻史研究也是甲骨辨偽研究的一個方面。董作賓先生在《方法斂博士對於甲骨文字之貢獻》一文中，曾將早期甲骨作偽情況歸納爲六個階段；[2]近年周忠兵《卡內基博物館所藏甲骨研究》專門就卡內基藏偽刻甲骨進行研究，分析其所處偽刻階段，很有借鑒意義。

胡輝平女士《國家圖書館藏甲骨整理劄記》、《善齋舊藏甲骨與〈甲骨文合集〉釋文之校勘》校勘《合集》等所著錄國圖藏品的圖片、釋文、來源表等存在的失誤，顯示出實物校勘的優勢。[3]

3. 鑽鑿研究

鑽鑿形態專門研究有臺灣許進雄先生《甲骨上鑽鑿形態研究》及《小屯南地甲骨》、《花園莊東地甲骨》。近來周忠兵《卡內基博物館所藏甲骨研究》結合甲骨類組對鑽鑿形態進行了更爲細緻的分析，並且利用了國圖綫上發布的部分甲骨鑽鑿圖片。就鑽鑿研究本身來說，在更大範圍內去觀察和驗證實物鑽鑿形態應該能進一步促進鑽鑿研究的規律性和科學性。

---

[1] 劉源：《近兩年的甲骨學研究》，《史學史研究》2010 年第 3 期。
[2] 董作賓：《方法斂博士對於甲骨文字之貢獻》，《圖書季刊》1940 年新第 2 卷第 3 期。
[3] 胡輝平：《國家圖書館藏甲骨整理劄記》，《文獻》2005 年第 4 期；胡輝平：《善齋舊藏甲骨與〈甲骨文合集〉釋文之校勘》，《文獻》2009 年第 1 期。

三、國圖藏甲骨的整理現狀與出版規劃

1. 國圖藏甲骨整理現狀

自上世紀 50 年代國圖就開始開展館藏甲骨傳拓工作，每片甲骨傳拓 3 份，當時專門從故宮調來拓工張廣泉專司甲骨傳拓。此後傳拓工作陸續進行，2002 至 2005 年，國圖組織人力，集中對館藏甲骨進行搶救性傳拓，完成了全部館藏甲骨的傳拓。

早在上世紀 30 年代，在本館金石部任職的古史和古文字專家劉節先生，開始利用館藏甲骨文資料進行研究；上世紀 40 年代調入北平圖書館工作的曾毅公爲著名甲骨學家，也是甲骨綴合研究的先驅者之一，但後來研究方向轉向石刻拓片，没有對館藏甲骨進行系統整理。

2003 年國圖加强研究力量，從第 1 號開始對館藏甲骨進行整理。次年國圖開發了"甲骨世界"資源庫，在綫發布館藏整理好的甲骨實物與拓片資源，是國内最早、目前仍少見的通過網路發布甲骨資源的收藏單位。截至目前，已在綫發布甲骨實物 3 764 種，甲骨拓片 5 776 種。

目前，國圖已完成大約半數館藏甲骨的釋文及分期、分類，正在加快整理速度，爭取早日完成全部館藏甲骨的初步整理。整理過程中發現的國圖藏甲骨較爲重要者，分類舉例説明如下：

① 國圖拓片比《合集》等清晰。北圖 6432（《合集》25627），因《合集》拓片不清，故諸家誤釋"祼"爲"賓"；北圖 2645（《合集》29803）有"……日戊，旦湄至昏不雨"，其"旦"字清晰無誤，而《合集》因拓片不清晰，諸家釋文皆誤爲"今日"。

②《合集》等漏背面拓片。北圖 2152（《合集》9862）、北圖 9015（《合集補編》4290）、北圖 9125（《合集》17376），《合集》與《合集補編》皆漏背面。北圖 9125（《合集》17376）背面有字"王占……井……"。

③《合集》等未拓全。北圖 2249（《合集》20676），合集所收僅拓有字局部，非全拓。

④ 個別重要者《合集》未著録。北圖 8933，有"黃牛"合文，較爲少見；北圖 9089 釋文作"……卜，貞：王……武丁彡亡尤"；北圖 12675《合集》未收，釋文爲"……卜，狄……田卒……"；北圖 12699《合集》未收，釋文爲"……卜……雀……擒……"。

⑤《甲骨文合集材料來源表》有誤。《甲骨續存》所著録甲骨《來源表》往往漏現藏地北圖，如北圖 9892、《合集》23660、《續存》上 1717，北圖 12582、《合集》10782、《續存》上 756。

⑥ 現有字編未收的新字或異體字形。北圖 8916 "祼" 字異形較爲特異；北圖

12618 有字■，新近出版的甲骨文文字編似未收録。

2. 國圖藏甲骨出版規劃與編纂體例

國圖藏甲骨雖然已由《合集》、《合集補編》等大型著録書著録了約 1.5 萬片，但因甲骨實物本身的不可替代性，以及國圖藏甲骨拓本清晰度高於《合集》等著録書，已著録甲骨拓片與釋文往往有可據此糾正的地方，未著録過的部分亦不排除有重要者和能與已著録甲骨綴合者，所以全部國圖藏甲骨的整理發布意義重大。

爲了儘早公布此批資料，國圖已制定規劃，並簽訂出版合同，力爭用 1—2 年時間，集中精力完成全部館藏甲骨的釋文以及分期分類、辨僞等基礎工作，同時完成甲骨實物高清照片的拍攝。在此基礎上，充分吸收相關研究成果，按照五期順序并適當兼顧類組，依次分批出版，力求提供一份可供學界利用的可靠和便利的成果。在整理過程中，結合實物做好已著録和已綴合國圖藏甲骨的校勘，對基礎整理涉及的分期分類、辨僞等根據實物及清晰拓片做出新的探索；全面分析國圖藏僞刻甲骨，總結國圖藏甲骨所反映的僞造方式，總結辨僞方法；在分期分類基礎上，推進國圖藏甲骨新的綴合；利用各種綫索進一步全面分析梳理國圖藏甲骨的來源和遞藏情況。

參考近年新出同類甲骨著録書，我們初步擬定了國圖藏甲骨出版編纂體例：

① 内容：館藏甲骨全部收録，包括有字甲骨、無字甲骨、僞刻甲骨。僞刻甲骨是甲骨出土後流傳過程中的特殊産物，有其反面意義，故亦收録。收録時可區分真骨僞字、字骨皆假等不同情況。

② 整體編排方式：采取先分期、分組，後分類。無字甲骨、僞刻甲骨排在全書最後。

③ 各册編排方式：各册先編排圖片，後編排釋文、舊藏與著録情況表等。

④ 圖版編排：主要采取甲骨實物照片、拓片照片二合一形式。背面圖片無字、無鑽鑿者一般不收。個別拓片不清晰者，選用國圖善齋舊藏拓片等早期拓本。

⑤ 全部甲骨實物與拓片圖版皆按原大影印。

⑥ 館藏甲骨可自綴合者，以綴合後的實物及拓片照片影印。

⑦ 甲骨實物除正面外，背面、臼部有字及背面有鑽鑿痕迹者，一並拍攝影印。

⑧ 釋文皆使用繁體字。釋文除常見且字形結構無差别者外，一般采用嚴式，能隸定者以隸定字、無法隸定者以原形字表示。

⑨ 書末附各種表格。在根據實物核驗糾正相關著録、綴合失誤的基礎上，製作國圖藏甲骨舊藏情況表、著録情況表、綴合情況表，爲學界參考利用國圖藏甲骨提供便利。

故宫博物院藏殷墟甲骨文的整理與出版*

王 素

(故宫博物院古文獻研究所)

2015年3月到11月,我參加過不少關於古籍圖書的評審會和論證會,[①]總的印象是甲骨文和殷商史的圖書越來越少。12月中旬,借赴日本東京明治大學參加中國石刻墓誌國際研討會之便,去東京大學東洋文化研究所參觀松丸道雄捐贈的甲骨文圖書,發現都是舊版書,没有新版書;去神田町著名的東方書店購書,也只見到兩種新版甲骨文圖書,[②]情况與中國大體相似。在對陳寅恪先生所説的"新材料與新問題引領學術新潮流"有了更加深入的體味的同時,[③]也深感故宫博物院藏殷墟甲骨文資料的整理與出版十分重要。

故宫博物院究竟藏有多少殷墟甲骨?我們目前掌握的數字,還是胡厚宣先生1965年和1974年兩次進故宫統計的22 463片。[④] 其中,4 740片有文物號;17 723片

---

* 本文爲國家社科基金重大項目"故宫博物院藏殷墟甲骨文整理與研究"(批准號:14ZDB059)系列成果之一,得到國家社科基金專項資助。
① 如"2015年度古籍整理出版項目資助評審會"、"第七届高等學校科學研究優秀成果奬(人文社會科學)專家評審會"、"'十三五'國家重點出版物出版規劃項目論證會"等。
② 一種是東京築摩書房2011年2月出版的落合淳思的《甲骨文字小字典》,一種是京都人文書院2015年4月出版的高島敏夫的《甲骨文の誕生——原論》。
③ 陳氏原文爲:"一時代之學術,必有其新材料與新問題。取用此材料,以研求問題,則爲此時代學術之新潮流。"見《陳垣敦煌劫餘録序》,原載《歷史語言研究所集刊》第1本第2分,1930年;收入《金明館叢稿二編》,上海:上海古籍出版社1980年版,頁236。
④ 胡厚宣:《關於劉體智、羅振玉、明義士三家舊藏甲骨現狀的説明》,《殷都學刊》1985年第1期,頁5。另參王素《故宫博物院藏殷墟甲骨文整理與研究項目緣起》,《故宫博物院院刊》2016年第3期。

屬於資料,没有文物號;還有60片無字甲骨,既無文物號,又無資料號。此外,在有文物號的4740片中,發現兩版甲骨粘連未經剥離共一文物號的情況。據此推測,全部整理完畢,總數可能會超過22463片。這樣,作爲國家社科基金重大項目"故宫博物院藏殷墟甲骨文整理與研究"的標誌性成果《故宫博物院藏殷墟甲骨文》,估計會多達60卷,如何整理與出版,就成爲一個必須認真對待的問題,同時也是一個學術界非常關心的問題。

我們原定的整理方案,包括三個"必須保證"和兩個具體構想。三個"必須保證"爲:(一)必須保證符合出土文獻整理的最高原則;(二)必須保證國家兩年一檢查有階段性研究成果;(三)必須保證故宫博物院甲骨事業有可持續發展空間。兩個具體構想爲:一爲按故宫博物院藏文物號順序進行整理,一爲按檔案規範整理而不按古籍規範整理。[①] 其中,第一個具體構想,並不是説只按故宫博物院藏文物號順序進行整理,不考慮分組、分期,而是希望將分組、分期作爲續編的索引附録書後。這樣,分組、分期即使有問題,也只是修改索引的問題,不會影響全書的大排行。但這個整理方案,在2015年4月1日召開的本項目開題論證會上,受到院外專家的質疑。他們希望還是先按分組、分期進行整理,然後再將院藏文物號順序作爲續編的索引附録書後。這樣,給我們的整理工作提出了極大的挑戰。爲此,我們經過多次協商調整,提出了一個改良新方案。

這個改良新方案的主要宗旨是:先按分組、分類整理和編排,後附院藏文物號順序索引。當然,這個改良新方案會給我們的工作增加很大難度。因爲按照這個改良新方案,需要將全部院藏甲骨編目、拍照、釋文完畢,才能按分組、分類進行整理。但這樣一來,整理工作曠日持久,就很難保證國家兩年一檢查有階段性研究成果。爲此,我們提出兩個解決辦法:第一,"化整爲零"分藏家整理出版。即將全書分成不同的藏家:小的藏家,有的單獨成卷,有的合并成卷,譬如謝伯殳卷,馬衡卷,倪玉書、陳鑒塘卷,李紹白、夏錫忠、薛貴笙卷,等等,分别整理出版;大的藏家,根據工作進度,時間允許,合爲一個總卷,時間不允許,分成若干分卷,譬如明義士卷,有可能集中整理

[①] 詳參王素《故宫博物院藏殷墟甲骨文整理與研究構想》(待刊)。按:原整理方案中的"必須保證"和"具體構想"存在緊密聯繫,其中"必須保證符合出土文獻整理的最高原則"和"按故宫博物院藏文物號順序進行整理"包含兩層意思:(一)出土文獻整理的最高原則,是盡可能地保存原貌,或者説保存原始信息,甲骨文整理也不能例外。故宫博物院的不少宫殿都恢復"原狀陳列",意義與之相同。(二)故宫博物院藏殷墟甲骨文主要爲明義士舊藏,明義士原本對這批甲骨文做過匣、屉、包的分類和分期,這是他的研究成果,應該得到尊重。這兩層意思,都説明故宫博物院藏甲骨文物號順序不宜打散。

出版，有可能分卷整理出版。第二，"抓大放小"分大組整理出版。即只分大組，不分小組。分大組大體綜合《殷墟王卜辭的分類與斷代》、《殷墟甲骨分期研究》、《甲骨文合集分組分類總表》等書觀點，[①]先分王卜辭和非王卜辭，然後王卜辭分師組、自組、賓組、歷組、出組、無名組、何組、黃組等，非王卜辭分子組、午組、亞組等。歷組就是歷組，不細分歷組一類、歷組二類、歷組草體類；賓組就是賓組，不細分賓組一類、賓組二類、賓組三類甚至賓組一A類、賓組一B類等。

此外，我們還準備在編輯、出版方面進行改良。具體來說，就是爲了讀者使用方便，我們準備將每片甲骨的原物、拓本、摹本照片，以及相關說明、釋文等，合置於一頁（當然，大片甲骨可以合置多頁），全彩四色印刷。此前，拓本、摹本似乎很少出過彩版，實際上拓本、摹本的彩版效果要比黑白版效果好。

根據改良新方案，我們準備2016年先整理四卷，2016年至2017年出版。主要內容如下：

1.《故宮博物院藏殷墟甲骨文·謝伯殳卷（壹）》

本卷內容爲故宮博物院收購謝白殳舊藏甲骨262片，以彩色原物照片（正、背、側）、拓本（正、背）、摹本（正、背）三位一體的方式整理出版，同時配有說明、釋文、索引等文字。約2100幅圖版，6萬文字。大八開，四色印刷。

2.《故宮博物院藏殷墟甲骨文·謝伯殳卷（貳）》

本卷內容爲故宮博物院收購謝白殳舊藏甲骨261片，以彩色原物照片（正、背、側）、拓本（正、背）、摹本（正、背）三位一體的方式整理出版，同時配有說明、釋文、索引等文字。約2100幅圖版，6萬文字。大八開，四色印刷。

3.《故宮博物院藏殷墟甲骨文·馬衡卷（壹）》

本卷內容爲馬衡捐贈故宮博物院甲骨364片，以彩色原物照片（正、背、側）、拓本（正、背）、摹本（正、背）三位一體的方式整理出版，同時配有說明、釋文、索引等文字。約2900幅圖版，6萬文字。大八開，四色印刷。

4.《故宮博物院藏殷墟甲骨文·馬衡卷（貳）》（凡將齋甲骨刻辭拓本）

本卷內容爲馬衡凡將齋舊藏甲骨拓本630枚（都是20世紀初的拓本），內含故宮博物院現藏馬衡捐贈甲骨。本卷得到馬衡家屬——馬思猛先生的大力支持、協助、授權，以拓本、摹本二位一體的方式整理出版，同時配有說明、釋文、索引等文字。約

[①] 黃天樹：《殷墟王卜辭的分類與斷代》，臺北：文津出版社1991年版；李學勤、彭裕商：《殷墟甲骨分期研究》，上海：上海古籍出版社1996年版；楊郁彥：《甲骨文合集分組分類總表》，臺北：藝文印書館2005年版。

1 260幅圖版,8萬文字。大八開,四色印刷。

　　《故宫博物院藏殷墟甲骨文》多達六十卷,如果每年整理出版四卷,也得整理出版15年,與我們希望在8至10年内完成整理出版還有很大距離,如何既能加快整理進度,又能保證整理質量,是我們下一階段需要考慮的問題。具體來説,我們希望編目、攝影、拓片、摹文四個子課題組在分别完成各自的工作後,與釋文子課題組合并爲一個大的圖書整理出版組,内部進行分工,參加編輯加工、版式設計、校文核字、質量檢查等工作,推進出版速度,争取在10年内,將《故宫博物院藏殷墟甲骨文》六十卷全部出版完畢。

山東博物館藏甲骨述要

于 芹　張 媛

（山東博物館）

　　殷墟甲骨是山東博物館的重要典藏之一，收藏數量達1.05萬片，這些藏品流傳有序、內容豐富，具有極高的文物價值、史料價值和學術史研究價值，彌足珍貴。山東博物館甲骨絕大多數是20世紀50年代由山東省人民政府文物管理委員會移交入藏的。入藏之初就得到學界的重視，胡厚宣先生主編《甲骨文合集》時，先後四次來到山東博物館，高度評價了山東博物館所藏甲骨，謂："從來搜集甲骨最勤的羅振玉舊藏之甲骨，以山東博物館現藏部分最精；外國人收集我國甲骨最多的明義士舊藏之甲骨尚留在國內的，在我們編輯的《甲骨文合集》出版之前，只有山東博物館所藏還從未發表過。由數量及品質看，山東博物館藏甲骨之重要意義不言而喻。"[1]胡厚宣先生在這段評價中提到了山東博物館藏甲骨的兩大主要來源：一是羅振玉舊藏，二是明義士舊藏。山東博物館另有來源於美國人柏根氏、益都孫文瀾等收藏家舊藏的殷墟早期出土品，這批甲骨的流傳與入藏事略對研究甲骨學術史有重大意義。

　　山東省博物館成立於1954年，建館之初藏品來源主要有以下幾個方面：一是調撥了山東省圖書館金石保存所收藏的青銅器、書畫、善本書等一批文物；二是接收了濟南廣智院歷年來搜集的動植物標本、古生物化石以及各類文物藏品；三是接收了山東人民政府文物管理委員會解放初期收集保管的各類文物。其中，廣智院和文管會收藏的殷墟甲骨作爲重要文物也歸入了山東省博物館。廣智院甲骨主要來源於美國人柏根氏的捐獻。山東省人民政府文物管理委員會的前身是山東古代文物管理委員會，其甲骨藏品主要來源於膠東古代文物管理委員會移交的羅振玉原藏品、齊魯大學移交的明義士原藏品和山東省立圖書館移交的孫文瀾原藏品。

---

[1] 劉敬亭：《山東省博物館珍藏甲骨墨拓集》，濟南：齊魯書社1998年版，頁2—3。

1948年7月,中共華東局、山東省人民政府領導的山東省古代文物管理委員會在華東局駐地青州城東張莊成立,後移至臨朐小陡溝村,同年9月24日濟南解放,駐地遷至濟南。1953年,山東古代文物管理委員會正式改稱"山東省人民政府文物管理委員會"。1952年秋,時任山東古代文物管理委員會副主任的王獻唐先生在工作總結報告《三年來的山東古代文物管理委員會》中説:"在解放戰爭以後,如何使各部門接收或没收的有價值文物集中起來,不使它損失;如何迅速地把散落市面有價值的文物收集起來,不使它損壞,這便是省古管會那時接受的工作任務,要有步驟有重點地去做。"①解放初期,百廢待興,山東省古代文物管理委員會面臨着調查、收集、搬運、整理、鑒定、保管、展覽等繁重工作,其發表的工作簡報中也多次寫到有關甲骨的工作事項。

1951年1月發表的《山東古代文物管理委員會一年來工作略述》寫道:

> 本年度所有收集工作,只限於接收及捐獻兩方面:計接收甲骨九片,銅器六十一件……,總計一萬零五百九十九件。②

又提到整理保管工作時説:

> 對接收各物均加以鑒別及説明,甲骨、銅器、陶器、磚瓦、瓷器、玉器、古錢各别或合并加以裝盒裝座。③

1951年7月發表的《山東古代文物管理委員會工作簡述》中總結了1948年7月至1951年4月的工作内容,多次提到甲骨:

> (1949年)爲接收各機關交管及地方人士捐獻古物之集中,搬運工作至爲繁瑣而重要……較爲重要的有:……(3)膠東文管會之甲骨文字一千三百餘片,原裝八十四匣。④

> 本年(1949年)四月,派本會委員張天雲赴萊陽縣吴家灘整理並審查甲骨。⑤

> (1950年)九月,爲迎接中華人民共和國第一個國慶,特舉行一次大規模公開展覽,……内容包括:銅器、甲骨刻辭、碑帖……,參觀群衆絡繹不絶。⑥

---

① 張廣存:《介紹王獻唐先生的一宗佚文》,《山東圖書館學刊》2009年第3期,頁45。
② 《山東古代文物管理委員會一年來工作略述》,《文物參考資料》1951年第1期,頁35。
③ 《山東古代文物管理委員會一年來工作略述》,頁36。
④ 《山東古代文物管理委員會工作簡述》,《文物參考資料》1951年第7期,頁177。
⑤ 《山東古代文物管理委員會工作簡述》,頁178。
⑥ 《山東古代文物管理委員會工作簡述》,頁179。

陳列的同時不忘研究甲骨，提道：

> 以後將繼續以所藏殷代甲骨文字，選擇骨片較大、文字易讀的，加以詮釋，已研究甲骨十三件，期能提高工作人員業務認識。①

山東省古代文物管理委員會成立之初就已意識到甲骨的重要性，工作人員特別重視對甲骨的調查、搜集、搬運、陳列、保管及研究工作，這對甲骨的傳承有重要意義。以下就以原藏家爲綫索，對山東博物館藏甲骨的來源、流傳、入藏及人物事迹略作介紹。

羅 振 玉

山東博物館收藏羅振玉舊藏甲骨 1 219 片。羅振玉(1866—1940)，字叔言，號雪堂，浙江上虞人，"甲骨四堂"之一，在甲骨材料的搜集、著錄、流傳上做出了突出貢獻。羅振玉自 1906 年起開始搜集甲骨，總數約 3 萬片，②其搜集事略詳見《甲骨學殷商史研究》。③ 羅振玉著有《殷虚書契前編》、《殷虚書契菁華》、《殷虚書契後編》、《鐵雲藏龜之餘》、《殷虚書契續編》五書，著錄甲骨 5 000 餘片。1914 年，羅振玉寫成《殷虚書契考釋》，使甲骨卜辭基本可以通讀。1928 年羅振玉遷居大連旅順，同時將舊藏十萬餘册古籍和大量文物從天津帶來，置於新建的"大雲書庫"中。1940 年羅振玉去世。1945 年 8 月蘇聯紅軍解放大連後，對旅順進行了軍事管制，蘇軍徵用了羅氏的住宅和藏書樓，致使大多數文物古籍流散民間。

羅氏甲骨是如何流入山東的呢？山東博物館原保管部主任劉敬亭先生在其編著的《山東省博物館珍藏甲骨墨拓集》一書的後記中說：

> 一九四五年，日本投降後，山東省膠東行政公署派幹部去東北地區鞏固地方政權，接受敵產。高兢生同志帶領十幾名同志到大連遠東煉油廠執行任務，在院內發現一只鐵皮箱，無鎖，電焊封口，箱內裝有何物無人知曉。用鐵錘砸開後，見箱內裝有木質小抽屜七十三個，布制小盒十一個，共嵌裝甲骨一二一九片。據分析，遠東煉油廠係海上碼頭，此箱應是日本人戰敗欲運走而未及運走者。膠東行政公署各救會會長張修己同志得知後立即來電叮囑："務必妥善保管，待機運往膠東。"這批甲骨運到膠東後，先由膠東圖書館保管，一九五一年膠東文物管理委員會撤銷時，

---

① 《山東古代文物管理委員會工作簡述》，頁 179—180。
② 王宇信：《甲骨學通論》(增訂本)，北京：中國社會科學出版社 1993 年版，頁 74。
③ 宋鎮豪、劉源：《甲骨學殷商史研究》，福州：福建人民出版社 2006 年版，頁 38—39。

將所藏文物交省文物管理委員會,膠東圖書館所藏的甲骨亦隨同一起交於省文管會。後經專家鑒定,係爲羅振玉舊藏。①

文中提到此箱甲骨應是日本人戰敗欲運走之物,那麼日本人是怎麼得到羅氏甲骨的呢? 1945 年,大連解放時就已經被日本占領了 40 年,40 年間,大連的文物古迹遭到了空前的破壞。日本人掠奪了大量的珍貴文物,盜運回國。這批甲骨或爲 1945 年 8 月蘇聯紅軍入城前後,羅氏舊宅散出之古物。日本人將其放入大鐵箱内並焊住封口,本密謀偷運回國,然而 9 月山東省膠東行政公署派幹部赴東北接收敵産時,發現了這個秘密,打開了這個大鐵箱。

1943 年 10 月,中共膠東區黨委、膠東行政公署成立膠東圖書館,任命王景宋爲館長,其任務是收集根據地的圖書和文物,駐地在煙臺栖霞。後經多方輾轉,羅氏舊藏甲骨入藏膠東圖書館。1948 年 4 月 24 日,中共膠東區委下達通知,宣布成立"膠東文化古物委員會"(後改稱"膠東古代文物管理委員會"),膠東圖書館成爲其直屬單位。劉敬亭先生在後記中提到了"一九五一年膠東文物管理委員會撤銷時,將所藏文物交省文物管理委員會,膠東圖書館所藏的甲骨亦隨同一起交於省文管會"一事。這與前述《山東古代文物管理委員會工作簡述》一文記載不同,《工作簡述》中提到省文管會接收甲骨的時間是 1949 年,應以 1951 年發表的《工作簡述》爲準。另外《工作簡述》提到的甲骨數量爲"一千三百餘片,原裝八十四匣",囊匣數量與劉敬亭所述是一致的,但甲骨的數量與目前實際數量不符。甲骨入藏後,部分甲骨經專家綴合粘在一起,劉敬亭所述 1 219 片就是綴合後的實際數量。"後經專家鑒定,係爲羅振玉舊藏。"鑒定爲羅振玉舊藏甲骨一個最重要的依據就是這批甲骨有部分曾著録於羅氏編著的《殷虛書契》和《殷虛書契後編》。

另外,山東博物館有一批甲骨曾經黄縣王惠堂先生舊藏,嵌裝於三個藍布囊匣中,共 79 片。三個囊匣外均有王惠堂題簽"商貞卜文古物",題簽時間爲"庚午年",應爲 1930 年。題簽上均標明匣内甲骨數量,並鈐"致中和珍藏印"朱文方印。王惠堂,名和言,字惠堂,道名雲濟,清同治九年(1870)生於黄縣(今煙臺龍口)西關二聖廟,卒於民國二十二年(1933)。一生善經商,以經營"熾昌厚"號著稱,作爲龍口八大行之一的熾昌厚,兼營煤炭、水運等業務,並於大連設分號。經胡厚宣鑒定爲羅振玉原藏品。據甲骨匣外題簽知,王惠堂得到這批甲骨的時間最遲不超過 1930 年,是直接得自羅振玉還是輾轉古董商人購得尚需進一步考證。王氏舊藏如何流入山東省文物管理委

---

① 劉敬亭:《山東省博物館珍藏甲骨墨拓集》,頁 489。

員會的？劉敬亭先生提到爲捐獻，考慮到王氏 1935 年去世，或爲其後人捐獻，具體捐獻時間有待查實。

明　義　士

　　山東博物館藏甲骨以明義士舊藏爲最多，逾 8 500 片。明義士（1885—1957），加拿大人，1910 年接受加拿大長老會海外傳教協會的安排，到中國河南"加拿大長老會豫北差會"工作，1914 年被派往彰德府（今安陽）傳教，收藏甲骨文逾 3 萬片。據董作賓、胡厚宣所作《甲骨年表》記載："明義士子宜乘老白馬游於洹水南岸，考察殷墟出土甲骨文字情形。自此以後，頻往調查搜求，所獲頗多。惟明義士初得大胛骨，乃新牛骨仿製者，售者欺外人不識真偽，舉以餐之。未久，乃腐臭不可嚮邇。然明氏從此悉心考究，終成鑒別真偽能手……以後，乃知小者之不可忽，故所得甲骨以碎片爲衆。"①
1917 年明義士編成《殷墟卜辭》一書並出版，書中著錄摹寫了甲骨 2 369 片。據他在書中稱其所得甲骨已達 5 萬片，成爲最大的甲骨收藏家。這些甲骨現藏南京博物院。1917 年初明義士應召隨"中國勞工團"赴法國前綫服役，1921 年春夏之交，他回到安陽，又重新開始了甲骨研究和收藏。1923 年到 1926 年安陽小屯村所出甲骨大多被明義士購藏。1927 年，北伐戰爭爆發，爲避戰亂，明義士來到北京的華北聯合語言學校任教，繼續他的學術研究，並從後得的甲骨中選了千餘片，請人拓了 5 份，分贈馬衡、容庚、商承祚、曾毅公，並自存。1951 年，胡厚宣據拓本摹了 847 片，編入《戰後南北所見甲骨錄》。

　　1932 年底，明義士受邀到齊魯大學國學研究所任考古學教授，將收藏的甲骨等部分藏品運到濟南齊魯大學内。齊魯大學是一座教會大學，成立於 1917 年，其前身是由美國、英國等教會創辦的山東基督教共合大學，1904 年由濰縣廣文學堂、青州共合神道學堂和濟南共合醫道學堂合并而成。1933 年冬，齊魯大學創辦"成章博物館"，館内文物展品主要來自齊大國學研究所和明義士的收藏。在齊大任教期間也是明義士學術研究最多產的時期，他先後完成了《甲骨研究》、《考古學通論》的講義的寫作，并發表了一系列研究甲骨文的論文。方輝先生對明氏的研究成果進行了統計。②

　　1936 年，明義士回國休假，因抗日戰爭爆發未能再回中國。據方輝先生《明義士和他的藏品》一書載，明義士回國前將其藏品存放在他的好友羅維靈醫生的房子裏，

---

① 董作賓、胡厚宣：《甲骨年表》，上海：商務印書館 1937 年版，頁 9。
② 方輝：《明義士和他的藏品》，濟南：山東大學出版社 2000 年版，頁 32。

把比較重要的甲骨和青銅器等存放在房子的閣樓上。1942年,日本軍隊占領齊魯大學,爲了防止日本人發現,明義士的朋友肯尼士·麥考爾等人將文物轉移到安全的地方,部分埋在校園內的五個地方,他們繪製了兩張地圖,一張由傳教士安德魯·托馬遜保存,一張寄給明義士本人。

1951年1月,華東軍政委員會教育部接管並出資補助齊魯大學,解聘外籍教師的行政和董事職務,中國人收回了齊大的教育主權。

6月,山東省古代文物管理委員會暫時接收齊魯大學文物(包括校方文學院國學研究所、校博物館、加拿大籍教授明義士、美籍教授溫福立四方所有的文物)。先是,省古管會知道齊大存有文物,提出應由政府管理的意向。校方於本月21日向省文教廳發出《我校存儲古物請轉請省政府代管》的報告。文教廳徵得省政府、華東局文化部同意,提出由省古管會與齊大共同組織工作組,接收齊大文物。23日工作組召開座談會,參加者有省古管會王景宋、王獻唐、宋協明等;齊大有校長楊德齋、文學院院長張維華及英籍原校長林仰山等。接收齊大地上文物103箱。25日發掘齊大校園內4處地下文物,共計8箱。地下8箱原爲明義士及溫福立所有,兩人1937年回國前交林仰山代管。……文物總計2.8萬餘件,包括金屬、玉、石、蚌、骨、陶、瓷、磚瓦、雜類及甲骨,甲骨總計8 106件(無文字的小片未計)。時華東局文化部、省政府曾報告國家文化部、外交部,兩部指示:暫由省古管會代管,登記封存,以待外交處理。①

1959年6月8日,文化部就處理前齊魯大學所存文物事,致函山東省人民委員會,提出以下處理意見:原齊魯大學收藏及明義士、溫福立未及運走存放於齊魯大學的2萬餘件文物交由山東省博物館,由其開箱清點,造具詳細清册,編目入藏;按當地市價估價留册;處理情況鈔送文化部一式二份備查。時估價甲骨,平均不足1元1片。②

1959年,根據文化部的意見,明義士甲骨移交入藏山東省博物館。博物館工作人員蓋子逸等人對明義士舊藏文物進行清點登記,並製作詳細清册《明義士收集我國文物目錄》(圖一),對明義士舊藏文物進行了分類統計,統計的甲骨數量爲8 168件。因爲同時移交的還有齊魯大學原有文物,其中也有少量甲骨,所以明義士舊藏甲骨的確切數量還有待核實。目前山東博物館與中國社科院甲骨學殷商史研究中心合作開展"山東博物館珍藏甲骨文的整理與研究"項目,期待對這批甲骨進行更深入的研究。

---

① 山東省文物事業管理局編:《山東文物事業大事記》,濟南:山東人民出版社2000年版,頁92—93。
② 山東省文物事業管理局編:《山東文物事業大事記》,頁117。

圖一

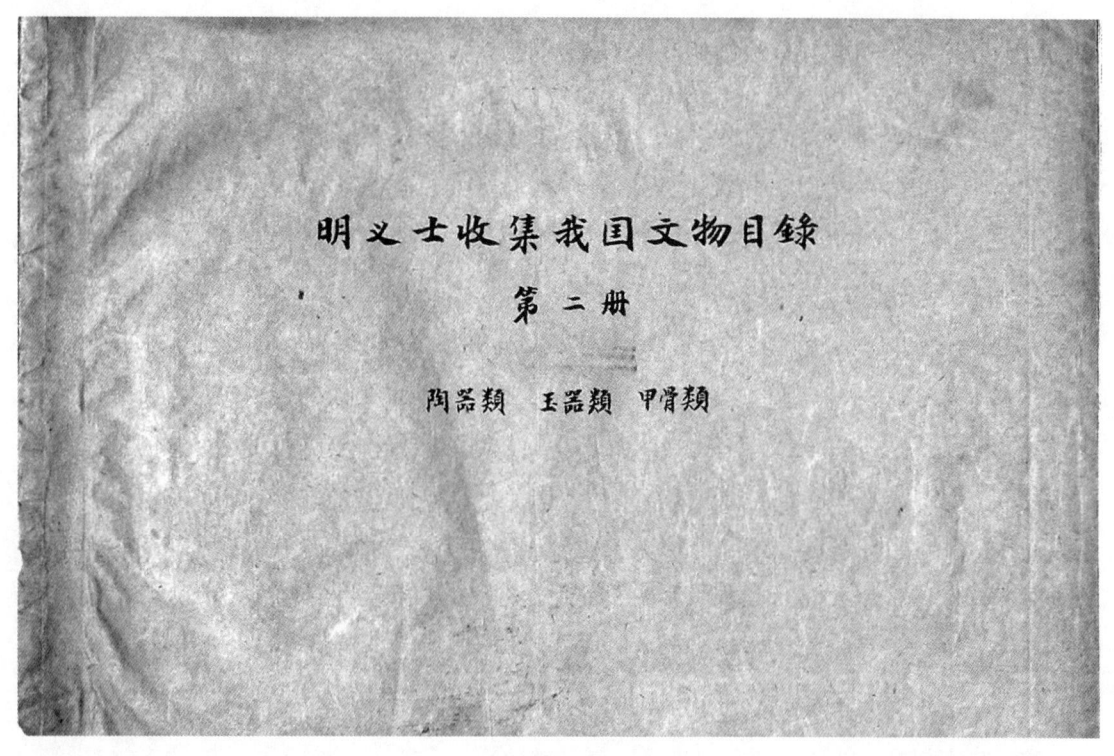

孫 文 瀾

　　孫文瀾(？—1935)，字觀亭，山東益都人(今山東青州)。孫文瀾喜好銅器古泉、古印封泥、陶文磚瓦石刻，鑒別亦精。他曾隨堂兄孫文楷(1846—1912)治金石之學，孫文楷金石著述多得其資助。1907年以前，孫文瀾曾變賣家財，購得甲骨100片。美籍傳教士方法斂從中選摹31片，收入《甲骨卜辭七集》一書。1931年孫文瀾結識時任山東省立圖書館館長的王獻唐先生，二人往來甚密，交情篤厚，孫文瀾先生常爲省立圖書館鑒定購藏金石文物。孫文瀾臨終前曾留遺囑："所藏金石古陶，盡先由館選取，館中不收者，始能出售。"1935年孫文瀾去世後，家人爲籌備喪資，欲將孫氏生前珍藏的甲骨售於省立圖書館。圖書館報請省府出資，所批款項僅能購買9片。王獻唐私人購買22片，1959年捐於中國科學院，現藏中國社會科學院歷史研究所。孫氏舊藏甲骨除這31片流傳有處之外，尚有69片不知歸於何處，有待進一步探尋。

　　20世紀70年代胡厚宣先生專門撰《臨淄孫氏舊藏甲骨文字考辨》一文，考釋這9片甲骨，認爲連同入藏中國科學院歷史研究所的22片甲骨，孫文瀾舊藏的這31片均爲真物無疑。提到孫氏舊藏的甲骨就是方法斂所著《甲骨卜辭七集》第六部分所收錄的《孫氏所藏甲骨文字》,並對其來源、流傳始末做過介紹:"臨淄孫文瀾舊藏甲骨,係 1907 年以前所得,乃早期殷墟出土之物。1935 年夏間孫氏死,原藏甲骨一百片,據說'山東圖書館想買,而教育廳不給錢'(張履賢致張政烺信函,刊北京大學潛社《史學論叢》第二册,1935 年),最後只買了九片,有兩片爲一片之折,實際上僅有八片。山東圖書館將這八片甲骨,裝一長方黑布盒,封面題'殷商契卜甲骨',盒蓋裏面裱有拓本。又加以說明,'甲骨九片,均河南安陽縣殷墟故地出土,皆商代灼卜刻辭,山東省圖書館藏',並蓋有'山東圖書館'圖章。這盒甲骨,現歸山東博物館保存。孫氏所藏甲骨,另外還有二二片,同時歸於當時山東圖書館館長王獻唐,王氏特製兩個方形本色楠木盒,每盒内嵌裝一一片,兩盒共裝二二片。解放後,王氏於 1959 年將兩盒甲骨捐贈中國科學院,現歸中國科學院歷史研究所(今中國社會科學院歷史研究所)庋藏。"[1]

如胡厚宣先生所述,這九片甲骨在王獻唐先生的努力下於 1935 年入藏當時的山東省立圖書館,並在館内得到精心的保管,嵌裝入盒,請傅斯年先生在封面題寫"殷商契卜甲骨",編入館藏登記號爲"骨 00001 至 00009",並排入文物排架(參見圖二)。

圖二

---

[1] 胡厚宣:《臨淄孫文瀾舊藏甲骨文字考辨》,《文物》1970 年第 9 期,頁 53。

然而1937年抗日戰爭的全面爆發,使包括甲骨在內的山東省立圖書館藏古籍、文物危在旦夕。爲保護珍貴的文物,延續齊魯文脉,山東省立圖書館館長王獻唐選取館藏古籍、書畫及金石器物精品31箱,計劃與時任典藏部主任屈萬里及工人李義貴一起護送這批文物南遷至戰爭的大後方四川。這盒甲骨就在這批珍貴文物之列,《南遷文物清册》中登記甲骨見圖三。文物南遷時,先由濟南出發至曲阜,在曲阜又將文物精中選精,挑選出10箱,再次出發途經兗州、開封、鄭州,抵漢口後轉宜昌,渡三峽,入萬縣,最後到達四川樂山,行程達7 000餘里。到達四川後,王獻唐一行將所帶圖書文物悄然密藏於四川樂山大佛寺天后宫中,日日守衛着這批珍寶。爲躲避日軍空襲,工友李義貴長年蟄居岩窟佛寺,守護文物圖書。1950年12月25日,深藏樂

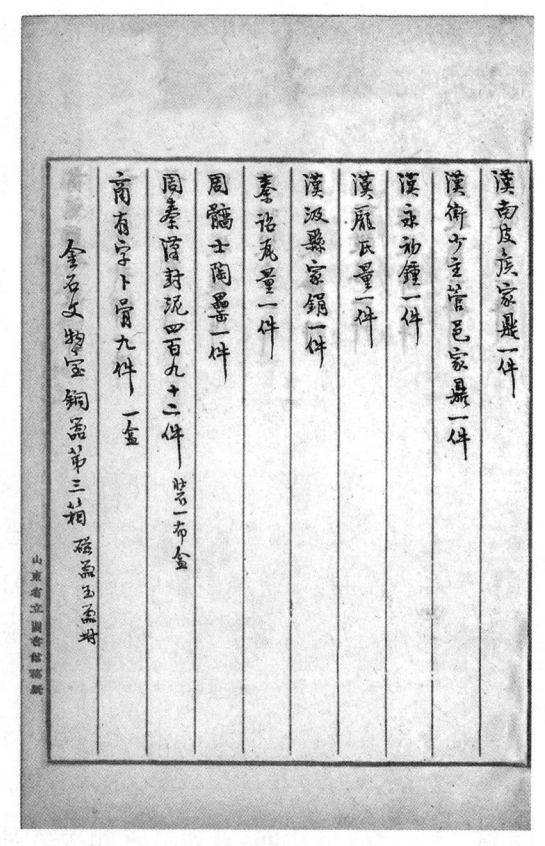

圖三

山十餘年的文物精品經由北京運回濟南,交由山東古代文物保管委員會保存,這批文物是文化部文物局前往四川進行文物調查時運到北京的,查點無損。1951年公布的《山東古代文物管理委員會工作簡述》列舉了1950年的搬運工作,提道:"本年較重要的搬運工作,計:(1)四月,由濱北專署運回秦二世琅琊台刻石。(2)一九三七年抗戰初期,前山東省立圖書館運存四川樂山重要古物九箱,'中央'文化部文物局前往調查川地古物,經樂山,當將該項古物運京。文物局除留置滕縣安上村出土銅器十二件、秦瓦量一件外,其餘均發交本會,於十二月二十五日運回。"[1]其中甲骨也一同運回,1951年的《山東古代文物管理委員會一年來工作略述》提道:"本年度所有收集工作,只限於接收及捐獻兩方面:計接收甲骨九片……"[2]

孫文瀾舊藏的甲骨中有一片牛肋骨卜辭,極爲罕見,僅在美國和臺北史語所發現。另有一片爲龜背甲卜辭,由於骨面不平,不便於灼兆刻辭,因此殷人很少使用龜

---

[1] 《山東古代文物管理委員會工作簡述》,頁179。
[2] 《山東古代文物管理委員會一年來工作略述》,頁35。

背甲刻辭。龜背甲卜辭甲骨在殷墟的出土量並不多,這對研究商代占卜用龜的來源有重要意義。

柏 根 氏

柏根氏(Bergen Pane, 1860—1915),美國長老會傳教士,1883 年來到中國,1904 年任山東濰縣廣文學校校長。1904—1908 年,與駐青州的英國人庫壽齡和駐濰縣的美國人方法斂,同時在濰縣收購甲骨並進行研究。柏根氏收藏甲骨數量不多,只有 70 餘片,但均爲殷墟早期出土之物。

1904 年,英、美教會遷青州博古堂至濟南内城外西南角,翌年底落成並改稱"濟南廣智院",其收藏及陳列共分古物、天文、礦物等 13 類,英籍傳教士懷恩光任院長。柏根氏將所藏 74 片甲骨捐獻給廣智院。1917 年,廣智院作爲社會教育課,與文、理、神、醫諸科並列,歸入齊魯大學。明義士在齊魯大學任教時,將柏根氏舊藏甲骨進行摹寫、釋文,編著《柏根氏舊藏殷墟甲骨文字》,著録甲骨 72 片,於 1936 年石印出版。明義士在序中寫道:"柏根氏,美國人,於 1883 年來華,1904 年任濰縣廣文學校校長,即齊魯大學在濟南成立前之舊校,而齊大西樓之以柏根名,亦即爲氏長校之紀念者也。氏當 1904—1908 年間,嘗與駐青州英人庫壽齡牧師、駐濰縣美人芳澤普博士同時在濰縣收購甲骨而研究之,然氏當日僅知甲骨出土於河南衛輝汲縣之比干墓,而其確址安陽小屯之古殷墟則爲估(沽)販所密而弗宣者也。"[①]

柏根氏甲骨於 20 世紀 30 年代在濟南廣智院展出過。明義士在序中對展出情形介紹説:"氏所收藏諸甲骨,現陳列於濟南南關廣智院,當日以防損折,皆用麥糊粘貼於塗墨之厚紙上,而密封於玻璃櫃内,於是此三千餘年貴重之史料陳列院中,爲多數人所忽視者,蓋已歷三十載矣。"[②]

1941 年 12 月,日軍接管齊魯大學,廣智院易名"科學館",抗日戰爭勝利後廣智院被英國浸禮會收回並使之脱離齊魯大學而獨立,新中國成立後先歸省自然科學博物館籌備處,後并入山東省博物館,柏根氏舊藏甲骨 74 片也歸入山東省博物館。另外,查 20 世紀 60 年代老賬冊,另有一包甲骨共 51 片也接收自廣智院,或爲廣智院前期收購。

---

① 明義士:《柏根氏舊藏甲骨文字》,濟南:齊魯大學國學研究院 1936 年版,頁 1。
② 明義士:《柏根氏舊藏甲骨文字》,頁 1。

"2015全國首屆甲骨文整理與研究學術討論會"紀要

任平生

(中國社會科學院歷史研究所)

2015年12月22日,由中國社會科學院甲骨學殷商史研究中心、中國先秦史學會和山東博物館發起主辦的"2015全國首屆甲骨文整理與研究學術討論會"在山東博物館順利召開,中國社會科學院歷史所宋鎮豪學部委員及其甲骨文研究團隊宮長爲、馬季凡、孫亞冰、郅麗梅、郅曉娜博士,山東博物館常務副館長郭思克研究館員、副館長王之厚研究館員、于芹主任及甲骨整理課題組成員張媛、周坤、湯銘、董倩倩等,故宫博物院研究館員王素,天津博物館副館長錢玲,旅順博物館館長王振芬及翟躍群館員,中國國家圖書館古籍館金石拓片組副組長趙愛學,中國社會科學院考古所甲骨墨拓技師何海慧等華北地區七家大宗甲骨收藏公立單位的專家學者,齊聚一堂,共同就如何全面推進對所藏甲骨文的保護、整理、研究和著錄,展開了熱烈研討和交流。

山東博物館館長郭思克首先致辭,他介紹了山東博物館甲骨整理項目的進程,並邀請與會專家觀看館藏甲骨實物和定制甲骨收藏囊匣的新樣式,聽取各方意見,交流甲骨收藏保護經驗。中國社會科學院歷史所宋鎮豪研究員作了《全面開展甲骨文的整理與研究》的主題發言,他指出,全面加強對全國甲骨文資料的保護與整理研究,已經成爲時代之所需,是爲了把這份珍貴的歷史文化遺產更好地傳貽後世,通過整理促進研究,推動交叉學科協同探索,發現與解決問題,培養專門人才,提升學科建設,及時把學術成果奉獻給社會。他報告了全國甲骨文收藏的現狀,以及歷史所團隊開展甲骨整理與研究一系列課題的情況。時下甲骨文研究呈碎片化,甲骨字體組類區分標準不一,趨瑣碎化,研究面臨瓶頸,難有突破。通過全面開展甲骨文整理研究,有序將各地大宗甲骨文藏品加以徹底整理研究與著錄公布,能够凝聚共識,激勵創新,有助於改變甲骨文研究"低迷"的態勢,有助於中華優秀傳統文化傳承體系的構建和人才培養,有助於加強文化遺產的保護,爲國家制定的"十三五"實施中華典籍整理工程建設做出應有的貢獻。

故宮博物院研究館員王素報告了《故宮博物院藏殷墟甲骨文的整理與出版》,在介紹故宮甲骨收藏情況的同時,他不無擔憂地指出,近些年來,有關甲骨文研究的新版圖書越來越少,不僅國內如此,國外也是如此,故甲骨文新舊資料的整理與出版,成爲一項十分值得期待的工作。故宮現藏甲骨 22 463 片,大多爲明義士舊藏,其中有的兩片甲骨粘在一起共用一個編號,還有許多片無字甲骨沒有統計,因此故宮甲骨整理後數量應該更多。目前正在進行甲骨墨拓與照拍,擬定編著出版《故宮博物院藏殷墟甲骨文》60 卷,可能需要 8 至 10 年或 15 年時間才能全部完成。在編纂體例上,通過徵求專家的各種不同意見後,確定了一個新的著錄方案,即先把全書分成三編,明義士藏品共兩編,非明義士藏品爲一編,再按藏家分卷,如馬衡卷、凡將齋卷、謝伯殳卷等。每卷都按分期分組進行編排,文物編號作爲附錄。爲了便於讀者閱讀使用,在排版方面,將把每片甲骨的彩色原物照片(正、背、側)、拓本(正、背)、摹本(正、背)、釋文同置一頁,全彩印刷。

天津博物館副館長錢玲報告了《天津博物館藏甲骨概述》。該館珍藏甲骨 1 700 多片,主要爲王懿榮、王襄、孟廣慧三位最早甲骨發現者的原藏品,還有一部分來源於羅振玉、方若、陳邦懷等。這批甲骨藏品的特點是來源明確,著錄情況可案,形態品相完好,片形較大,字數較多,內容豐富,以第一期爲多,也有少量第二到第五期卜辭,有較高文物價值和學術史研究價值。錢館長表示,希望能夠依託歷史所甲骨研究團隊的學術優勢,並向已經完成甲骨整理與出版的博物館學習取經,對本館的甲骨藏品進行系統整理、編纂出版,爲學界提供重要資料;同時,希望在館藏甲骨整理與研究的課題立項及實施中,爲天津博物館培養若干甲骨研究人才,力爭使天津博物館不僅僅是收藏大宗甲骨的文博單位,也能逐漸成爲國內甲骨文研究的重要科研陣地。

國家圖書館趙愛學作了《國家圖書館的甲骨收藏與整理概況》的報告。國圖珍藏甲骨的來源與批次比較清楚,共收藏甲骨 35 651 片,其中 35 009 片有字,234 片僞刻。來自善齋劉體智舊藏達 28 000 多片,陳夢家曾對這批甲骨做過研究。除了甲骨實物,國圖還收藏有善齋甲骨拓本《書契叢編》18 冊。目前國圖也啓動了對甲骨藏品進行整理的課題立項準備工作,計劃全部出版,以享學界。他還提出希望學術會議方能專門開設"甲骨保護"方面的議題,各收藏單位之間加強交流,共同探討甲骨收藏與保護整理的經驗和做法。

旅順博物館翟躍群館員受王振芬館長委託,做了題爲《旅順博物館藏甲骨介紹》

的報告。他回顧了宋鎮豪帶領歷史所甲骨研究團隊和旅順博物館鼎力合作、共同整理完成出版旅博甲骨的經過。旅博藏甲骨2 200多片，主要是羅振玉舊藏，也有部分岩間德也舊藏。從2011年宋先生到旅博調查甲骨情況、簽訂合作協議，隨後帶領團隊前往旅博墨拓、照拍甲骨，綴合整理，製作摹本，組類區分，分期斷代，釋文考訂，到2014年編著出版《旅順博物館所藏甲骨》，前後歷時四個年頭。此次整理出版大大弘揚了旅博甲骨庋藏的知名度和科研價值，旅博爲全部甲骨藏品專門定制了庋藏櫃，加強了保護力度。

山東博物館保管部主任于芹做了《山東博物館藏甲骨的來源與整理》的演講，介紹了山博甲骨的來源情況、著録情況、保護情況。山博甲骨主要包括：明義士舊藏8 562片，其中105片僞刻，無字骨1 400餘片；羅振玉舊藏1 200多片；孫文瀾舊藏9片，均爲1907年以前所得；柏根氏舊藏74片；以及其他移交藏品。館藏甲骨著録情況：部分羅振玉舊藏品著録於《殷虛書契》和《殷虛書契後編》；《甲骨文合集》收録1 400片；1988年劉敬亭編《山東省博物館珍藏甲骨墨拓集》著録1 970片；未經公布著録的多達8 000片以上，主要爲原明義士所藏。甲骨保護情況：保管員把每一件甲骨的原始包裝信息都記録下來，並通過到各博物館考察學習，招標定制了新的囊匣，以利於更好盛放保存甲骨。

山東博物館攝影師周坤報告了《山博甲骨拍攝情況》，山博甲骨總共10 588片，已完成照拍6 129片，2016年可完成全部拍攝工作。攝影器材是數字單反照相機和翻拍架，最大分辨率爲5 616×3 144，照拍時可在電腦上實時回放。每張甲骨照片都附有比例尺和原藏編號信息。甲骨的正面、背面和有鑽鑿等人工干預痕迹的側面都要進行拍攝。照拍要力求達到曝光準確，顏色還原真實，骨面質感自然，字口筆畫清晰。由於甲骨片形較小，主要使用小面積攝影閃光燈，照射範圍控制在20 cm以内。通過兩年來的拍攝實踐，他總結出了一套行之有效的甲骨照拍方法，專家謂其達到了爐火純青的地步。

中國社會科學院考古所甲骨墨拓技工何海慧作了《甲骨墨拓技巧》的發言。何老師在安陽殷墟工作站工作多年，墨拓甲骨無數，在前人經驗的基礎上時有創新，摸索出了一套獨特的甲骨墨拓技法。前人采用白芨水或在水裏兑膠水，以便把拓紙粘到甲骨上。何老師獨闢蹊徑，改用蒸餾純净水把拓紙沾濕，貼到甲骨表面，用髮刷輕輕敲打。蒸餾水蒸發後，不會對甲骨造成損傷，也不會在甲骨表面殘留黏性物質，可保持甲骨原態。拓甲骨之前，要仔細查看甲骨的骨面質量，骨面疏鬆易碎、字口纖細的，不能多使水，更不能使勁敲，得非常小心。針對特殊甲骨，比如那些在字口裏殘留毛筆書寫痕迹的甲骨，不能用油泥固定，要拿在手上拓，且不可多使水，使水過多會把朱書或墨痕吸掉。

除了各甲骨收藏單位介紹甲骨藏品、甲骨整理和著錄刊布經驗外，本次會議還有學者從另一視角闡述了甲骨再整理研究的重要性。比如，中國社會科學院歷史所副研究員孫亞冰博士宣讀《釋合集 36960 中的"𠂤"字》一文，通過《旅順博物館所藏甲骨》新刊布的一片甲骨的高清晰照片，考釋了一個"雲"的異體字，糾正了前人的誤識，說明新近整理著錄甲骨資料對於甲骨文研究的推進意義。中國社會科學院歷史所研究員宮長爲博士則提出了"甲骨文獻學"的新概念，他認爲海内外掀起了甲骨整理和著錄的熱潮，現在已經具備了提出"甲骨文獻學"分支學科的基本條件，應該把甲骨整理著錄作爲一個新的分支學科，並對以往的甲骨流傳、著錄成果進行梳理研究。上海古籍出版社吴長青發言，表示希望能繼續爲甲骨著錄出版工作做出新貢獻。山東博物館常務副館長郭思克提出，在整理出版甲骨著錄書的同時，應該注重甲骨資源電子數字化的建設，可以把各館藏甲骨的單字抽取匯總整合，做成網絡數據庫或電子詞典，方便大衆使用，擴大甲骨文知識的普及。

宋鎮豪研究員對本次學術會議做了總結，他指出這是甲骨文發現 110 多年來七家大宗甲骨文收藏單位共同就甲骨文保護、整理、研究和著錄展開的研討，在甲骨學發展史上前所未有，很有意義。研討會把握學術動向，拓展學術發展契機，倡導科學精神，繼往開來，合力推進文化遺產保護，非常及時，爲甲骨文與殷商史研究增添了助力，對今後工作的開展有鼓舞人心的推動作用。會議主要研討了六方面内容：一、甲骨文整理的現狀和未來趨勢。甲骨文的整理正以海内外大宗甲骨文藏品單位的全面徹底再整理爲主體展開，歷史所藏甲骨、旅順博物館藏甲骨、俄羅斯冬宫藏甲骨，以及去年山東博物館和故宫兩家甲骨文整理與研究的國家社科基金重大招標項目的同時立項，都是具有標誌性的範例，也預示着甲骨學科未來若干年的發展趨勢。在適當時候，可以籌備召開甲骨文整理國際性學術研討會。二、有關甲骨文整理的研究。展開對甲骨收購、入藏的來龍去脉，以及藏家、收藏批次、數量的精細考訂，揭開塵封的舊事和甲骨出土後輾轉流傳的滄桑過程，對於甲骨文整理和研究的深化，以及甲骨學術史的研究都有推進作用，可以滿足人們對有關歷史知識的渴求和文化的認同，凝聚國民的自豪感與自信心，提高中華古老文明的影響力和國家的文化軟實力。三、甲骨整理研究和著錄的多種可操作方案。歷藏、旅博藏、俄藏、山博藏甲骨採用彩照、拓本、摹本三位一體著錄體例，辨析甲骨真僞，鑒定材質，組類區分，分期斷代，殘片綴合，釋文詮解，來源列表。故宫甲骨擬按藏家、批次分編分卷刊布，便於提取信息，其照、拓、摹、釋同置一頁的全彩印刷，便利讀者。方法不同，目標一致，都是爲了甲骨文物遺產的整理保護、科學研究、學術史追踪、文化傳播及歷史教育。多元化的整理手段和著錄體例，可以互相借鑒。四、甲骨文保護方面存在的問題和搶救性保護措施。甲骨文整理，要遵循"保護第一，整理第二"的原則，如何保護，需要引起國家層面的重視，加大經費投入，開展全國甲骨藏品家底的清查和保存現狀的調查研究，增强研究力量的培養。山博工作人員到全國各地甲骨收藏單位學習取經，收集各種保存甲骨的囊匣樣式，嘗試新的製作設計，有所創新，值得肯定和推廣。五、甲骨墨拓、拍攝等方面的經驗總結與交流。六、大數據時代甲骨文電子資源庫的建設。郭思克常務副館長提出搭建一個合理的數字化平臺，集中展示各家甲骨文資源，值得重視。如何更好地利用甲骨文資源，如何保護相關知識產權，服務社會需求，擴大甲骨學公衆層面的認知度和影響力，還需大家出謀劃策。總之，這是首届引領全國甲骨文全面整理的重要學術研討會，達到了預期設想，取得了圓滿成功。

由甲骨文推演漢字起源及
世界遠古文字溯源比較

陳光宇

(美國新澤西羅格斯州立大學東亞系)

一、前　　言

　　學界一般認爲人類文明歷史只產生過四種起源文字，其中蘇美、埃及文字起源定點已有充足的考古資料作爲直接證據，瑪雅文字的源頭仍有賴新的出土考古資料與研究。漢字最早的考古證據是上世紀殷墟考古出土的甲骨刻辭，甲骨爲晚商王室之物，時代比蘇美文字及埃及文字的最早考古證據要晚了將近兩千年。甲骨文已經是相當成熟的文字系統，與兩周金文差異不大，所以漢字起源應當遠早於公元前 1300 年。筆者曾經提過用數學模式來探討漢字起源以及用漏斗模式來解釋漢字系統的相對穩定。研究文字起源漸成全球顯學，就筆者所知，去年有兩個國際會議：一爲羅格斯大學主辦的"漢字系統與蘇美、埃及和中美洲文字系統的對話"，一爲芝加哥大學與復旦大學合辦的"文字的迹象：早期文字產生的文化、社會和語言情境"。參加此二盛會，促使筆者進一步思考在缺乏直接考古證據的情形下，如何利用數學模式及借取其他遠古文字的研究經驗來探索漢字起源，重新梳理過去所提數學模式，從文字定義出發，釐清漢字起源發展過程中符、文、字三者的區分關係，然後檢視其他遠古文字起源的關鍵考古證據，藉以討論如何利用甲骨文材料尋找相關間接證據來推演漢字起源。

二、文字的定義

　　在考古發掘或出土的史前陶片或器物上除了花紋圖案外，常見刻畫有圖符或記號。例如圖一所示的五個例子：埃及陶尊、大汶口陶尊、哈拉帕泥版、蘇美泥版及中美洲的 Cascajal 石版。大汶口陶尊、哈拉帕泥版以及 Cascajal 石版的刻符是否爲文字，衆説紛紜，還没有定論。① 確定這些刻符是符號還是文字，攸關文字起源的時空定點，所以學界有必要先對文字的定義達成共識。

古埃及陶尊　　　大汶口陶尊

哈拉帕泥版　　　烏魯克泥版　　　奧梅克Cascajal石版

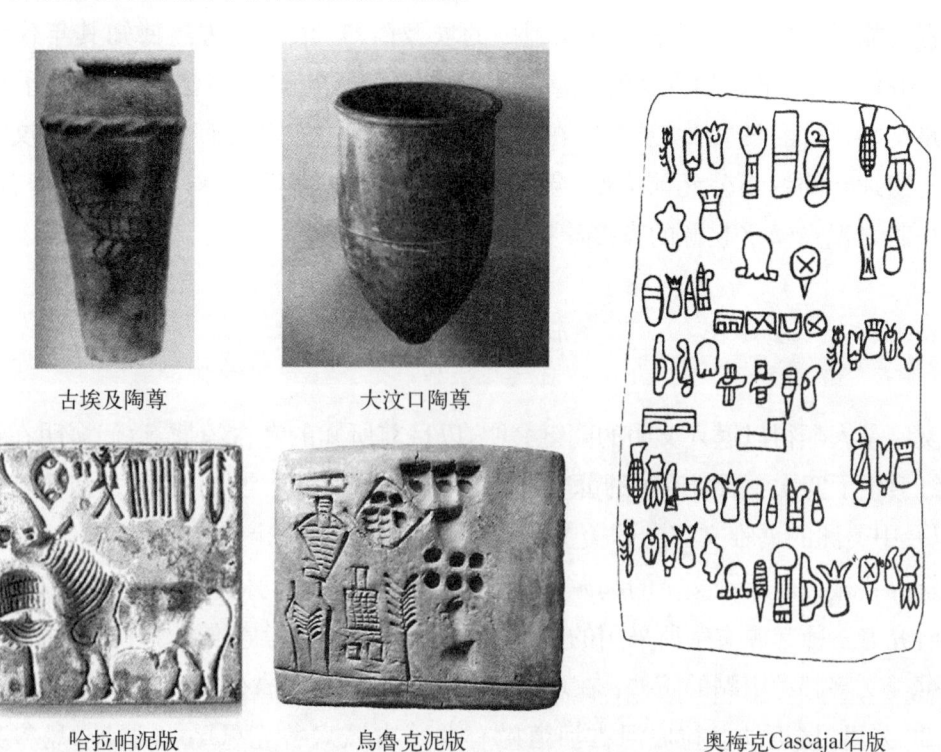

圖一　古埃及、中國、蘇美、中美洲、哈拉帕等地文化遺址出土帶有刻符的考古遺存

在此我們采用鮑則嶽對文字定義的論述。② 他用 G 代表符號(graph)，如果符號有特定的意涵(Sense)，則可進一步用 G：{+S}來表示這個符號。換言之，不論是圖符、記號、標誌、族徽等，只要帶有意涵，均屬於 G：{+S}的範疇。文字與符號不同的是：除了有意涵之外，必須含有特定的音素(Phonetic element)。一個符號被認定是文字的充分必要條件是該符號具備意涵及音素。質言之，文字是表現音素(P)與意涵(S)結合的特定符號，所以文字的定義可以表示爲：G(文字)＝G：{+P, +S}。例如現代社會多用符號 🚭 來表示此處禁止吸煙，它雖然屬於 G：{+S}的範疇，但因爲没

---

① 關於圖 1 所列的五種刻符是否文字，我們會在後面展開討論。
② 參看 Boltz, William G.（鮑則嶽），*The Origin and Early Development of the Chinese Writing System*, New Haven (Connecticut): American Oriental Society, 2003 (second printing).

有特定的讀音,所以不屬於 G：{+P,+S}的範疇,不能視之爲文字。基於此,人類發明文字的過程可以簡單明瞭地表示爲 G：{+S}→G：{+P,+S},也就是説,當遠古人類發現可以將特定語音與特定符號相結合之時也就是文字誕生之時。

　　研究文字起源就是依據考古資料或其他材料來決定 G：{+S}→G：{+P,+S}這個過程可能發生的時空背景。例如圖一的埃及陶尊,依據考古證據知其年代約爲公元前 3100 年或更早。如果我們能夠證明其上蠍子形的圖符含有音素與意涵,則可以視之爲文字,從而推斷古埃及文字在公元前 3100 年左右已經存在。又如大汶口陶尊其出土遺址時間約爲公元前 2500 年,如果我們不能夠證明陶尊上的圖符帶有音素,就無法將之視爲漢字起源的直接證據。

三、起源文字的産生

　　文字是人類得以邁入文明的關鍵發明,以目前所知的考古證據,這個發明在遠古世界曾經發生了四次:兩河流域的蘇美文字,尼羅河流域的古埃及文字,黄河流域的古漢字,以及中美洲的瑪雅文字。蘇美文字及埃及文字的起源定點在公元前 3100 年之前,已是學界共識。而瑪雅文字的起源定點隨着考古發掘的新發現,還在不斷地往前修正。檢視研究這三種起源文字所采用的考古證據,有助於我們考慮推測漢字的起源定點。

　　蘇美文字起源定點的證據:在現今伊拉克南部穆坦拿省(Muthanna Governorate)省會東 30 公里,接近幼發拉底河古河道處有蘇美古城烏魯克(Uruk)遺址,烏魯克可能是人類歷史上出現的第一個城郭。半個世紀以來德國考古學院(Deutsches Archaologisches Institut,DAI)在遺址的第四及第三考古層(相當於公元前 3200—前 3000 年),發掘出土 6 000 餘塊有刻符的泥版,泥版刻符多爲圖符及數字,這些刻符的泥版顯然有記録事項的功能,與農産品交易、税收、記賬等經濟活動與行政管理有關。泥版的刻符還没有形成楔形,故稱之爲前楔形文字泥版(Proto-cuneiform tablet)。比較烏魯克三期與四期的泥版刻畫可以清楚見證文字發明的誕生歷程,圖二列出烏魯克第三期與第四期的刻符來作比較。第四期泥版多爲象形圖符、數字以及其他記號,這些刻符應該與記録當時的經濟活動有關,因爲不能確定它們是否已經與特定的語音結合,所以這些刻符仍被視爲 G：{+S},而不是 G：{+P,+S}。圖二的第三期泥版上,除了數字、象形圖符外,學者注意到兩個相連的刻符,也在其他許多泥版上出現。學者比照研究結果認爲這兩個刻符是經手辦理交易人員 Kushim 的簽名,讀音近似 *ku-sim*,這個出現在五千多年前泥版上的刻符是人類史上最早記載的人名。在 6 000 塊泥版中,約有 1 500 個非數字刻符,其中有 440 個符號可以判定爲人名。在烏魯克泥版出現的私名應該含有音素，可以視爲最早文字的有力證據。借用圖符來拼寫人名促成圖符由 G：{+S}→G：{+P,+S} 的飛躍，所以表達人名可能是遠古蘇美發明文字的動力之一。①

烏魯克第四期泥版　　　　烏魯克第三期泥版
圖二　兩河流域烏魯克文化遺址第三、第四期刻符泥版

　　古埃及文字起源定點的證據：學者將古埃及歷史大分爲舊王國(Old Kingdom, 2700 BC)、中王國(Middle Kingdom, 2100 BC)、新王國(New Kingdom, 1600 BC)。舊王國包括第三至第六王朝，約始于公元前 2700 年。舊王國之前是稱爲早期王朝(Early Dynastic Period)的第一與第二王朝，其時間約當公元前 3100 年至前 2700 年。早期王朝之前還有前王朝(Pre-dynastic Period)的第零王朝與第零零王朝，大致時間爲公元前 3150 年前後，有四個法老王。考古發掘在尼羅河中游 Abydos 鎮的 Naqada 遺址，特別是在 Naqada 第三期的 U-j 墓葬處的考古發掘，出土許多前王朝的遺物，足以見證古埃及文字誕生的過程。② 我們用圖三的兩個陶尊來說明。圖三 A 的陶尊刻畫一鳥立於方框之上，框內有兩個符號，在上者作鯰魚(catfish)形，在下者作鑿子形，前者發音爲 *nar*，後者發音 *mer*，合起來念作 *namer*，已被確認是第零朝法老王的名字叫 Narmer(納瑪)，整個圖符包括有法老王納瑪的名字以及象徵王權的神鳥符號。第零至第三朝的法老王名號均由類

---

① 有關蘇美文字起源的研究著作，汗牛充棟。可參考：Nissen, H. J., Damerow, P., Englund, R. K., *Archaic Bookkeeping*, The University of Chicago Press, 1993. 此書以烏魯克第三、第四期出土泥版討論經濟活動與文字起源，舉例繁多，特別是第 8 章集中討論有 Kushim 名字的將近二十塊泥版刻符。另外也可參看 Jerrod S. Cooper, "Babylonian beginnings: the origin of cuneiform writing system in comparative perspective" in *First Writing*, ed. Stephen D. Houston, Cambridge University Press, pp.71-99.
② 關於埃及古文字起源的討論可參看 John Baines, "The earliest Egyptian writing: development, context, purpose" in *First Writing*, ed. Stephen D. Houston, Cambridge University Press, pp.150-189.

似的圖符表示。圖三 B 是刻畫於著名的納瑪石牌（Narmer Palette）上形容納瑪王統一南北埃及的圖像，可以看到納瑪王的頭前直接刻有他的名字 nar-mer。圖三 C 的陶尊時代更早，其上刻有形似蠍子的圖符。比照納瑪陶尊，此符可能代表王名，亦見於其他考古遺存。例如圖三 D 所示圖像有頭戴高冠（上埃及白王冠）的法老王，其面前即爲一蠍子圖符，故此蠍子圖符可以確定爲前王朝某一法老王名，當有特定的讀音，屬於 G：{+P,+S} 範疇，可以視爲最早的形音義俱全的文字。埃及文字最早的考古證據就是出土於 U-j 墓有人名刻符的陶器、象牙及骨片。因爲這些遺存上有的圖符已被用來表示法老王的名字或其他私名，證明當時埃及已經認識到圖符可以與語音結合，已跨越過文字創造的關鍵欄檻，所以古埃及文字的發明當在公元前 3100 年前後。

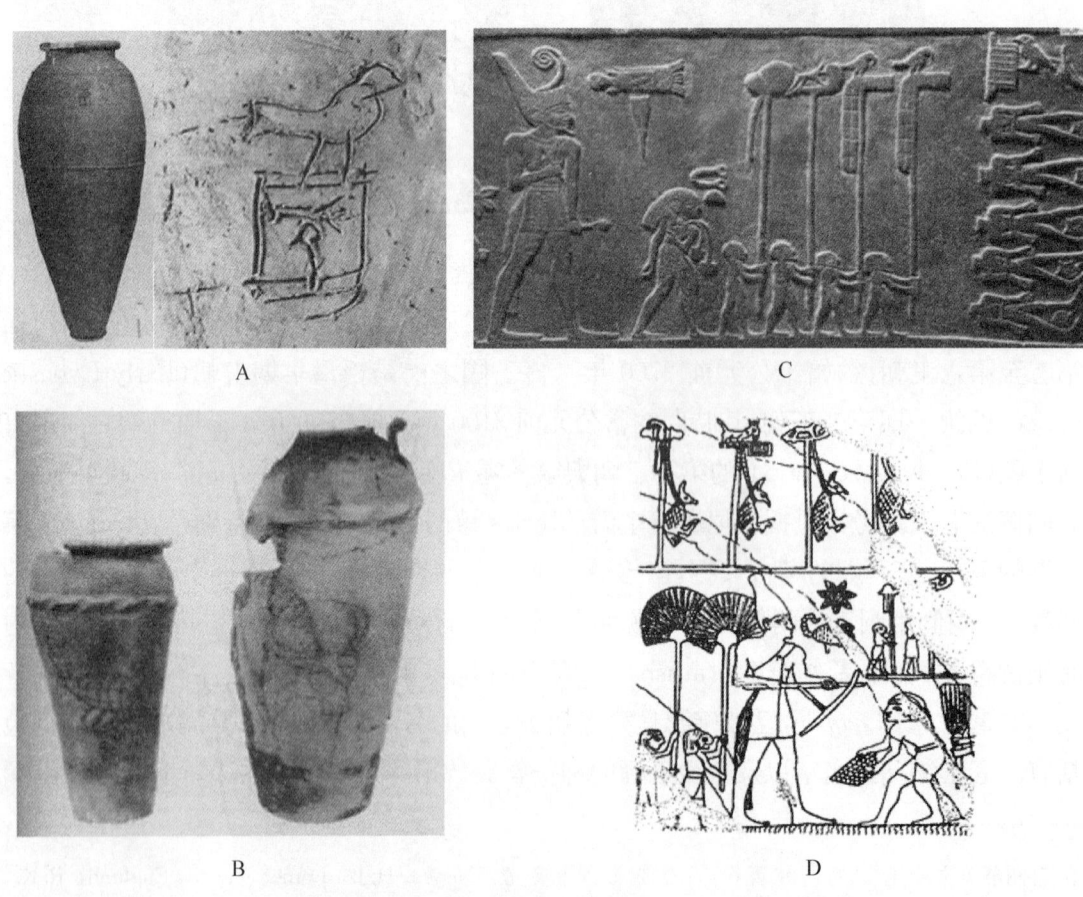

圖三　古埃及陶尊及石版有關前王朝法老王名號的刻符
A. 陶尊的納瑪刻符；B. 納瑪石牌上形容法老王殺敵致果的圖像；
C. 陶尊的蠍子刻符；D. 以蠍形圖符爲名的法老王圖像。

瑪雅文字起源定點的證據：中美洲產生過數個古代文明，最著者爲奧梅克、瑪雅、扎波特、阿茲特克等，上述這些中美洲文明均有其自己的文字系統。其中瑪雅文明遍及墨西哥東半部、危地馬拉、洪都拉斯西部等地，占地最廣。瑪雅文字是中美洲從公元前 300 年到公元 1600 年各個城邦使用達兩千年的文字。雖然以瑪雅文字記述的樹皮書幾乎全部爲西班牙殖民教士燒毀殆盡，瑪雅文字仍可見於遍及中美洲上百廢墟遺址所出土的綠石、玉器、陶器、浮雕石碑、門楣、石階等考古遺存，爲數可觀。研究瑪雅文字的起源及解讀是美國考古界的顯學。① 瑪雅文字最早的考古證據是在危地馬拉的 St. Bartolo 出土的殘存壁畫上的文字，碳十四定點在公元前 300 年至前 250 年（見圖四 A）。② 要追尋瑪雅文字的源頭需要在奧梅克或扎波特文明的遺址探尋考古證據。目前有兩個出土於奧梅克遺址的刻符支持瑪雅文字源頭至少可推前至公元前 600 年。數年前在拉汶塔遺址（La Venta）附近 San Andres 得到一奧梅克陶璽（圖四 B），其上刻有一振翼之鳥，鳥嘴前有一個作發言狀的符號，再連接兩個較複雜的圖符，很形象地表示這兩個圖符是從鳥嘴中宣讀出來的。其中一個圖符中可能指王，其下的圖符可能表示是日名，用來作爲王名。所以由鳥嘴讀出的是時王名字，學者擬定爲

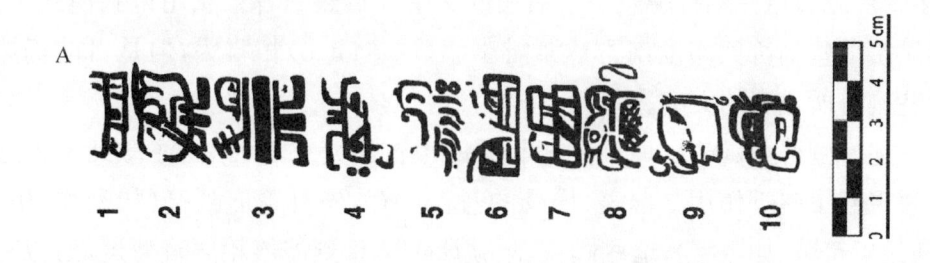

圖四　瑪雅文字的前身

A. 墨西哥 St Bartolo 出土的殘存壁畫上的早期瑪雅文字；
B. 出土墨西哥 La Venta 遺址附近的奧梅克陶璽及其上刻符。

---

① 瑪雅文字在上世紀爲學者解謎，有關研究可參看 Coe, M.D. *Breaking the Maya Code*, Thames and Hudson, Inc. 1992.
② 此項考古發現見 Saturno, W. A., Stuart, D., Beltran, B., "Early Maya Writing at San Bartolo," Guatemala, *Science* 311, 2006, pp.1281-1283.

"3 Ajaw"。① 因爲出土陶璽的遺址時間相當於公元前650年,推測瑪雅系統文字至少可溯源至公元前650年左右。另外一個在墨西哥聖洛倫佐采石場填土堆中發現的一塊長方形石塊,其上有62個刻符(見圖一),學者稱之爲Cascajal Block。雖然部分考古遺址不幸爲采石場破壞,依據遺址的考古鑒定,Cascajal Block年代約爲公元前900年。② 雖然石塊上的刻符是文字還是記事刻符,目前沒有定論,但此石版之面世,表示瑪雅文字的源頭可能還會隨着未來的考古發掘繼續往前推。

哈拉帕泥版刻符是否爲文字?哈拉帕文明又稱印度河流域文明,其主要遺址位於現今巴基斯坦旁遮普省(Punjab),屬於印度河流域。哈拉帕遺址的歷史時期大致爲公元前3300—前1300年。鼎盛時期(2600—1900 BC)城址面積達數平方公里,是當時極具規模的大城。哈拉帕文明遺址面積涵蓋巴基斯坦及印度西北部,出土文物極多,包括刻有圖符記號的印璽、骨版、陶片等。據估計,不同刻符的總數目達500個之多,連串刻符長短不一,最長的有26個刻符。哈拉帕文明有高度的物質、藝術水平,許多學者認爲這些刻符應該是已消失的文字。雖然學者嘗試用電腦模式來演算,或者嘗試將這些刻符與印度南方達羅毗荼語(Dravidian)相聯繫,但是目前仍然無法確定這些刻符所代表的文字。③

從上述有關蘇美、埃及、瑪雅文字起源的考古研究來看,我們注意到考古遺存上私名的發現起了關鍵作用。蘇美、埃及的考古遺存,先有象形圖符(如動物、植物、器物等)與記事符號(如數字),這些圖符、記號所帶信息無需依賴語音傳遞,所以難以確定它們是否屬於G:{+P,+S}的文字範疇。隨着文化的演進,社會活動漸趨複雜,當有記錄人名的需要時,必須將某個圖符與特定的語音結合表示私名,或者將某些圖符抽其象而留其音(假借)來表示私名。無論哪種方式,用來表示人名的圖符必須可以用語音讀出,屬於G:{+P,+S}範疇,應該視爲文字。所以私名在考古遺存的出現,可以用來證明表示在那個文化層已經有了G:{+S}→G:{+P,+S}的證據,因此我們可以就考古文化層的分期斷代來確定文字誕生的下限時間。對於蘇美、古埃及的文字起源研究,考古資料相當完備,在同一考古遺址中從前後文化期出土的泥版、陶

---

① 陶璽的發現及圖符識讀見 Pohl, M., Pope, K. D., von Nagy, C., "Olmec origin of Mesoamerican writing," *Science* 298, 2002, pp.1984-1987.
② Cascajal Block的發現及其上刻符可能的意義可參考論文 Martínez, M., del Carmen, M., Ceballos, P. O., Coe, M.D., Diehl, R.A., Houston, S.D., Taube, K.A., and Calderón, A.D., "Oldest Writing in the New World," *Science* 313, 2006, pp.1610-1614.
③ 目前没有堅實的證據將哈拉帕文明與印度達羅毗荼文化聯繫起來。關於哈拉帕刻符是否文字的正反意見可以參考 Andrew Lawler, "The Indus Script — Write or Wrong?" *Science* 306, 2004, pp.2026-2029.

片可以看到以圖符表示私人名字的出現，足以作爲文字誕生的直接證據，所以學界對於蘇美及古埃及文字的起源時間定點在公元前 3100 年前後，全無異議。至於奧梅克-瑪雅文字的起源，目前已經可以推定到公元前 650 年左右。但是隨着考古發掘工作的進展，還有可能再往前推。在考察蘇美、埃及、奧梅克-瑪雅文字起源時，有一個現象值得注意，就是在起源文字誕生之後，鄰近區域會有類似起源文字的其他文字產生。例如在兩河流域出現於公元前 3100 年左右的 Proto-Elamite 文字，至今尚未被解讀。在尼羅河上游也有與古埃及文字相似的 Meroitic Hieroglyphic 文字，迄今不能解讀。在中美洲，與瑪雅共存的還有扎波特、米兹特克等文字。① 這說明只要認知形音結合即可產生文字的觀念，人們會立即按照自己的語言以及熟悉的圖符開始創造文字。

四、人名：漢字溯源的間接證據之一

殷商甲骨文字主要指由小屯發掘出來數十萬片龜甲獸骨上所刻的占卜記事文字，屬於商代武丁至帝乙兩百多年的王室之物。商代文字除見於甲骨之外，還有刻於青銅器內的銘文及少數刻在陶器上的陶文。目前已知的有四千多個不同形體的甲骨文字。甲骨文就其行文造句來看已是相當成熟的漢字系統，所以漢字起源時間應該遠早於公元前 1300 年的武丁時代。目前我們尚缺乏更早的有關漢字起源的考古資料，但是有見於私名在決定其他三種起源文字的關鍵作用，或許借考察在甲骨卜辭中出現的遠古私人名字，我們可以尋找到比武丁時代更早的漢字存在的間接證據。

(一) 成湯建政之時 (公元前 1650 年前後)

《史記·殷本紀》、《竹書紀年》記載商代歷史，從大乙成湯建政開始的商王世系可以完全與甲骨卜辭資料所得商代周祭系統對應比照，所以文獻所載大乙以下商代歷史可以視爲信而有徵。大乙私名成湯二字與其臣子伊尹的名字俱見於甲骨卜辭，文獻與考古證據對應，所以成湯建政之時，成湯、伊尹等名字應該已經以甲骨文形式存在。另外兒氏家譜刻辭（英國所藏甲骨 02674 正 2）全片除右上角的"貞"字外，由右至左 13 行記載兒氏家族十三人。其中父子關係 11 人，兄弟關係 2 人，共 11 世代。所有人名，不用干支，俱爲單名。家譜刻辭爲武丁時代所刻。武丁爲商代第 10 世 23 王，時

---

① 關於這些未解謎的文字參看 Robinson, A., *Lost Languages: The Enigma of the World's Undeciphered Scripts*, McGraw Hill, Inc., 2002.

當公元前 1320 年左右。每一代世系以 30 年計算,家譜刻辭所列第一位名"吹"的先祖當存世於公元前 1650 年左右,正當在成湯建政之時。所以家譜上兒氏先祖的私名"吹"字在公元前 1650 年應該已經存在,表示漢字溯源至少可以推前到成湯建政之時。①

(二) 上甲時代(公元前 1800 年前後)

甲骨卜辭在帝乙、帝辛時代的周祭系統祭祀順序始於上甲,在成湯建政之前的六位先王從上甲以至示癸其排列順序幾乎完全與文獻對應,由文獻記載及考古發掘的雙重證據應該可以確定這六位先王應該是歷史人物。雖然依據《竹書紀年》這六位先王均有私名,但是他們的私名尚不見於甲骨卜辭。既然是有確定日名廟號的歷史人物,我們猜測在文獻所載的私名中,例如上甲的私名"微",在公元前 1800 年左右應該已經以甲骨文形式存在。

(三) 帝嚳時代(公元前 2100 年左右)

《史記·殷本紀》開首記述:"殷契,母曰簡狄,有娀氏之女,爲帝嚳次妃。三人行浴,見玄鳥墮其卵,簡狄取吞之,因孕生契。契長而佐禹治水有功。帝舜乃命契曰:'百姓不親,五品不訓,汝爲司徒而敬敷五教,五教在寬。'封於商,賜姓子氏。契興於唐、虞、大禹之際,功業著於百姓,百姓以平。"《詩經·商頌·玄鳥》也記載有:"天命玄鳥,降而生商,宅殷土芒芒。"因爲玄鳥生商的記載帶有神話色彩,所以帝嚳、契、簡狄多被視爲神話人物。《殷本紀》又記載說:"契卒,子昭明立。昭明卒,子相土立。相土卒,子昌若立。昌若卒,子曹圉立。曹圉卒,子冥立。冥卒,子振立。振卒,子微立。微卒,子報丁立。報丁卒,子報乙立。報乙卒,子報丙立。報丙卒,子主壬立。主壬卒,子主癸立。主癸卒,子天乙立,是爲成湯。"由契以迄振一共七世。振子微就是上甲,已經進入周祭系統,所以須要確定的問題是由契至振的七位先公是否爲歷史人物,以及他們的私名是否出現在甲骨卜辭或任何其他考古遺存。晚商時代接受祭祀的人物除了在周祭系統的祖妣之外,出現於甲骨卜辭的王亥、王恒、王吴、兕、河、季、土、岳、𘚩、𘚪等私名也是商王的祭祀對象,學者多認爲這些私名可能代表了文獻記載的歷史人物。特別是其中王亥、河、夒等在卜辭中祀典豐隆,有時會被冠以高祖頭銜。既然稱爲高祖,應該是指有血緣關係地位崇高的祖先,可能可以與《殷本紀》等文

---

① 關於兒氏家譜刻辭的討論可參看陳光宇《兒氏家譜刻辭綜述及其確爲真品的證據》,《甲骨文與殷商史》新 6 輯,2016 年,頁 267—297。

獻所載七世先公對應。王國維在其經典之作《殷卜辭中所見先公先王考》一文論證卜辭所見之 🔣 應讀爲夔或夒，也就是文獻所載的商代始祖帝嚳。① 王氏在同文中也論證了《史記·殷本紀》的"振"、《楚辭·天問》的"該秉季德"、《山海經》的"王亥"指的就是卜辭中的高祖王亥；《楚辭·天問》的"恒秉季德"就是卜辭的王恒。王氏論證詳密，少有破綻。卜辭 🔣 字構形的首、身、手、足，分析起來與"夔"或"夒"字極爲相似，更是支持王氏論述的有力佐證。至於 🔣 的身份，王氏没有討論。卜辭中 🔣 字與 🔣 字人形部位極爲相似，曾有學者以爲此二甲骨文均指帝嚳，但是後來發現二者同見一版綴合卜辭(《合補》10645)，所以它們不可能代表同一個人物。同時因爲二者均可在右宗受祀，表示他們地位相當，頗有學者論證 🔣 即是帝嚳 🔣 之子，也就是文獻裏玄鳥生商的契。② 筆者認爲就目前的甲骨文與文獻資料， 🔣 (夒)作爲帝嚳名， 🔣 (契)作爲帝嚳子的私名極爲可能。我們現在已無法知曉這兩個甲骨文是特爲帝嚳與契打造的名字，還是將已存在的圖符與語音結合，或是將已有讀音的字符借來作爲私名。不過兩個甲骨文均頗象形，也頗相似，最大的差別在於釋爲契字 🔣 一手執鉞。再細審字形， 🔣 字中的鉞，形狀正如林澐所言，極似甲骨文的"王"字。③ 契隻手持鉞，可能就是象徵《國語·周語》中"玄王勤商"的玄王，是商族第一個稱王的領袖。 🔣 、 🔣 二字，在卜辭只用作人名，未作他用，如果此二字確是帝嚳與契，可以視爲由帝嚳時代留存於甲骨文的文字化石。由上甲往前推九代至帝嚳時代約當公元前 2100 年前後，則漢字至少在公元前 2100 年應該已經存在。

五、數學模式：漢字溯源的間接證據之二

(一) 漢字六書

所有已知包括四種起源文字的古文字從其構字方式來説均爲形音式(Logosyllabic)，換言之，即兼具形、音、義三個元素。目前存世的文字，只有漢字仍然兼具此三元素，

---

① 王國維：《殷卜辭中所見先公先王考》，《觀堂集林》卷 9，北京：中華書局 1959 年版。
② 可參看蔡哲茂《説殷人的始祖——"夒"(契)》，中國社會科學院歷史研究所先秦史研究室網站 xianqin. org，2010 年 2 月 10 日。
③ 林澐：《説王》，《考古》1965 年第 6 期。

所有其他文字都是用音標或音節的拼音文字。對於具備形音義三個要素漢字系統，早在東漢許慎便以六書原理作了全面的分析。六書是造字之法，也是析字之法，用以解構漢字，分析其中形音義的關係與比重。因爲漢字的構形方式連續了三千年，恆久未變，所以不同時代的漢字均可以用六書原理分析。六書之法，象形以表形爲主，指事、會意以表義爲主，形聲則形音並重，假借以形表音，轉注以義表音。漢字的構形在傳統的六書分析基礎上，我們認爲可以大分爲兩類："文"與"字"。象形字、會意字、指事字屬於"文"的範疇，它們均是將特定語音與特定的圖符或記號結合而成的文字。"字"指的是由"文"所孳乳而成的文字。孳乳的方式就是將某些"文"（即有特定讀音的圖符記號）抽象（抽取其意象）而成音素符號來構造新字。形聲字屬於"字"的範疇。屬於"文"的漢字，其特點是無法由字形（指圖符或記號）表面知道其讀音。例如一個鹿的象形圖符，可以只是圖符，也可以是文字，如果賦予此圖符以特定的口語發音 lù，它就成爲形、音、義俱全的文字。可是我們無法從這個"鹿"的字形，分析出它的音素（phonetic element）。換言之，它所含的音素是隱性的，是我們依照口語指定而約定俗成的，所以我們將"鹿"屬於"文"的範疇。我們再看"麤"字，它是由兩組圖符組成，其中一個圖符（鹿）被用來作爲音素，另一圖符用來以形表意，所以"麤"字是由圖符孳生的形聲字，屬於"字"的範疇。這個"麤"字的音素是可以從其字形認知，所以它的表音方式是顯性的。將漢字構形以其所含音素是隱性或者顯性來區分爲"文"與"字"兩大類型，有助於更清晰地表達漢字的產生與發展過程。我們用 PA 代表隱性音素，用 PB 代表顯性音素，那麼漢字的產生是由符至文，而漢字的發展則是由文到字，其過程可以用下列程式表示：

$$G: \{+S\} \rightarrow G: \{+PA, +S\} \rightarrow G: \{+PB, +S\}$$
$$符 \rightarrow 文 \rightarrow 字$$

（二）漢字的綫性發展

由甲骨卜辭、金文，而篆，而隸，而楷，漢字被連續使用達三千三百多年，毫無間斷，是唯一得以進入電腦時代的起源文字。漢字由古至今的發展演變其總字數不斷地增加，但是以六書爲基礎的漢字構形方式却沒有變化。隨着漢字發展，這些構形方式的比重却會有增加或減少的趨向，最明顯的是形聲字的增加。這種現象表示我們可以利用漢字構字方式的連續性來建構數學模式間接推測漢字的起源時間。這一模式需要將不同時代的漢字作六書或類似的構形分析，取得較爲精確的各種構形在不同時代的比重數據。用這些數據建立的數學模式在於觀察各種構形比重（Y軸）隨着歷史時間(X軸)在坐標圖的分佈。構形數據可以采取單一的構形(如形聲、象形)或數個構形合并(如形聲＋假借＋轉注),目的在尋找分佈趨向明顯的構形組合。這種數學模式的基本假設是影響這個趨向的各種因素没有隨時代演進而有重大變化,所以如果構形數據的分佈有明顯的趨向軌迹(例如直綫的一次方程式或其他高次方程式所表達的軌迹),應該可以借此軌迹來預測相應於某個數據的時間點。如果軌迹可以畫成直綫,更可以用外插法得到這個數據爲零的時間點。采取不同時代的漢字表音構形來建立數學模式,如果可以得到綫性軌迹的話,那麽外插X軸所得的時間點應該是漢字由"文"(G:｛＋PA,＋S｝)發展演進爲"字"(G:｛＋PB,＋S｝)的大致時間點。因爲缺乏直接考古證據,我們無從知道由圖符産生"文"的時間,所以由外插所得這個時間點只可以視爲漢字起源時間的下限。在四個起源文字系統中,只有漢字可以利用這樣的數學模式來間接地推測其起源時間下限。筆者曾經采用數學模式發現漢字表音構形的比重從商代到東漢呈直綫軌迹,表示可以用外插法來决定G:｛＋PA,＋S｝→G:｛＋PB,＋S｝的時間。[①] 當時筆者采用的兩組甲骨文構形分析數據對於假借字比重的估算不同,一組没有考慮假借字,一組估算爲11％,這個差異影響到數據綫的斜率,以至外插至X軸的時間點不一樣,一爲公元前1977年,一爲公元前2526年,相差達五百年。這樣的結果一方面表示甲骨文構形分析在這數學模式裏起關鍵作用,一方面表示須要重新考量甲骨文字的構形如何區分顯性表音與隱性表音。

隨着大量甲骨文出土資料的發表,近年許多碩博士論文的研究與甲骨文字構形分析有關。[②] 這些研究論文因爲選用的甲骨文字原始材料之來源以及對構形界定標準不盡相同,所以在計算構形比重時所得數值有所不同。不過這些研究結果對於甲骨文象形、會意、指事與形聲等構形的分析基本上與李孝定過去所得數值差異不大,最大的問題是對甲骨文假借字比重的估算。因爲部分學者認爲在已識甲骨文字中,

---

① 陳光宇:《試論漢字起源定點與世界古文字溯源比較》,《文博》2008年第145期,頁26—34。文中引用李孝定數據見李孝定《中國文字的原始與演變》,《漢字史話》,臺北:聯經出版社1977年版。
② 據手邊資料有以下論文。景洪軍:《甲骨文象形字研究》,廣州大學碩士論文,2010年;李曉華:《甲骨文象形字研究》,福建師範大學碩士論文,2008年;侯霞:《甲骨文與瑪雅文象形字比較研究》,中國海洋大學碩士論文,2008年;馬曉風:《甲骨文會意字研究》,陕西師範大學碩士論文,2005年;宋娟:《甲骨文可識會意字研究》,廣州大學碩士論文,2010年;郭飛:《已釋甲骨文會意字研究》,新疆師範大學碩士論文,2012年;李翠荣:《殷墟甲骨文通假字初步研究》,2007年;邢華:《甲骨文假借字分類研究》,西南大學碩士論文,2008年;宋微:《甲骨文形聲字分期研究》,西南大學碩士論文,2008年;曹君:《殷商甲骨文形聲字研究》,廣州大學碩士論文,2010年;楊軍會:《甲骨文形聲字研究》,浙江師範大學碩士論文,2009年。

超過60%有假借義,可以視爲假借字。① 事實上,這些多爲專名假借,其中大部分是人名。換言之,只從用字的功能來考量,甲骨文中可被視爲假借字的比重會偏高,從而影響甲骨文的表音成分。所以問題在於考慮甲骨文表音成分時,專名假借字是否應該算入顯性音符的表音成分。從構形角度來看,六書之中,象形、會意、指事字屬於"文"(G:{+PA,+S}),其表音方式是隱性的,無法從字面識出。形聲字屬於"字"(G:{+PB,+S}),其表音方式是顯性的,可由字面認出。至於假借字雖然是借形表音,但此借音的功能往往只有在特殊語境中(例如作爲人名等專有名詞)才能彰顯,否則無法從字面識出,所以筆者認爲作爲專名用的假借字在分析甲骨文字構形時可以不必算入G:{+PB,+S}的範疇。換言之,推測漢字起源的數學模式中作爲Y軸數據的漢字表音成分,也就是G:{+PB,+S}的比重,應該只用形聲構形。②

六、漢字溯源的直接考古證據:陶符,陶文?

遠古人類發明文字的直接證據就是確定某些圖符帶有特定的語音完成了由"符"至"文"的過渡。蘇美烏魯克遺址與埃及Naqada遺址出土大量的泥版、骨版、陶片、石版等有刻符的遺存,爲確定刻畫由"符"至"文"過渡的時間點提供了豐富的直接證據。新石器時代文化遺址遍及中國境內,分佈在黃河、長江、淮河三大流域。在時間上這些遺址從賈湖、雙墩、仰韶、龍山到二里崗持續將近六千年,幾乎沒有間斷。許多遺址出土器物帶有刻畫,多數出土的刻符以單體出現,在缺乏其他相關證據的情況下(例如墓主身份、遺存分佈等),無從判定其是圖符、記號或文字。特別是時間定點在公元前6600—前6200年的河南舞陽賈湖村遺址出土的龜甲刻符,其中有的刻符竟與五千年後的商代甲骨文字神似,令人驚訝。但是因爲賈湖出土刻符材料不多,無從確定這些龜甲刻符是否已有表音性質。③ 又如著名的大汶口陶符雖然構形工整,似乎具備一

---

① 可參考邢華《甲骨文假借字分類研究》(2008年西南大學碩士論文)以及其中所引資料。
② 將筆者過去所提數學模式中表音成分用形聲比重代表,外插所得由"文"至"字"的演變發生時間爲公元前2100年左右。
③ 賈湖龜甲刻符的討論可以參看李學勤"The earliest writing? Sign use in the seventh millennium BC at Jiahu, Henan Province, China," *Antiquity*, 2003;張居中:《舞陽賈湖》,北京:科學出版社1998年版;蔡運章、張居中:《中華文明的絢麗曙光——論舞陽賈湖發現的卦象文字》,《中原文物》2003年第3期,頁17—22。

定功能,但因爲不能證明其確實代表專名或含有音素,只能視之爲圖符。[1] 目前出土有兩個以上的連串的陶符例子不多:澄湖出土屬良渚文化的黑陶貫耳罐腹部刻有四個刻符,陶寺遺址 H3403 出土的陶扁壺有兩個朱書符號,山東丁公村龍山遺址出土的陶片有十一個刻符,高郵龍虬莊出土的有八個刻符。丁公村刻符及龍虬莊刻符雖然連串成句,但是刻畫曲折潦草,缺乏漢字的筆畫特徵,有學者稱爲是遠古草書。加上出土信息不全,迄今仍是遺址孤例,無法釋讀,也無從臆測它們可能的功能,所以學者只能猜測它們可能是未解謎的非漢字系統古文字。[2] 陶寺扁壺時代約當公元前兩千年左右,其上兩個陶符,已經具備漢字構形,學者或釋之爲"文堯",或釋之爲"文邑"。[3] 可惜有朱書的陶寺扁壺也是孤例,雖然兩個朱書極似漢字,但無法借考察扁壺功能來確定這兩個陶符是公元前 20 世紀的漢字。澄湖古井出土的貫耳罐上的四個陶符,也具備漢字構形。其中第二字極爲象形,頗似良渚反山大墓出土之玉鉞,也與山東陵陽河大汶口文化遺址出土的大口尊上的鉞形刻符相似。而第四字可能是矢的象形初文。一些學者釋讀爲"巫鉞五俞"、"方鉞會矢"或"六鉞五矢"。[4] 可惜澄湖貫耳罐也是孤例,沒有其他有類似刻符的器物出土,加上缺乏相關的考古資料,還是不能用來作爲良渚文化時代已有漢字的確切證據。

七、結　　論

兩河流域、尼羅河流域、黃河/長江流域及中美洲的人在遠古分別發明了文字,實現由"符"至"文"(G：{＋S}→G：{＋PA,＋S})的飛躍。這四種起源文字中,漢字是

---

[1] 關於大汶口陶尊刻符的研究報告論文甚多。可以參看康翰予《文明史視野中的大汶口文化陶文研究——兼與良渚文化刻符比較》(2013 年煙台大學碩士論文)以及其中所引用的參考文獻。
[2] 例如馮時以爲丁公村刻符是古彝文,見《山東丁公龍山時代文字解讀》,《考古》1994 年第 1 期,頁 37—54。關於丁公村刻符的發現及討論可參看欒豐實《丁公龍山城址和龍山文字的發現及其意義》,《文史哲》1994 年第 3 期,頁 85—89。關於龍虬莊刻符,討論學者也不少,可參看饒宗頤《讀高郵龍虬莊陶片的刻畫圖文》,《東南文化》1996 年第 4 期;王暉《新石器晚期組詞成句類陶文與漢字起源》,《古文字研究》第 27 輯,頁 20—27。
[3] 例如葛英會釋爲"文堯",見《破譯帝堯名號》,《古代文明研究通訊》2007 年總第 32 期;馮時釋爲"文邑",見《文邑考》,《考古學報》2008 年第 3 期,頁 273—290。
[4] 澄湖貫耳罐陶符的各家討論可參看張溯《論江蘇澄湖遺址出土的良渚刻符》,《東南文化》2015 年第 5 期,頁 68—74。另外哈佛大學賽克勒博物館藏黑陶壺有 9 個刻符可能是良渚遺存,見饒宗頤《哈佛大學所藏良渚黑陶上的符號試釋》,《浙江學刊》1990 年第 6 期,頁 11、20。

僅存於世的起源文字,也是人類僅存的形音文字。漢字是唯一無需解謎的起源文字。目前世界上除漢字外,所有其他文字均是使用音標或音節的拼音文字。漢字與其他文字的發展進程不同,可以簡單地比較如下:

$$\text{漢 字} \begin{cases} G:\{+S\} \to G:\{+PA,+S\} \to G:\{+PB,+S\} \\ \quad\text{符} \quad\to\quad \text{文} \quad\to\quad \text{字} \end{cases}$$

$$\text{其他文字} \begin{cases} G:\{+S\} \to G:\{+PA,+S\} \to \begin{matrix}G:\{+PB1\}\\G:\{+PB2\}\end{matrix} \to (G:\{+PB\})n \\ \quad\text{符} \quad\to\quad \text{文} \quad\to\quad \underset{(\text{音標}/\text{音節})}{\text{字母}} \quad\to\quad \text{字} \end{cases}$$

作爲一個形音文字系統,漢字保存了形、音、義的元素。其表音方式所用的音素有隱顯之分:"文"的音素(phonetic element)是隱性($G:\{+PA,+S\}$, invisible),"字"的音素是顯性($G:\{+PB,+S\}$, visible)。所有其他文字經過"文"的階段之後,就擺脫了形、義兩個元素,直接用音標($G:\{+PB1\}$)或音節記號($G:\{+PB2\}$)來造字。

　　文字起源的時空定點指的就是由"符"至"文"($G:\{+S\} \to G:\{+PA,+S\}$)發生的時間與地點,所有起源文字的時空定點都需要有直接的考古發掘證據。對照在尼羅河流域 Naqada 遺址與兩河流域 Uruk 遺址出土的有關古埃及與蘇美兩種起源文字的豐富考古資料,可以發現漢字起源的直接考古資料相當欠缺。雖然澄湖貫耳罐或陶寺扁壺均有近似漢字前身的符號,但目前只是孤例,不足以作爲當時已有漢字的直接證據。雖然陶寺、丁公村等龍山文化遺址以及澄湖、龍虬莊等良渚文化遺址出土刻符的例子還很少,但是這些文化遺址的出土刻符爲考古工作者提供了鼓舞與希望。特別是黃河的龍山文化遺址以及長江的良渚文化遺址都已發現許多規模不小的城址遺迹,所謂"城郭溝池以爲固"應該是在公元前 2500—前 2000 年黃河、長江流域的普遍現象。如果將尋找帶有刻符的陶片或器物作爲發掘重點之一,未來在這些城址發現文字源頭的機會應該是可以預期的。

　　在還沒有直接考古證據的情況下,我們仍可以從豐富的甲骨文資料裏發掘出有關更早漢字的信息作爲推演漢字起源的間接證據。甲骨卜辭裏許多商代祖先的私名,其中最早的可以上推到帝嚳,間接表示至少在帝嚳時代,已經有將語音與圖符結合成"文"。由成湯建政上推,帝嚳時代約當公元前 2100 年左右。利用漢字形音構形的連續性,我們也可以利用數學模式就歷代漢字裏"文"與"字"的比重變化來推測漢字開始由"文"至"字"($G:\{+PA,+S\} \to G:\{+PB,+S\}$)的大致時間。我們用這兩種間接方式大致推定漢字在公元前 2100 年左右開始進行由"文"至"字"的演變,從而推測漢字的起源不會晚過公元前 21 世紀。至於再往前推演漢字由"符"至"文"的時間點,只有期待未來的考古發掘。

　　在討論漢字起源的同時,我們不能不考慮到公元前 30 到 20 世紀的一千年之間,在中國廣袤的境内應該已經有許多文化圈,其種族、語言可能不盡相同。一旦當某個文化圈發明了文字後,這個由"符"至"文"的觀念很快會被其他文化圈效法采用,所以遠古中國大地可能先後有數種或多種不同的或相似的遠古文字共存,就像在兩河流域蘇美文字與 Proto‐Elamite 共存一樣。這許多遠古文字中當然也包括了甲骨文的前身,它們經過互相激蕩、影響、淘汰、融合,最後在公元前 21 世紀左右以原始甲骨文的面目出現(例如 ☒、☒ 等字),成爲漢字的祖先。其後漢字即進入綫性發展時期,成爲成熟的商代文字系統。這種淘汰、融合的現象,有似細胞中蛋白質生成後從二維變成三維的摺叠成熟過程,所以筆者曾經提出用形容蛋白質摺叠的漏斗型模式來説明漢字的起源産生。①

---

① 關於筆者提出的漏斗模式可參看陳光宇《從甲骨文推測漢字起源與發展模式》,《中國文字博物館》2009 年第 2 期,頁 9—18。

再論表意文字與象形信仰

夏含夷

（美國芝加哥大學）

1936 年到 1940 年期間，顧立雅（Herrlee G. Creel）和卜弼德（Peter A. Boodberg）都發表了文章討論中國文字的性質。顧立雅以爲中國文字基本上是表意的。與之不同的是，卜弼德以爲書寫只能代表語言，因此所有的文字基本上是表音的，中國文字也不例外。距卜弼德第二篇文章發表，已經過去了 75 年，這次辯論一直被視爲西方漢學最有名的辯論之一。西方語言學家多半都以卜弼德的觀點爲定論，然而中國文字的歷史既悠久又複雜，完全值得重新討論。雖然我們不一定能够提出新的意見，但是至少可以更清晰地分析舊說。本文指出中國文字中的象形字、指事字和會意字本來都起着表意作用，並且不少形聲字也有表意的基礎。

本文標題套用了西方漢學最有名的辯論之一的文本標題，即卜弼德（Peter A. Boodberg,1903—1972）所作《表意文字還是象形信仰?》。[1] 該文於 1940 年發表，中止了卜弼德和顧立雅（Herrlee Glessner Creel, 1905—1994）持續四年的學術辯論。顧立雅 1936 年於權威學刊《通報》上發表了題作《有關中國表意文字的性質》的文章以後，1937 年卜弼德在新刊的《哈佛亞洲研究學報》上發表了《有關古代漢語演變的一些初步概念》一文，反駁顧立雅的觀點。1938 年，顧立雅又在《通報》上對卜弼德的文章作了回應，即《有關古代漢語的表意部件》。[2] 然後，卜弼德又在《通報》上發表了《表意文字還是象形信

---

[1] Peter A. Boodberg, "'Ideography' or Iconolatry?" *T'oung Pao* 35 (1940): 266-288.
[2] Herrlee Glessner Creel, "On the Nature of Chinese Ideography," *T'oung Pao* 32 (1936): 85-161; Peter A. Boodberg, "Some Proleptical Remarks on the Evolution of Archaic Chinese," *Harvard Journal of Asiatic Studies* 2 (1937): 329-372; Herrlee Glessner Creel, "On the Ideographic Element in Ancient Chinese," *T'oung Pao* 34 (1938): 265-294.

仰?》。在那以後,因爲顧立雅和卜弼德兩個人都引用古蘇美爾文字證據來討論他們的觀點,所以《通報》的編者伯希和(Paul Pelliot, 1878—1945)宣布這一場辯論已經超出《通報》的學術範圍之外,因此卜弼德的文章就作爲當時辯論的終結。然而,在西方漢學界,到了20世紀80年代這個辯論又被重新提起,然後又持續幾十年,一直到現在都沒有定論。

1936年,顧立雅剛從北平回到芝加哥,他擔任了芝加哥大學第一個漢學教授。顧立雅在北平留學將近四年(1932—1936),在北平的時候他師從當時北平國立圖書館金石部主任劉節(1901—1977)先生。顧立雅住在北平的時候認識了不少當時年輕的古文字學家和考古學家。在1986年發表的一篇回憶錄裏,他提到了董作賓(1895—1963)、梁思永(1904—1954)、容庚(1894—1983)、顧頡剛(1893—1980)、商承祚(1902—1991)、孫海波(1911—1972)、唐蘭(1901—1979)、湯用彤(1893—1964)以及"其他許多"同仁。[①] 顧立雅的主要研究範圍是中國古代文化史,語言學方面沒有受過專門訓練。住在北平的時候,他還訪問了當時正在進行田野考古發掘工作的安陽,在《通報》上發表第一篇文章的重要目的之一就是爲了給西方學術界介紹當時剛剛開始釋讀的甲骨文材料。

卜弼德對甲骨文的發現不像顧立雅那樣感興趣。在其第一篇文章的開端,卜弼德承認了考古發現會起到啓發作用,可是緊接着就否認了這一點,謂:

> 這些新發現對研究中國古文字學的關鍵問題,即字與詞的關係,是一個障礙。[②]

卜弼德也一點不重視中國國内的古文字學研究,特別是較之西方"科學"的古文字學而言,他繼續説:

> 在研究古代"表意"文字的時候,音韻學家和文字學家會采取不同的做法並不奇怪。就連在埃及學和蘇美爾學領域,我們也經常遇到同樣的現象,然而這些學術領域的優秀文字學成果已經最大限度地降低了這樣分野所造成的影響。不幸的是,在漢語研究中,我們現在剛剛開始建立一個語文學的做法,音韻學和文字學的分別對科學的發展仍然是一個障礙。

卜弼德又説,中國學者根據文字學立説是可以理解的,可是"西方文字學家這樣做是不能接受的"。[③] 卜弼德把顧立雅的説法稱作"不能成立的論點",一點也不接受:

[①] Herrlee G. Creel, "The Birth of *The Birth of China*," *Early China* 11-12 (1985-1987): 2.

[②] Boodberg, "Some Proleptical Remarks on the Evolution of Archaic Chinese," *Harvard Journal of Asiatic Studies* 2 (1937): 329.

[③] Boodberg, "Some Proleptical Remarks on the Evolution of Archaic Chinese," *Harvard Journal of Asiatic Studies* 2 (1937): 329 n. 1.

顧立雅博士在1936年《通報》上發表的《有關中國表意文字的性質》一文提出中國文字的"表意"特徵,反對從"音韻學"視角研究古文字。此文文筆流暢,可是毫無學術根據。伯希和教授的按語正當地譴責了顧立雅將書寫和活着的語言分別開來的習慣。除了作者這一不能成立的論點以外,我們還應該反對貫穿他文章的(也是西方漢學經常用的)普遍趨向,即以爲中國人的書寫發展,就像中國很多其他文化因素的演變一樣,利用了某些玄妙的倫理,使之與其他人類文化相區別。①

近幾十年以來,此場辯論還在持續,卜弼德的觀點和論調反復被人提起。在1984年,德范克(John DeFrancis,1911—2009)著書辨別中國語文的"事實"和"幻想"。關於中國文字,他説:

> 我實在受不了有人誤解中國文字爲"象形文字",這就像是利用占星術來談天文學那樣糊塗。因爲人們對漢語有這樣的誤解,所以對全世界文字的性質的認識仍然有誤,這也讓人無法忍受。②

德范克著《中國語文:事實與幻想》出版以後不到十年,陳漢生(Chad Hansen)在亞洲學權威學刊《亞洲學學報》上發表了題作《中國表意文字和西方概念》的文章,導致俄亥俄州立大學日文教授安戈(J. Marshall Unger)發表一篇公開的《給編者的信》,頭兩段的目的是警告"不是語言學專家的讀者":

> 看到《亞洲學學報》1993年5月刊用陳漢生的《中國表意文字和西方概念》實在使我大吃一驚。這是因爲他的主要論點,即中國文字是表意文字,長期以來已經爲學術界所放棄。由於同一個原因,我也不願意寫這種信,因爲僅僅寫信可能會讓某些讀者誤會我以爲這個問題值得討論;其實,這樣做就像在學術學報上利用"科學創造主義"的觀點説明遺傳學和化石。對我來説,這兩個假説半斤八兩,都不值得看重。雖然如此,因爲陳漢生的學問如此糟糕,所以我覺得我還是應該給不是語言學家的讀者提供陳漢生所没有給出的事實和證據。還有其他一些同樣糊塗的學者,就像Donald(1991),同樣針對相關的學問,儘管他們有的時候也會誤解這個學問,但是通常能把事實交代清楚,文筆清晰,有某些新的意見;因爲他們不懂亞洲語文,所以他們的誤解也可以被諒解。然而,這些理由完全不適用於陳漢生,這正是

---

① Boodberg, "Some Proleptical Remarks on the Evolution of Archaic Chinese," *Harvard Journal of Asiatic Studies* 2 (1937): 330-331 n. 2. 卜弼德提到"伯希和教授"是指伯希和在顧立雅文章後頭附加的討論,即 Paul Pelliot, "Brèves remarques sur le phonétisme dan l'écriture chinoise," *T'oung Pao* 32 (1936): 163-165.

② John DeFrancis, *The Chinese Language: Fact and Fantasy* (Honolulu: University of Hawai'i Press, 1984), p.111.

我提筆寫下這封信的原因。

　　總地來說，連那些同意陳漢生所謂中國文字是表意文字觀點的人應該也對他的論述感到不滿意。他的論述完全具備假科學的特點：不相信真正的專家，認爲他們吹毛求疵；不肯接受公認定義及其背景；對文化和概念描述潦草，歸納缺乏根據；不處理不利的證據；由曲折的分析得出陳舊的結論。學報的審查學者沒有注意這些缺點（還有更多的缺點，由於篇幅的限制沒有全部列出）實在使我扼腕。其實，我感到這些審查學者比陳漢生的罪責更大。將中國視爲迷惑、隱蔽、異域文化的論著汗牛充棟，陳漢生只不過是借機爲之添磚加瓦，而他們居然允許《亞洲學學報》發表此文。①

最近，在 2009 年《亞洲學學報》又刊用了馬愛德（Edward McDonald）的文章，題作《超越辯論的長城：中國學中的"文字癖"》，似乎是爲了挽回十五年前的錯誤。馬愛德接受了安戈對陳漢生文章的批評，只是將安戈所說"異域化"（"exoticizing"）變爲"戀物化"（"fetishization"）。② 這篇文章開頭所附摘要言辭比較中立：

　　有關中國書寫系統的辯論，特別是中國文字是否可以稱作"表意文字"，仍然是漢學研究的難題。本文針對"文字癖的說法"，在理解中國語言、思想和文化中，這些說法給了漢字不應有的重要地位。作者打算對這些說法作分析和評價，以便給它所引發的狂熱降温，對作爲書寫系統、同時關涉中國文化和思想的中國文字的性質作出一個更爲綜合、更有根據的解釋。③

然而，到引言部分的結尾，馬愛德就宣揚這樣的觀點：

　　在本文中，我將論證相反的觀點，即在實際使用中，中國文字只能在一個特定的語言環境中理解，就這點而言，文字構造的原則根本無關對它的理解。換句話說，中國文字一旦作爲書寫的要素代表某種特定的語言，對它的理解就只是由它和該語言中特定單元的關係決定，它本身並不含有任何"內在"的意思。④

到文章最後部分，馬愛德給出更爲清晰的說法：

　　我們如果承認文字構造的原則對理解作爲書寫語言的單元的文字毫無影響，

---

① J. Marshall Unger, "Communication to the Editors," *Journal of Asian Studies* 52.4 (1993): 949.

② Edward McDonald, "Getting over the Wall of Discourse: 'Character Fetishization' in Chinese Studies," *Journal of Asian Studies* 68.4 (2009): 1189–1213.

③ McDonald, "Getting over the Wall of Discourse: 'Character Fetishization' in Chinese Studies," *Journal of Asian Studies* 68.4 (2009): 1189.

④ McDonald, "Getting over the Wall of Discourse: 'Character Fetishization' in Chinese Studies," *Journal of Asian Studies* 68.4 (2009): 1193–1194（斜體是本文原有的）.

那麽象形文字或表意文字的作用就和假借字或形聲字完全一樣。①

馬愛德的論點基本上是根據鮑則嶽（William G. Boltz）的《中國書寫系統的起源與早期演變》一書。在這本書裏，鮑則嶽像德范克一樣以爲他的目標是爲了説明一些"事實"，反對某些"神話和誤解"。

> 我寫這本書的目標是爲了直白地、易懂地説明中國文字在公元前二千年後半部分的起源和構造的事實，以及它在一千年以後的秦漢時代經過了如何的重新構造和系統化。我希望這樣可以袪除關於中國文字性質的某些流傳甚廣的神話和誤解，關於中國文字的形式和功能，能够重建起某些共識以及清醒的認識。

> Peter S. Du Ponceau（1760—1844）作了一篇有説服力的、清楚縝密的"論文"，證明了中國文字並不是"表意文字"，中國文字像任何文字系統一樣只是一種代表語言的工具。②

鮑則嶽是卜弼德的學生，他的書在很大程度上是根據卜弼德的觀點，只是有所發揮，對中國文字系統下了嚴格的定義。在鮑則嶽的書裏，卜弼德的某些挑戰性的理論——特別是很多文字有多聲符——就被作爲定論。因此，鮑則嶽説"無聲符的文字壓根不存在"。

> 所有的含有多種部件的文字必須有一個部件指明聲音，無法"創造"一個没有聲符的會意字。……一般來説，我們必須咬定"無聲符"的文字壓根不存在。③

鮑則嶽所説的"無聲符的文字"，是指中國傳統文字學所謂的會意字，常常有人説這種文字是"表意文字"。譬如説，《説文解字》舉出兩個字來説明會意字的理論："武"和"信"。按照《説文》的分析，"武"是由"戈"和"止"兩個部件構成的，"止"表"停止"的意思，因此"武"的意思是"停止戰爭"。同樣，《説文》謂"信"是由"人"和"言"構成的，因此站在他一邊語言的人是"誠信"的。鮑則嶽擯斥這個分析，説：

---

① McDonald, "Getting over the Wall of Discourse: 'Character Fetishization' in Chinese Studies," *Journal of Asian Studies* 68.4 (2009): 1207.

② William G. Boltz, *The Origin and Early Development of the Chinese Writing System*, American Oriental series 78 (New Haven, CT: American Oriental Society, 1994), p.vii. 鮑則嶽所引"Peter S. Du Ponceau"是指 Du Ponceau 氏在 1838 年所作 *A Dissertation on the Nature and Character of the Chinese System of Writing: In A Letter to John Vaughan, Esq.*, (Philadelphia: American Philosophical Society, 1838; rpt, Kessinger Publishing, 2008). Du Ponceau 氏的論文非常奇怪。儘管這篇文章對中國文字做了長篇討論，可是 Du Ponceau 氏很驕傲地承認他自己根本不會漢語。並且，按照今天的眼光來看，他對中國學者和中國人的偏見只能算是一種種族主義。我一點也不明白鮑則嶽怎麽會讚揚這篇文章。

③ Boltz, *The Origin and Early Development of the Chinese Writing System*, p.72.

"人"和"言"的組合除了"誠信"以外還可以有很多不同的意思,諸如"華麗的"、"吹毛求疵"、"高談闊論"、"演講"、"獨白"和"語言學家",還有三點原因説明這種分析可疑。第一,班固在他對六書的定義裏,將這種文字稱作"象意字",不是"會意字"。一個會意字的基本性質如果是結合不同部件的意思,那麼班固怎麼會不用"會"字來定義?最早的説法是"象意"。第二,像我們已經指出那樣,在文字系統的起源和發展過程當中,根本沒有辦法創造一個沒有聲符的文字。除非有特定的部件代表聲音,除此之外利用兩個或兩個以上的部件的意義來形成一個新的文字並不是有效的辦法。第三,如果中國文字真正有這種文字,在全世界的所有文字系統中是獨有的。在我所知的文字系統中,沒有一種文字是由不表音只表意的部件結合而成的。①

這是鮑則嶽的關鍵概念,也是馬愛德最有力的根據。② 然而,像蒲芳莎(Françoise Bottéro)在她對鮑則嶽著《中國書寫系統的起源與早期演變》的書評裏所指出那樣,鮑則嶽的這三個論點都沒有説服力。③ 第一點,即"象意"和"會意"的不同,根本沒有多少意義。無論是"象"意還是"會"意,這兩個定義的核心是"意"(衆所周知,中文本來不分單數和複數);有"意"的字應該可以稱作"表意字"。鮑則嶽第二點本來不是證據,而只是他的想法。他可以説將兩個意符結合起來創造文字"不是有效的辦法",可是僅僅這樣説不等於證明。當然,《説文》對"信"字的分析有問題,因爲沒有指出"人"旁原來代表這個字的聲音(按照鮑則嶽所利用的古音構擬法,"人"的聲音可以構擬爲 *njin,"信"可以構擬爲 *snjins④)。然而,《説文》的一個錯誤並不證明它對所有會意字的分析都錯。比如説,鮑則嶽根本沒有討論"武"字的構造,更不用説裘錫圭在他所著的《文字學概要》裏所提及的上百個會意字。⑤ 第三,蒲芳莎指出蘇美爾和埃及文字

---

① Boltz, *The Origin and Early Development of the Chinese Writing System*, 148(斜體是本文原有的).
② McDonald, "Getting over the Wall of Discourse: 'Character Fetishization' in Chinese Studies," *Journal of Asian Studies* 68.4 (2009): 1204;關於鮑則嶽説中國文字根本沒有"會意字",馬愛德還説:"很多對漢字有戀物情結的人經常把會意字當作證據,有的時候甚至也把某些形聲字也歸到這個類型,所以鮑則嶽的看法説明這些人對漢字的戀物情結完全是錯誤的。"
③ Françoise Bottéro, Review of William G. Boltz, "The Origin and Early Development of the Chinese Writing System," *Journal of the American Oriental Society* 116.3 (1996): 574–577.
④ 鮑則嶽所用的古音構擬是根據 William H. Baxter, *A Handbook of Old Chinese Phonology*, Trends in Linguistics Studies and Monographs 64 (Berlein: Mouton de Gruyter, 1992), Boltz, *The Origin and Early Development of the Chinese Writing System*, p.149 n. 20 所引.
⑤ 裘錫圭:《文字學概要》,上海:上海古籍出版社 1988 年版。本文英文稿引用這本書的英文譯文:Qiu Xigui, *Chinese Writing*; Gilbert L. Mattos 和 Jerry Norman 翻譯, Early China Special Monograph Series No.4 (Berkeley, Ca: Society for the Study of Early China and the Institute of East Asian Studies, University of California, Berkeley, 2000),頁 186—203。

裏都有結合兩個意符的"會意字"。因此,中國文字的這個做法並不是獨有的。①

鮑則嶽說"一般來說,我們必須咬定'無聲符'的文字壓根不存在"相當難懂。傳統中國文字學根據《說文解字》分析了三種"無聲符"的文字,即"象形字"、"指事字"和"會意字",裘錫圭將這三種文字統稱爲"表意字",②這個提法很合理。

很清楚的是,中國文字像蘇美爾文字和埃及文字一樣一開始是象形文字。儘管僅憑現在的通用漢字,文字原來的形狀常常看不出來,可是在最早期的文字這一點很清楚。下面僅列一些表動物的象形字:

羊　象　兔　馬　虎　鹿

鮑則嶽也不接受"象形字"這個定義。與一般的 pictograph 的叫法不同,他把這些文字稱作 zodiograph。按照他的說法,pictograph 是指"物"而 zodiograph 是指"詞"。③ 這樣分別似乎相當武斷。④ 文字當然代表詞,不然的話它就是符號而不是文字。然而,問題是它怎樣代表詞。無論如何,上面所列文字的形狀都不代表相關文字的聲音。

一直到甲骨文發現以後,"指事字"都算是比較不重要的文字類別。《說文》列出"上"(⊥)和"下"(⊤),差別僅僅是橫畫上頭和下頭的一筆。其實,我們現在知道有不少文字利用了這種構造方法,用一筆點畫或是圓圈指出某一象形字特別的地方或含義,如下列例子:

---

① Bottéro, Riew of Boltz, *The Origin and Early Development of the Chinese Writing System*, p.576.

② Qiu Xigui, *Chinese Writing*, pp.167 – 168. 裘錫圭指出陳夢家在其著《殷虛卜辭綜述》裏已經建議將象形字、指事字和會意字合起來,把三個類型都稱作"象形字"。裘先生雖然沒有接受陳夢家的術語,但兩個人對中國文字的分析基本相同。

③ Boltz, p.54:"代表一個事物的畫可以稱作'*pictograph*',這是文字的前身,可是並不是文字。……那張畫代表事物的名稱,也就是說代表一個詞而不代表事物,這就是文字;根據卜弼德的說法可以稱作'*zodiograph*'。"

④ 如上所示,鮑則嶽用"zodiograph"指稱這種文字是源自卜弼德。這個詞的來源是希臘語 *zōdion*,意思是"一張小畫"。然而,如 Jereon Wiedenhof 氏在他對鮑則嶽著《中國書寫系統的起源與早期演變》的書評裏所指出所謂,卜弼德自己對"pictograms"和"zodiographs"兩個術語本來沒有分別;見 Jereon Wiedenhof, Review of William G. Boltz, "The Origin and Early Development of the Chinese Writing System," *T'oung Pao* 82.4/5 (1996): 383. 我自己明白鮑則嶽的分別,可是正如 Wiedenhof 氏還指出,術語的這些細微的差別有的時候對表達意思是一個障礙。

＊：ren 刃，用一個點畫指出 dao"刀"的刃部。

＊：hong 厷(即"肱"的本字)，在 shou"手"(即 you"又")下畫圓圈，指出"肱"。

＊：zhou 肘，在 hong 厷下頭畫點畫指出"肘"。

＊：gui 卮(即"跪"的本字)，在跪着的人形(即 jie"卩")的膝蓋下面畫點畫，指出"跪"的含義。

＊：ye 亦(即"腋"的本字)，在人形(即 da"大")的肩膀下面畫點畫指出"腋"。

鮑則嶽所謂"無法'創造'一個没有聲符的會意字"似乎無法對這些"指事字"的構造作出確切的分析。所指詞的聲音和原來象形字的聲音都迥然不同，所加上的點畫或圓圈肯定不代表字的聲音。縱使我們采用鮑則嶽的定義認爲象形字代表"詞"而不代表"物"，這些指事字將不同的無聲符部件結合起來創造一個新的文字，似乎不能否認。

《説文》第三種表意文字是"會意字"。如上面所述，鮑則嶽已經指出《説文》對"信"字的分析有誤，"信"字所從的"人"不但是意符，還提供詞的聲音。然而，像我上面已經説的，《説文》對一個會意字的分析有錯誤不等於説對所有會意字的分析都錯。裘錫圭提供了對一百多個會意字的分析，下面只舉出幾個例子。根據現代通用漢字的構造，一般的讀者不一定能够認識每一字原來的表意功能，然而這些例子所用的部件都很普通，古代的讀者一定會認出來。據我所知，在這些例子當中，没有一個部件有表音的作用。①

＊：cong 从(即"從")，兩個"ren 人"會"跟從"的意思。

＊：bei 北("bei 背"的本字)，兩個相背的"ren 人"會"背"的意思。

＊：ji 及，由"ren 人"和"you 又"會"拿"的意思。

＊：fu 孚("fu 俘"的本字)，由上面的"you 又"和下面的"zi 子"會"俘虜"的意思。

---

① 當然，有的文字在後來的演變中也會加上音符，譬如下面將提到的"闢"字，在原來的"門"上加上"辟"作爲音符。卜弼德和鮑則嶽都説很多文字原來是多音的，加注音符是爲了確定這個字的讀音。譬如，下面所舉的由"目"和"人"組成的"見"字，他們説"目"字除了 mu 以外，還表示 jian 的聲音。不知道這樣分析有没有根據，可是這恐怕不能説明同樣由"目"和"人"所組成的"望"字。鮑則嶽還説在由"口"和"鳥"組成的"鳴"字裏，"口"提供 ming 的聲音。我不知道這樣分析有没有根據，但是"口"怎麽能够同樣爲从"口"从"犬"的"吠"字提供 fei 的讀音呢？在我看來，這樣多音的文字很難起表音作用。

🐟：yu 毓（"yu 育"的本字），由"mu 母"與倒過的"zi 子"和"shui 水"點（即"羊水"）會"生育"。

🐟：ji 疾，由"qiang 爿"（"床"的本字）與"ren 人"和"shui 水"點（可能表明"發燒的汗"）會"疾病"的意思。

🐟：fa 伐，由"ren 人"和砍人頸部的"ge 戈"會"砍頭"或"征伐"的意思。

🐟：jie 戒，由兩個手舉出（即"gong 収"）一個"ge 戈"會"守衛"的意思。

🐟：pi 闢，由兩個手對外面推一扇"men 門"會"開"的意思。

🐟：zhi 陟，兩個"zhi 止"（即"腳"）在"fu 阜"上往上。

🐟：jiang 降，兩個"zhi 止"（即"腳"）在"fu 阜"上往下。

🐟：yi 埶，由人將兩個手伸出來（"ji 廾"）把"mu 木"放在"tu 土"裏會"種田"的意思。

🐟：mu 莫（"mu 暮"的本字），由"ri 日"在四個"mu 木"或"cao 艸"裏會"黃昏"的意思。

🐟：zhao 朝，由"ri 日"和"yue 月"在"cao 艸"中表明太陽和月亮同時出現的時候，也就是"早晨"的意思。

🐟：jian 見，由"ren 人"和"mu 目"會"看"的意思。

🐟：wang 望，由"ren 人"和往上的"mu 目"會"望"（即"看遠地"）的意思。

🐟：ji 即，由跪着的人（"jie 卩"）在"飯碗"（皀）前面會"蒞臨"的意思。

🐟：ji 既，由跪着的人（"jie 卩"）和向後的"kou 口"在"飯碗"（皀）前面會"完畢"的意思。

🐟：xiang 鄉，由兩個相對跪着的人（"jie 卩"）在"飯碗"（皀）前面會"宴會"的意思。

🐟：ming 鳴，由"kou 口"和"niao 鳥"會"ming 鳴"的意思。

🐟：fei 吠，由"kou 口"和"quan 犬"會"fei 吠"的意思。

🐟：chou 臭，由"zi 自"（即"鼻子"）和"quan 犬"會"chou 臭"的意思。

🐟：yi 劓，由"zi 自"（即"鼻子"）和"dao 刀"會"yi 劓"（即切鼻子）的意思。

🐟：shan 删，由"ce 册"和"dao 刀"會"shan 删"（即削竹簡）的意思。

🐟：jie 劊，由"yu 魚"和"dao 刀"會"jie 劊"（即切魚）的意思。

🏔𝟙：zhuo 剁，由陰莖（也許"tu 土"之本字）和"dao 刀"會"閹割"的意思。

👤：yue 刖，由一腿的人形與和手裏（即"you 又"）拿着"鋸"會"yue 刖"（即砍腿）的意思。

我們還可以舉出很多類似的"會意字"，於此毋庸贅述。在中國文字最早的階段，亦即商代的甲骨文，它的象形功能相當容易看得出來，就像最後一個例子中手裏拿着鋸砍腿的"刖"字。① 其他的例子比較抽象，把兩個意思結合起來，就像"鳴"和"吠"。根據最新統計，百分之七十以上的甲骨文實詞（即非專用名詞）可以分析爲表意字（即象形字、指事字或會意字）。② 卜弼德指出顧立雅對某些字的分析是錯的，認爲這些錯誤證明顧立雅的結論也是錯的。然而，卜弼德基本上沒有考慮顧立雅所提出的甲骨文和金文字形，後來接受卜弼德理論的許多學者同樣也對甲骨文不感興趣。③

這並不是說甲骨文文字全都是表意文字，像世界上其他獨立起源的文字一樣，中國文字在最早的階段已經遇到象形文字的限制，開始利用聲音來創造新的字，通常利用同聲"假借字"。譬如，古代漢語第三人稱代名詞"其"很難寫，只能假借同聲的"箕"（即"籃子"的意思）的象形字"🧺"來代替它。同樣，在甲骨文裏作動詞的"lai 來"利用了音近的"mai 麥"（即"麥子"）的象形字"🌾"，④介詞的"自"利用了"zi 自"（即"鼻子"）的象形字"👃"來代替。現代漢語也是一樣，借用植物的"花"字來代替"花錢"的"花"。在現代漢語裏，很多原來是假借字的字已經變形了。譬如，"箕"的象形字"🧺"原來寫作"其"，但是後來爲了區別"箕"的意思和代詞"其"的意思，加上了竹字頭，創造了新的字。

在中國文字的發展過程中，假借字——也就是利用聲音來造字——是非常重要的突破。開始利用假借字以後，下一個進步是將意符和音符結合起來造出無法用象

---

① 今天通行的"刖"字，原來的象形字已經變形，加上"月"當作音符。然而，在中國最早的書寫階段，這個字肯定是象形字。

② 見江學旺《從西周金文看漢字構形方式的演化》，《古籍整理研究學刊》2003 年第 2 期，頁 30—33；引自 Wolfgang Behr, "The Language of the Bronze Inscriptions," in Edward L. Shaughnessy, ed., *Imprints of Kinship: Studies of Recently Discovered Bronze Inscriptions from Ancient China* (Hong Kong: Chinese University of Hong Kong Press, forthcoming). 畢鶚（Wolfgang Behr）氏說將來如果有新的文字分析法，江學旺所提出的表意文字的比例可能會降低，但是也沒有說會降低多少。

③ 德范克、安戈和馬愛德都基本上沒有利用甲骨文材料。如上面所說那樣，卜弼德以爲出土文字資料是一個障礙，他對甲骨文也沒有做研究，唯有鮑則嶽對甲骨文做了相當的研究。

④ 我們也可以認爲原來是一種食器的象形字的"豆"假借爲"豆子"的"豆"。

形手法描繪的新字，這是所謂"形聲字"。譬如，要造"魚"字或"木"字當然可以畫出"🐟"或"🌲"的象形，也許我們也會畫出"欄樹"和"松樹"的不同象形。然而，要怎麼分別"櫸樹"和"核桃樹"？同樣的，"鯊魚"和"旗魚"的形狀很容易分別，可是"鱒魚"和"鱸魚"的形狀非常相似，兩種魚的分別根本畫不出來。有了假借的原則以後，當然可以借用"尊"的象形字"🏺"來代替。然而，表野雞的"鷷"也有一樣的聲音，怎麼區別這兩個字？古人很快將假借字的原則再推進一步，也就是把意符和音符結合起來創造形聲字。有了形聲字以後，他們就可以把漢語裏所有的詞都寫下來。①

　　形聲字不是中國獨有的文字構造，在世界其他文字系統諸如蘇美爾文字、埃及文字和瑪雅文字裏也都是最普遍、最常見的文字構造，這點恐怕沒有再討論的餘地。在現代漢語字典裏，大多數的字都是形聲字。然而，形聲字不一定全部按照同一個原則構造。在《文字學概要》裏，裘錫圭列出十七種不同的形聲字構造法。這樣的分析可能過於詳細，不過，我們至少應該分辨形聲字的兩個大類型：在一個類型中，音符僅提供詞的聲音；在另外一個類型中，音符不但提供詞的聲音，並且也表意，這是中國文字學所謂"形聲兼會意"現象，《說文解字》通常使用"从X从Y，Y亦聲"這一表述。早在商代甲骨文裏，就已經使用了第一個類型的形聲字作爲專用名詞。譬如，殷墟附近的洹水寫作"𣳫"，"𠙽"（即亘）表音，再加上"水"旁指明是河名。同樣，由"水"旁和"止"組成的"沚"是一個地名，可能也是河名，"止"只表音而已。在這個類型的形聲字裏，唯有通常寫在文字左邊的偏旁才起到意符的作用。②

　　形聲字的第二個類型有所不同——音符不但表音，並且也兼有表示詞意的功能。早在顧立雅和卜弼德辯論的時候，顧立雅就已經討論了這一類字，說是一種會意字。在他所作的《有關中國表意文字的性質》一文裏，他提出《說文解字》所謂"韋，相背也"的"*wei* 韋"字，最早的字形是"🔠"，即兩個"止"（即脚）往不同的方向走在"囗"（即"城郭"）的外邊（按照《說文》的說法"囗"也表音），原來的意思是"守衛"。顧立雅還提到不少與"韋"相關的字，意思都是從"韋"原來的意思引申出來的，諸如"圍"、"違"、"闈"、"緯"、"衛"、"幃"等。③

---

① 據江學旺《從西周金文看漢字構形方式的演化》第32—33頁說，在西周銅器銘文上首次出現的900個文字中，百分之八十是形聲字。
② 其實，我有一點懷疑"𠙽"不但是音符，並且也有表意功能。殷墟附近的洹水一個特點是它卷曲的形狀，很像"𠙽"字的形狀。
③ Creel, "On the Nature of Chinese Ideography," pp.146-147.

很容易看出這些字多與"守衛"或是"保衛"有關係,只是不同的偏旁表示細微差別而已。那麼,"囗"旁表示"周圍"的意思,"辶"旁表示"違背"的意思,"門"旁表示"巷門"的意思,"行"旁表示"圍護"的意思,等等。①

當顧立雅和卜弼德發表文章的時候,伯希和是《通報》的編者,他的編輯習慣是在一篇文章後頭加上自己的按語。在顧立雅於 1936 年所發表的《有關中國表意文字的性質》一文的後頭,伯希和發表了題作《有關中國文字聲音的小案》的文章,值得重新閱讀。

> 顧立雅的文章所缺乏的一點是對形聲字的確切定義。很清楚,過去這個名詞裏含有兩個非常不同的類型。
>
> 在一個類型中,音符只表音,諸如"*lai* 賴"("依靠")字、"*lai* 癩"("惡瘡")字和"*lai* 籟"(一種"笛")諸字。這些字的偏旁表意,但是音符完全是假借字。……這個類型的特點是音符和詞毫無關係。這個類型經常被利用來書寫外來語。按照顧立雅的看法,這個類型才應該被稱作"形聲字"。這個觀點值得重視。雖然這個類型的文字爲數不少,但是在字典裏面也遠達不到百分之八十九十的比例。
>
> 然而,按照中國文字學的觀點,也就是高本漢(Bernhard Karlgren, 1889—1978)的看法,形聲字不僅指這個類型,還包括顧立雅所討論的那些"形聲兼會意"的字,諸如"*wei* 圍"、"*wei* 衛"、"*wei* 幃"等。
>
> 雖然我們必須承認兩個類型之間的區別不是很清楚,但是我仍然認爲我們應該分辨這兩種構造相同而來源不同的類型。
>
> 按照顧立雅的觀點,第二個類型的文字完全沒有音符。他說因爲"韋"的本字是表意字,所以結合也是表意字的偏旁所造的字當然也是表意字。這裏我也基本上同意他的觀點,但是我們應該稍微改變一下慣用的術語。我和顧立雅的不同在於偏旁作用的理解。
>
> 據顧立雅說,"*wei* 闈"僅是宮殿的"門韋","*wei* 幃"只是"巾韋","*hui* 諱"只是"言韋"。這好像是說中國文字完全是抄手的創造,與活着的語言沒有一點關係。顧立雅當然知道這些字的聲音不都一樣,無論是聲調還是發音。然而,他輕視這些不同,以爲這只是次要的。這點我不能贊同。他所做的全部工作都表明他像中國學者一樣是文字學家,而並不是語言學家或是音韻學家。連書寫形式完全一樣的文字(諸如好 *haò* 和 *haó*、藏 *zang* 和 *cang*、傳 *zhuan* 和 *chuan*),它們聲調和發音的

---

① 雖然這些文字中,有的不很清楚,譬如"緯",不一定像顧立雅的分析那樣,但是個別例外不能證明所有的例子都不對。見 Creel, "On the Nature of Chinese Ideography," p.148.

不同都表明語言是活着的這一特點，更不用説那些不相同的文字。原則上，偏旁的不同來自口頭語言中有不同意義和聲音的詞。對我來説，"闈"是漢語 *wei* 字的寫法，而並不是"門韋"的緊湊形式。也許有一些例外，但並不是很多。如果加上的部首可以確定口頭語言中的一個表意字的意思，我們的確可以説這個新的字是表意字，但是我們也可以説這是一種特殊的形聲字。最重要的是，我們不應該把這個類型和第一個類型弄混。①

伯希和和顧立雅的看法大同小異。伯希和批評顧立雅説他對口頭語言没有給予應有的注意，②這樣的批評很對。像伯希和所説的那樣，顧立雅"並不是語言學家或是音韻學家"。然而，顧立雅從來没有説他是語言學家或是音韻學家。他文章的主題是中國文字，不是中國語言。對我來説，伯希和的批評有一點不公平——雖然文字和語言有非常密切的關係，可是我們不應該把它們兩者等同起來。③ 連利用"a"、"b"、"c"等字母書寫的語言也可以利用書寫表達一些口頭語言不好表達的意思，諸如利用大寫、標點、不同的字形等。我覺得中國書寫——特别是中國上古的書寫——更能利用不同文字的字形來表達不同的意思。④

顧立雅和伯希和在討論形聲字第二種類型的時候，他們好像都不知道中國學者早已經認識了這個類型，它被稱作"右文"。其實，在顧立雅第一篇文章發表的前一年，即 1935 年，沈兼士（1887—1947）發表了長篇文章討論這個問題，題作《右文説在訓詁學上之沿革及其推闡》，對"右文説"的歷史做了綜合闡述，並且也

---

① Paul Pelliot, "Brèves remarques sur le phonétisme dan l'écriture chinoise," *T'oung Pao* 32 (1936)：163 - 165.
② Boodberg, "Some Proleptical Remarks on the Evolution of Archaic Chinese," *Harvard Journal of Asiatic Studies* 2 (1937)：329 n. 1，説伯希和附加的討論"正確地譴責顧立雅博士將活着的語言和文字分開的習慣"。我覺得這樣説相當過分。伯希和的批評通常非常極端，可是他對顧立雅的批評相當平和。
③ 卜弼德、德范克、安戈、鮑則嶽和馬愛德都犯了同樣的錯誤。卜弼德批評顧立雅説："語言科學的唯一問題是詞。對語言學家來説，文字的'意思'或是'概念'根本不存在。"Boodberg, "Some Proleptical Remarks," p.332 n. 5. 顧立雅不在乎"語言科學"，他的主體是"古文字學"。對語言學家説文字可能不存在，但是對古文字學家來説，文字當然存在。
④ 龐樸指出在戰國文獻裏有不少文字加上"心"旁，對文字的意思似乎提供新的意義。譬如説，"勇"就是"勇敢"的意思，可是"恿"好像是一種内在的用感性（這個字跟現代漢語作爲"滿溢"或"涌出"的"恿"表示的不是一個詞）；"反"只是"反過來"的意思，可是"伿"是"反省"的意思；"爲"只是"作爲"的意思，可是"憍"或"憑"是"心裹的作爲"。見龐樸《郙燕書説：郭店楚簡中山三器心旁文字試説》，武漢大學中國文化研究院編《郭店楚簡國際學術研討會論文集》，武漢：武漢人民出版社 2000 年版，頁 37—42。我們應該注意，這些文字似乎不是或者語言的詞，很可能是抄手所發明的。

提供很多例證。① 早在劉熙（公元 200 年前後）所撰的《釋名》裏，右文説的原則就已經有所提及。然後西晉時代的楊泉（公元 280 年）做了更清楚的分析，説"在金曰堅，在草木曰緊，在人曰賢"，説明與"臤"字相關的字有相同的意思。②

"右文説"這個名稱由北宋王聖美（公元 1060 年前後）首倡，之後很多有名的文字學家，諸如戴侗（1241 年進士）、段玉裁（1734—1815）和王念孫（1744—1832），都做了討論，③他們經常把這類文字稱作"形聲兼會意字"。④

在裘錫圭所著的《文字學概要》裏頭，有一章節專門介紹"表意音符"，他所提出的例子大多是在表意字上再加上意符表示一個新的意思。譬如，"解"原來將"刀"和"牛"和"角"結合起來表"解開"（jie）和"懈怠"（xie）的兩個意思，後來在"解"上又加了"心"（即忄）旁來專指第二個意思。裘先生還提出下面的幾個例子：

駟 si，由"馬"和"四"表"四匹馬的車"的意思。

牭 si，由"牛"和"四"表"四歲的牛"的意思。

鈁 fang，由"金"和"方"表"方形的酒器"的意思。

祫 xia，由"示"（即礻）和"合"表"綜合祭祀"的意思。

在 si 駟和 si 牭中，很容易看出"四"不但表音，並且也表示部分意思。這些詞當然可能是古代漢語固有的詞，但是也可能是某某人利用文字部件創造的。就算那些固有的詞，意思恐怕也受到文字寫法的影響。儘管鮑則嶽、安戈和馬愛德説漢語僅是口頭語言，可是歷來中國讀者一直都利用文字的構造來理解詞的意思。通過文獻注疏和字典的文字分析，這些意思對詞的意思就造成了一定的影響。⑤ 像上面説的那樣，文字和語言不是一回事，但是我們不應該認爲中國文字對漢語完全没有影響。

---

① 沈兼士：《右文説在訓詁學上之沿革及其推闡》，《慶祝蔡元培先生六十五歲論文集（下）》，《歷史語言研究所集刊外編第一種》（南京，1935 年），頁 778—874。

② Qiu Xigui, *Chinese Writing*，第 257 頁所引。

③ 在裘錫圭《文字學概要》裏頭有一個章節題作"右文説"（Qiu Xigui, *Chinese Writing*, pp. 257‒260），並見陳琳《"右文説"研究回顧》，《湖南師範大學 2005 年研究生優秀論文集》（長沙：湖南大學，2005 年），頁 227—229。

④ Qiu Xigui, *Chinese Writing*, p.255.

⑤ Ming Dong Gu, "Sinologism in Language Philosophy: A Critique of the Controversy over Chinese Language," *Philosophy East and West* 64.3 (July 2014)：698 説："在中國學者當中，這個觀點（即"漢語'意'優於'音'"）是一種常識。"雖然我不能完全接受顧明棟對語言學的説法，但是很難否認他對中國學者的看法是有根據的。顧明棟最近在 2015 年的《復旦學報》上發表題作《走出語音中心主義：對漢民族文字性質的哲學思考》，説："這種認爲文字附屬於口語、口語優於文字的觀點就是語音中心主義。"

按照一般字典的分析,百分之九十的中國文字是形聲字。雖然如此,中國文字學大多數的討論是針對另外幾種文字構造方法。據我想,形聲字還有再分析的需要,我贊同伯希和的建議,至少將形聲字分成兩個類型。爲了給這兩個類型起不同的名稱,我暫時建議利用"形聲字"(就是伯希和所謂的第一個類型,也就是音符僅表音,與意思沒有關係)和"聲形字"(就是伯希和所謂的第二個類型,也就是音符既表音又表意,也就是中國傳統文字學所説"形聲兼會意"字)。① 這樣的名稱當然很彆扭,但是一方面可以保留固有的名稱,一方面可以提醒我們並不是所有的形聲字都一樣。"聲形字"不但包括顧立雅和伯希和所討論的"韋"及其引申字,並且也包括裘錫圭所舉的例子,諸如"懈"、"駟"、"袷"等,以及傳統"右文説"的文字。

這個類型也包括我們現在分析的不少通行形聲字,譬如"貞"和"天"都應該是形聲字(儘管《説文解字》對"天"字的分析存在根本的錯誤)。雖然通行的"貞"字是由"卜"和"貝"組成的,但是我們知道"貝"只是"鼎"的簡寫,"貞"的本字是"鼎","鼎"就是這個字的音符。然而,在"鼎"字使用之前,甲骨卜辭通常假借"鼎"字來記録"貞"這個詞,後來才加上"卜"旁來區別"貞"的特殊含義。如此,無論是寫作"貞"還是"鼎",原本都是象形的,被作爲假借字使用,"卜"旁完全是後加的。"天"字原來也是一個象形字,儘管對它的分析與"貞"字的分析不一樣。按照《説文解字》,"天"是一個會意字,"从一大"。這無疑是一個誤解。"天"的本來字形是"𣘗"(甲骨文)或是"𠅘"(商代金文),"一"只是"丁"(原來寫作"⌾"或是"●")的簡寫。如此,"天"本來是一個象形字或是指事字,"丁"不但起到音符的作用,並且也描繪了"大"(即"大人")的"頭部"的形狀或作爲指事符號。"天"的本義似乎是人的"顛"或是"頂"。"天空"這個意思是從"顛"、"頂"的意思引申出來的,也可以説是一個假借字。②

顧立雅在 1936 年發表的《有關中國表意文字的性質》一文裏,指出分析中國文字應該根據中國書寫的歷史演變。顧立雅對很多單字的分析有錯誤,他對形聲字在中國文字學上所起的重要作用也没有給予應有的注意,這兩點不足雖然不能否認,但是

---

① 我知道這樣的術語很彆扭,不但與傳統文字學的"形聲字"不易分别,而且也只是將"形"和"聲"兩個字倒過來。我這樣倒過來的目的是爲了强調"形"和"聲"的相對重要性。如此,"形聲字"的"聲"最重要,而"聲形字"的"形"最重要(至少在最早書寫階段最重要)。

② 據我所知,在西方學者當中,金璋(Lionel Charles Hopkins, 1854—1952)首先提出這樣對"天"字的解釋;L. C. (Lionel Charles) Hopkins, "Pictographic Reconnaissances: Being Discoveries, Recoveries, and Conjectural Raids in Archaic Chinese Writing," *Journal of the Royal Asiatic Society of Great Britain and Ireland* (Oct. 1917): 774-775. 這並不是金璋對中國文字學唯一的貢獻。

這並不是說他所有的分析都錯。卜彌德的觀點也不一定完全正確。正如卜彌德所承認的,"在對古代'表意'文字的研究中,音韻學家和文字學家的工作常常背道而馳"。這兩種學者的目的儘管不同,但是兩種做法都有它的價值,西方漢學對"表意文字"的辯論還沒有得到最後的結論。雖然如此,有不少證據説明中國文字確實有"會意字",按照一般的語言用法會意字應該是"表意文字"。不但如此,這些會意字的數量並不僅限於中國字典裏所分析的"會意字",並且也包括相當多的形聲字,因爲這些形聲字的音符也起"兼意"作用,所以也應該可以算是"會意字"。

介紹一封明義士寫給金璋的書信

郅曉娜

（中國社會科學院歷史研究所，出土
文獻與中國古代文明研究協同中心）

2011年5—6月，筆者有幸在劍橋大學圖書館手稿室整理了該館珍藏的金璋檔案資料。在這些檔案資料中，筆者找到了一封明義士寫給金璋的書信。這封書信是明義士在1933年2月寫的，采用的是印有"山東濟南齊魯大學 CEELOO UNIVERSITY, TSINAN, CHINA"字樣的信封和印有"CEELOO UNIVERSITY TSINAN, CHINA, CHINESE RESEARCH INSTITUTE 濟南私立齊魯大學國學研究所"字樣的信紙。信封保存相對完好，只是右上角的郵票被撕掉了。信封裏面共有三張信紙，正反兩面都有文字。第一張信紙和第二張信紙正反兩面的頁眉中間位置標有1、2、3、4的字樣，應爲頁碼順序。第一張信紙上標有日期"Febr13/33"，即寫於1933年2月13日。第三張信紙似爲裁過的，只有半頁紙大小，頁眉上沒有寫頁碼，只標有日期"1933 Febr15"，即寫於1933年2月15日。據此可知，明義士在1933年2月13日寫了一封信，2月15日又補充了一些內容，一起寄給了金璋。第四頁的最後一句話並不完整，可知這封書信內容有所缺失。根據這最後一句內容推斷，缺失的部分應是明義士向金璋介紹他1928年12月前往印度的各種經歷。

這封書信內容十分重要，2月13日的信中談及明義士於1927年4月被迫離開安陽，1928年7月重回安陽後，發現家中收藏的文物和書籍已經被士兵損壞殆盡。2月15日的信中談及他正在研究甲骨上的"天"和"帝"這兩個字，希望金璋能爲他抄寫《金》621上的"大邑商"和其他內容，並希望能夠通過支付必要的費用獲得金璋所藏甲骨和大英博物院所藏甲骨的照片。他也非常希望金璋所藏甲骨、大英博物院所藏甲骨和蘇格蘭皇家博物院所藏甲骨能夠最終得以出版。筆者對這封書信進行了整理錄入，並做了中文譯本。在此公布，以享學界。

【英文】

【第一、二張信紙】

TSINAN　Febr 15/33

Dear Mr. Hopkins,

　　I presume this note will be to you like a voice from the dead. I have not written for so long a time that it seemed hardly right to do so until I had something worth while to write about.

　　After the war I returned to my mission station in Changtefu, Honan, and with a very much depleted staff carried on. Little time was left for "oracle bones", but I kept in touch with all, or at least most of the things that were found in the neighborhood of the "Waste of Yin". I had hard enough work to keep pace with the various "objects" which increased my knowledge of the Shang dynasty, without putting in extra work on bone decipherment. I secured a lot of broken fragments of many kinds of pots and implements (most things are broken) and a find of hard bones like yours that came from under the village site of Hsiao Tun. Then in April 1927 we had all to leave Honan. Our mission has been in Honan since 1889, and many billows of war have gone over us. The people reckon us as a part of themselves; even the bandits have left us alone. So we left most of our things in Honan expecting to be back again after a prolonged summer holiday in Tientsin and Peitaiho. I had not had an opportunity to go over my first collection published in 1917. *Oracle Records From The Waste of Yin*. 2367 fragments. They were all packed up in a case unopened since before the war. So I took these along and my most recent set found 1924 mentioned above which was also packed up —— all my other bone fragments. The many thousands of fragments unsorted and the culls mentioned in the introduction of my "*Oracle Records*" and all the odd gatherings since the war together with all the pottery and other objects were left in their cases in my home, or open on the shelters in our cellar.

　　Well to make a long story short. The soldiers, the regular army of the country occupied our hospitals, schools, and houses. They smashed almost everything they could lay their hands on, tore up the books and left little or nothing worth anything. The bones they tore out of their bundle in the cases (for I had wrapped them up and sealed them from the air to preserve them) and trampled them to powder. When,

Mr. Griffith (my colleague since dead) and I returned in 1928 July, there was a pile of crushed bone and dirt on the floor where the cases had been a foot deep and almost 10 feet in diameter. The soldiers were then in occupation of the buildings and we only got an opportunity to enter the compound and see the buildings during the internal after one troop moved out and before the next troop moved in the next day. I had some of the dirt and bones shoveled into a couple of *kuang* and sifted in an ash sifter but I did not yield 30 fragments of any interest whatever. The pottery was all smashed. I was later able to find in debris some fragments of interesting shapes and repair them and to recover some stone implements which were not so easily destroyed. All Chinese books either disappeared or were mutilated. On the wall in my study I noted the timetable of the officers cadet corps which had occupied it. It certainly seemed that the men who did the destruction knew what they were about for all maps and illustrations were torn out of the books that were left and the books broke where the corners were not completely torn off. It must have taken weeks to do it and it is no easy thing to wrench the back off a well-bound book.

Needless to say, the reprints from R.A.S. journal of your articles were lost. I believe I recovered one of them. If I lay my hands on it, I shall send it to you as a sample of what happened to the rest.

In Dec1928, we went on furlough and I spent 3 months in India visiting the Buddha country and central India and from there（以下内容缺失）

【第三張信紙】

TSINAN　Febr 15/1933

Dear Mr. Hopkins,

I have been making a study of the two characters 㑥 and 㒸 on the bones and would be greatly obliged if you could copy especially the inscription on your H621 㑥 㒸㒸 and any others on the subject. I should be very glad indeed to get any photographs or reproductions of your bones or the British Museum ones, and to pay whatever is necessary for the photographs. Indeed it will be a real loss to Sinology if your bones are not published in toto either photographs, rubbings or drawings. The British Museum ones ought to be done also, and Royal Scottish Museum. However can this be accomplished, I should be glad to undertake the task were I near enough to do it. But some of the material is invaluable, others I view as doubtful. But that does not make much difference — when all is published, folks can select the material they wish for study.

I do hope this will be possible. If your bones are ever going into other private hands, I should like to make a bid for them. If they are to be public, then they will be available.

J. M. Menzies

【中譯】
【第一、二張信紙】

濟南　　1933 年 2 月 13 日①

親愛的金璋先生：

我猜這封信對您來説就如同從死人那裏發來的聲音。我已經好久沒有給您寫信了，以至於我覺得除非有值得相告的事情，否則給您寫信都是不合適的。

戰爭之後，我回到河南彰德府的傳教站，在人手不足的情況下繼續傳教，②很少有時間研究"甲骨"，但我一直關注"殷墟"附近地區發現的全部或者至少大部分古物。我做了大量扎實的工作，搜集那些豐富了我對商代認識的各種"物品"，但在甲骨文字釋讀上沒有投入額外的工作。我搜集了很多各種陶器和器具（大多已破碎）的殘片，也獲得了一批小屯村挖出的字骨，這批字骨跟您的藏品相似。1927 年 4 月，我們都被迫離開河南。③　我們的傳教士從 1889 年開始就在河南傳教，經歷了各種戰火硝烟。

---

① 1932 年到 1937 年明義士先生在齊魯大學任考古學教授，這封書信就是在此期間寫的。
② 這句話中的"戰爭"是指"第一次世界大戰"。一戰期間，明義士於 1917 年應募到法國服役，1920 年又被遣返中國，回到安陽繼續傳教。明義士在《殷虛卜辭》序言中寫道："這篇序言是 1917 年 3 月 31 日在上海的幾個小時內寫下的。那時我的家人正匆匆準備返回加拿大，而我則準備到歐洲服兵役。"(Kelly & Walsh, 1917 年，頁 9)明義士之子明明德先生在《〈甲骨研究〉序二》中寫道："1917 年至 1920 年，明義士服務於英國在華北招募的中國勞動軍，被派往法國服役。1921 年至 1927 年仍回到彰德。也就是在這個期間，他收集到大量的甲骨、陶器和青銅器等古物。"(齊魯書社 1996 年影印本，頁 6)這兩段話説的也是同一件事情。根據《第一次世界大戰時期赴法華工研究》(李祥，暨南大學碩士論文，2013 年)的研究，一戰期間中國勞工的招募始於 1916 年，一戰結束後其成員便被陸續送回中國，遣送工作從 1918 年 12 月開始，直到 1920 年 9 月才徹底完成。明義士先生在法國服役的時間，恰好是在這個時間段內。
③ 明義士這次被迫離開安陽，是由於北伐戰爭已經波及安陽。"1926 年國民革命軍北伐，加拿大傳教士第二次撤離安陽。1928 年 9 月，加拿大傳教士重返安陽。"(劉志慶、尚海麗：《加拿大傳教士與安陽》，《殷都學刊》1999 年第 1 期)

本地人已經把我們當成了自己人，土匪都不來騷擾我們。因此，我們把大部分東西都留在了河南，期待在天津和北戴河度過漫長的暑假之後再回到這裏。我有機會出版第一本甲骨著錄書是在 1917 年，題爲 Oracle Records From The Waste of Yin（《殷虛卜辭》），共著錄 2 367 片甲骨。① 這些甲骨都包好放在箱子裏，戰爭爆發前都未曾打開過。因此，我就把這些甲骨，以及上文提到的 1924 年最新獲得的一批甲骨——這批甲骨是包裝好的，也是我"所有其他的甲骨"——隨身帶走了。《殷虛卜辭·序言》中提到的幾千片没有整理著錄的碎骨和次品，以及我回到彰德後所購買的其他古怪的藏品，以及所有陶器和其他東西，我都把它們留在了家裏，或者裝在箱子裏，或者放在地下室的書架上。②

　　還是長話短説吧。士兵們，這些國家正規軍，占領了我們的醫院、學校和房舍。他們幾乎摧毁了一切可以觸到的東西，撕毁了書籍，没有留下任何有價值的東西。他們把甲骨從箱子裏拽出，一包一包地拆散（我把它們都包好了，密封起來防止氧化），再把它們踩成粉末。1928 年 7 月我和同事 Griffith 先生（現已去世）回到這裏，發現地上滿是殘碎的甲骨和粉末，箱子堆了有一英尺厚，幾乎十英尺寬。這時士兵還占領着這棟房子，我們只能在一支軍隊撤離、第二天另一支軍隊入駐的間隙，進到院子裏看看。我把碎成粉末的甲骨裝到幾個筐裏，再倒進篩子裏篩揀，最後連 30 片有用的甲骨都没有篩出來。陶器全都摔得粉碎。後來我從廢墟中揀了一些形狀有趣的碎片，把它們拼起來，復原了一些不易被摧毁的石器。所有中文書籍，不是找不見了，就是被撕爛了。在書房的墻壁上，我發現了占領這棟房子的少年團軍官的日程表。看起來這些傢伙肯定知道自己在找什麽，在留下的書籍裏，所有的地圖和插圖都被撕掉了，書籍破損的地方正是撕書時殘留的那些書角。這必定耗費了他們好幾周的時間，從裝訂精良的書上拆下書脊並非一件容易的事情。

---

① 《殷虛卜辭》著錄了 2 369 片甲骨。
② 由於北伐戰爭的侵擾，1927 年 4 月明義士被迫離開安陽，到天津和北戴河避難，1928 年 7 月又回到安陽。明義士隨身帶走了一些甲骨，包括《殷虛卜辭》著錄的一批和 1924 年在小屯村購買的一批。選編《殷虛卜辭》時未入選的甲骨，則和銅器、陶器、古籍等一起留在了安陽家中。明明德先生對此事也有所叙述："1927 年春天，軍閥混戰波及豫北，傳教士紛紛撤退到天津。明義士選出帶有長篇刻辭和他感興趣的甲骨先期運往天津，但大量的小片甲骨和陶器、銅器殘件以及中文古籍等都在這次戰亂中慘遭摧毁。"(《〈甲骨研究〉序二》，齊魯書社 1996 年影印本，頁 6)明義士在《殷虛卜辭》序言中也寫道："本書共著錄了 2 369 片龜骨刻辭殘片，是從近 1.5 萬片骨刻辭中精選出來的，也是第一本内容全面的龜甲刻辭摹本。"(頁 6)可知，留下的慘遭損毁的小片甲骨也有 12 000 多片。

自不必説，您在亞洲文會雜誌上發表的論文抽印本也都找不到了。我肯定是找到了其中一份。我如果哪天看到了，就給您寄去，讓您看看其他書籍都是怎麽被毁的。

1928年12月，我們開始休假。我在印度停留了三個月，走訪了這個佛教國家和印度中部，從那裏（以下内容缺失）①

【第三張信紙】

1933年2月15日

最近我在研究甲骨上的 ☒ 和 ☒ 這兩個字，如果您能爲我抄寫您的第621片甲骨②上的"☒ ☒ ☒"和其他内容，我將非常感激。如果有幸可以獲得您或大英博物院所藏甲骨的照片或複本，我將非常高興，也願意支付任何必要的費用。如果您收藏的甲骨不能全部以照片、拓片或摹本的形式得到出版，這對漢學界將是巨大的損失。大英博物院所藏甲骨也應該得到出版，蘇格蘭皇家博物院所藏甲骨也應如此。倘若我能離得近一些，無論這些工作將如何完成，我都非常樂意去做。其中一些材料是非常珍貴的，也有一些我懷疑是僞刻。但這並不影響什麽，只要所有藏品都能得以出版，學者自會挑選材料加以研究。

我真心希望這些甲骨最終能够出版。如果您的藏品想要轉給其他私人藏家，我非常樂意競争一下。如果它們要轉給公共收藏機構，我們也就有機會接觸它們了。

---

① 本段缺失的内容，或爲明義士介紹自己1928年12月到達印度，在印度停留三個月的一些經歷。明明德先生對這段歷史也有叙述："1928年12月，我們一家回國度假，途中我們參觀了印度、伊拉克和巴勒斯坦的考古現場。1929年夏、秋，明義士參加了由美國加利福尼亞大學伯克利分校威廉姆斯博士主持的在耶路撒冷地區進行的兩次發掘，獲得了科學考古發掘的經驗。"（《〈甲骨研究〉序二》，齊魯書社1996年影印本，頁6—7）

② 關於金621這片甲骨，在《金璋所藏甲骨卜辭》一書中，這片甲骨旁邊標注："可與M376、L4.15.4、L2.3.7綴合。"M表示明義士《殷虚卜辭》，L表示羅振玉《殷虚卜辭前編》，此處的L4.15.4應爲筆誤，實爲L4.15.2。郭沫若在《卜辭通纂》中，把《前》2.3.7和《前》4.15.2綴合起來，即《通》755。《甲骨文合集》又把《通》755（《前》2.3.7＋《前》4.15.2）和《粹》1302綴合起來，即《合》36542。《金》621與《前》2.3.7、《前》4.15.2並不能綴合。曾毅公在《甲骨綴合編》中，把《金》621、《明》376等綴合了起來，即《綴編》183＝《金》621＋《林》1.27.8（《龜》1.27.8）＋羅氏拓本（即《合》36541）＋《明》376。

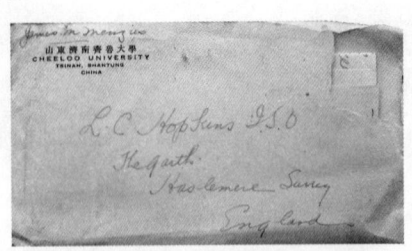

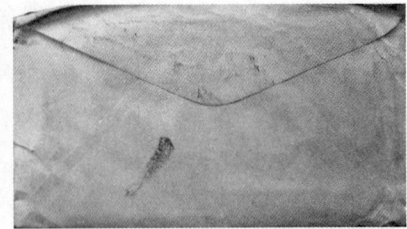

【照片】

讀《殷花東地甲骨》二則

彭邦炯

（中國社會科學院歷史研究所）

一、説 ▨（韋）、▨

《殷花》39（圖一）有：

庚卜，弜▨，子耳鳴亡小艱？

图一　殷花 39 及相關部位與單字放大圖

辭中的▨字又見於《殷花》273片（圖二）後左甲：

1. 女由（？圖一）▨子而▨。

2. 子而▨其▨妣己羍妣丁。

上舉《殷花》273片後左甲的第1辭，原書編者所釋"女由"字似也可商，我疑爲"母丁"或"母己"的合文(圖三)。第2辭🔲與妣己之間，原書編者認爲缺多個字，經細省之似不缺字。

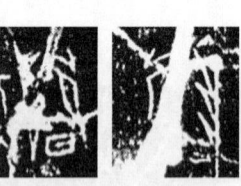

圖二　殷花273相關部位及🔲的不同寫法放大圖　　圖三　273片疑爲"母己"的合文

再說上舉兩片甲骨中的🔲字，原書編者隸作韋，謂："新見字。从🔲，从方向相反的二止。著錄中有🔲(夌)，如《屯南》2161'己巳卜：夌雨？'夌作祭名。疑韋爲夌之繁體。"

今按："韋爲夌之繁體"說可商。🔲(夌)字从炬从又(手)，其初義爲手持火炬。我們知道，甲骨文中的"焚"字有🔲、🔲、🔲、🔲等形，故火炬🔲也可省作無又(手)的火炬，所以🔲(夌)或🔲(炬)、🔲都表示的是火。以"方向相反的二止"表示人的左右腳，我認爲這個字象一腳在火外，另一腳踏在火之上，也就是以腳踏火，不使燃燒生光焰。

甲骨文的🔲(韋)字與《說文》火部的"煴"字義近，蓋即煴的初字。許慎曰："煴，鬱煙也。"王筠《說文句讀》曰："鬱與韭鬱之意相似。彼謂不使出氣,此謂不使生光焰也。火壯則煙微,鬱之則煙盛,盛則煙熅交密矣。"以脚踏壓火燭,必使明火轉爲煙,此正與《說文》"熅"字及王筠《句讀》所解義相符。煙盛時自有煙霧向上騰升,古人認爲神靈是騰雲駕霧而行,祭祀時製造煙霧爲神靈出行提供方便,❏字反映的正是某種祭祀中的巫術活動。① 具體到上舉三辭中的❏當爲祭名。

關於《殷花》273片1、2辭中"而"後的❏字,原書編者作缺疑處理,今放大細省之確實寫作❏形(見圖三)。❏字从阜(阜者土山也)从日(日在土山下)从倒形的卩。卩字本象人跪坐之形。段玉裁在《說文》"居"字下注曰："古人之跪與坐皆膝著於席,而跪聳其體,坐下其脽。"徐中舒先生主編的《甲骨文字典》指出："跪爲殷人祭祀時跪拜姿態,坐爲燕居閑處姿態,因皆爲雙膝著於地之形,故得同以❏象之而不復區別,❏字因有祭祀時禮拜之義。"❏字所从作倒卩形,表示的乃是人在阜上(土山上),面向落下山坡的太陽而跪拜之像。其字雖然尚不能全解,但從其構形分析看,使我想起了《書·堯典》的記載：

> 乃命羲和,欽若昊天,曆象日月星辰,敬授人時。分命羲仲,宅嵎夷,曰暘谷。寅賓出日,平秩東作。日中,星鳥,以殷仲春。厥民析,鳥獸孳尾。申命羲叔,宅南交。平秩南訛,敬致。日永,星火,以正仲夏。厥民因,鳥獸希革。分命和仲,宅西,曰昧谷。寅餞納日,平秩西成。宵中,星虛,以殷仲秋。厥民夷,鳥獸毛毨。

文中講"寅賓出日",據孔疏："寅"是"恭敬"的意思；"賓"是"導引",也即迎接引領的意思。所謂"寅賓出日"就是恭敬地迎接太陽出來。"寅餞納日"的"餞"即餞行,"納日"即日落西山,也叫入日,所謂"寅餞納日"就是恭敬地爲太陽餞行。甲骨卜辭中不少有

---

① ❏字反映的或是某種祭祀中的巫術活動,疑與原有卜辭中作爲神靈名、象兩脚踏火的❏(如《合集》30393)字義同而形略異,區別可能是作祭名在祭祀活動中的巫術儀式用❏,作祭祀對象的神靈名用❏。又《集韻》和《類篇》都收有解作"煙貌"的"烑"字。《說文》不見烑字,但《前漢書·儒林傳》記載,西漢末(成帝、哀帝時)有文學博士烑欽,可見當時烑字還在使用。據明代張自烈的《正字通》說："烑"的本字作"烑"。烑字由火字旁和❏(亦止形)、又(手形)三部分組成,實即是"从火从又从止"。如果我們再考慮到,在甲骨文中,作爲偏旁的兩止有時亦可省一止,如甲骨文的❏字有時可省一止作❏(在後來的書寫流傳過程中,類似的簡化更是多見),是以烑字則與甲骨文蓳省去"❏(癹)"下一止形極近。從字義看晚出文獻的釋義也頗暗合,可知烑字和甲骨文蓳及《說文》熅之間似有某種淵源關係。但具體如何,還可進一步考究。

關"出入日"祭祀的記録,其實就"寅賓出日"、"寅餞納日"記録。如:

    3. 丁巳卜,侑出日。

    4. 巳卜,侑入日。　　　　　　　　　　　　　　　　(《合集》34163＋34274)

    5. 癸未貞,甲申酒出入日,歳三牛。兹用。

    6. 癸未貞,其卯出入日,歳三牛。兹用。　　　　　　　　　　(《屯南》890)

    7. 乙酉卜,侑出日入日。　　　　　　　　　　　　　　　(《懷特》1569)

此外《合集》6572、32119,《屯南》1116、2615 等,都有關於出入日的祭祀記録。從 𢼸 字的構形看,確象一人於高阜之上,下跪拜祭日落山下之形,應是入日之祭,即"寅餞納日"的寫照。蓋爲一體多音節字,其意可推知爲跪拜給太陽餞行,其讀音待考。

二、説 𢽟

《殷花》179(圖四)有辭曰:

    1. 丙午卜,其敕火匄寧𢽟?用。

    2. 弜匄?

    3. 丁未卜,叀卯乎匄寧𢽟?

    4. 叀麒乎匄寧𢽟?

    5. 弜匄黑馬?用。

圖四　《殷花》179 及相關字放大

《殷花》386（圖五）也有：

1. 勻黑馬？
2. ……百？
3. 窜？
4. 于小🅇。

圖五 《殷花》386 及相關字放大

上列兩片卜辭的🅇字左從🅇右從馬形是很明顯的。左邊的🅇與作偏旁的🅇同，有如後世同一字的行草與楷體。而🅇旁也有中間多一小點而寫作🅇形的，如卜辭有"🅇🅇于東/勿🅇🅇于東"與"🅇🅇于東/勿🅇🅇于東"的同文之辭，同一字就有🅇、🅇兩形（附圖六、七，《合集》14199反、14395正）。獨體的🅇也有作🅇形的，如記事刻辭所見的"乞自🅇"的🅇就又有寫作🅇或作🅇、🅇形（見後附圖八至十二，《合集》9419、9425、9426、9421、9430片）。由此可見🅇、🅇或🅇、🅇等形爲同一字是毫無問題的，不論作偏旁或獨體字，都可看作同一字的繁簡之別而已；而作爲偏旁構成之筆畫繁複的合體字，一般偏旁用簡筆的比較常見。

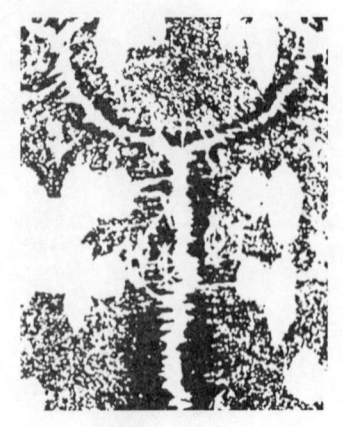

圖六　《合集》14199 反局部放大 　　圖七　《合集》14395 正局部放大 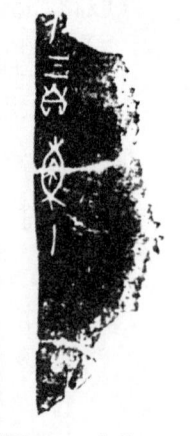　　圖八　《合集》9419

圖九　《合集》9425 　　圖十　《合集》9426 　　圖十一　《合集》9421 　　圖十二　《合集》9430

　　由上足見，前揭❉字左邊所从❉爲❉或❉的簡化。那麼❉、❉或❉、❉是什麼字呢？學界對此字的釋讀，主要有橐、櫜二説。其中最有影響的是于省吾先生，他認爲❉、❉、❉這三形（其實還有从❉、❉等形）都是櫜字；櫜字作❉，其中所从的"❉爲音符，❉乃缶字的省體"。①

---

① 于先生還認爲金文散盤、毛公鼎的櫜"均从缶不省"。《石鼓文》櫜中的缶已稍有訛變，最後成爲《説文》的櫜，讀如"苞苴之苞"、"包魚之包"。"漢以後櫜字通作苞或包，苞、包通行而櫜字遂廢"。總之❉、❉象形，"上下象以純爲結，中部大腹以盛物"，"❉、或❉爲櫜之初文"，並認爲"丁山誤釋爲櫜"。（見《甲骨文字釋林·釋櫜》，北京：中華書局 1979 年版，頁 345—346）
或以爲商銅器作父丁卣的寶字所从的缶作❉形（見趙平安《〈説文〉小篆研究》，頁 146）。今案西周早期的載作父丁卣有一寶字从❉形，但載作父丁卣器蓋同銘另一寶字則和絕大多數金文寶字所从的缶爲❉形作❉、❉等形，因而所从❉並非普遍性，不能以點概面。

按于説 ❉ 即缶字，是聲符，故釋 ❉ 爲橐。其實 ❉ 非缶，❉ 更不是甲骨文的缶，因爲甲骨文的缶字無一作 ❉、❉ 形。檢閲甲骨文的缶都作 ❉ 形，與《説文》篆文缶形近，學者多釋作缶。而橐，按《説文》："橐，囊張大兒。從橐省，匋（段注作'缶聲'）省聲（段注橐的讀音爲'符宵切，古音在三部'）。"橐象中張大而兩端扎綑的樣子，這個字古今讀音都近"包"，其意也是以囊包盛物，是包裹之義，後世"包通行而橐字遂廢"。于先生爲了將 ❉、❉、這三形釋作從缶的橐字，把 ❉ 形中的 ❉ 形釋爲缶似不妥。

我以爲還是釋"橐"爲是。今考釋"橐"者始於王襄，繼其後者主要有丁山、李孝定等。①徐中舒先生亦釋作橐，他主編的《甲骨文字典》認爲：❉、❉ 或 ❉、❉ 等形"象橐中實物以繩約括兩端之形，爲橐之初文。甲骨文金文俱借爲東方之東，後世更作橐以爲囊橐之專字"（見《甲骨文字典》662、695頁）。徐師的訓釋概括最爲精當。

橐、囊同物，❉、❉ 就是橐囊的本字，原爲兩個形狀略異的盛物袋子——❉、❉（❉ 倒或順都是包囊或袋子，❉ 也象捆起的包囊或袋子）組成一個合體的 ❉、❉，②以此 ❉ 或泛指可盛物的所有袋子。我們既知 ❉ 亦可簡化爲 ❉、❉，用以指橐中實物以繩約括兩端之形者，❉（倒書作 ❉）則被用以指有底之囊。後人分爲橐、囊二字，於是才有"析言有分，渾言無別"、"小而有底曰橐，大而無底曰囊"、"小者爲囊，大者爲橐"、"有底曰囊，無底曰橐"、"有底曰橐，無底曰囊"之類的種種説法。而 ❉、❉ 或 ❉ 等形的單音蓋既可讀橐也可讀作囊似無定。從甲骨文看，蓋商代人把兩頭扎綑形的單稱橐，而一端綑扎另端封閉有底的則稱囊爲普遍。

現在回頭再看從橐從馬的 ❉ 字。此字不見於《説文》，《廣韻》收有從馬從橐的驝，

---

① 丁山以爲："❉ 象木體中空形；有利口之蟲攻木使空，當是蠹（彭按：即後來通行的蠹字）之本字。"同時認爲 ❉、❉ 或 ❉ 等形"空木之中，所從雖或不同，我認爲都是橐字"。由周金篆隸而成《説文》的橐字。"橐爲木柝本字，而許書訓爲'囊也'，蓋本《蒼頡篇》。所云：'橐，囊之無底者。'蓋又承《石鼓文》所謂'何以橐之，維楊及柳'也。"丁山認爲橐的本義由此失去了。（丁山：《甲骨文所見氏族及其制度》，頁90—91）
李孝定同意釋橐，他認爲："《説文》：'橐，囊也。從橐省聲。'以契文東作 ❉ 覘之，丁釋此爲橐是也。字作 ❉ 者以別於東西字。或曰有底無底説者各殊，安知此非囊字。曰 ❉、❉ 形同而 ❉、❉ 假爲東西之東，以音求之，知此必橐字也。字正象橐形，其中一點則橐中所貯之物，兩端象以繩約括之。丁氏初釋橐《闕義箋》，此又説爲木中空，先後説殊，後説失之。"（參見《甲骨文字集釋》頁2109 李氏按語）

② ❉、❉ 倒或順都是包囊或袋子。張亞初釋作柩（見《徐中舒先生百年誕辰紀念文集·甲骨文字新解》），❉ 也象捆起的包囊或袋子。

音他各切;《集韻》説是其與从馬从橐的驝字同,闥各切,並音託;《玉篇》謂:"驝駝,有肉鞍也,行百里負千斤而知水行。"依甲文偏旁放置左右無別例之,是以可知驝、驝當即甲骨文的⿰馬橐字之傳於後世而爲《説文》所漏收者。前揭卜辭的⿰馬橐即驝、驝作名詞,指動物駱駝,文獻也有作橐駝的。《山海經·北山經》虢山和饒山都講那裏"其獸多橐駝"。據《漢書·百官公卿表》,漢代還設有主管駱駝供養的機構和官員。考古發現,在西漢平陵從葬坑坑道兩側對襯開鑿的 54 個洞室中,每個洞室中都有一具獸骨,獸骨架高大粗壯,經西北大學動物專家鑒定,爲駱駝和牛兩種,其中駱駝占一半多。① 文獻尚未見商有駱駝的記載,今⿰馬橐字的釋出,説明甲骨文時代已有駱駝,並有可能用作犧牲。

---

① 參見《人民日報》2001 年 11 月 4 日第 2 版。又注,馬如森編著的《殷墟甲骨文實用字典》1113 號"橐"字有兩點應指出:首先,所錄甲骨文字原形的第三形不見於《合集》9462 片,該號正反均非此形之字;其次,所引《説文》橐字釋義没錯,但讀音則誤。依《説文》段注應是'符宵切',音同包,不該是'他各切'!又引《詩·大雅·公劉》"于橐于囊"是對的,但把"橐"等同"橐"用就錯了,顯然編者把橐、橐混爲一字了。

殷卜辭"王賓日"再辨析

蔡哲茂

（中研院歷史語言研究所）

一、"日神說"的回顧

　　早期卜辭的研究者，利用卜辭中有"王賓日"、祭祀出入日的記載，並將兩種說法配合一起看，提出商代有日神的崇拜，且商王經常對日神會有禮敬的行爲。現舉學者說法如下：

　　胡厚宣在《殷代之天神崇拜》中說：

> 三　日神
>
> 卜辭祭日者始見祖庚祖甲時：
>
> 　　丙子卜即，貞王賓日，叙亡尤。（明義士藏）
>
> 賓讀爲儐，《禮運》"禮者所以儐鬼神"，蓋有禮敬之意，祭名也。至廩辛康丁時所見最多，或言賓日：
>
> 　　乙巳卜，王賓日。
>
> 　　弗賓日。（《佚》八七二）①

陳夢家在《殷虛卜辭綜述》也有類似的意見：

> 殷卜辭所記祭祀於天時諸神的，分別述之如次。
>
> 一、日　乙巳卜王賓日——弗賓日　《佚》872　　武丁卜辭
>
> 　　　　戊戌卜內，乎雀祓于出日于入日宰　《乙》2065
>
> 　　　　丙子卜即貞王賓日，叙亡尤。　《明續》338　　庚甲卜辭

---

① 胡厚宣：《殷代之天神崇拜》，《甲骨文商史論叢初集（上）》，臺北：大通書局1972年版，頁301—302。

御各日，王受又	《粹》1278		康丁卜辭
辛未又于出日	《粹》597、598		武文卜辭
丁巳卜又出日——丁巳卜又入日		《佚》407	
出入日，歲三牛	《粹》17	[今]日出日蔑	《明續》124
辛酉酌四方——癸酉又出[日]		《存》1.1829	
今日既，奴日	《菁》10.10		乙辛卜辭

所祭者是日、出日、入日、各日、出入日、入日、各日即落日。祭之法曰賓、御、又、奴、歲等等，也都是祭先祖的祭法。《說文》"暨，日頗見也"，於日暨奴日，即日出以後祭日(參第七章第五節之末)。《魯語》下"是故天子大采朝日……少采夕日"，大采在天明之後，約當於"暨"。《堯典》"寅賓出日"、"寅餞入日"，與卜辭之稱"賓日"相同。①

卜辭有日神崇拜之說影響後來部分研究，何新於《諸神的起源——中國遠古神話與歷史》一書也認為在中國上古時代，很可能曾存在過以崇拜或敬奉太陽神為主神的一種原始宗教。其說雖舉印第安宗教儀式為證，然不出郭沫若、陳夢家以卜辭中"賓日"、"出日"、"入日"為祀日的儀式之範圍。② 又如朱天順《中國古代宗教初探》也徵引郭沫若等說法認為卜辭有日神崇拜的現象。③ 劉青在其《甲骨卜辭神話資料整理與研究》中根據卜辭中祭出日入日之卜辭，對照《山海經》、《楚辭》等古籍中相關神話，認為商人已有日神膜拜之俗。④

島邦男在《殷墟卜辭研究》中對於胡、陳二家說法提出質疑並作新的解釋：

(日神)陳、胡二氏舉出下列的卜辭中有日神存在的証明(陳說見《卜辭綜述》、胡說見《殷代之天神崇拜》)。……二氏以(一)下的"王賓日"、"王賓日叙亡尤"的賓為祭名，而釋作祀日。胡氏謂"賓讀為儐。《禮運》'禮者所以儐鬼神'，蓋有禮敬之意，祭名也"。然而"王賓"一辭如後所述(參祭儀、王賓)乃是王者駕臨祭場之意，且"賓日"一辭如下所舉一般都在"宀"與"日"間記有祭祀的神名。

貞：王賓羌甲日。　《乙》4151

---

① 陳夢家：《殷虛卜辭綜述》，北京：中華書局1988年版，頁573—574。
② 何新：《諸神的起源——中國遠古神話與歷史》，臺北：木鐸出版社1987年版，頁30—34。
③ 朱天順：《中國古代宗教初探》，臺北：谷風出版社1986年版，頁13—16。
④ 劉青：《甲骨卜辭神話資料整理與研究》，昆明：雲南人民出版社2008年版，頁1—3。

癸亥卜,大貞:王賓示癸日亡尤。　　《粹》125

其弗賓三匚日,其冗亡尤。　　《鄴》1.40.11(按:圖一,見文末附圖)

……而作"㗊大會日敎卜才"(《南明》338)、"㗊大會日不皿"(《卜》535,按:圖二)乃是省去祭神名之辭。在這個祭神名下的日字,舉例來說,像下列的《京》4050片所載的乃是"㞢日"的意思(參第一章第三節)。《粹》285片所載比照"羊十彡日彡卜"(《甲》3652)之辭看來,可知爲"彡日"之意。因此"王賓日"乃是指王者親臨於某神之日祀(㞢日、彡日、甲日)的意思,將之視爲祭祀日神的說法,不過是出於附會。①

在島氏辨明"王賓日"乃是省去祭神名之辭的正確看法後,仍有不少學者堅持"王賓日"指的是日神的崇拜,如趙誠在《甲骨文簡明詞典——卜辭分類讀本》中説:

日。象形。作爲祭祀對象,指日神,即太陽神,如"帝日"(帝日)(庫九八五)即對太陽進行禘祭(帝用作禘,祭名);"宾日"(宾日)(卜五三五),對太陽進行宾(賓)祭;"又日"(又日——又用作侑,祭名)(南明七二六),對太陽進行侑祭。商代,不僅一般意義上祭日,對於太陽的某些現象也進行祭祀,如"又出日"(又出日——又用作侑,祭名)(佚四〇七),是在太陽出來的時候進行侑祭,有點像《尚書·堯典》所説的"寅賓出日";"又入日"(又入日)(佚四〇七),是在日入時進行侑祭,也有點像《堯典》所説的"寅餞入日"。②

丁山《中國古代宗教與神話考》一書中亦持商代有祭祀日的看法:

現在拿卜辭所見的"賓日"、"出日"、"入日"一類記事看:

乙巳卜,王賓日。○弗賓日。(《佚存》872)

庚子卜貞,王賓日,亡尤。(《金璋》44)

辛未,又于出日,兹不用。(《佚存》86)

辛未卜,又于出日。(《粹編》597)

---

① 島邦男著,温天河、李壽林譯:《殷墟卜辭研究》,臺北:鼎文書局1975年版,頁229。日文原文及中譯本後皆收入於宋鎮豪、段志洪主編《甲骨文獻集成》第35冊,成都:四川大學出版社2001年版。2006年上海古籍亦有另一譯本,濮茅左、顧偉良譯:《殷墟卜辭研究》,上海:上海古籍出版社2006年版。

② 趙誠:《甲骨文簡明詞典——卜辭分類讀本》,北京:中華書局1988年版,頁4。

丁巳卜，又出日。(《佚存》407)

丁巳卜，又入日。(《佚存》407)

……出入日，歲三年。(《粹編》17)

……堯典的"賓日"於東，"餞日"於西，正是敘述天子祭日的禮儀，絕無所謂"以乘四時，節授民事"的意味。古代的統治階級，只顧自己享受，誰管人民的死活。從卜辭"出日"、"入日"看堯典成書時代雖晚在周秦之際，裏面卻網羅了不少的殷商遺聞逸事，是很值得現代史學家重新研討的。①

艾蘭在《龜之謎》中提道：

甲骨卜辭中也有直接祭拜太陽("日")的情況，想必是祭祀當天所出的那個太陽吧。陳夢家已經觀察到了，對太陽的祭祀也同樣用於對祖先之日的祭祀。

《殷契佚存》①"乙巳卜，王賓日。弗賓日。"

《丙編》②"癸未卜，㲔貞，翌甲申，王賓上甲日。"

在②例中，太陽跟祖先合祭。"日"不僅指太陽，也指天干的分類，包括當天的太陽和屬於"甲"的祖先。

我所以引這個"賓"(祭名)的例子有幾個原因。首先，甲骨文中"賓"(祭名)頻繁地跟祭祀太陽("日")有關；而且，在《尚書》和《史記》的文獻記載裏它在相同的情況中又出現了。②

何崝在《商文化窺管》中也說：

而有的卜辭用日祭以外的一些祭法祭祀日神，這是比較容易判斷的，這些日字雖然表示日神，但仍與日祭有關，故仍列入對日神的日祭範圍。

下面討論一些有關卜辭的辭例。

(1) 王賓日

例如：

丁巳卜鼎王賓日不雨　　　　　　　　　　　　　　　　《卜》535

丙子卜即鼎王賓日叙亡尤　　　　　　　　　　　　　　《南明》352

乙巳卜王賓日　　　　　　　　　　　　　　　　　　　《佚》781

賓是祭名，日是賓祭的對象，應是指日神，不排除日神的一個形象可以是天上之日。③

---

① 丁山：《中國古代宗教與神話考》，上海：上海書店出版社2011年版，頁83—84。
② 艾蘭著、汪濤譯：《龜之謎：商代神話、祭祀、藝術和宇宙觀研究》，北京：商務印書館2010年版，頁68。
③ 何崝：《商文化窺管》，成都：四川大學出版社1994年版，頁77—78。

常玉芝在《"帝五臣"、"帝五丯臣"、"帝五丯"的所指》文中説：

> 殷墟甲骨卜辭中的"日"字作"⊖"、"⊡",象日之形,它在卜辭中基本上有兩種用法：一是指白天,也指一個白天加一個黑夜的"一日";一是指太陽。卜辭表明,商人認爲太陽具有神性,是神靈,因而他們對太陽進行崇拜。如卜辭：
>
> (21) 丙子卜,即貞王賓日叔,亡尤。　　　　　　(《合集》25247)(二期)
>
> 這是第二期卜辭。其命辭中有"王賓"字樣,我們一般稱此類卜辭爲"王賓卜辭",這種形式的卜辭主要見於第二期和第五期,它的文例一般都呈"干支卜,(某)貞：王賓某祭名,亡尤"的形式。上舉第(21)辭中的"王"是指商王;"賓"在卜辭中的用法較多,對"王賓卜辭"中的"賓",郭沫若先生謂是儐,王賓者,王儐也,是王儐祀鬼神;屈萬里先生説："儐,迎接也,《尚書·洛誥》'王賓,殺,禋,咸格'之賓字,當與此同義。"即賓是儐祀、迎接之意;"日"是名詞,是被祭祀的對象。因此,該版卜辭的辭意是：貞人"即"於丙子日卜問,問商王要用火燒的方法舉行迎接太陽的祭祀,不會有憂患吧?該條卜辭反映商人對日神及太陽神進行崇拜。下面幾條卜辭也是卜問太陽神的祭祀的：
>
> (22) 壬子卜,旅貞：王賓日,不雨。　　　　　　(《合集》22539)(二期)(圖三)
>
> 這也是一條第二期的王賓卜辭,由貞人"旅"在壬子日卜問商王儐迎"日"即太陽,不會下雨吧?該辭不像通常卜問"亡尤",而是問會不會下雨,因爲下雨也是會妨礙祭祀的。
>
> (23) 乙巳卜：王賓日。
> 　　　弗賓日。　　　　　　　　　　　　　　　　(《合集》32181)(三期)
>
> 這是一版第三期卜辭,兩條辭是正反兩面的卜問,於乙巳日卜問商王是要儐祭日神呢,還是不要儐祭日神呢?[①]

常玉芝又解釋"壬子卜,旅貞：王賓日,不雨"爲"貞人'旅'於壬子日卜問商王祭祀'日'即太陽的時候,不會下雨吧?",亦將"日"當作日神。[②] 此外,學界部分甲骨文詞典亦接

[①] 常玉芝：《"帝五臣"、"帝五丯臣"、"帝五丯"的所指》,王宇信、宋鎮豪、徐義華主編：《紀念王懿榮發現甲骨文110周年國際學術研討會論文集》,北京：社會科學文獻出版社2009年版,頁370—371。另,常玉芝著《商代史·卷八·商代宗教祭祀》亦持同樣的觀點,認爲王賓日就是對太陽的祭祀,見常玉芝《商代史·卷八·商代宗教祭祀》,北京：中國社會科學出版社2010年版,頁92—94。

[②] 常玉芝：《商代史·卷八·商代宗教祭祀》,頁93。

受此説,例如崔恒昇《簡明甲骨文詞典》"日"字條下云:

(三)指日神,即太陽神。"王賓日,不雨。" 　　　　　　(《合集》22539)①

孟世凱《甲骨學小辭典》"日"字條下云:

② 日神。卜辭有祭祀日神的記載,如武丁卜辭有:"乙巳卜,王賓日;弗賓日。"
　　　　　　(《契》535)②

具隆會亦贊同日神説:

有時商王自己對日神舉行祭祀:

丙子卜,即貞:王賓日叙,亡尤。 　　　　　　(《合集》25247)

這條卜辭,一般稱之爲"王賓卜辭"。這種形式的卜辭"主要見於第二期和第五期卜辭中"。"王賓者,王儐也。是王儐祀鬼神",即商王迎接鬼神並主持祭祀。

日神有時主管雨水:

壬子卜,旅貞:王賓日,不雨。 　　　　　　(《合集》22539)③

以上諸家説法大同小異,似沿襲胡、陳二家説法而來。④ 然劉桓已有不同看法,其引《乙》3274"貞:王賓翌日"、《合》13327"庚申卜,㱿貞:王賓大庚日"、《前》1.18.4"丁丑卜貞:王賓武丁伐十人,卯三牢,㲋,亡尤"這三條卜辭,並説:"翌日、日都指祭祀之日(某一天),㲋(㝱)作動詞指親臨致祭,此正與賓敬之義相因。"⑤

另外,尚有一種解釋,即將"日"釋成動詞,即祭名。卜辭中"王賓祖先+日"的辭例,在學者過去的探討,可以有省掉"王賓",保留"祖先+日"的用法,如崔恒昇《甲骨文詞典》云:

(四)祭祀名。"大甲日,不雨,其雨。" 　　　　　　(《粹》756)

張玉金亦云:

"王賓"這類句子以及"神名+祭名"這類句子則較常見。例如:

---

① 崔恒昇:《簡明甲骨文詞典》,合肥:安徽教育出版社2001年版,頁100。
② 孟世凱:《甲骨學小辭典》,上海:上海辭書出版社1987年版,頁39。
③ [韓]具隆會:《甲骨文與殷商時代神靈崇拜研究》,北京:中國社會科學出版社2013年版,頁130。
④ 除此之外,日本學者赤塚忠認爲商代有日神崇拜,但只從出、入日提出看法,未論及王賓日相關辭例,見[日]赤塚忠《中國古代的宗教與文化——殷王朝的祭祀》,東京:研文社2003年版,頁443—447。
⑤ 劉桓:《殷契存稿》,哈爾濱:黑龍江教育出版社1992年版,頁45。

(15) 甲戌貞：大乙日，亡害。　　　　　　　　　　　　　　（《合集》32429）
(16) 丁卯貞：大丁彡，亡害。　　　　　　　　　　　　　　（《合集》32464）

這説明，"王賓＋神名＋祭名"中的"神名"不是"賓"的賓語。

這是因爲對照了"王賓上甲叒"、"王賓示癸翌"而來，而"王賓日"的形式則可以對應"王賓柵"、"王賓升歲"、"王賓叔"等辭例。① 這種説法於《甲骨文動詞詞彙研究》與《甲骨文詞義論稿》二書中都有出現。② 推究此説，恐怕是没有考慮到辭例的對比，同一條卜辭有"王賓日"也有"王賓先祖日"，很顯然是一種省略，並非祭名。況且，若作爲祭祀動詞，至少要有一些例子是後接牲品之類的詞語，"日"爲祭祀説才能成立，但目前"王賓日"没有一例後面是加牲品的。

二、"王賓日"辭例與"日神説"質疑

欲探討"王賓日"之含義，須先整體觀察相關辭例，以下就"王賓日"、王賓祖先日的辭例，整理如下：

```
貞：叀上甲日，祈。
燎于河、王亥、上甲十牛，卯一宰。　　五月。
丁丑賓貞：叀河日，祈。                             《合》1182
乙巳卜：王宾日。
弗宾日。                                         《合》32181（《佚》872）（圖四）
貞：王宾羌甲日。
弓宾羌甲日。                                     《醉古》346（圖五）
丙寅卜，貞。                                     《丙》181、《合》10049 反
丙子卜，[即]貞：王宾匚丙[日]☒各。
丙子卜，即貞：王宾日，叔，亡各。    《合》25247（《南明》338、《明後》2038）（圖六）
癸亥卜，大貞：王宾示癸日，亡各。    《合》22716（《粹》125、《善》1656）（圖七）
庚辰卜，貞：王宾妣庚日，叔，亡各。   《合》23351（《後上》7—8）（圖八）
庚申卜，豆貞：王宾大庚日。           《合》27166（《京》3993、《善》292）（圖九）
☒[王]宾妣辛日。又☒                 《合》27561（《京人》1820）（圖十）
```

---

① 宋瑞珊：《殷墟何組卜辭的初步整理》，北京：首都師範大學碩士學位論文，2009年5月，頁20—22。
② 陳年福：《甲骨文動詞詞彙研究》，成都：巴蜀書社2001年版，頁28；陳年福：《甲骨文詞義論稿》，上海：上海古籍出版社2007年版，頁7。在陳氏二書中，均未詳説"日"爲祭名，僅僅是列在表格中而已。

庚子貞：王宾日，亡咎。	《英》2149（《金璋》44）
癸亥□小甲日。叀🆕虢（虞）工□乍咎□	《彙編》643
甲子卜貞：王宾日，亡咎。	
甲子卜，即貞：王宾祭，亡囚。	《合》23062《旅順》1457（圖十一）
貞：啓🆕大甲日。	《合》27875（《甲》2647）
叀小乙日逞王受□	《合》27094（《粹》285）

關於"王宾日"中"宾"字的解釋，郭沫若《卜辭通纂》有詳細的說解：

> 《説文》："儐，導也。从人，賓聲。擯，儐或从手。"止乃趾之初文，从止示前導也。故宾當爲儐若擯之古字，訛變而爲㝢，《説文》以"冥合"説之，形義具失矣。是故"王宾"者，王儐也。《禮運》"禮者所以儐鬼神"，即《卜辭》所用宾字之義。《卜辭》亦多見㝢字，介在卜貞二字之間，乃人名。从貝之賓，當是賓禮之賓。饋贈意。《洛誥》之"王賓"乃假賓爲宾若儐也。"王賓"者儐文武。①

周國正的看法與之類同，其以爲甲骨文有大量證據可証明"王賓"的結構是"主語＋謂語"，而被賓（儐接）者是祖靈。在儐接前可以舉行一些祭儀如烝或歲，也有些是在之後舉行，如翌。且根據"賓"與其他祭祀的組合狀況來看，顯然"賓"並非主要祭祀，卜辭中的情況往往是先決定了主要祭儀，如"歲"、"示"，然後才卜問王"賓"（儐）與否。② 卜辭中"日"字大致有三種解釋：

一、天體之日。
　　庚子貞日又哉告于河。　　　　　　　　　　　　《存》一·一九四一

二、白晝，與夕相對。
　　丙寅卜日風不禍。　　　　　　　　　　　　　　《粹》一四一七

三、紀時名詞，指一天。
　　戊寅……口貞今日不雨。　　　　　　　　　　　《前》三·一七·一③

在賓組卜辭中有一版頗爲完整的"王賓日"記載，能有助我們理解當中的問題，其文如下：

---

① 郭沫若：《卜辭通纂》第 39 片考釋，東京：文求堂書店 1933 年版，頁 15 下至 16 上。
② 周國正：《卜辭兩種祭祀動詞的語法特徵及有關句子的語法分析》，常宗豪主編：《古文字學論集初編》，香港：香港中文大學中國文化研究所，1983 年，頁 272—276。
③ 詳見徐中舒《甲骨文字典》，四川：四川辭書出版社 1988 年版，頁 719—720。

癸未卜，㱿貞：翌甲申王寅上甲日。王固曰：吉。寅，允寅。

貞：翌甲申王弓寅上甲日。

癸未卜，㱿貞：告于妣己眾妣庚。

貞：弓告于妣己眾妣庚。

貞：不雨。

甲午卜，爭貞：王寅咸日。　　　　　　　《丙編》392（《合》1248 正）（圖十二）

貞：寅上甲日

弓寅

貞：☐

弓☐

乙未：王寅風。

貞：弓蠢告。　　　　　　　　　　　　《丙編》393（《合》1248 反）（圖十三）

　　關於《甲》2647，屈萬里先生有過考釋，當時屈先生便已認爲"日"是日子，而非日神，其云："此蓋卜問㞢大甲之日，其爲晴日否也。㞢，讀爲禱；前已兩見。"①

　　拙作曾指出，由兩版對應關係可知"甲午卜，爭貞：王寅咸日"是省略"翌乙未"三字的狀況，猶如"癸未卜，㱿貞：翌甲申王寅上甲日"，乙未的干支可見《丙編》393（《合》1248 反）"乙未：王寅風"。② 甲申是王寅上甲日，乙未是王寅咸日，則咸爲大乙、成湯應無疑問。

　　而在武丁卜辭中，自上甲開始祭祀與自大乙開始祭，即從先公上甲開始祭祀，抑或是從開國始祖成湯祭祀，這是常見的兩種起始祭祀方式。③ 前引艾蘭所引《丙編》"王賓上甲日"，並云"太陽與祖先合祭"，並不合理。從《丙編》393 可以看到商王在癸未日卜問明天甲申日作爲賓上甲的日子，是否吉利；在甲午日卜問明天乙未日賓大乙。其性質在卜日，而非太陽與祖先合祭。

　　根據上述説法，"王賓日"是王賓祖先之日的省略，由於在祭祀祖先時需事前迎接祖先神靈，此儀式也可能於室外舉行，故卜辭會占卜是否下雨。但是祭祀利用一整個白天的時間迎接神靈，是難以想象的。故推測"王賓日"的"日"即島氏於前文指出"祀

---

① 屈萬里：《殷虛文字甲編考釋》，臺北：中研院歷史語言研究所，1961 年，頁 335。
② "王寅風"的解釋請參拙作《甲骨綴合彙編》第 202 組，新北市：花木蘭出版社 2013 年版，頁 59。
③ 卜辭中亦常見貞問伊尹要從上甲陪祭，還是從大乙開始陪祭，可見自先公開始與自先王開始的祭祀選擇，是商王祭祀常見的貞問模式。詳見拙作《殷卜辭伊尹𥁔示考——兼論它示》，《歷史語言研究所集刊》第 58 本第 4 分，1987 年，頁 755—808。

日"即祭祀日,也就是王迎接祖先神靈的那一天。①

上引《丙》180 的反面《丙》181(《合》10049 反)是丙寅卜貞,由此可以逆推回去"王賓羌甲日"的干支很可能是"甲子",即"丙寅"日的前兩天。從《合》25247 的例子來看,就是將"匚丙"②省略的結果,這在上引諸家説法所没有提到的連續占卜同一事的省略例子。

此外,上引《合》25247 也可作爲"日"不爲日神的重要例子。《合集》的拓本較《明後》清晰,尚可見到"匚丙"下方還有"日"字殘文。在丙子日連續兩次卜問當天可否作爲匚丙的祭祀日。"匚丙日"與"日"相對應,即可知後者承上省略了"匚丙"二字。

《合》1182 記載祭祀上甲當天派舟去主持與祭祀河當天派舟去主持,而不是卜問祭祀上甲與太陽或河神與太陽。

此外,除了"王賓日"的相關辭例,卜辭中有一特别的辭例"至日"可以作爲本文的旁證。過去學者以爲"至日"爲"日至"之倒稱,認爲此處的日就是太陽。不過晚近學者或有質疑,認爲應是"到某個日子"的意思。③ 從《乙》5399 來看:

  戊子卜,福,至來戊迺用。
  戊子卜,至,子御父丁百豕。
  戊子卜,至,子御子庚羌牢。
  至,御父丁。
  壬辰卜弜至日。
  壬辰卜至日。

此處的"日",顯然與前文的"至"有關。而在"王賓日"的辭例之"王賓匚丙日"與"王賓日"的情況,正與"至"與"至日"的狀況相似。

退一步説,即使視"王賓匚丙日"爲"匚丙"與"日神"的合祭,那麽上引所有"羌甲"、"示癸"、"妣庚"、"妣辛"等旁系先王與先妣看似不那麽重要的祖先,爲何要和日神合祭?而我們爲何看不到上帝、社、稷、河、岳等自然神與上述先王先妣合祭?

---

① 祀日之説又見於《甲骨學辭典》,書中"日"字的解釋有"祭祀日"之義,其云:"廩辛、康丁時期卜辭:'……其酒日,于丁桼又宗,兹用。'又:'……卜,翌日,祖先祐羌……'(《合》27315、27338)"詳見孟世凱《甲骨學辭典》,上海:上海人民出版社 2009 年版,頁 136。
② 《合》25247 的"匚丙",胡厚宣的《戰後南北所見甲骨録》的《南明》338 中的摹本誤作"卜丙"。
③ 張玉金:《説卜辭中的"至日"、"即日"、"敨日"》,《古漢語研究》1991 年第 4 期,頁 69—70。

宋鎮豪曾指出："祭出日入日，有與祭先祖始王上甲相配者。……商代已產生了這類'尊始祖以配天神'的強化王權的祭禮。"① 由宋說反觀"王賓日"的諸辭例，可以看到"賓妣庚日"、"賓妣辛日"正好可以作爲"王賓日"與"出入日"不同的證據。

《合》29700："叀己又日。茲用。"常玉芝認爲"在己日舉行'又（侑）'祭日神的祭祀"，② 看似爲日神舉行侑祭，也可能是省略祖先名的祭祀之日，原本的形式可能是"叀己又（侑）'某祖先'日"。

上引"王賓風"在卜辭中僅此一見，可能與《後漢書·明帝紀》"始迎氣"之類的習俗有關。

三、"劦日"、"翌日"、"肜日"與"王賓日"

除了"王賓日"相關辭例的探討外，在周祭卜辭中亦有類似的辭例可以探討"王賓日"的性質。

　　丁卯卜貞：王賓康祖丁，翌日，亡咎。　　　　　《合》18175（《後上》4.10）
　　庚子卜貞：王賓小乙奭妣庚，劦日，亡咎。　　　《合》36252（《續》1.17.7）
　　庚子卜貞：王賓大庚，肜日，亡咎。　　　　　　《合》35566（《續》1.11.4）

此類例子普遍見於周祭卜辭，不再一一舉出。有些情況會省去"日"，如：

　　甲子卜，賈貞：王賓上甲，劦，亡咎。　　　　　《合》27042 正（《甲》2693）
　　[丁]巳卜，旅貞：王賓中丁，劦，不雨。　　　　《合》22866（《前》1.8.8）

從此可以對照出，"日"不是指"太陽"，更不可能是先"賓上甲"再"劦日"，而是在貞問賓迎上甲、舉行劦祭當天是否不祥。

除了"日"之外，亦有"月"、"夕"之類的時間詞：

　　戊辰卜，旅貞：王賓大丁肜龠，叙，亡咎。在十一月。《合》22762（《續》1.9.2）
　　己巳卜貞：王賓祖庚肜夕，亡咎。　　　　　　　《合》35878（《前》1.19.4）

此處亦可作爲"王賓日"爲王賓某位先公先王之日的旁證。"夕"是前一日祀，

---

① 宋鎮豪：《夏商社會生活史》，北京：中國社會科學出版社1994年版，頁783。"出入日"除了如宋鎮豪指出與上甲相配之外，亦有與大乙、伊尹同見一版者，如《粹》17（《合》32119）同見大乙，又如《彙編》398（《合》34163+《合》34274）同一天祭祀上甲、大乙與伊尹。

② 常玉芝：《商代史·卷八·商代宗教祭祀》，頁95。

"禴"是後一日祀,都是時間詞。① 是故前引周祭卜辭中的"日"應當也是時間詞,進一步說,有着相似辭例的"王賓日"之"日",也當爲時間詞無疑。

四、"王賓日"省略辭例探討

另外,卜辭也有省略"王賓"及"日"字,並在祖先日干名的干支占卜:

丁卯貞:大丁彡,亡尤(害)。　　　　　《屯南》2417+《合》32464【周忠兵綴合②】
丙申貞:中丁彡,亡尤(害)。　　　　　《合》32499(《粹》733、《善》7528)

也有在祖先日干名的前一天占卜的:

癸酉貞:大甲彡,亡囗。　　　　　　　《合》32474
丙子貞:父丁彡。　　　　　　　　　《合》32690(《南明》623)

而另外也有將"王賓"省略保留祖先名及"日"字的狀況:

丙戌貞:父丁日,亡尤(害)。
甲申貞:小乙日,亡尤(害)。
　　《合》32696(《後上》21.7)+《合》32626(《南明》595)【許進雄先生綴合③】
甲辰貞:小乙日,亡尤(害)。
甲戌貞:大乙日,亡尤(害)。　　　　《合》32429(《南明》541+《明續》2496)
甲子貞:祖乙日,尤(害)。④　　　　　《合》32556(《粹》229、《善》560)
己丑貞:大庚日,亡尤(害)
　　《合》32488(《歷拓》4878+《安明》2483)《合》32489 同文(《粹》740)
囗中丁日,亡尤(害)。　　　　　　　《合》32500(《甲》398)
丁卯貞:父丁日啓(晴)。　　　　　　《合》33990
丁未卜:父丁日啓(晴)。　　　　　　《合》33991
囗父丁日啓(晴)。　　　　　　　　《合》33992

也有一種情況是保留祖先名、祭名,但是在祖先日干名的前一天占卜:

---

① 許進雄:《殷卜辭中五種祭祀的研究》,臺北:臺大文學院,1968年,頁5。
② 周忠兵:《歷組卜辭新綴續》第9組,《紀念殷墟 YH127 甲骨坑南京室內發掘70周年論文集》,北京:文物出版社2008年版,頁99。
③ 許進雄:《甲骨綴合新例(二)》第7例,《中國文字》第9期,香港:藝文印書館1984年版,頁153。
④ 按:《合》32556"尤"字前疑漏刻"亡"字。

> 冓雨。
> 不冓雨。
> 甲申貞：小乙祭，亡尤（害）。
> 甲辰貞：小乙日，亡尤（害）。　　　　　　　《合》32625(《寧》1.88+《寧》1.480)
> 甲辰貞：太甲日，不雨。　　　　　　　　　《合》33867(《粹》756)
> 癸卯貞：大甲日，不雨。　　　　　　　　　《懷》B1601
> □[寅]貞：祖辛日冓□。　　　　　　　　　《愛米塔什》181①

從《合》32625來看，該版"甲辰貞：小乙日，亡尤（害）"應是省略"祭"字。

> 甲戌貞：小乙祭，亡尤（害）。
> 冓雨。
> 不冓。　　　　　　　　　　　　　　　　《合》32544+《合》32643【莫伯峰綴合②】

另有一版卜辭，亦可作爲"王賓日"爲賓迎祖先之日的證明：

> 于既酚父丁，翌日、肜日、彡日，王迺賓。　　《合》32714(《明後》2243)
> □饗□翌日，肜，彡日，王弗每（悔）。　　　《合》31092

此處"日"與前面的"翌"、"肜"、"彡"連接成詞，"日"不是"那一天"，而是與"翌"、"肜"、"彡"合爲一意，更遑論是"日神"的可能性。在歷組卜辭中"祭"、"翌"、"肜"、"彡"都有加日，表示祭祀之日。至於黃組卜辭便只剩下"彡"、"翌"兩種祭名加日，頗疑五種祭祀本來都有加上"日"，只是出於祭儀或省略等因素而逐漸消失。

以下爲殘文，占卜干支日不明：

> □貞：小乙彡，亡□。　　　　　　　　　　《合》32620(《南明》597)

以上這些卜辭都是歷組卜辭，可以發現省略"王賓"二字這類例子的祖先日干名都是在貞問日的第二天，如丙日貞中丁、甲日貞小乙、己日貞問大庚，其中有些是省略了"亡害"。

除了省略例之外，尚有二例也可作爲例證：

> 甲戌卜，賓貞：其競父乙日于大庚，告于[丁]宰。　《合》1487(《北珍》0232)

---

① 本版於《俄羅斯國立愛米塔什博物館藏殷墟甲骨》釋文中補出"'庚'寅貞：祖辛日冓'雨'"，應是根據辛日爲貞卜日的後一日，回推出"庚"日。從此也可以看到"祖辛日"是指祭祀祖辛當天是否會下雨，而非祖辛與日神。見宋鎮豪、[俄]瑪麗婭(Maria Menshikova)主編《俄羅斯國立愛米塔什博物館藏殷墟甲骨》，上海：上海古籍出版社2013年版，頁109、125。

② 莫伯峰：《歷組新綴第四則》，《甲骨拼合集》第206則，北京：學苑出版社2010年版，頁229。

癸亥□小甲日。叀(惟)🅐虢(虔)工□乍[文](吝)☒　　　《彙編》643

此例雖非"王賓日",但文例相似,可明顯地看出日在此處不爲日神,而是作某日使用,若要於大庚去競父乙和日神,便不知所云了。"小甲日"也應是"祭祀小甲的日子"。

結　語

卜辭中對太陽的禮敬有所謂對"出日"、"入日"有祭祀,郭沫若在《粹》17考釋中曾指出:

> 殷人於日之出入均有祭。……唯此出入日之祭同卜於一辭,彼出入日之侑同卜於一日,足見殷人於日蓋朝夕禮拜之。《書·堯典》"寅賓出日"又"寅餞入日"(此據今文,僞古文改"入"爲"納")分屬於春秋。禮家有"春分朝日,秋分夕月"之說,均是後起。①

此後學者對出、入日的問題多有論述,如金祥恒先生認爲:

> 至於迎送日月之禮,我國西北民多有此俗。《漢書·匈奴傳》"單于朝出營,拜之始生,夕拜月"。《儀禮·覲禮》"天子乘龍載大斾,象日月,升龍降龍出拜日於東門之外,反祀方明,禮日於南門外,禮月與四瀆於北門外"。其習俗之原始必甚久遠,與《尚書》之"賓餞日月"、甲骨文之"福侑出入",或有因革之關係。②

而卜辭中王賓日的問題並不能拿來相提並論,卜辭中出、入日確實是一種對太陽的禮敬,爲何要祭出日、入日,原因不明,是否在固定或特殊日子裏祭祀,亦無法得知,有學者主張是否在春分、秋分,③從卜辭中仍無法得知。

無論如何,"出入日"與"王賓日"是絕對不能混淆的兩件事,"出入日"也無法推論出"王賓上甲日"即"太陽與祖先合祭"。若依《堯典》,出入日可能在春分與秋分,這也在卜辭中無法明確對應到"王賓日"的辭例中。

---

① 郭沫若:《殷契粹編》,北京:科學出版社1965年版,頁355。
② 金祥恒:《甲骨文出日入日說》,《金祥恒先生全集》,臺北:藝文印書館1990年版,頁103。
③ 宋鎮豪先生於《夏商社會生活史》中指出:"商代的祭出入日,不是每天禮拜日出日落,當有其比較固定的行事日期,通常行之於春秋季相關月份或春分秋分的以天象定中氣的前後日子。"參見宋鎮豪《夏商社會生活史》,頁783。

至於王賓日的相關卜辭，有的着重於占卜該日是否會下雨，如冓雨、不冓雨、不雨、晴，有的是占卜該日是否"無吝"，歷組卜辭着重的是占卜"無害"，都是在貞問日期的吉利與否。從卜辭的文例比較來看，誠如島邦男的見解，是把祖先的名字或祭名省略掉，跟禮敬或祭祀太陽是沒有關係的。

過去學者混淆了"出入日"與"王賓日"，連結《堯典》"寅賓出日"一語，提出商代有日神崇拜的說法，從前面的探討可以看到這種說法是值得懷疑的。退一步說，即使承認商代有日神崇拜，是否能稱之爲神，也是非常可疑的。因爲其他的商代神明，如上帝、社、稷、河、岳等，甚至是祖先神，都有給予商人降災的能力，商人也會對其祈求豐年或降雨等福祉，而未見太陽（日神）有這類的占卜。對比來看，即便是對太陽的崇拜與祭祀，也不代表太陽與其他自然神、祖先神有同樣的神格。"出入日"合理的解釋，可能如宋鎮豪所說，是一種對春分、秋分這兩個重要時節的祭典，而春分、秋分正好與太陽照射有直接的關係，而與"王賓日"是沒有任何關係的。

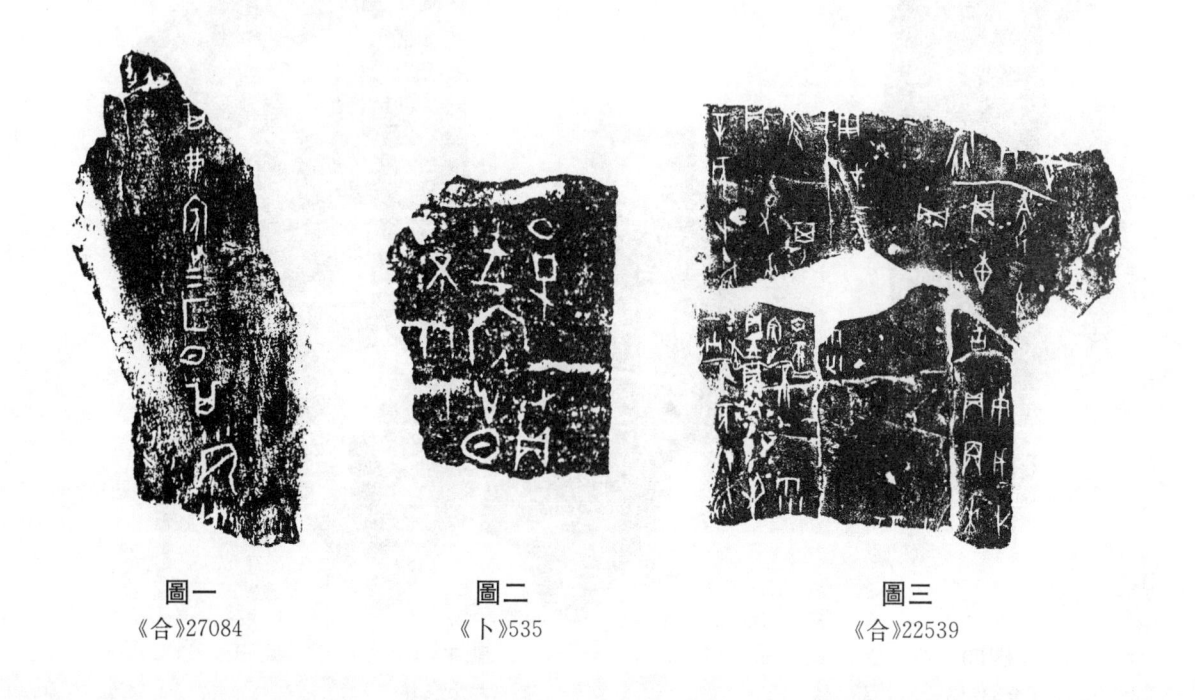

圖一　《合》27084

圖二　《卜》535

圖三　《合》22539

圖四　　　　　　　　　　圖五
《合》32181　　　　　　《醉古集》346
　　　　　　（《乙》2866+《乙》4151+《乙補》2498+《合》10049）

圖六
《合》25247
(《南明》338)

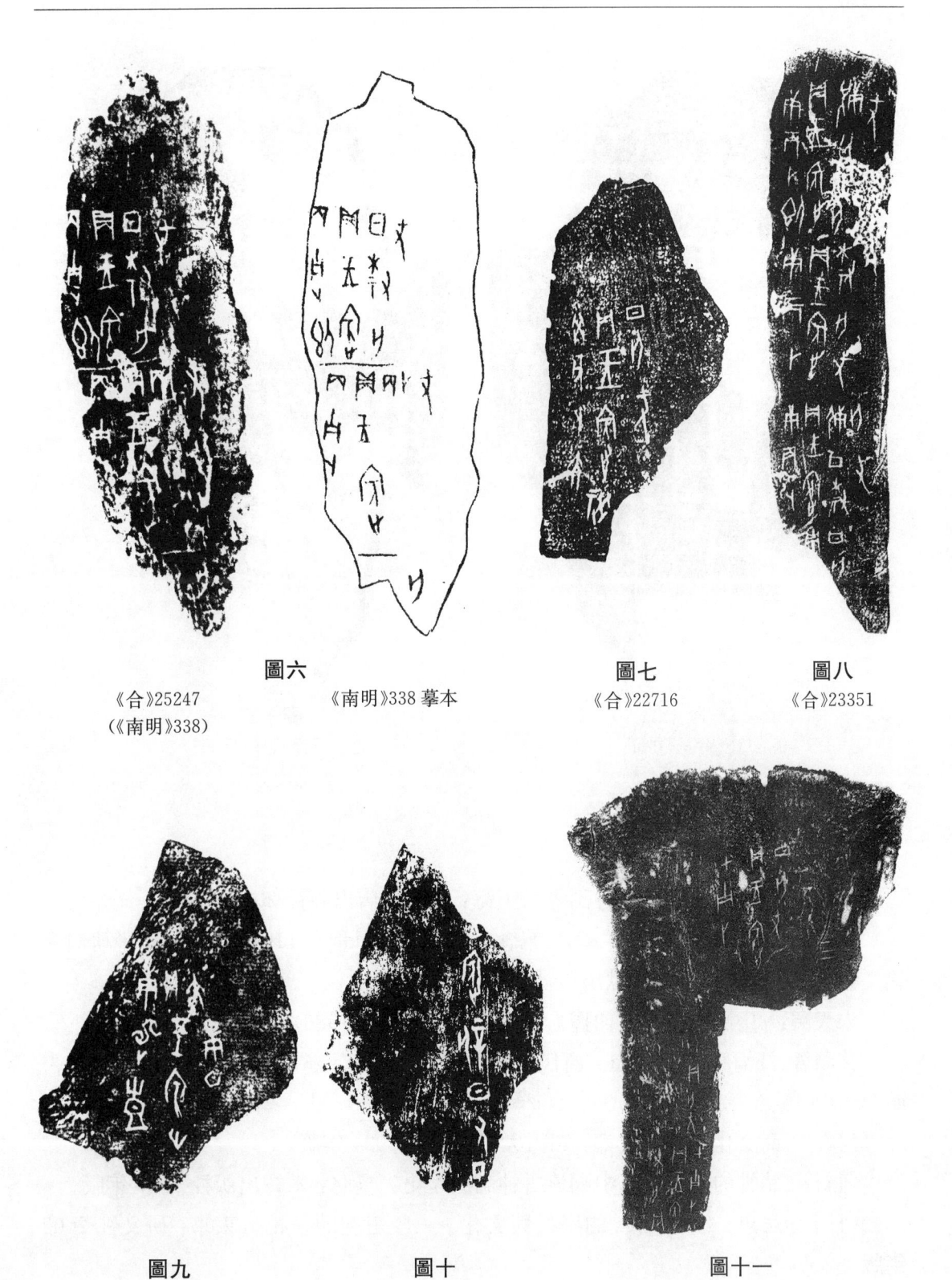

圖六
《南明》338摹本

圖七
《合》22716

圖八
《合》23351

圖九
《合》27166

圖十
《合》27561

圖十一
《合》23062(《旅順》1457)

1248正　　　　　　　　　　　　1248反

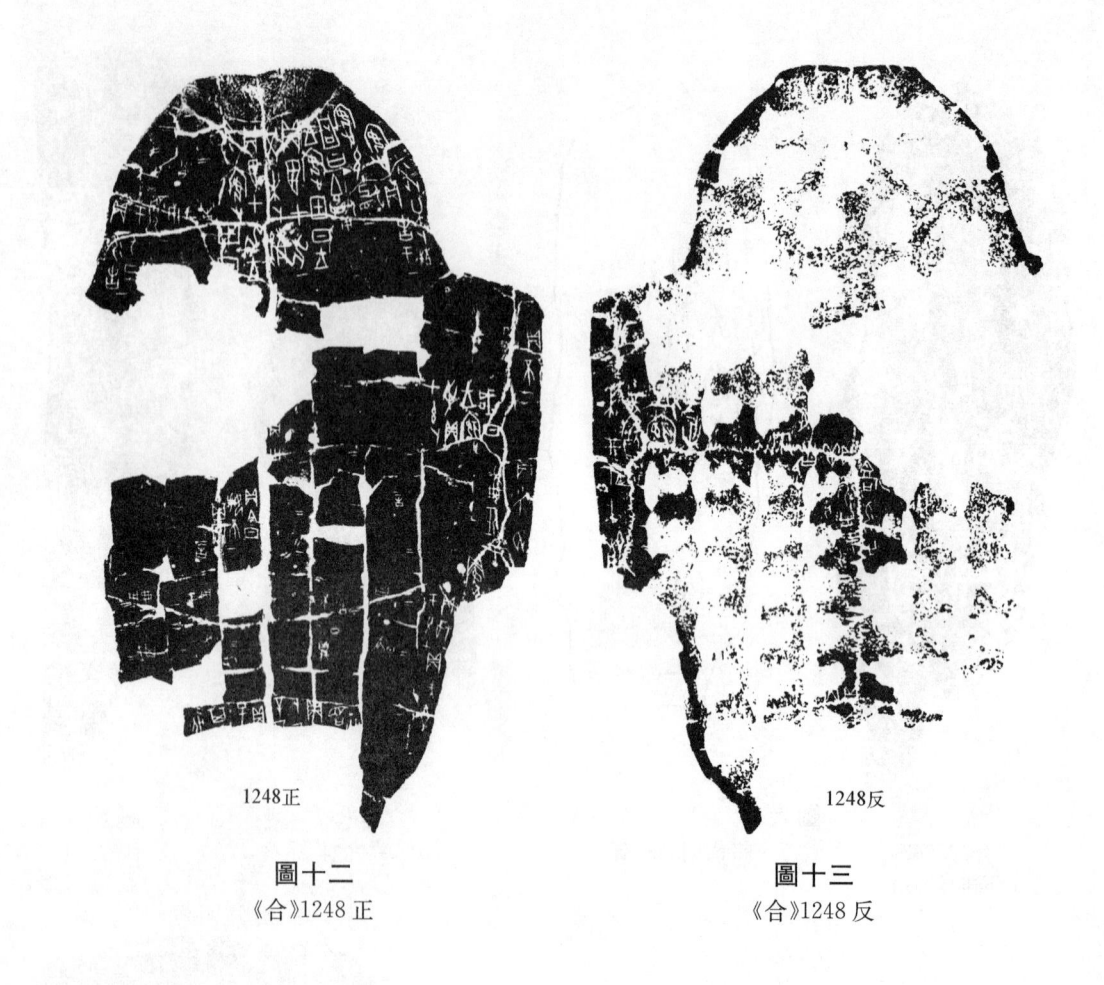

圖十二　　　　　　　　　　　　圖十三
《合》1248 正　　　　　　　　　《合》1248 反

參考書目

丁山：《中國古代宗教與神話考》，上海：上海書店出版社 2011 年版。

王宇信、宋鎮豪、徐義華主編：《紀念王懿榮發現甲骨文 110 周年國際學術研討會論文集》，北京：社會科學文獻出版社 2009 年版。

朱天順：《中國古代宗教初探》，臺北：谷風出版社 1986 年版。

艾蘭著、汪濤譯：《龜之謎：商代神話、祭祀、藝術和宇宙觀研究》，北京：商務印書館 2010 年版。

何崝：《商文化窺管》，成都：四川大學出版社 1994 年版。

何新：《諸神的起源——中國遠古神話與歷史》，臺北：木鐸出版社 1987 年版。

［日］赤塚忠：《中國古代的宗教與文化——殷王朝的祭祀》，東京：研文社 2003 年版。

宋瑞珊：《殷墟何組卜辭的初步整理》，北京：首都師範大學碩士學位論文，2009

年 5 月。

宋鎮豪:《夏商社會生活史》,北京:中國社會科學出版社 1994 年版。

宋鎮豪、[俄] 瑪麗婭(Maria Menshikova)編:《俄羅斯國立愛米塔什博物館藏殷墟甲骨》,上海:上海古籍出版社 2013 年版。

宋鎮豪、段志洪主編:《甲骨文獻集成》,成都:四川大學出版社 2001 年版。

周忠兵:《歷組卜辭新綴續》,《紀念殷墟 YH127 甲骨坑南京室内發掘 70 周年論文集》,北京:文物出版社 2008 年版。

周國正:《卜辭兩種祭祀動詞的語法特徵及有關句子的語法分析》,常宗豪主編:《古文字學論集初編》,香港:香港中文大學中國文化研究所,1983 年。

孟世凱:《甲骨學小辭典》,上海:上海辭書出版社 1987 年版。

孟世凱:《甲骨學辭典》,上海:上海人民出版社 2009 年版。

屈萬里:《殷虛文字甲編考釋》,臺北:中研院歷史語言研究所,1961 年。

金祥恒:《甲骨文出日入日説》,《金祥恒先生全集》,臺北:藝文印書館 1990 年版。

[韓] 具隆會:《甲骨文與殷商時代神靈崇拜研究》,北京:中國社會科學出版社 2013 年版。

胡厚宣:《殷代之天神崇拜》,《甲骨文商史論叢初集(上)》,臺北:大通書局 1972 年版。

島邦男著,温天河、李壽林譯:《殷墟卜辭研究》,臺北:鼎文書局 1975 年版。

徐中舒:《甲骨文字典》,四川:四川辭書出版社 1988 年版。

常玉芝:《商代史・卷八・商代宗教祭祀》,北京:中國社會科學出版社 2010 年版。

張玉金:《説卜辭中的"至日"、"即日"、"戠日"》,《古漢語研究》1991 年第 4 期。

莫伯峰:《歷組新綴第四則》,《甲骨拼合集》,北京:學苑出版社 2010 年版。

許進雄:《甲骨綴合新例(二)》,《中國文字》第 9 期,香港:藝文印書館 1984 年版。

許進雄:《殷卜辭中五種祭祀的研究》,臺北:臺大文學院,1968 年。

郭沫若:《殷契粹編》,北京:科學出版社 1965 年版。

郭沫若:《卜辭通纂》,東京:文求堂書店 1933 年版。

陳年福:《甲骨文動詞詞彙研究》,成都:巴蜀書社 2001 年版。

陳年福:《甲骨文詞義論稿》,上海:上海古籍出版社 2007 年版。

陳夢家:《殷虛卜辭綜述》,北京:中華書局 1988 年版。

趙誠:《甲骨文簡明詞典——卜辭分類讀本》,北京:中華書局 1988 年版。

劉青：《甲骨卜辭神話資料整理與研究》，昆明：雲南人民出版社 2008 年版。

劉桓：《殷契存稿》，哈爾濱：黑龍江教育出版社 1992 年版。

蔡哲茂：《殷卜辭伊尹䲰示考——兼論它示》，《歷史語言研究所集刊》第 58 本第 4 分，1987 年。

蔡哲茂：《甲骨綴合彙編》，新北：花木蘭出版社 2013 年版。

濮茅左、顧偉良譯：《殷墟卜辭研究》，上海：上海古籍出版社 2006 年版。

釋《合集》36960中的"𠁸"字

孫亞冰

（中國社會科學院歷史研究所，出土文獻與
中國古代文明研究協同中心）

《合集》36960是一版黄組卜辭，現藏於旅順博物館，即《旅順博物館所藏甲骨》2079號。這版甲骨可與《合集》36941、《輯佚》681綴合，[①]摹本如圖一：

這是一組與征伐嵒美方有關的卜辭，[②]釋文如下：

癸丑[王卜]，在洛次貞：[旬]亡憂。王[占曰]：吉。二
癸亥王卜，在🖼𠁸貞：旬亡憂。王占曰：吉。二
癸[酉]王卜，在🖼次貞：旬[亡]憂。王占[曰]：吉。
[癸]未王卜，[在]🖼貞：旬亡憂。王占[曰]：吉。

《合》36941
《輯佚》681
《旅》2079
圖一

這其中涉及的地名有"洛"、"🖼"、"🖼"。"洛"，鄭傑祥先生認爲在今河南洛陽，可從；"🖼"，陳劍先生認爲它與見於何組、無名類的地名"𨟠"（如《屯南》53的"🖼"，字又見於《合集》29324、29325、29327、28151）爲一字，讀作"蒯"，在今河南省洛陽市西南；"🖼"，陳劍先生釋爲"琼"，讀作"崇"，卜辭中有"崇侯"，文王玉環中有

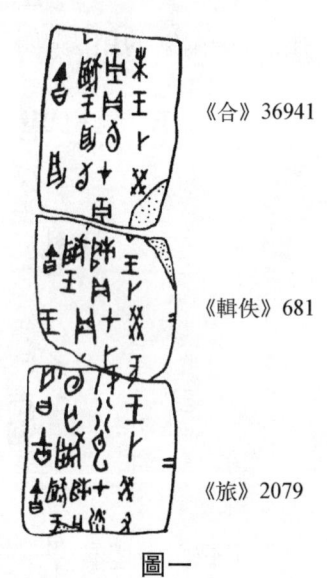

[①] 孫亞冰、林宏明綴合，參見孫亞冰《〈合集〉遥綴二例》，中國社會科學院歷史所先秦史研究室網站，2012年1月12日，http://www.xianqin.org/blog/archives/2556.html；林宏明：《甲骨新綴第318例》，中國社會科學院歷史所先秦史研究室網站，2012年1月13日，http://www.xianqin.org/blog/archives/2558.html。

[②] 孫亞冰：《卜辭中所見"嵒美方"考》，《甲骨文與殷商史》新3輯，上海：上海古籍出版社2013年版。

"弘戰崇人",後者即殷末文王伐"崇侯虎"之"崇",文獻中與"崇"有關的還有"崇伯鯀"。"崇"即崇高山,今稱嵩山,卜辭中的"崇"位於嵩山一帶,今河南嵩縣附近。晚商或周初的"崇"族銅器,有"崇父丁爵"(《集成》8472),亦傳出於河南洛陽。①

關於✱字,各類甲骨文釋文書或原篆摹寫,或誤釋爲"它"、"禹"。《旅順博物館所藏甲骨》的照片如下:

此字中間有一道裂縫,上部方形中有一點。它與師組卜辭《合集》20974+《外》211(蔣玉斌綴)中的"✱"、賓組卜辭《合集》11728+13159(李延彥綴)中的"✱"寫法類似,後兩字的用法與求雨之祭有關:

乙酉[卜]:□✱,雨。各云,不雨。
丙戌卜:督✱②舞✱,雨。不雨。
丁亥卜:舞✱,今夕□雨。茲外告。三月。不雨。
《合集》20974+《外》211(圖二)

貞:翌辛巳易日。七(正面)
□勿啓其□✱珷□其珷□于昃日。(反面)
《合集》13159+11728(圖三)

甲骨文中還有✱、✱,也出現在師組卜辭,相關内容如下:

壬午卜,扶:奏山、✱桐,雨。　　　　　　　　　　《合集》20975
丁酉卜,扶:燎山、羊、✱豕,雨。　　　　　　　　《合集》20980 反
己卯卜,扶:取✱□。　　　　　　　　　　　　　　《合集》20138

---

① 以上説法參見陳劍《釋"琮"及相關諸字》,《甲骨金文考釋論集》,北京:綫裝書局 2007 年版。
② 爲人名,它例如《合集》21659"乙丑子卜,貞:✱歸"。

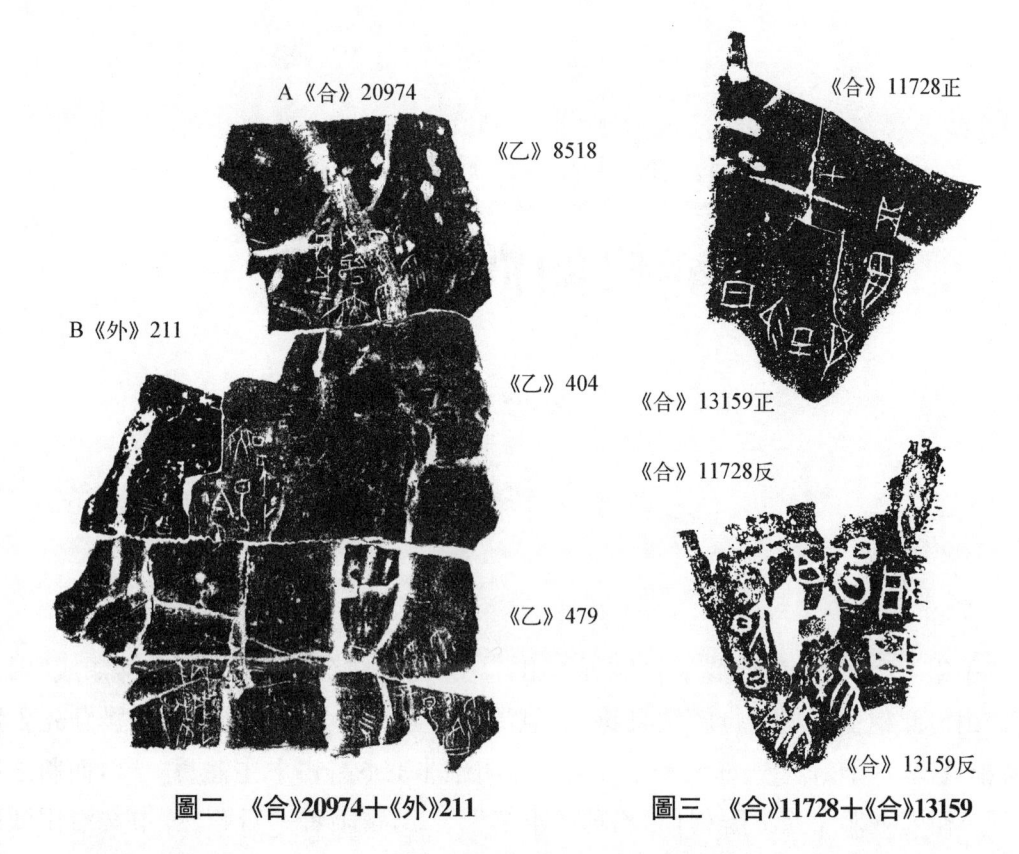

圖二　《合》20974＋《外》211　　　圖三　《合》11728＋《合》13159

此字,唐蘭隸作"丮"、"旬",裘錫圭先生懷疑是"雲"字,黃天樹先生釋作"陽"。①沈培同意釋"雲",並指出"雲"和"山"、"羊"都是求雨之祭的祭祀對象。②

既與求雨之祭有關,又與寫法相似,黃天樹先生說",從日旬聲",③二者顯然是表示同一個詞的,故也應該釋作雲神之"雲"。④

《合集》36960 地名後的"",據字形當釋爲"雲",但不能看作"雲神"。筆者認爲,"雲"在此假借爲"陰","雲"爲匣母文部,"陰"爲影母侵部,聲母都是喉音,韻母主要元音相同,聲近通假。清華簡《繫年》簡 54、55 中地名"菫陰"之"陰"就寫作從"云"聲的"妾"。與《合集》36960 同文的《殷綴》331＋《合集》36896 此處地名僅作"蒯",由此可見"蒯陰"本身非地名,而是指"蒯"之陰。

---

① 以上各說參見黃天樹《說甲骨文中的"陰"和"陽"》,《黃天樹古文字論集》,北京:學苑出版社 2006 年版。
② 參王子楊《甲骨文字形類組差異現象研究》,上海:中西書局 2013 年版,頁 219。
③ 黃天樹:《殷墟甲骨文形聲字所占比重的再統計》,李宗焜主編:《出土材料與新視野》,中研院,2013 年,頁 101。
④ 李延彥即釋爲"雲"字,見《甲骨拼合續集》第 582 則釋文,北京:學苑出版社 2011 年版。

小屯南地新出土午組卜辭相關問題研究*

韋心瀅

（上海博物館）

"午組卜辭"一詞爲陳夢家先生所提出,①在《甲骨文合集》第七册中歸類成"丙一類"。由於此種卜辭契刻行款别具特色,且問疑者角色不是王的緣故,李學勤先生將之統稱爲"非王卜辭"。② 林澐先生又進一步明確非王卜辭占卜主體爲"子",而將之稱爲"子卜辭",並將午組卜辭稱作"乙種子卜辭"。③ 爲讓讀者一目瞭然,本文沿用陳夢家先生"午組卜辭"的説法。

已著録的午組卜辭約有250多片,其中科學發掘者爲1931年小屯村中、村北出土5片,1936年H127坑出土97片,1973年小屯南地出土18片,2002年小屯南地再次發掘出土了50片午組卜辭。前輩專家學者雖對午組卜辭進行過整理研究,並已取得豐厚的學術成果,然2002年新出土50片午組卜辭内容中,尚有許多新見材料值得進一步討論與研究。因此,本文以2002年新出土的50片午組卜辭内容爲主要研究對象,對其内容所新見人物、地點、求雨、禱生、貢納等事類,和過去已見午組卜辭及王卜辭内容繫聯,希冀能夠探明午組卜辭占卜主體貴族家族的政治地位、經濟活動、家族成員、宗教祭祀等情況。

---

* 本文爲國家社科基金重大項目"故宫博物院藏殷墟甲骨文整理與研究"（批准號：14ZDB059）系列成果之一,得到國家社科基金專項資助。
① 陳夢家:《殷虚卜辭綜述》,北京:科學出版社1956年版,頁158—165。
② 李學勤:《論帝乙時代的非王卜辭》,《考古學報》1957年第1期。
③ 林澐:《從子卜辭試論商代家族形態》,《林澐學術文集》,北京:中國大百科全書出版社1998年版,頁47。

一、午組卜辭的坑位、時代及著錄情況

目前已著錄的午組卜辭約 250 餘片，其中六次考古發掘出土的午組卜辭約占半數以上。統計如下：

(1) 1931 年殷墟第五次發掘：在小屯村中、村北發掘出 5 片午組卜辭。[1]

(2) 1936 年殷墟第十三次發掘：發掘出 172 片午組卜辭，後經前輩學者綴合，數量整合爲約 97 片。[2]

(3) 1937 年殷墟第十五次發掘：在小屯村北發掘出 6 片午組卜辭。[3]

(4) 1973 年小屯南地發掘：出土 18 片午組卜辭。[4]

(5) 1991 年花園莊南地發掘：在 M99 墓口之上灰層中出土 1 片午組卜辭（M99 上③∶1）。[5]

(6) 2002 年小屯南地發掘：出土 50 片午組卜辭。[6]

以上將六次發掘出土的午組卜辭地點、坑位以及坑層年代、甲骨片數歸納製成表一如下。

表一　六次科學發掘午組卜辭坑位、年代表

發掘地點	坑位（出土午組卜辭著錄編號）	坑位年代	甲骨片數
1931 年(5) 小屯村中、村北	F3.1（《甲》3366、3367、3370、3598、3609）*		甲 3、骨 2
1936 年(13) 小屯村北	YH127－C113、B119（《乙》163）、B122（《乙》8478）	殷墟文化二期	甲 170、骨 2
1937 年(15) 小屯村北	YH251－C166（《乙》8748、8758、8873），YH448－C321（《乙》9036、9037），C170（《乙》9038）	殷墟文化二期	甲 6

---

[1] 石璋如：《遺址的發現與發掘·丁編　甲骨坑層之一附圖：一至九次出土甲骨》，臺北：中研院歷史語言研究所，1986 年。

[2] 蔣玉斌：《殷墟子卜辭的整理與研究》，吉林大學博士學位論文，2006 年 4 月，頁 71—72。

[3] 石璋如：《遺址的發現與發掘·丁編　甲骨坑層之二：十三至十五次出土甲骨》，臺北：中研院歷史語言研究所，1992 年。

[4] 中國社會科學院考古研究所：《小屯南地甲骨》，北京：中華書局 1983 年版。

[5] 中國社會科學院考古研究所安陽工作隊：《1991 年安陽花園莊東地、南地發掘簡報》，《考古》1993 年第 6 期。

[6] 中國社會科學院考古研究所：《殷墟小屯村中村南甲骨》，昆明：雲南人民出版社 2012 年版。

續　表

發掘地點	坑位(出土午組卜辭著錄編號)	坑位年代	甲骨片數
1973年 小屯村南	H102(《屯南》2698),H107(《屯南》2770、2771),H50(《屯南》2238、2240、2241、2244、2248),H85(《屯南》2622),H47(《屯南》2118),H61(《屯南》2509),H80(《屯南》2556),H86(《屯南》2647),H95(《屯南》2671—2673),H114(《屯南》2775),T31③*(《屯南》4177)	殷墟文化一期 殷墟文化三期 殷墟文化四期	甲18片
1991年 花園莊南地	M99上③:1	殷墟文化一期	骨1
2002年 小屯南地	H4(《村中南》294、295、297、299、308),H6上(《村中南》311、320、327、333、335—338),H57(《村中南》447、453、459、462、464、468、470、472、474、475、478、481—483、485、486、492、493、496、497),H9(《村中南》350、352、355、357、361、364—366、379、385、389),H23(《村中南》404、405),H54(《村中南》412、457),H55(《村中南》414),T4A3(《村中南》507)	殷墟文化一期 殷墟文化三期 殷墟文化四期	甲41 骨9

注：坑位欄中括號內所標數字爲現著錄的午組卜辭甲骨編號,《甲》爲《殷虛文字甲編》簡稱,《乙》爲《殷虛文字乙編》簡稱,《屯南》爲《小屯南地甲骨》簡稱,《村中南》爲《殷墟小屯村中村南甲骨》簡稱。YH127-C113甲骨數量太多,在此略錄。①* F3.1在早期的殷墟發掘報告中,沒有可以判定時期的參考依據,另T31③發掘報告中未注明所屬時期。

午組卜辭的時代,學界已普遍認同爲武丁時期,然確切爲武丁何時,各家看法仍有分歧。[2] 從表一得知,不同年代、不同地區發掘出的午組卜辭最早出現於殷墟文化一期,更詳細的時代分期,可通過考古發掘資料,對出土有午組卜辭甲骨的灰坑或墓葬的年代進行分析如下：

---

[1] 詳細甲骨編號可參見石璋如《遺址的發現與發掘·丁編　甲骨坑層之二:十三至十五次出土甲骨(下)》,臺北:中研院歷史語言研究所,1992年。

[2] 李學勤、彭裕商先生認爲午組卜辭與賓組一B類有橫向聯繫,年代大致相當於武丁中期或略偏晚;朱鳳瀚師認爲午組卜辭可能晚於自組中較早者,而與賓組卜辭時間範圍近同,即武丁中晚期;黃天樹先生推定午組卜辭上限可上及武丁早、中期之交,下限可延伸至武丁晚期之初。見李學勤、彭裕商《殷墟甲骨分期研究》,上海:上海古籍出版社1996年版,頁313—316;朱鳳瀚:《商周家族形態研究(增訂本)》,天津:天津古籍出版社2004年版,頁141;黃天樹:《午組卜辭研究》,《黃天樹古文字論集》,北京:學苑出版社2006年版,頁148。

(1) 1991年在花園莊南地 M99 出土的陶簋(圖一：1)與花園莊東地 M60 出土屬於殷墟文化一期偏早的陶簋(M60：21,圖一：2)形制相近,[①]亦與苗圃北地出土屬苗圃一期的陶簋(PNH217：14,圖一：3)形制近同。[②] 而 M99 墓口疊壓殷代灰土層,據發掘者稱其時代屬殷墟文化一期,則出土於 M99 墓口土層的午組卜辭(M99 上③：1),其時代應略晚於殷墟文化一期偏早,約在武丁早期偏晚。

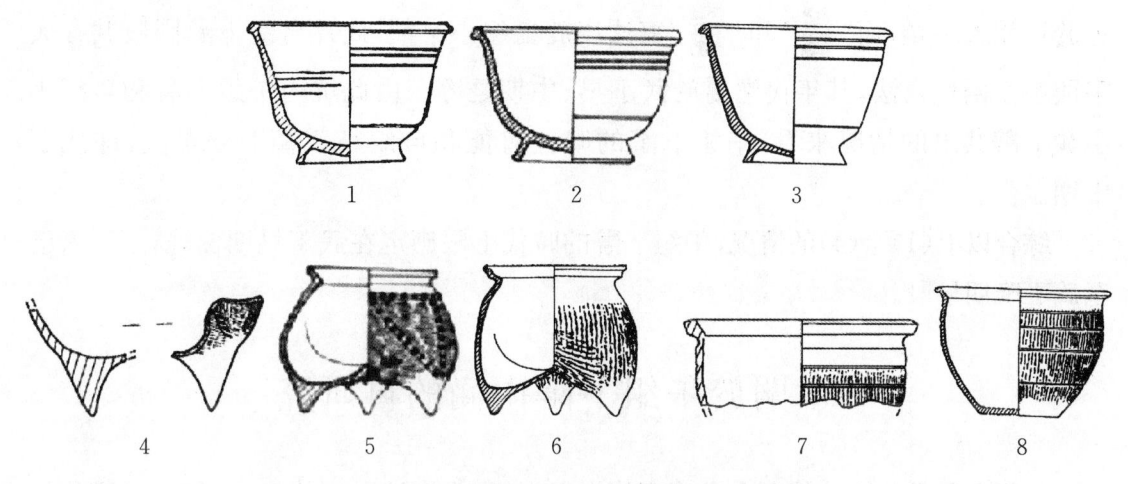

圖一 與午組卜辭同出陶器器型比較圖

1. 花園莊南地 M99 出土陶簋　2. 花園莊東地陶簋 M60：21　3. 苗圃北地陶簋 PNH217：14
4. 小屯南地 H4 出土殘鬲足 02H4：30　5. 花園莊東地 B 型陶鬲 M60：19
6. 苗圃北地陶鬲 PNIVH5：41　7. 小屯南地 H4 出土殘盆 02H4：32　8. 苗圃北地陶盆 PNH217：35

(2) 2002年小屯南地 H4 出土的殘鬲足(02H4：30,圖一：4)：足跟素面、袋足上裝飾細繩紋和泥條壓印之附加堆紋,其紋飾與花園莊東地 M60 出土的陶鬲(M60：19,圖一：5)相仿,其年代屬於殷墟文化一期晚段；較高足跟的形狀和苗圃北地出土屬苗圃一期的陶鬲(PNIVH5：41,圖一：6)近似。另 H4 出土的陶盆腹、口殘片(02H4：32,圖一：7)和苗圃北地出土屬苗圃一期的 I 式盆(PNH217：35,圖一：8)類同,則同出於 H4 的午組卜辭甲骨時代亦應為殷墟文化一期晚段,即武丁早期偏晚。

(3) 1973年小屯南地出土午組卜辭的 H102 打破出土大量自組小字類卜辭的

---

① 花園莊東地陶簋 M60：21 與殷墟一期晚段的 59 武官 M1 陶簋相比,腹壁較直,具有早、中商時期陶簋遺風,見中國社會科學院考古研究所《安陽殷墟花園莊東地商代墓葬》,北京：科學出版社 2007 年版,頁 248；中國社會科學院考古研究所安陽工作隊：《安陽武官村北的一座殷墓》,《考古》1979 年第 3 期。

② 苗圃一期年代上限早於武丁,下限最晚到武丁,見中國社會科學院考古研究所《殷墟發掘報告》,北京：文物出版社 1987 年版,頁 10。

T534A 地層，且 H107 出土午組卜辭 2 片(《屯南》2770、2771)和𠂤組卜辭 3 片(《屯南》2767—2769)，其𠂤組卜辭亦屬小字類，證明午組卜辭的時代晚於𠂤組小字類卜辭。①

（4）2002 年小屯南地中時代最早的灰坑 H4，與午組卜辭共出的有𠂤組卜辭 5 片，根據字體判斷 5 片中有 4 片屬小字類，惟其中一片(《村中南》296)"![]"字寫法近於𠂤組大字類，而"![]"和"![]"寫法屬於𠂤組小字類，此片𠂤組卜辭同版共存大字與小字兩種寫法，其年代應屬於武丁早、中期之際。由此坑内午組卜辭和𠂤組小字類卜辭共出的情況來看，午組卜辭的時代可能和𠂤組小字類卜辭重疊，即武丁中期。

綜合以上（1）至（4）的情況，午組卜辭的時代上限應定在武丁早期偏晚，下限當已至武丁晚期早段。

二、關於午組卜辭内涵的再研究

午組卜辭是王以外的商人貴族家族占卜記錄，内容雖是家族事務，但由於商代社會、國家的基本構成單元爲族氏，因此一個族氏的生活交際、祭祀卜問、經濟活動、軍事交通等各方面，便成爲商代社會的微縮映像。以下分五個方面對午組卜辭的内涵在前人研究基礎上再作進一步的探討。

（一）午組卜辭占卜主體貴族的家族形態

午組卜辭占卜主體貴族人稱"子"，自稱"余"和"朕"，目前卜辭中可見諸子、諸婦及其他家族成員。

1. 諸子

午組卜辭所見諸子可分爲生者和亡者。生者有小屯南地新發現的子匡以及子丁、子夢、子亳；亡者包括有子戊(《合》22047)、子、子竹(《合》22045)與子庚(《合》22047、22079、22080、22088)。

以下將午組卜辭中占卜主體貴族爲活着的子求佑及與他們有關的活動情況製成表二，並進一步討論其與午組卜辭占卜主體貴族的關係。

---

① 小屯南地發掘者認定午組卜辭的時代在武丁時代，地層打破關係亦見中國社會科學院考古研究所《小屯南地甲骨》上册第一分册，北京：中華書局 1980 年版，頁 27。

表二　午組卜辭所見"子某"及占卜主體貴族爲其求佑對象一覽表

子某	占卜主體貴族爲其求佑對象	具體事態	備注
子匿	父丙 (《村中南》337+389)	钔子匿于父丙,羊(《村中南》337+389)	
子丁	父丁、中母 (《合》22197+22390+《乙》8873+8942)	子右(侑)子丁(《合》22197+22390+《乙》8873+8942)	
子夢		見(獻)邑羍父戊(《合》22065) 夢钔……亳于妣乙……反鼎。(《合》22145)	夢(《合》22145)
子亳		亡囚子亳(《合》22276)	亳(《合》22145)

午組卜辭占卜主體貴族十分關心子匿,曾親自向父丙爲其舉行禳災的钔祭,如:

(1) 乙卯卜,钔子匿于父丙,羊。　　　　　　　　　　　　《村中南》337+389①

向父輩祖先舉行求佑祭儀,以獲得庇蔭的對象尚有子丁,如:

(2) 庚子貞,子右(侑)子丁。

丁龏。

父丁丁龏,中母……　　　　　《合》22197+22390+《乙》8873+8942②

午組卜辭占卜主體貴族向逝去的父輩、母輩爲子匿、子丁舉行祛凶求佑的祭典,則子匿與父丙,子丁與父丁、中母的關係可能較近,午組卜辭占卜主體貴族才會分別爲子匿、子丁選擇祭祀父丙與父丁、中母。由此推斷,子匿和子丁可能爲午組卜辭占卜主體貴族的從兄弟。

另,《村中南》卜辭中新見的救可和王卜辭所見的子救相關聯,兩者應爲同一人。救似乎擁有較大的權力和經濟能力,不見午組卜辭占卜主體貴族爲其舉行求佑祭禮。相關卜辭如下:

(3) 子救叀牛,一月,用。　　　　　　　　　　　　　　　　　《英》1767

(4) 救钔凡不……

……死。　　　　　　　　　　　　　　　　　　　　　《村中南》412

辭(3)王卜辭中可見子救進貢牛隻,商王用之作爲祭祀所貢牲。辭(4)救享有祭祀權,從

---

① 劉一曼:《殷墟近出甲骨綴合三例》,《殷都學刊》2011 年第 3 期。
② 蔣玉斌:《甲骨綴合拾遺(十一組)》,《華夏考古》2008 年第 3 期,頁 139—140。

殘存的"死"字推測,凡可能瀕臨垂死狀態,救親自爲凡舉行衈祭,可知救與凡關係親近。

凡常見於自組和賓組卜辭中,如下所列:

(5) 乙丑卜,㱿貞,先酚子凡父乙三宰。
　　貞,先酚子凡父乙三宰。　　　　　　　　　《合》3216 正(賓組二類)
(6) 弜呼王族凡于疒。　　　　　　　　　　　《合》6343(賓組二類)
(7) 凡牛入商。　　　　　　　　　　　　　　《合》22274(自組大字)

凡的身份地位很高,不僅在王卜辭中稱"子",且有受王命主持祭祀之例。辭(5)是貞問先舉行酚祭,再由子凡祭祀父乙獻上祭牲三宰。① "父乙"爲時王上一代直系先祖,即小乙,則子凡極有可能是商王武丁的同父兄弟。② 辭(6)有"王族凡"之稱,辭(7)顯示子凡所屬家族在武丁時期即具規模,至遲在武丁中期偏早時即對商王室有貢納的義務。其領地在武乙時成爲商王田獵出行的區域,③ "凡"地或在今河南輝縣西南。④

除了上述救關心凡的生死之外,午組卜辭占卜主體貴族亦曾爲凡舉行衈祭,如《合》22108"衈凡……叀牢"。綜上可知,救在王卜辭中稱"子救",其身份應爲與商王有較近關係的同姓貴族,⑤ 又從子凡或是時王同父兄弟的身份來推斷,救與子凡的關

---

① 此辭另可理解爲商王爲子凡求佑向父乙祭祀獻上三宰,但此解在語法上省略較多。然無論何種解釋,皆顯示子凡與時王的關係密切,地位較高。
② 韋心瀅:《殷代商王國政治地理結構研究》,上海:上海古籍出版社 2013 年版,頁 173、177。
③ 參見《合》29383、33568。
④ 陳夢家先生考證凡地或是《左傳》隱公七年中提及的凡伯,杜預注"汲郡共縣東南有凡城",在今河南輝縣西南二十里。見陳夢家《殷虛卜辭綜述》,北京:科學出版社 1956 年版,頁 262。又李學勤先生亦考證凡地在今河南輝縣西南,見李學勤《殷代地理簡論》,北京:科學出版社 1959 年版,頁 16。
⑤ 董作賓先生認爲"子某"即"王子某",並舉出武丁之子 20 人,不能斷定者 2 人,推測子漁是祖己、子央是祖庚、子狄是祖甲。胡厚宣先生也認爲"子某"即王子,並指出武丁之子有 53 人。李學勤先生認爲"子某"是距舉稱者一世的後裔,不一定是其生子。林澐先生提出"子某"不能一概認定爲商王之子,因難以確定是時王的子輩、兄弟輩還是父輩,故應將"子某"視爲與商王同姓的男性貴族。裘錫圭先生與島邦男先生贊同林澐先生看法。朱鳳瀚先生則提出王卜辭中所見"子某"一般是指王子,但並不限於時王之子,也有可能是時王的同父兄弟、同祖兄弟、同曾祖兄弟,非王卜辭中的"子某"則是所屬貴族家族族長(宗子)之子,但也並不限於一代。劉昭瑞先生認爲"子某"非商王之子的專稱,既可稱尊貴者,也可稱卑賤者。上述參見董作賓《甲骨文斷代研究例》,《董作賓先生全集甲編》,臺北:藝文印書館 1977 年版,頁 419—429;胡厚宣:《殷代婚姻家族宗法生育制度考》,《甲骨學商史論叢初集》,成都:齊魯大學國學研究所,1944 年 3 月;李學勤:《論殷代親族制度》,《文史哲》1957 年 11 期;林澐:《從武丁時代的幾種"子卜辭"試論商代的家族形態》,《古文字研究》第 1 輯,北京:中華書局 1979 年版;裘錫圭:《關於商代的宗族組織與貴族和平民兩個階段的初步研究》,《文史》1983 年第 17 輯;島邦男:《殷墟卜辭研究》,東京:汲古書院,1975 年;朱鳳瀚師:《商周家族形態研究(增訂本)》,天津:天津古籍出版社 2004 年版,頁 49—50;劉昭瑞:《關於甲骨文中子稱和族的幾個問題》,《中國史研究》1987 年第 2 期。

係或爲從父兄弟,而子凡則或爲午組卜辭占卜主體貴族的從叔伯。

午組卜辭中類似 敉 地位者尚見子夢,卜辭如下:

  (8) 壬戌卜,子夢見(獻)邑奉(執)父戊。 　　　　　　　　　　　《合》22065

  (9) 甲戌卜,……亳……

    夢 卲……亳于妣乙……戊鼎。 　　　　　　　　　　　　　　《合》22145

  (10) 壬戌卜貞,亡㕚子亳。 　　　　　　　　　　　　　　　　《合》22276

辭(8)子夢將自己擁有(或管轄)的城邑中抓獲的俘虜或囚犯獻祭給父戊。辭(9)似是子夢爲子亳向妣乙舉行 卲祭,子夢和子亳可能具同祖血緣關係。辭(8)、(9)説明子夢具有一定程度的經濟實力或統治範圍,且可獨立祭祀,表明午組卜辭占卜主體貴族家族中已有其他分立支族。

敉和子夢從其活動情況觀之,應皆屬家族規模較大、發展時間較長,具有一定政治、經濟實力的支族宗族長,由此推斷敉和子夢似爲午組卜辭占卜主體貴族的叔伯輩。

以下討論午組卜辭占卜主體貴族對已逝之"子"的祭祀情況。

  (11) 于子庚 卲余女(母)宰又戊。

    叀宰又戊。

    㞢(侑)歲羊不。

    弜㞢(侑)歲。

    叀用子戊,不叀父丁、父戊。 　　　　　　　　　　　　　《合》22047

  (12) 子竹犬。 　　　　　　　　　　　　　　　　　　《合》22045+15108①

  (13) 貞竹毛告不。

    貞子[㚔]不亡黑。 　　　　　　　　　　　　　　　　　　《合》22067

辭(11)爲貞問對子庚舉行 卲祭,以爲自己的母親禳祓,是否要獻上牲畜與人牲。子庚是午組卜辭占卜主體貴族祭祀對象"子"中祭祀頻次最高者(見附録),説明子庚與占卜主體貴族關係較近,且對自己的母親向子庚祈福禳災,證明子庚有可能是午組卜辭占卜主體貴族的兄弟,早夭亡逝,因此頻頻對其祭祀。另辭(11)中尚見子戊與父丁、父戊並列卜問用牲,説明子戊應爲午組卜辭占卜主體貴族的父輩支族宗子。辭(13)卜問對竹使用毛祭和告祭嗎,對子[㚔]祭祀是否全選用黑色祭牲。此處的竹和辭(12)

---

① 蔣玉斌:《乙種子卜辭(午組卜辭)新綴十四例》,《古籍整理研究學刊》2006年第2期。

的子竹所指應爲同一人。子竹、子■的辭例無他,僅能從祭祀次數少,推斷其可能爲時代較遠、血緣關係較淺的支族宗子。

2. 諸婦

午組卜辭中常見加女旁的女子名和婦某,午組卜辭占卜主體貴族關心她們,常爲其舉行卻祭或奉生。《村中南》中新見以下一條卜辭,内容爲關心婦石的生育問題。

(1) 丁未卜,于兄卻石,力。
　　丁未卜貞,卻石于且(祖)乙,力,十月。
　　戊申卜,于且(祖)庚卻石,力。
　　戊申卜,弜卻亡囚。　　　　　　　　　　　　　　　　《村中南》457

上述卜辭又可與《合》22099,繫聯如下:

　　戊午卜貞,婦石力,十三月。
　　戊午卜,婦石力。
　　戊午卜,卻石。
　　戊午卜,嬢力。
　　戊午卜,姜力。
　　戊午卜,力笶。
　　戊午卜,石陟疾■不匀。
　　辛酉卜,卻于㞢亘要。
　　辛酉卜,其卻要。
　　辛酉卜,要夆㞢(佑)生。　　　　　　　　　　　　　　　《合》22099

此條卜辭是同年十月至十三月間,午組卜辭占卜主體貴族爲懷孕的婦石不停地祭祀先祖以求生男,同時卜問嬢、姜和笶是否生男。從午組卜辭占卜主體貴族頻繁祭祀詢問婦石的情況來看,婦石的身份應高於嬢、姜、笶等其他女子。

另可見婦石代表午組卜辭占卜主體貴族家族舉行祭祀的例子,如:

(2) 己丑卜,重爵。
　　己丑卜,卯用羊。
　　己丑卜,婦石燎爵于南庚。　　　　　　　　　《村中南》468+《屯南》2118[①]

[①] 劉一曼:《殷墟近出甲骨綴合三例》,《殷都學刊》2011年第3期。

辭(2)是貞問婦石向南庚舉行祭祀,只獻爵,還是卯羊作祭牲或是用爵燎祭。婦石作爲主祭者,推測其身份可能是午組卜辭占卜主體貴族的正妻。

《村中南》卜辭中亦見其他占卜與婦女生育有關內容,如下:

  (3) 乙卯卜貞,婦要右(佑),弗嬉(艱)。   《村中南》337+389①
  (4) 乙丑卜,秦妊生于龍。   《村中南》478
  (5) 乙卯卜,钔婦妊于……
    乙卯卜,叀豕、羊。
    乙卯卜,钔婦妊于妣……   《村中南》327+361②
  (6) 戊午卜,菩秦生,三月。   《考古》1993年第6期③

再結合辭(3)、(4)、(5)、(6)的內容,要、妊與菩應爲午組卜辭占卜主體貴族的妾,因此才會關心她們是否生育、平安、無災等。

3. 其他家族成員

午組卜辭占卜主體貴族會爲某些人的安丕向先祖舉行求福禳災的祭儀,説明這些人與其具有血緣關係,爲同一大家族成員,以下列表三示之:

表三 午組卜辭占卜主體貴族爲之求佑的家族成員一覽表

家族成員名稱	占卜主體求佑方式與對象
《村中南》卜辭中新見人物	
倖	钔倖于母戊、妣辛。(《村中南》357)
守	钔守于告直父戊,羊。 缶守直☐尹。(《村中南》453)
㠯	钔㠯于乙母。(《村中南》478)
河	河钔于祖戊牛,禦屮(侑)于天。(《村中南》453)
其他著錄中已見人物	
量	钔量,眔于父戊。(《村中南》496) 钔量于父戊。 壬寅卜,量亡囚。(《合》22094+22441)

---

① 劉一曼:《殷墟近出甲骨綴合三例》,《殷都學刊》2011年第3期。
② 杜鋒綴合,見黃天樹主編《甲骨拼合三集》,北京:學苑出版社2013年版,頁290。
③ 中國社會科學院考古研究所安陽工作隊:《1991年安陽花園莊東地、南地發掘簡報》,《考古》1993年第6期,頁499。

续　表

家族成員名稱	占卜主體求佑方式與對象
訢	訢于舞卲。（{《醉古》104＋《乙補》7125＋《乙》8407（林宏明綴合）}＋R37385）① 叀卲訢牛于天。（《屯南》2241）
虎	卲虎于妣乙叀盧豕。（《合》22065）
新	卲新于父戊白豕。 卲新于妣辛白禺豕。（《合》22073）
凡	卲凡……叀牢。（《合》22108）
聿	右（又）聿午（卲）入乙示。（{《醉古》104＋《乙補》7125＋《乙》8407（林宏明綴合）}＋R37385）

除了上述倬、守、叚、河、量、訢、虎、新、凡、聿等人，午組卜辭占卜主體貴族爲其求佑外，亦可見爲"亞"卲祭的例子，如：

(1) 己卜，亞午（卲）司己叚、牢。　　　　　　　　　　　　《村中南》507

(2) 乙酉卜，卲亞于司己八牢。　　　《合》22091＋22212＋22309＋22124＋22410＋22418＋《乙補》3399＋3400＋6106＋《乙》8557＋《合補》5638②

"亞"可作官名，亦有同一宗族中次級小宗之義。③ 在此處，若作次級小宗來解釋，會比釋作官職合理。"亞"是午組卜辭占卜主體貴族家族分支衍生之次級小宗宗族長的集合名詞，午組占卜主體貴族爲"亞"向先祖祈福禳災，符合家族繁榮利益。

綜上，午組卜辭占卜主體貴族家族中對占卜主體貴族而言，存在有：直系成員——母、子女；旁系成員——叔伯兄弟，以及所屬支系小宗家族成員；姻親成員——妻妾。總體來看，午組卜辭占卜主體貴族家族應是發展成熟的龐大家族。

（二）午組卜辭占卜主體貴族所屬家族的經濟情況

午組卜辭占卜主體貴族擁有自己的農地和畜牧區，《村中南》卜辭中有可以深化認識此一情況的卜辭記録，如：

---

① 蔣玉斌：《子卜辭綴合11組》，中國社會科學院歷史研究所先秦史研究室網站，2015年1月22日。
② 蔣玉斌：《乙種子卜辭（午組卜辭）新綴十四例》，《古籍整理研究學刊》2006年第2期。
③ 朱鳳瀚師：《商周金文中"亞"字形内涵的再探討》，《甲骨文與殷商史》新6輯，上海：上海古籍出版社2016年版。

(1) 壬寅卜貞,芮禾。
芮㞢禾。 《村中南》294+486①
(2) 戊戌卜,雍不允受牛。 《村中南》295

辭(1)爲午組卜辭占卜主體貴族貞問芮地農作收成。王卜辭中可見與芮地相同的氏名——子芮(《合》20027,自組小字二類),②按氏地同名的慣例來看,芮地可能隸屬於子芮,午組占卜主體貴族關心芮地收成,則子芮或爲午組卜辭家族成員之一,芮地亦屬午組卜辭占卜主體家族間接擁有之領地。辭(2)是關心雍地放牧的牛群。午組卜辭占卜主體貴族擁有牛群,在《英藏》1921"我牛于……"的卜辭中可見。雍地亦出現於王卜辭中,如"戊午卜,雍受年"(《合》9798),商王關心雍地的年成,可見雍地內也有王田。

另,雖卜辭中未明顯提及受年、受禾等語,但對某地祈雨,可推測某地應有農業區:

(3) 戊卜,雨。己酉,雨。
桒禾甲大。
戊卜。
戊雨。
庚戌卜,雨。
燎東牛三。 《村中南》355
(4) 戊午卜,燎目桒雨。 《村中南》299

辭(3)是爲求年成祈雨,向甲大(大甲)禱佑豐收,於東邊舉行燎祭,並獻上三頭牛牲。辭(4)即爲在目地舉行燎祭求雨,有明顯所指地區,可見目地中應有大規模的農地。

約與午組卜辭同時,在王卜辭中可見作爲氏名的"目"。

(5) 呼目于河㞢(又)來。 《合》8326(賓組一類)
(6) 癸丑卜,𠂤比目…… 《合》4313(賓組一類)

此"目"可能即午組卜辭中所見地名"目"的擁有者。

午組卜辭占卜主體貴族家族進行祭祀時,一次使用祭牲可達千豕、百羊,如:

(7) 辛未貞,亡壬小牢千豕四爵。 《村中南》335

---

① 趙鵬綴合,見黃天樹主編《甲骨拼合三集》,北京:學苑出版社2013年版,頁8。
② 子芮可能即是子𦎫,"芮"多出現於午組和自組,而"𦎫"則多出現於賓組,尚有介於兩種寫法之間的不同字體,如"▨"(《合》20087)、"▨"(《合》6571正)、"▨"(《合》15124)等,説明"芮"即"𦎫"的異構。"芮"和"𦎫"爲同字的考證,因與本文無關,將另文討論。

(8) 庚戌卜，朕耳鳴。屮（侑）钔于且（祖）庚羊百屮（又）用五十八，屮（佑）女（母）弗川，今日。　　　　　　　　　　　　　　　　　　　　《合》22099

這些奢豪的貢品數量，顯示午組卜辭占卜主體貴族家族應該擁有自己的牧場，且數量不少，才能在一次祭祀中獻祭數量龐大的牲畜，由此亦可知午組卜辭占卜主體貴族之家族擁有相當強的經濟實力。

（三）午組卜辭占卜主體貴族家族擁有的屬地

午組卜辭中有一些記述占卜主體貴族在所屬城邑中活動的情況。如：

(1) 庚申卜，朿目，步于且（祖）庚，牢。　　　　　　　　　　　《村中南》308

辭(1)"朿目，步于且（祖）庚，牢"語法簡略。"朿"作動詞時有刺殺犧牲之意，[①]"朿目"連用有刺穿眼部之嫌，然細觀整句辭意，後有牢作犧牲，應理解爲"朿牢"於目，即在目地行刺殺犧牲的祭禮。"步于且（祖）庚"的用法也較爲少見，歷組卜辭中有一相似的例子，如"步于父丁，一牛，才（在）祭卜"（《合》32677，歷組二類），故"步于且（祖）庚"是步行到祖庚宗廟之意。由上得知，目地不僅有農業區，且設有祖庚的宗廟，占卜主體貴族在目邑行朿祭後步行到祖庚宗廟獻牢。目邑似乎在康丁之後衰落成爲商王田獵地，在無名組卜辭中數見商王在目地打獵的記錄。

(2) 叀目田亡戈。　　　　　　　　　《合》29286（無名組一A類）
(3) ……叀目麋逐。　　　　　　　　《合》28374（無名組一B類）
(4) 叀𢼇田亡戈。
　　王其田殺至于目北，亡戈。　　　　《合》29285（無名組一B類）

殺可能是《水經·沁水注》"丹水又東南出山，徑郏城西"的郏城，當在今河南修武西北。[②] 辭(4)商王從殺地打獵至目地北邊，說明殺地與目地北邊相距不遠，是一片生態較爲原始的區域。又𢼇地可能在武陟、新鄉之間，[③] 則目地應位於修武以西，焦作以東。

午組卜辭占卜主體貴族除了在目地進行祭祀活動外，尚見於其他城邑舉辦祭典的例子，如下所列：

(5) 己亥卜，庚子枏（暮）燎羊一、豕一，咸才（在）木，卯于僑。

[①] 于省吾：《釋朿》，《甲骨文字釋林》，北京：中華書局1979年版，頁174—176。
[②] 黃然偉：《殷周史料論集》，香港：三聯書店1995年版，頁324。
[③] 韋心瀅：《殷代商王國政治地理結構研究》，上海：上海古籍出版社2013年版，頁226。

　　　　己亥卜,庚子椡(暮)燎于門,羊、白豕。　　　　　《村中南》366+459①
(6)　癸巳卜,木于征束。　　　　　　　　　　　　　　　　《合》22074
(7)　己亥卜,至雍凸母。
　　　己亥卜,不至雍。
　　　卜至雍,今巳。　　　　　　　　　　　　　　　　　《合》22045+15108②

辭(5)貞問午組卜辭占卜主體貴族在天將暗而未暗、暮色蒼茫之際,③是皆在木地燎祭羊、豕呢,還是在門地? 卯祭則在循地舉行,説明木和循兩地應相鄰距離不遠。辭(6)是另一例在木地繼續舉行束祭的記録。辭(7)爲卜問是否要到"雍地凸母","凸"字不識,其義不明,前文亦提到午組卜辭占卜主體貴族關心雍地放牧的牛群,則雍地屬於午組卜辭占卜主體貴族家族領地。另在王卜辭中可見"門"和"雍"兩地的關係,如:

(8)　弜麋……狱……于雍,弗其……
　　　王車門田亡戋。　　　　　　　　　　　　　　　《合》29334(無名組一B類)

雖然辭(8)是廪、康時期的田獵卜辭,晚於午組卜辭的時代,但雍地和門地同辭共卜,又恰好同屬於午組占卜主體貴族家族的領地,説明兩地同在一塊地理範圍内。雍地或爲《左傳》僖公廿四年"郜、雍、曹、滕……文之昭也"中提及的"雍",杜預注"雍在河内山陽縣西",即今沁陽東北、修武以西。

(9)　壬戌卜,才(在)反。于妣乙卯用牢,不。
　　　癸亥卜,于且(祖)乙业(侑)歲牛。
　　　癸亥卜,于且(祖)庚业(侑)歲牛。
　　　癸亥卜,才(在)子。卻反于乙母,臣于且(祖)庚,卯羊二,豭二。　《村中南》478
(10)　庚戌卜貞,于美。　　　　　　　　　　　　　　　　《合》22044

辭(9)"卻反于乙母,臣于且(祖)庚"一句,在"臣于且(祖)庚"前應省略了"卻"字。此處"反"非一般作爲俘虜人牲的用法,而應指人(氏)名,反擁有自己的屬地——反,是氏地同名的最佳例證。而"臣"所指應爲"家臣",在小屯西地出土的非王卜辭中亦見類似"卻臣"的用法,如"卻臣父乙豚、子豚、母壬豚"(《屯南》附1)。整句辭意爲壬戌日

---

① 劉一曼:《殷墟近出甲骨綴合三例》,《殷都學刊》2011年第3期。
② 蔣玉斌:《乙種子卜辭(午組卜辭)新綴十四例》,《古籍整理研究學刊》2006年第2期。
③ 宋鎮豪:《試論殷代的記時制度》,胡厚宣主編:《全國商史學術討論會論文集》,《殷都學刊》增刊,1985年,頁310;李宗焜:《卜辭所見一日内時稱考》,《中國文字》新18期,臺北:藝文印書館1994年版;黄天樹:《殷墟甲骨文白天時稱補説》,《黄天樹古文字論集》,北京:學苑出版社2006年版。

貞問在旻地向妣乙卯祭用牢,次日癸亥又在子地貞問是向祖乙還是祖庚侑祭、歲祭牛隻,同時爲旻向乙母,爲家臣向祖庚舉行卯祭。辭(10)爲在美地占卜貞問。

綜上,由《村中南》新見卜辭,可知午組卜辭占卜主體貴族家族屬地有木、僑、門、子、美、旻、目和雍。其中似乎直接爲午組卜辭占卜主體貴族擁有,具宗教、政治功能性質的城邑爲木、僑、門、子、美。下屬分支家族成員領地有旻邑,其直屬擁有者爲旻。目、雍兩地除了具備一般城邑的功能外,尚具備農牧生產等經濟功能,其直接擁有者應爲目和雍。午組卜辭占卜主體貴族可呼令雍(《合》22048),①説明雍爲其下屬,且午組卜辭占卜主體貴族關心雍地放牧牛群情況,則雍地亦屬午組卜辭占卜主體貴族家族的次級領地。而目和午組卜辭占卜主體貴族的關係,現階段雖未有明確綫索,但從占卜主體貴族可自由進出目地,並在目邑内舉行祭祀的情況來看,目地應亦爲午組卜辭占卜主體貴族家族的次級領地。雍地約在今河南修武以西、沁陽東北,目地約在今河南修武以西、焦作以東的地理位置,從雍、目兩地地望推測午組卜辭占卜主體貴族家族主要領地範圍應約在今河南焦作一帶。

(四) 午組卜辭占卜主體貴族的外交情況

《村中南》午組卜辭中常見某些人的活動情形,這些人與占卜主體貴族關係密切,但未見呼令關係,彼此可能爲交好的朋友。如:

(1) 壬戌卜,豙奉(執)缶,二月。旬又九日庚辰,□告㠯(以)叙十七……

《村中南》320

辭(1)是午組卜辭占卜主體貴族關心豙擒抓缶的情況,後半段爲非王卜辭中少見的長篇驗辭。大意爲二月豙擒抓缶,過了一旬又九天即庚辰日,某人來告致送叙十七。此事記述在午組卜辭中,可見占卜主體貴族和此抓捕行動有關,結果亦顯示豙甚至捕獲叙十七,派人致送給午組卜辭占卜主體貴族感謝其支持。

占卜主體貴族事後在對入乙進行祭祀時,使用了豙派人致送的叙牲。

(2) ……甲、入乙伐叙…… 《合》22178

豙又見於王卜辭,主要事迹有參與征󰀁(《合》6561、6564、8428、20216)、伐󰀂(《合》20400)戰役、獨立率領師旅(以自《合》20214)、善捕魚、曾有獲魚三萬的記錄(《合》10471)。豙看來是個驍勇善戰的人物,且頗受商王重視。另在子組卜辭中亦見

---

① 《合》22048:"壬寅卜,令雍复出。"

豙擒虎的記載。如：

  （3）甲戌卜，尾隻（獲）。
    甲戌卜，豙尾印（抑）。   《合》21768（子組）

豙應是武丁時期的重要氏族，同時和午組與子組卜辭占卜主體貴族家族交善。
  另見亞雀和午組卜辭占卜主體貴族的關係，如：

  （4）庚午卜，亞雀弗戈方印（抑）。   《村中南》475
  （5）乙巳卜貞，于翌丙告人于亞雀。
    乙巳卜貞，告人于亞雀。   《合》22092

從辭（4）、（5）的內容來看，午組卜辭占卜主體貴族關心亞雀征伐敵方的情況，和亞雀互通情報、交換消息，說明亞雀和占卜主體貴族家族關係密切。
  《村中南》卜辭中，新見一條殘辭，內容似爲午組卜辭占卜主體貴族生病，要🔥去做某事。卜辭如下：

  （6）乙卯卜貞，余疾，□🔥。
        《村中南》327＋361

缺字處應爲動詞，🔥和占卜主體貴族往來密切，在其他午組卜辭中亦常見🔥活動的身影，如：

  （7）丙戌卜貞，🔥至自，亡若。
    {《醉古》104＋《乙補》7125＋《乙》8407}（林宏明綴合）＋R37385
  （8）……申卜貞，量征于🔥。《合》22092
  （9）乙酉卜貞，🔥今夕入🔥于亞。
    乙酉卜，🔥……🔥女……
    《合》22091＋22212＋22309＋22124＋22410＋22418＋《合補》5638＋《乙補》3399＋3400＋6106＋《乙》8557，圖三

圖三　《合》
22091＋22212＋22309＋22124＋22410＋22418＋《合補》5638＋《乙補》3399＋3400＋6106＋《乙》8557

🔥在辭（7）作人（氏）名，在辭（8）作地名，爲氏

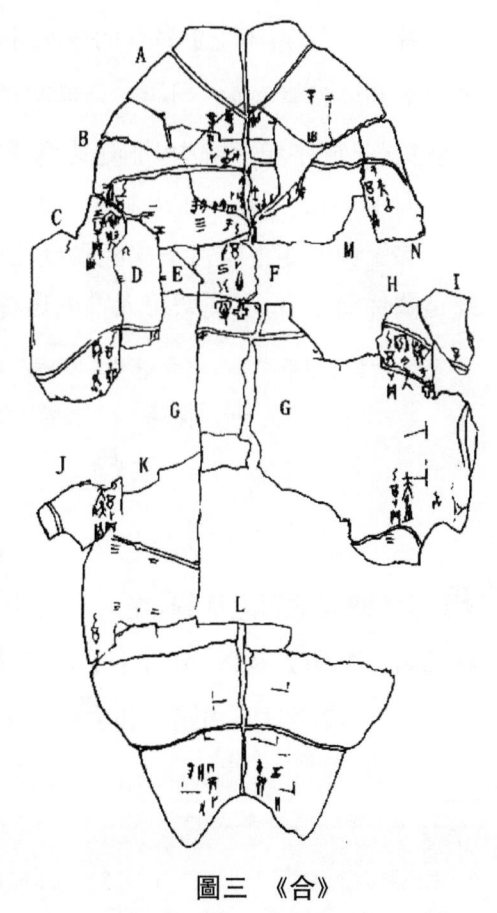

地同名之例。前揭量是午組占卜主體貴族的家族成員之一,繼續前往▢地,不知所爲何事。辭(9)▢貢納▢給午組占卜主體貴族家族次級小宗,▢從字形來看象是人手被巨大的枷鎖束縛,可能爲▢擒獲的異族男女俘虜。

《村中南》卜辭中可見來自凵氏貢納的例子,如:

(10) 甲戌卜,于凵來▢(甗)羊百、辛牛百、黃璧五。①

壬午,來凵入▢(黹),直。　　　　　　　　《村中南》352+364②

凵可能是氏名,也可能爲地名,氏地同名的例子並不罕見,本文便已有數例。《詩·小雅·十月之交》"朔月辛卯",鄭玄箋"辛,金也"。《周禮·春官·典命》"黹,紩也。謂刺繒爲繡",賈公彥疏"王之吉服"。整句大意爲:甲戌日從凵氏貢納來獻羊百頭、黃褐色的牛百頭、黃色的玉璧五塊;壬午日審視凵氏來貢的刺繡衣料。

綜上,豪、▢和凵都有向午組卜辭占卜主體貴族進獻俘虜、牲畜、物品等的例子。豪和亞雀常見於王卜辭,是活躍於武丁時期並與時王互動頻繁的重要人物。▢和凵僅見於午組卜辭中,推測其爲層級較低、實力較弱的氏族,交際範圍與層級上達不到商王,因此不見於王卜辭中,而僅見於午組卜辭中。

除了與午組卜辭占卜主體貴族往來交好、互通有無的朋友外,亦有與該家族爲敵或是關係交惡者,可從祭祀人牲的選擇窺知一二。如:

(11) 甲午卜,䚷婦廿㞢(侑)歲。

甲午卜,[䚷婦]十㞢(侑)歲。

乙未卜,于庚正▢。

叀庚䚷▢。　　　　　　　　　　　　　《村中南》468+《屯南》2118③

▢是與商人敵對之異族,在王卜辭中可見雀征伐▢(《合》6963);正在此作名詞,爲族氏名。整句大意爲:甲午日占卜貞問用䚷氏婦女廿人還是十人進行侑祭與歲祭;乙未日卜問,庚子日時用正氏和▢氏的人牲還是用䚷氏和▢氏的人牲。

午組卜辭中少見直接征伐敵方的事例,直接記載征伐戰事的僅有兩例,其中一例

---

① 朱鳳瀚師認爲"▢"即"甗",讀"獻"。見朱鳳瀚《釋"▢羌"》,復旦大學出土文獻與古文字研究中心網站,2014年10月19日。
② 蔣玉斌:《新綴甲骨第9—10組》,中國社會科學院歷史研究所先秦史研究室網站,2012年9月16日。
③ 劉一曼:《殷墟近出甲骨綴合三例》,《殷都學刊》2011年第3期。

辭殘：如：

(12) 丁未卜，其征㠯，翌庚戌。

丁未卜，不征㠯，翌庚戌。 《合》22043＋22095

(13) ……卜，戈……①

……允戈，一月。 《合》22476＋22477②

㠯方是午組卜辭占卜主體家族征伐的對象，反復貞問征伐出兵的時日。辭(13)亦爲征戰卜辭，詢問能克敵嗎，在一月時果真戰勝了敵人。

綜上，午組卜辭占卜主體貴族家族直接對抗的敵人目前僅見㠯，其他被用作祭牲的異族有叔、🦌、冊、正和門等。

(五) 午組卜辭占卜主體貴族的祭祀習慣

午組卜辭占卜主體貴族在祭祀中偏好使用人牲，如反(《合》22047、22145)、妻(《合》22098)、嫦(《村中南》350)等異族俘虜。

在犧牲前喜加天干與形容詞，如乙牝、乙豭、辛牛、乙妻、丁羲(前揭《合》22197＋22390＋《乙》8873＋8942)、壬牛、盧豕、盧羊。《尚書·文侯之命》"盧弓一，盧矢百"，僞孔傳云"盧，黑也"。"盧豕"、"盧羊"即"黑豬"、"黑羊"之意。有關辭例如下：

(1) 甲戌卜，于凵來甗羊百、辛牛百、黃璧五。 《村中南》352＋364

(2) 甲子卜，🦌乙豭。

甲戌卜，右(侑)妣庚牝乙。 《合》22130

(3) ……歲于……壬牛出(又)…… 《英藏》1919

(4) ……亥卜，出(侑)歲于妣戊盧豕、乙妻。 《合》22098

(5) 丙辰貞，盧羊歲。 《合》22439

另，所用犧牲前亦喜加程度副詞"至"，如"至牢"、"至盧豕"。"至"有極、最之意，爲形容程度中的最高級。

---

① "戈"字釋法衆說紛紜，如釋"截"、"捷"，但此二説似皆有其不能通達之處。吳振武先生曾爲文將"戈"釋作"殺"，訓爲"克"，其說可從。本文中此字約依現通行隸定方法，隸作"戈"，其義則從吳振武先生説。見吳振武《"戈"字的形音義》，《紀念殷墟甲骨文發現一百週年國際學術研討會論文集》，北京：社會科學文獻出版社 2003 年版。

② 黃天樹：《甲骨新綴》，《文博》1998 年第 1 期。

(6) 乙酉卜，𰁻丁至牢。　　　　　　　　　　　　　　　《村中南》485

(7) ……妣戊至盧豕。
妣戊盧豕。　　　　　　　　　　　　　　　　　　　《合》22209

占卜貞問祭祀時如何使用青銅禮器的方式，如鼎、爵等，在王卜辭中雖亦見使用，但不常見，其他非王卜辭中似乎也少見此種用法，子組卜辭、非王無名組卜辭僅各一例（《合》21805、《合》22365）。這種占卜祭祀用銅禮器的方法習慣似盛行於武丁時期，之後便不再流行。午組卜辭中此種祭祀法較爲常見，如：

(8) 辛未貞，亡壬小牢千豕四爵。　　　　　　　　　　《村中南》335

(9) 乙酉卜，钔家董（艱）于下乙五牢、鼎，用。　　《合》22091＋22212＋22309＋22124＋22410＋22418＋《合補》5638＋《乙補》3399＋3400＋6106＋《乙》8557

(10) 夢钔……亳于妣乙……反鼎。　　　　　　　　　《合》22145

(11) 戊寅卜，不雨，隹（惟）爵。　　　　　　　　　《合》22056

(12) 爵于且（祖）丁。　　　　　　　　　　　　　　《合》22184

(13) 己丑卜，婦石燎爵于南庚。　　　　　　　　　　《屯南》2118

午組卜辭占卜主體貴族喜用人牲祭祀的習慣，與商王室相近，然祭祀時具有獨特的用牲選擇，占卜祭祀使用銅禮器的方法亦十分特別，説明午組卜辭占卜主體貴族擁有自己家族祭祀的傳統。

三、結　語

2012年《殷墟小屯村中村南甲骨》的出版爲午組卜辭又再添許多新例證。通過綜合整理與研究新出午組卜辭，能進一步深化瞭解午組卜辭占卜主體貴族家族當時的領地範圍、生活情況、社交活動等。綜合歸納上述討論，總結出以下看法：

1. 午組卜辭經由數次科學發掘所得甲骨坑層及與其共出器物分析，可知其時代上限應在武丁早期偏晚，下限可至武丁晚期早段。

2. 午組卜辭占卜主體貴族家族經過數代繁衍、開枝散葉，爲具有父母、叔伯輩、兒女、諸小子，以及諸子（兄弟、從兄弟）、諸婦及其他家族成員之成熟、龐大家族。

3. 午組卜辭占卜主體貴族不僅能呼令雍，並與亞雀往來密切。另見豪、𤉲和𠙵向其進貢俘虜、牲畜、美玉和布料，顯示其身份階級較高。

4. 宗族内的救或與時王同父兄弟子凡爲從父兄弟,則子凡與午組卜辭占卜主體貴族的關係則可能爲其從叔伯。

5. 午組卜辭占卜主體貴族家族擁有農地、牧場及數座直屬城邑(木、循、門、子、美)和間接屬地(雍、目、叐、凡、丙),其領地應爲一塊不小的區域,且擁有較強的經濟實力。從目前已知的雍、目兩地地望推測,午組卜辭占卜主體貴族家族活動範圍應在今河南焦作一帶。

6. 午組卜辭中少見征戰記録,證明午組卜辭占卜主體貴族家族所在位於商王國近畿内。然亦有少數征 ✸ 克敵之例,或爲商王徵調,或爲派遣支援,皆説明其家族本身擁有一定軍事武裝力量。

7. 午組卜辭占卜主體貴族在喜好獻祭人牲的習慣上,與商王室的祭祀方式近似,但祭祀時保有獨特的占卜祭祀用銅禮器方式和獻牲傳統,爲其家族特色。這説明商王室對其旁支分族未采取高壓統治政策,反之放任其享有獨當一面的權利。或許這正解釋了考古發現當中越來越多具有典型的商文化風格,却又帶有些許地方特色的原因。

非王卜辭的出現,提供研究商代史的學者跳脱從"王的視點"觀看的途徑,經由從下對上(子對商王)的謹慎勤事,與其他雄族、外服的應酬周旋,與家臣朋友的交往應對,與異族敵方的對峙征伐,以及向先祖鬼神的祭祀祈禱等種種舉措,我們看到了另外一個商代側面——午組卜辭占卜主體貴族視野下的商王國。

我們正需要無數個"子",通過他們的視角,或許才能還原出真正屬於商代的商王國。

附録 《村中南》午組卜辭新見祭祀對象與原見祭祀對象頻次一覽表

祭祀稱謂	《村中南》午組卜辭新見祭祀對象(祭祀頻次)	見於午組卜辭的祭祀對象(祭祀頻次)
祖		祖庚(15)、祖戊(9)、祖辛(8)、祖乙(6)、祖丁(4)、祖己(2)、祖壬(2)、祖癸(1)
妣	妣戊(9)①	妣乙(21)、妣庚(14)、妣辛(11)、妣癸(7)、妣丁(5)、妣己(3)、妣壬(2)
父	父丙(1)	父戊(23)、父丁(13)、父乙(4)、父己(6)
母	乙母(1)、石母(1)	母戊(4)、中母(2)、母庚(1)

---

① 妣戊亦見於王卜辭祭祀,《合》2403。稱法相同,但不排除有名同實異的可能性。

續　表

祭祀稱謂	《村中南》午組卜辭新見祭祀對象(祭祀頻次)	見於午組卜辭的祭祀對象(祭祀頻次)
兄	兄(1)	兄己(3)、兄癸(1)
子		子庚(8)、子竹(2)、子戊(1)、子█(1)
其他	上戊(3)、日戊(1)、關己(1)	入乙(22)、下乙(10)、石甲(5)、大甲(3)、大庚(3)、南庚(2)、盤庚(1)、卜丙(1)、天戊(1)、天庚(1)、上乙(1)、入己(1)、卜戊(1)
		司戊(2)、司己(2)、司庚(1)
		天(4)、帝(2)

甲骨文用辭及福祐辭

郭静雲

（廣州中山大學，臺灣嘉義大學）

一、前　　言

"用"字在甲骨文中出現超過兩千次，屬極爲常見的字詞之一。然其既有作爲問辭者，亦有作驗辭者，出現狀況極不一致。"用"字大部分出現在祭辭中，但也有不少與祭祀無關的文例；另外還有幾百條僅有一個"用"字的刻辭，所以在字義掌握上相當困難。本文擬歸類其用辭，嘗試初步勾畫"用"字意思範圍的輪廓。

甲骨文"用"字寫作"用"。《説文》小篆字形亦同。《説文·用部》云："用，可施行也。从卜、中。"段玉裁注："卜中則可施行，故取以會意。"[1]雖然有些甲骨文學家懷疑許慎的説法，但大部分學者仍從其説。[2] "用"字的字形明確从"卜"。徐中舒先生言："又如用（用）字，从卜从月，象在牛肩胛骨上占卜之形……巫師即爲用得決定吉凶。"[3]也就是説，"用"的本意是經過占卜獲得允許。

我們雖然很難對甲骨文的象形意義取得肯定的説法，可是從"用"字在甲骨文裏的用意，可以知道其必定與祈卜的神秘文化有深層的内在關係。筆者推論，甲骨文中常見"用卜"、"卜用"刻辭，或能證明"用"的字形具有神秘來源：

　　癸未卜，示卜用？　　　　　　　　　　　　　　　　　　　《合集》21405

---

[1] （漢）許慎著、（清）段玉裁注：《説文解字注》，臺北：藝文印書館1966年版，頁128上。
[2] 丁省吾主編、姚孝遂按語編撰：《甲骨文字詁林》，北京：中華書局1999年（後引簡稱《甲詁》）版，頁3402—3406。
[3] 徐中舒：《怎樣考釋古文字》，國際中國古文字學研討會論文集編輯委員會編：《古文字學論集·初編》，香港：香港中文大學、吳多泰中國語文研究中心，1983年，頁16。

戊子卜,用六卜?	《合集》22046
甲寅卜,貞:三卜用,盟三羊酓、伐二十……三十牢、三十反、三𠦜于妣庚?	
	《合集》22231
叀(惟)兹卜用?	《合集》32450、31678
……用卜?	《合集》31673
其用三卜?	《合集》31677
丙辰卜,貞:余用卜?	《合集》22123
田于宕,其用兹卜?	《合集》29256
己酉卜,大貞:叀祐,卜用?	《合集》25019
庚申卜,旅貞:叀元卜用在二月?	《合集》23390
丁丑卜,狄貞:其用兹卜異,其涉兕同?吉。	《合集》30439
兹用在宔卜?	《合集》31683
其用兹卜,受祐?	《屯南》1042
癸卯不,亞奠貞,子占曰:印(信)用?	
癸卯不,亞奠貞,子占曰:終卜用?	《花東》61①

　　關於《花東》"終卜用",卜辭整理者解釋爲:"終卜,指最後一卜。當時卜問一事,往往數次占卜,'終卜用',指按其最後一次占卜行事。"②也就是説"用"字的意思有施行占卜的含義。從字形來説,施行占卜可能是"用"字的本意。

　　"用"的本意源自施行占卜,它的意思也涉及各方面占卜的作用,包括確定祭禮的方式、卜問祭禮的成功、確定事情的吉凶等。

　　從後世"用"的發展來看,在西周金文所載的宗廟祭禮中,"用"字有雙向的用意:一方面是"用作",即表達以某財物來源製造享祀祖先的禮器,或以某祭品享祀祖先的意思;另一方面,"寶用"則表達祭禮對祭祀者及其後裔的作用。

　　如果從後世的祭禮活動來看,祭禮有三階段:(一)祭品準備後,向祭祀對象卜問準備是否正確;(二)進行享祀之禮,升獻後卜問祭祀對象是否滿意;(三)最後進行祈禱,求得受祭者的保祐。殷商時期的祭禮活動流程應也相類。關於甲骨文的用辭,有些學者認爲只表達了施行祭禮和享用祭品的意思。但從許多刻辭來看,這樣的看法

---

① 中國社會科學院歷史研究所編、郭沫若主編:《甲骨文合集》,北京:中華書局1982年版(後引簡稱《合集》);中國社會科學院考古研究所編:《小屯南地甲骨》,北京:中華書局1980—1983年版(後引簡稱《屯南》);中國社會科學院考古研究所著:《殷墟花園莊東地甲骨》,昆明:雲南人民出版社2003年版(後引簡稱《花東》)。

② 《花東》,頁1585。

顯然過度簡化了用辭的含義。甲骨文用辭如同金文,有時兼具雙向的解釋功能,既可作祭祀辭,同時也是福祐辭。此外,甲骨文"用"字不僅出現在祭祀卜辭中,也見於祈雨、求年、田獵、征伐等不同的甲骨刻辭中。"用"字可以作爲問辭、驗辭,且經常難以確定其字義。

筆者通讀甲骨文用辭後,擬通過基本的歸類,以重新省思用辭的隱義。

二、甲骨文"用辭"的類型與結構考

用辭出現於祭祀辭、戰獵、祈雨、祈年以及其他諸多難以理解的刻辭中,不過仍以祭祀辭居多數。

(一) 祭祀辭中的"用"字

用辭在祭祀刻辭中的結構,可以歸類爲以下三種:"用＋祭物"、"用＋祭法或與祭祀相配的動作"、"用＋被祭祀對象"。顯然這三個項目常同時出現在祭祀辭中,但用辭的位置,有時候具有強調重點的功能。

甲、用＋祭物

1. 不同族群或方國的人牲

殷商祭禮中常用異國人牲、戰俘爲祭,相關的"用"字祭祀辭結構如下:

癸丑卜,㱿貞:勿酯用五百[羌]?

貞:勿酯用五百〔[羌]〕?　　　　　　　　　　　　　　《合集》560

癸巳卜,宕貞:翌丙申用[羌]?　　　　　　　　　　　《合集》561

癸丑卜,㱿貞:五百〔[羌]〕,用?旬壬戌又用[羌]……

王固曰:其用?　　　　　　　　　　　　　　　　　　《合集》562＋7715①

……卜,㱿貞:五百[羌],用?

……貞:五百[羌],用?

……勿用?　　　　　　　　　　　　　　　　　　　　《合集》558

癸丑卜,㱿貞:五百[羌],用?旬壬戌又用[羌]百。三月。

……子卜,㱿貞:五百[羌],用?

---

① 劉影先生綴合,參黃天樹主編《甲骨拼合集》,北京:學苑出版社2010年版,頁2010,第138組。

貞：五百[羌]，勿用？

王固曰：其用？ 《合集》559

这些卜辭，應是用於占卜以[羌]戰俘爲祭的祭禮，且祭用[羌]人數達五百人。其中有兩種用辭結構：一是"用數百[羌]"，二是"數百[羌]，用"。

在甲骨文中，很多祭祀辭並無"用"字，"數百[羌]"已足以表達祭用[羌]人的意思，所以加入"用"字應有其特殊用意。尤其"用"字放在句末，應是卜問受祭者，祭物是否被接受，或卜問殺戰俘後的吉凶如何。

"羌"是甲骨文中最常見的人牲，其中族類有"羌"（羗、磋）、"白羌"、"馬羌"、"來羌"[①]等，所以甲骨祭祀辭也常見有"用羌"、"用數羌"、"用某羌"或"羌用"、"數羌用"、"數某羌用"、"羌數人用"等記錄。

三百羌用于丁？	《合集》295＋340＋4469[②]
癸亥卜，㱿貞：勿㞢用百羌？	《合集》299
乙巳卜，㱿貞：三羌用于祖乙？	《合集》379
甲午卜，爭貞：翌乙未用羌，用之日霧？	
甲午卜，爭貞：翌乙未勿㞢用羌？	《合集》456
貞：翌辛亥勿用羌？	《合集》461
勿隹(唯)羌，用？	《合集》462
貞：叀疋來羌，用？	《合集》232
貞：其甲，用[艸艸]來羌？	
勿㞢用[艸艸]來羌？	《合集》235
貞：牧來羌，用于……？	《合集》243
辛亥卜，旅貞：有來羗，其用？在四月。	《合集》22539

[①] 從結構來看，"來"是"羌"的形容詞。《說文·來部》謂："來，周所受瑞麥來麰也。二麥一夆，象其芒束之形。天所來也，故爲行來之來。"參(漢)許慎著、(清)段玉裁注《說文解字注》，頁231。甲骨文的"來"字是"麥"字的象形，經常用以假借來去的"來"，但有時也用作本意；"麥"字則是手取麥子的象形。有些學者認爲"來"是小麥，"麥"是大麥，所以"來羌"應讀爲"麥羌"的意思。

[②] 林宏明：《甲骨新綴第一〇〇例》，先秦史研究室網，2010年07月30日，http://www.xianqin.org/blog/archives/1999.html。

這些卜辭應是卜問祭用羌人的問題,①但是卜問未必只有一種解釋。假如"用羌"的意思是指以羌人爲祭牲,則否定的結果應該是不殺。但這僅是其中一種狀況,巫師同時也會卜問其他問題,如:這些戰俘應享祀哪位祖先? 需要今日殺於祖乙(《合集》379),或翌日殺於其他對象,以祈禱天氣的變化(《合集》456)? 或應該舉辦其他祭禮? 又如《合集》22539 謂"有來耄,其用?",其問辭過於簡略,在解釋上不宜武斷。

另外,卜辭中有"焱羌"一詞:

妣庚,用,焱羌?	《合集》22130
妣庚,叀焱,用羌?	《合集》22131、33132
妣庚,□焱羌,用?	《合集》22133

針對"焱羌"的卜辭,學界仍有論辯。姚孝遂先生認爲"焱"是地名,②所以"焱羌"是一種羌人。王輝先生則認爲這是火祭活動。③ 因卜辭中有"焱用羌"一語,是以王輝先生的看法較合理,而其"用"字的意思應與上同。

除此之外,甲骨文中"用"字文例仍多,如《合集》812 謂"貞:翌甲午用多屯?",《合集》813"貞:用多屯?",《合集》"貞:翌丁未用尸(夷)于丁卯,一牛?",等等。而在一些刻辭中,可能的斷句方式並不止一種,如《合集》26994 載"叀舊莽用十人五。吉",既可讀作"舊莽用,十人五",亦可讀作"舊莽,用十人五";既可釋爲問辭,亦可釋作祭祀的認定。依釋讀方式不同,"用"字也將出現不同的含義。

《合集》27033"叀五人用"也有兩種斷句和釋讀,一讀作"惟五人,用?",乃祭殺五人,並向受祀者卜問受禮情況,或祭禮是否達成預期的作用。其二可讀作"惟五人? 用",這是卜請受祀者接受祭禮,"用"字則表示占卜或祭禮結果已獲得確認。此外,這四個字也還可以再作其他解釋。

《花東》整理者將句末的"用"字都視爲驗辭。如《花東》340,整理者斷句如次:"暮酌,宜一牢,伐一人? 用。"④但筆者認爲,無論將句末的"用"字讀爲驗辭或問辭,文義上均可通。

《合集》1115 載:

---

① 類似祭祀辭可參《合集》231—250、421、461、22045;《屯南》9、725;艾蘭、李學勤、齊文心:《英國所藏甲骨集》,北京:中華書局 1985 年版(後引簡稱《英藏》)2411 等。"用羌"的用辭結構基本相類。
② 《甲詁》,頁 1242—1243。
③ 王輝:《殷人火祭說》,《古文字研究論文集》,《四川大學學報叢刊》第 10 輯,1982 年,頁 269—276;另載於王輝《一粟集:王輝學術文存》,臺北:藝文印書館 2002 年版,頁 1—26。
④ 《花東》,頁 1697。

丙子卜,亘貞：王有匚于庚百𡆥? 二告

　　貞：王有匚于庚百𡆥,勿用?

在驗辭中,一般以"不"作否詞,"勿"則作否問,所以這裏句末的"勿用"讀爲問辭較佳。不過用辭所問的問題,可能是如何施行祭禮,或卜問受祀者是否願意接受此享祀,或祭禮對祭祀者的後續作用,等等。

　　祭用人牲的活動應屬大型祭禮,所以相關卜辭記錄有限,其結構和意思基本上一致。不過最常用的祭牲顯然不是人,而是牛、羊等牲畜,與之相關的刻辭非常多,其中有"用"字的刻辭數量也是最多的。當然,其出現的情況變化、可能的含義也會更多。

2. 牛

　　祭禮中常見用牛、牝、牡和牢的記錄,其用辭結構均如："用牛","用數牛"或"用牛數"(數字和牛或作合文),"用牡","用人牛","用小牢","用數牢"。或作倒裝,如："牛用","數牛用","牝用","牢用","數牢用"或"牢數用"(數字和牢或作合文),"小牢用"等,且都伴隨出現"勿用"、"弜用"、"不用"等否定句。

　　例如《合集》339 記載了 28 條用牲的祭祀辭,其中只有 5 條出現"用"字。通過比較有、無"用"字的刻辭,或能使我們瞭解有"用"字特殊含義。其卜辭載曰：

　　丁巳卜,㱿貞：今日侑于丁一牛? 六月

　　丁巳卜,㱿貞：今日侑于丁,用二牛?

這兩條記錄看似單純占卜用祭牲的問題,尚難以分辨有無"用"字的差異。

　　"用"字放在前處,可能也有卜選祭品的意思。① 但是甲骨文中有更多"用"字放在句末的例子,其解讀方式頗多,莫衷一是。

　　丁未卜,㱿貞：侑于丁牢。用?

　　甲寅卜,貞：翌乙卯酚十牛,羌十人。用?

　　乙卯卜,貞：酚十牛,羌十人。用? 八月

當然,"用某"和"某用"的意思可能没有差異,但筆者認爲斷作"侑于丁牢,用?"或"侑于丁,牢? 用"會比"侑于丁,牢用"準確。

　　我們可以發現,"用某"問辭與以"用"結尾的祭辭極少出現在同一卜甲上。如果

---

① 如《花東》124;《合集》339、1051、1987、21567、21575、21651、21805、22078、32374、32375、34401、34450; Royal Ontario Museum, Hsü Chin-hsiung. *Oracle bones from the White and other collections*. Toronto: Royal Ontario Museum, 1979(《懷特氏等收藏甲骨文集》後引简稱《懷》),拓片號 1489。

兩者見於同一刻辭，似乎都有問辭與驗辭的對應關係。用辭在占卜記錄的不同位置，應具有不同的意義，一如金文中"用作"和"寶用"的意思不同。

在某些卜骨上，祭品和用辭被分開敍述，或在卜辭旁邊，常刻有單獨成句的"用"或"不用"字樣，這應是作爲驗辭，類似"吉"或"告"等標示功能的祈吉辭。因此，我們可以推論"用"字與卜辭經常要分開斷句。不過仍有很多記錄方法，無法推斷其"用"字句末應是問辭或驗辭。《花東》卜辭整理者將之視爲驗辭，但前文已説明過，句末"勿用"應讀爲問辭較佳。至於"不"字，在甲骨文中既可作否問，也可作否定驗辭，所以經常難以確定其釋讀方式爲何。

假如句末的"用"是問辭，整條祭祀辭會有三種可能的意思：其一是卜問需否施行上述的祭禮；其二是卜問本次祭禮是否已上達受祭者，爲其享用；第三是占卜祭禮對祭祀者的作用。殷人祭祀，目的在於保持神與人之間的關聯，以獲得祖先或自然神的保祐。所以句末的"用"字，極可能是表達祭祀者可以獲得受祀者的祐助，類似金文中的"寶用"一詞。假如句末的"用"字作爲驗辭，上述三種可能皆可成立。

《合集》1027 或 6545 的十幾條祭祀辭中只有一條句末有"用"字："侑于祖乙二牛？用。"以鄙見，假設"用"字用卜問需否施行上述的祭禮，則從文義上看不出它的必要性，"侑于祖乙二牛？"之句已足夠表達之，所以筆者所提第二或第三種釋讀或許較佳。在句末上獨立的"用"字或卜問，或確認祭禮的效果，既常作問辭又常作驗辭來用。

換言之，在句末單獨成句的"用"字，可能是問辭，也可能是驗辭，在大部分刻辭中，我們很難確定單獨一個"用"字的含義及作用。就比例上來看，"用"字放在句末的文例比放在句中多，其他類似的祭祀辭情況也相同。①

句末中若有"不用"一詞，則應釋作否問或卜問結果不吉：

  癸巳卜，牢五？不用。   《合集》22074
  ……一牛？不用。   《合集》21267
  其五牛？不用。
  其六牛？不用。   《合集》33697、35159

"不用"的驗辭，是否即不舉行享祀之禮，或者，它更有可能是享祀後未能獲得吉兆，在大部分祭祀辭中，我們確實無法推斷應如何解讀。

除了出現在句末的"用"字之外，第三期以後的刻辭尚有如下結構：

---

① 如參《花東》427、474；《合集》339、1027、4760、6545、19929、19972、20523、21267、22074、22116、26866、27090、30712—30714、30717、30718、32374、33309、33697、34594、35159；《英藏》22。

叀二牢,用? 王受祐?
　　叀三牢,用? 王受祐?　　　　　　　　　　　　　　《合集》29587
　　……叀□牢,用? 王受有祐?　　　　　　　　　　《合集》27188
　　叀舊册三牢,用,王受祐?　　　　　　　　　　　《合集》30683
　　叀舊奰二牢,用,王受祐? 大吉。
　　弜用? 大吉。　　　　　　　　　　　　　　　　《合集》30687＋30273①
　　……牢又一羌……牛,用王受祐?　　　　　　　《合集》26940
　　叀三牢,用,王受祐?
　　叀舊册五牢,用,王受祐?
　　叀……用? 大吉。　　　　　　　　　　　　　　《屯南》2185
　　牢又一牛,用,王受祐?　　　　　　　　　　　　《屯南》4122

"用"字在這裏應有問辭的作用。據卜辭可見,占卜的重點並不是爲了確定祭法,而是施行祭禮之後,王是否得到保祐。這或許能夠旁證,卜"用"的意思是求問神祖祭禮是否成功,並問祭禮對祭祀者是否達到福祐的作用,亦即商王能否獲得保祐。

直至甲骨文第三期之後,纔見"某用"和"用某"的刻辭連用,如:

　　于祖丁宗,王受有祐?
　　叀三牢,用? 王受有祐?
　　弜用三牢?　　　　　　　　　　　　　　　　　《合集》30300
　　弜用一牛,求王受有祐?
　　一牛用,王受有祐?　　　　　　　　　　　　　《合集》30612

《合集》30300中,祭司占卜在祖丁宗廟裏的祭禮能否獲得王的保祐,並問到祭用三牢是否正確,三牢是否能被接受,以使王獲得保祐。第三句則反問是否不可祭用三牢,或卜問受祀者是否接受三牢。然而,上述三種含義其實並無矛盾,祭司卜問本次祭禮能否被受祀對象接受,如果他樂意接受,則此祭禮即可施行,祭祀者也能受到保祐。占卜所用的神秘語文,其文意範圍總是比較廣泛,以涵蓋整個祭禮及其背景。換言之,在提及祭牲的刻辭中,"用"的字義應從占卜的整體內容,思考其多方面的含義。

3. 羊

祭禮中也常見用羊、宰或牂的記錄,用辭的結構有"用宰"、"用數宰"、"用小宰"等

---

① 裘錫圭先生綴合,參裘錫圭《古文字論集》,北京: 中華書局1992年版,頁237(16)、243(16)。

數種，①並都有"勿用"、"弜用"、"不用"等否句。或者以反句結構進行卜問，如"羊用"、"數羊用"、"色羊用"（如黑羊、白羊）、"牡用"、"牝數用"、"宰用"、"數宰用"、"小宰用"、"數小宰用"等。② 無論是用牛、羊或其他祭牲，"用"字大多出現在後位。

《合集》6 載 30 條卜辭，其中只有兩條句末有"用"字："甲戌卜，方貞：翌乙亥侑于祖乙用？五月。""丁丑卜，方貞：侑于丁勿蔕宰用？"第一條調強調祭祀對象，第二條則已否問強調祭牲。筆者依然認爲有"用"字，無論是作問辭或驗辭的作用，都有特殊意義，但是甲骨刻辭簡略而神秘，確切的意思經常難以釐清。

據某些卜辭內容，可以判斷其爲享祀完成後的卜問；或享祀之前，有關祭禮的卜問，例如《合集》19863 載：

　　癸卯卜，今日侑司，羌？用。
　　癸丑卜，侑祖丁，豕？用宰。
　　丙辰卜，侑祖丁，豕？用宰。

依筆者的理解，這是卜選祭牲的記錄，"用"在此處都作爲驗辭。第一句確認了用羌人爲祭，後二句則卜問是否要用豕，得到的答案是要用宰。所以"用"字在這裏應有用牲的含義，此卜辭即指選擇用宰方爲吉祥。另外，有些卜辭更像享祀之後的記錄，如《合集》22099 載：

　　庚戌卜，朕耳鳴，有卸（禦）于祖庚，羊百，有用？

依鄙見，"有用"一詞近似於"有祐"的問辭。也就是說，這句話並非卜問祭禮應如何進行，而是卜問享祀祖庚之後的結果，所以這裏的"有用"更近似於福祐辭。當然筆者的理解也可能出現錯誤，尤其在更多完全無法判斷享祀和占卜順序的卜辭中，實不宜強作定論。

以羊爲祭的祭禮經常是以祈雨爲目的：

　　求雨，叀黑羊？用。有大雨。
　　叀白羊？有大雨。　　　　　　　　　　　　　　　　　　　　　　《合集》30022
　　叀白羊？用。　　　　　　　　　　　　　　　　　　　　　　　　《合集》30719
　　……黑羊？用。〔有〕大雨。　　　　　　　　　　　　　　　　　《合集》30720
　　叀三羊，用？有雨？大吉。

---

① 如《花東》173、183；《合集》672、924、1878、2887、9794、19816、21805、22247、25020。
② 如《花東》34、228、240、265、313；《合集》6、14、295＋340＋4469、339、903、924、5995、19817、20015、21787、22092、22247、25020、30022、30719、30720；《屯南》651、2107；《懷》19。

```
    叀小宰,有雨? 大吉。                        《屯南》651＋671＋689
    叀四小宰,用? 有雨? 吉。
    ……大雨。
    叀五小宰? 用。有大雨。                     《屯南》2107
```

在這些卜辭中,筆者用兩種方法作斷句,即是因爲這兩種釋讀都有可能。卜辭中,占卜祭牲應用黑羊或白羊,① 最後的祭禮成功,發揮效果,下了大雨。循之,"用"字就是確認祭禮的成功及其作用。句首的"惟白羊"、"惟三羊"、"惟五小宰",已足以卜該用什麽祭牲,句末並無增刻"用"字的必要。所以,如果以爲"用"字只是簡單表示祭用羊的意思,則有無此一"用"字並無關緊要。若"用"字具有卜問祭禮效果的作用,則在行文上便極爲重要。不過目前各種釋讀都有可能,無法作最後的定論。

4. 豕

祭禮中也常見使用豕、彘、豚或豤的記錄,其用辭結構有"用豕"、"用數豤"、"用彘"等數種,② 並隨有"勿用"、"弱用"、"不用"等否句,或以"豕用"、"豚用"、"彘用"、"牝用"等反問結構出現。③ 祭祀用辭的結構都很類似。

5. 其他祭品: 鬯、玉

除了血祭之外,殷商人也有其他不同的祭禮活動,如享穀、享玉等等,這方面過去已積累了相當多的研究成果。不過筆者通過甲骨資料發現,在非血祭的記錄中幾乎未見有用辭出現。這或許可以推論,只有在具關鍵作用的祭禮記錄中,纔需要用辭。不過筆者另發現一種例外的情況,在以鬯作爲祭品時,亦有極少數使用用辭。

"鬯"是一種酒祭,不過其與"酒"有明顯的差異。雖然自羅振玉以降的很多學者都將"酒"字讀作"酒",但"酒"在甲骨文中是一種血祭;且在酒祭中,是以祭牲作爲祭品,而非以酒爲祭。如《合集》454 載曰"貞: 酒,用彘于妣巳?"等等,相同的文例頗多。④ 因此現在多數學者都不將"酒"字釋作"酒",而保留原字作爲祭名,或依郭沫若先生釋之爲"櫑"。⑤《周禮·春官·大宗伯》曰"以櫑燎祀司中司命",《説文》"櫑"字或

---

① 關於殷商卜辭中顔色的象徵意義,參郭靜雲《幽玄之謎: 商周色譜中表達青色的字彙與其意義的演化》,《歷史研究》2010 年第 2 期,頁 4—24。

② 如《花東》113;《合集》1371、19954、20706、21548、21803、22066、22133、22435、32330、34103;《屯南》2707。

③ 如《花東》140、163、237、240、313、459;《合集》19806、19832、19863、19954、21287、21544、21545、21805、21885、22437。

④ 另參姚孝遂主編、肖丁副主編《殷墟甲骨刻辭類纂》,北京: 中華書局 1998 年版(後引簡稱《類纂》),頁 1044—1045。

⑤ 郭沫若:《卜辭通纂》,北京: 北京圖書館出版社 2000 年版,頁 167 下,第 778 片釋文。

寫作从"示"的"禋",釋爲"柴祭天神也"。① 从"彡"和从"示"的字,可互作異體字,所以筆者認爲郭沫若先生的説法較爲可信。另許敬參先生釋之爲"酬",②亦可從。《詩·小雅·楚茨》:"爲賓爲客,獻酬交錯。"鄭玄箋:"主人又自飲酌賓曰酬。"③古代血祭中,向神、祖請食敬酒,都包含了合飲、合食、互請的活動。换言之,雖然"彭"祭牽涉到用酒,但是"彭"絶非酒,而"鬯"祭中,則是以香酒爲祭品。

甲骨文、兩周金文、《書》、《易》、《禮》、《史記》都有以鬯祭祖的記録,如:

易女(賜汝)鬯一卣　　　　　　　　　　　　西周早期大盂鼎
賞叔鬱鬯　　　　　　　　　　　　　　　　西周早期叔簋4132—4133④
王易(賜)吕犾(秬鬯)三卣　　　　　　　　　西周中期吕方鼎《集成》2754⑤
余易女(賜汝)鼏鬯一卣　　　　　　　　　　西周中期彔伯戓簋蓋《集成》4302
易女(賜汝)鼏(秬)鬯一卣　　　　　　　　　西周晚期伯晨鼎《集成》2816
易女(賜汝)鼏鬯一卣　　　　　　　　　　　西周晚期牧簋《集成》4343⑥
伻來毖殷,乃命寧予以秬鬯二卣。　　　　　　《書·洛誥》
鬱人掌祼器,凡祭祀賓客之祼事和鬱鬯以實彝而陳之。鄭玄注:"築鬱金煮之以和鬯酒。"　　　　　　　　　　　　　　　　　《周禮·春官·鬱人》
天子使王子虎命晉侯爲伯,賜大輅,彤弓矢百,玈弓矢千,秬鬯一卣,珪瓚,虎賁三百人。　　　　　　　　　　　　　　　　　《史記·晉世家》⑦

《合集》22227載:"乙丑:彭钔于妣庚,伐二十,鬯三十?"在祓除祭禮中,采用"彭"祭以

---

① (漢)鄭玄注、(唐)賈公彦疏:《周禮注疏》,《十三經注疏》,臺北:新文豐出版公司2001年版,頁733;(漢)許慎著、(清)段玉裁注:《説文解字注》,頁269下—270上。
② 《甲詁》,頁2704。
③ (漢)毛公傳、鄭玄箋、(唐)孔穎達等正義:《毛詩正義》,《十三經注疏》,頁1257—1258。
④ 現藏於北京故宫博物院。參中國社會科學院考古研究所編、王世民主編《殷周金文集成》(修訂增補本),北京:中華書局,2007年。或參中國社會科學院考古研究所編《殷周金文集成釋文》,香港:中文大學中國文化研究所,2001年(後引簡稱《集成》)。
⑤ 現藏於旅順博物館。
⑥ 後三件藏處不明。同樣的記録另見於吳方彝蓋(《集成》9898),現藏於上海博物館;毛公鼎(《集成》2841),現藏於台北故宫博物院;師兑簋(《集成》4318—4319),現藏於上海博物館;師克盨(蓋)(《集成》4467—4468),現藏於北京故宫博物院、陝西省歷史博物館;師訇簋(《集成》4342),藏處不明;量盨(《集成》4469),藏處不明。
⑦ (漢)孔安國傳、(唐)孔穎達等正義:《尚書注疏》,《十三經注疏》,頁614;(漢)鄭玄注、(唐)賈公彦疏:《周禮注疏》,頁825;(漢)司馬遷撰、[日]瀧川龜太郎會注考證:《史記會注考證》,臺北:大安出版社1998年版,頁620。

祭祀妣庚，祭品爲二十位人牲和三十卣鬱鬯。這已顯示了"酯"與"鬯"的差異，前者是祭法，後者是祭品。《合集》2167 載："卜：业父辛，鬯？"其祭法是"业"（侑），受祀對象是父辛，而祭品是秬鬯。

甲骨祭祀辭中，"鬯"經常會配合血祭，如《花東》28、289 曰："叀一伐一牛一鬯，册夢？用。"祭品共有一位人牲、一隻牛、一卣鬯，鬯亦即專門用作祭祀的鬱鬯香酒。[①] 在鬱鬯配合血祭的記錄中，其用辭與其他血祭類同，無需再作説明。但此外還有少數僅提及鬯，未見血祭，却有用辭的例子，如《花東》318"二鬯禱祖甲，用？"，《花東》354"甲申：又鬯，用？"。[②] 不過《花東》354 另有一條祭祀辭曰："甲申：歲祖〔甲〕小宰，衩（祭）鬯，子祝？在㠯。"所以"又鬯，用？"可能只是補問關於歲祖甲的血祭而已，所以不能視爲非血祭的用辭。

《花東》37 載亦有"己卯，子見畞以玉丁，用？"，可能也是以玉爲祭品的祭禮，但其文意不清，目前無法斷定。目前所見的資料揭示，"用＋祭品"的結構絶大多數出現於血祭中，不用祭牲的祭祀辭，基本上不會出現用辭，極少數的例外就是上一、二條用鬯的祭祀辭。

乙、用＋祭法或祭禮相關的動作

"用祭法"或"祭法用"的刻辭數量不如"用牲"來得多。甲骨文中載有很多不同的祭法，或固定形式的祭禮活動，如燎、酯、卯、告、侑、爵、午（禦）、歲、翌、祭、壹、旨、巳（祀）等等。其中部分祭名源自享祀祭品的方式，部分則源自祭禮的屬性、目標、時間、祭主或對象等等。儘管關於殷商祭名的研究已有相當豐富的成果，不過尚未釐清的問題依然很多。

雖然許多常見的祭法從未見於用辭中，且以"祭法＋用"形式出現的祭祀辭並不多，但這樣的結構還是可見於甲骨文中。"酯用"或"酯彡用"即爲一例：

貞：其用竹🧍羌，叀酯彡？用。	《合集》451
貞：酯，用𠂤于妣巳？	《合集》454
庚申，酯〔當〕宜，用？	《花東》394
甲午卜，其钾宜伇，乙未伇，暨酯大乙，用？	《花東》290
癸未卜，貞：酬豐，叀有酯，用？十二月	《合集》15818
乙酉卜，貞：叀辛卯酯，用？	《合集》18809

[①]《花東》95、176、196、276、478 的祭祀辭也相類。

[②]《合集》15426"……不惟鬯。用？"、《合集》15425"……鬯用"、25909"……鬯其用于寗？"可能也是類似的記録結構，其卜辭殘缺，但有殘缺處可能提及血祭。

"用"字在《合集》451中出現過兩次,第一作祭禮的問辭,其二則作爲驗辭,以確認祭禮的結果。依文句的結構來看,"酌彡"和"用"之間應作斷句,意思是"進行酌彡祭禮,並確認祭禮已發揮作用"。"用"字出現在《合集》454的前半段,應該是卜問酌祭中的用牲與受祭對象問題,"酌"和"用"之間也應該作斷句。後面幾條"用"字放在句末,或作卜問的問辭,或作確認酌祭結果的驗辭。

以下關於庸、舞、熹、爵、尊(禘)、禘(禘)、歲、會等祭禮記錄,其結構均與前述相近:

貞:叀辛庸,用?	《合集》15994
貞:叀汎庸,用?	
弜汎庸,用?	《合集》27352
貞:叀庸,用？大吉	《合集》27459
丙辰卜,叀舊庸,用,王受祐?	《合集》30694
叀威庸,用?	《屯南》1501、4554
叀祖丁龡舞,用？有正。	《合集》28209
丁丑卜,叀子舞,不用?	
弜子舞,用?	《花東》178
癸丑卜,叀舊熹,用?	
叀舊熹,用？大吉	《合集》30693
庚戌卜,王曰,貞:其爵,用?	《合集》24506
癸亥卜,口貞:其祝于妣,叀禘,用?	《合集》26899
丙申……尊,用?	《合集》32374
貞:于乙巳享。用?	《合集》19286
甲辰卜,亞禘(禘),用?	《合集》22302
甲戌卜,暮彭祖乙歲？用。	《花東》314
□歲？用。	《花東》269
丁未卜,宜兕祖乙,丁會？用。	《花東》495

不過以下問辭中的"鼎用"二字,應以連讀爲佳,這可能是確認祭法時的專用卜辭。關於雋(鑊)、盧、鑿記錄的斷句則不甚清楚:

乙酉卜,釽家艱,于下乙五牢,鼎用?	《合集》22091
……侑母庚,豕,鼎用?	《合集》19962
丁亥卜,貞:用雋(鑊)以羌十□丁?	《合集》257
貞:勿用盧以羌	《合集》259

　　　　庚申卜，叀父甗？用。　　　　　　　　　　　　　　　《懷》1561
　　　　己亥卜，貞：叀羌？用鬯。　　　　　　　　　　　　　《合集》460

《花東》293 載：

　　　　辛未卜，子其告舞？用。
　　　　辛未卜，子弜告奏？不用。

這或許是卜選舞蹈或奏祭方式的記錄。不過甲骨文中，這類以"用"字專問祭禮方式的記錄不甚多。

　　《合集》22045 載：

　　　　戊戌卜，侑□父戊，牛一，官（館）用？

姚孝遂先生認爲，甲骨文"官"字應釋爲"館"，作名詞時意指館舍，作動詞則表達舍止、使止於館舍或安置的意思。[①] 此說在先秦文獻中已有許多例證。此外，《周禮·春官·司巫》有云："祭祀，則共匰主及道布及蒩館。"鄭玄注："蒩之言藉也，祭食有當藉者，館所以承蒩，謂若今筐也。"孫詒讓《正義》："據《士虞禮》，苴實于筐，是筐即以盛苴。……謂之館者，蓋亦取館止之義。"[②]所以"官"也可以視爲一種祭法，"官用"或指在蒩館中放肉以祭祀父戊，不過這僅是孤例。另《花東》416 言"甲午，延𢦏戉官用？"，其"官用"的意思亦不清楚，整體來看恐怕不是祭祀辭。

　　甲骨文中的"午"和"卸"（禦）是取名於祭禮作用的祭法，亦即被除祭禱活動。[③] 關於此祭法的記錄中，出現了許多用辭：

　　　　戊申，其用卸？　　　　　　　　　　　　　　　　　《合集》21885
　　　　乙巳卜，何貞：亞旁以羌，卸用？　　　　　　　　　《合集》26953
　　　　其午用小母，彘？　　　　　　　　　　　　　　　　《合集》22242
　　　　……酉卜，侑祖甲，用反？　　　　　　　　　　　　《合集》743
　　　　丁酉卜，來庚，用午反宰？　　　　　　　　　　　　《合集》22137

---

① 《甲詁》，頁 3052—3053。
② （漢）鄭玄注、（唐）賈公彥疏：《周禮注疏》，頁 1106—1107；（清）孫詒讓著、中華書局點校：《周禮正義》，陸費逵總勘：《四部備要》，臺北：中華書局 1965 年版，頁 610—612。
③ 有關"午"和"卸"祭法，參許進雄《釋御》、《中國文字》，臺北：藝文印書館 1963 年版，頁 1—14；郭靜雲《"虖"與"御"：論二字在商周語文中的含義以及其在戰國漢代時期的關係》，《語言文字與教學的多元對話》，臺中：東海中文系，2009 年，頁 343—357。

其占卜的問題，可能是本次祭禮祓除的作用是否成功。①

"盟"也是表達祭禮作用的祭法。《花東》178 載曰"陟盟？用"，②意思應是卜問盟禮是否成功。"某册用，王受祐"則是祭册求祐的禮儀，也是用辭中出現率較高的例子，並常有卜選不同祭册的記録。③

甲骨文"射"字也是一種用人牲爲祭的祭法，其記録中也會出現用辭，如：

乙卯卜，㱿貞：翌甲申用射俞以羌自上甲？二月。　　　　　《合集》277
于乙亥用射俞以羌？　　　　　　　　　　　　　　　　《合集》32023＋33693④
……貞：叀乙亥用射俞以〔羌〕……？　　　　　　　　《合集》276＋3228⑤、5755

"朿"（刺）也是一種殺牲的祭法，雖然在甲骨文中多次出現朿祭，但其記録中，只有《合集》22238 曾出現過一次"用"字。其謂"……豕朿用"，因刻辭殘缺，難以判定應如何斷句。循前例，此處或許爲"豕朿"連讀，而"用"則是句末的問辭。

"執"和"㚔"字也曾出現在用辭中。此字雖然不屬於祭法，但也是與祭禮相關的動作，或許是類似《舜典》、《周禮》、《五帝本紀》中所載的摯見之禮：

修五禮，五玉、三帛、二生、一死、贄。孔安國《傳》：玉、帛、生、死，所以爲贄以見之。
　　　　　　　　　　　　　　　　　　　　　　　　　　　《書·舜典》
以禽作六摯，以等諸臣。孫詒讓《正義》：《釋文》云："摯，本或作贄。"……詒讓案：《説文·手部》云："摯，握持也。"引申爲人所執摯之稱。贄即摯之俗。⑥
　　　　　　　　　　　　　　　　　　　　　　　　《周禮·春官·大宗伯》

或許"執"、"㚔"字在甲骨文中與祭祀有關的含義，亦與"贄獻而祈求神祖前來溝通的祭禮活動"類似：

---

① 相類尚有午、卸、午殳、殳用的祭祀辭，見於《合集》725、795、19775、19776、19893、22130、22139、22245、22294、22515。有關"午"和"卸"祭法參許進雄《釋御》，《中國文字》，臺北：藝文印書館 1963 年版，頁 1—14；郭靜雲《"虐"與"御"：論二字在商周語文中的含義以及其在戰國漢代時期的關係》，《語言文字與教學的多元對話》，臺中：東海中文系，2009 年，頁 343—357。
② 《合集》32330、34103；《屯南》2707 也有"用盟"的記録。
③ 參《合集》26994、27023、27155、27202、27324、27350、30414、30674、30675、30678、30681—30694、31127、32076、32235、34397、34522、34538；《屯南》253；1090、2406、3545、4554。關於用册的祭辭，參郭靜雲《中華文明歷史觀念之形成芻議》，《歷史人類學學刊》2010 年第 2 期，頁 30—36。
④ 蔡哲茂先生綴合，參蔡哲茂《甲骨綴合集》，臺北：蔡哲茂發行、樂學總經銷，1999 年，第九組。
⑤ 劉影先生綴合，參黃天樹主編《甲骨拼合集》，第 146 組。
⑥ （漢）孔安國傳、（唐）孔穎達等正義：《尚書正義》，頁 95；（清）孫詒讓著、中華書局點校：《周禮正義》，卷 35，頁 2—3。

    貞：執用于祖？   《合集》801

    王其用執，叀……？   《合集》26981

    叀祖丁唐執用，有正？   《合集》41485

    甲寅卜，其用執，王受祐？   《合集》27281＋26980①

    辛亥卜，貞：□甲，翌甲寅，㲁用于夫甲？十三月。 《合集》227

    叀祖丁，庸，㲁用兄丁？   《英藏》2263

《合集》798還有殘缺的"……用執用卬？"，但意思不清楚，或許與祭祀無關。

"𣪘"（智）字在卜辭均作祭名，②少數出現於"𣪘用"一詞中，如《合集》239"丁丑卜，爭貞：來乙酉智，用，永來羌自元……？ 五月"，《合集》28233"智，用禾，延𣪘？"。"屮"字應亦屬用牲的祭法，"山"也是一種祭名，故以下兩條也可以歸類爲"用＋祭法"的結構：

    貞：勿茆用屮麌，𣪘小宰，侑及女一于母丙？   《合集》728

    丙寅卜，即貞：有一牛，其用山于丁？   《合集》23071

  綜觀出現"用＋祭法"結構的祭祀辭，只有一部分可以理解爲"以某祭法用牲"，或"得到某祭禮的目的"，如"禦（除災）用"等；在另外一大部分祭祀辭中，祭法字和"用"字之間則要斷句。上引祭祀辭仍是以"用"字卜問或確認祭禮結果。

  丙、用＋被祭祀對象

  在祭祀辭中，常有"用于某"的文例，如"以羌用于丁"、"用于丁，二牛"等，有時"于"字會被省略。③ 另有"用自某"文例，如"以羌用自上甲至下乙"、"曾用自大示"等；④又有"用至某"或"用至于某"，如"用至尻司宰"、"用至于丁"等，⑤均是涉及受祀對象的用辭，這應是施行祭禮時留下的記錄。不過類似的卜辭，僅寫"于某"、"自某"、"至某"的例子，比加上"用"字的還多得多。加上一個"用"字，是否會帶來其他神秘意義，實難以推斷。

  《合集》1667載錄：

---

① 莫伯峰先生綴合，參黄天樹主編《甲骨拼合集》，第244組。

② 《甲詁》，頁556—558；《類纂》，頁206。

③ 如《合集》227、243、295＋340＋4469、379、421、801、1118、2556、4171、6647、14125、15424、15521、1989、22044、23165、23403、25909、26954、27123、27286、30353、32021、32030、32057、40982、41461；《屯南》9、3004；《英藏》2267；《懷》1461。

④ 如參《合集》231、268、270、271、5671、26991、32022、32023＋33693、32024、32026、32028。

⑤ 如參《合集》271、1650、21805。

……勿䙴陟用于下乙？丁未允用。一月

第一個"用"字出現在"用于某"的結構中，而第二個"用"則在過幾天所得出的靈驗中，兩者間應該有問答關係。享祀先王勢必有固定的祭禮，不可能先問是否享祀下乙，等到過幾天再決定要享祀他，所以此處卜辭的問題可能並不在是否要享祀下乙的問題。

《合集》25902 載錄：

……卜，大貞：王其途，又(有)牛其□用于我又(祐)？

此處刻辭殘缺，意思不詳。可是"用于我祐"難以作祭祀辭解釋，所以"用"的意義可能含有其他目前仍難以考證的觀念和占卜目的。筆者認爲，這或許具有福祐辭的意味。"用"字在祭祀辭中可具有雙方向的意涵，一方面是用祭品於祖先，另一方面則由祭祀者受祐於祭禮的結果，這與後世金文的記錄相同。祭祖的甲骨文和商周金文兩者都屬宗廟記錄，所以其用辭含義相同是非常合理的事。

甲骨文中當然也常見"于誰用"這類刻辭。如《合集》7076 載：

貞：今辛，侑于上甲？

今辛亥，勿侑于上甲？

今辛亥，侑于上甲？用。

在這裏，祭司三次提問辛亥日祭祀上甲的問題。其中一條後面有"用"字，應是其驗辭，表示祭禮已被接受，所以祭祀者能獲用來自上甲的保祐。

如果從後世的祭禮活動來看，只有在特殊或意外的情況下，纔需要選擇適當的祭法；如果是常行的享祀，並不會卜問是否要獻祭。祭品準備好後，再卜問受祀對象，所備之物是否正確；進行祭禮活動時，升獻並祈禱後，卜問受祀對象是否滿意；最後進行祈禱，祈求獲得受祀者的保祐。殷商時期的祭禮活動流程亦應與此相類，甲骨記錄"用"字的出現，也正涵蓋了這三種意思：提供祭品給神使用，神使用了祭品，祭祀者受用神的支持。

例如在《花東》32 中，"用"字即可能表示確認祭品的適當性，其謂：

庚卜，在麓：叀五牡，又鬯二，用？至钌妣庚？

庚卜，在麓：叀七牡，〔用？至〕钌妣庚？

庚卜，在麓：叀五牡，用？至钌妣庚？

也就是說，"用"字在這裏應是表達祭禮的第一階段：請神祖確定祭品。而在後幾條祭祀辭中，"用"字則表達針對祭禮結果的提問，或是作爲確認的驗辭。

　　　　貞：陟于丁。用？　　　　　　　　　　　　　　　　　　《英藏》1969

　　　　甲寅卜，奏母庚。用？　　　　　　　　　　　　　　　　《懷》76

　　　　丙午卜，貞：卑尊歲，羌三十，卯三宰，葡一牛，于宗。用？　　《合集》320

　　　　丙午卜，貞：㺇尊歲，羌三，卯三牢，于䅿。用？八月。《合集》295＋340＋4469

　　　　甲子卜，貞：今夕酻肇丁。用？十一月　　　　　　　　《合集》15517

　　　　壬子卜，貞：㺇以羌🐚于丁。用？六月。

　　　　貞：叀翌甲子酻，其肇？用。　　　　　　　　　　　　《合集》264

　　　　戊卜：六其彭，子興妣庚，告于丁？用。　　　　　　　《花東》28

　　　　甲辰：宜丁牝一，丁各仄于我，翌于大甲？用。　　　　《花東》34

關於這些祭祀辭後面的"用"字，《花東》卜辭整理者大部分都釋爲正面的驗辭。① 但筆者認爲未必如此，這些"用"字最可能是向受祀者卜問祭禮是否被接受。在其中部分祭祀辭中，句末的"用"字可能作爲驗辭，確認祭禮被接受，其中部分應是問辭。

　　下面幾條卜辭可分爲三段結構：先記録"于某"或"自某"，以表達享祀特定祖先的意思；接着問"用？"，以確認祭禮已通達於受祀對象；第三段則祈問受祀者降下保祐給王。

　　　　自大乙，用，王受有祐？　　　　　　　　　　　　　《合集》26991

　　　　于祖丁，用，有正，王受祐？　　　　　　　　　　　《合集》27133

　　　　叀武唐，用，王受有祐？　　　　　　　　　　　　　《合集》27151

　　　　執，叀卻各于酋，用，王受祐？

　　　　于入自尊，用，王受祐？　　　　　　　　　　　　　《合集》27281＋26980

　　　　貞：于毓，用，王受祐？　　　　　　　　　　　　　《合集》27381

在這些卜辭中，"用"字應屬祭禮的第二階段，即確認祭禮已通達至受祀對象，第三段則用以祈祐。甲骨文有獨立的祈祐辭，其中也可能出現"用"字，這個問題將於下文再作討論。

　　在某些祭祀辭上，受祀者並不具名，可能是某一群的神祇。如《花東》198 載：

　　　　壬辰卜，子亦障宜，叀尉于左右，用？

在這裏"用"字可以表達完整的三個階段的意思。②

---

① 類似的記録仍有很多，如《花東》37、63、81、92、106、109、149、157、180、185、195、203、223、228、237、241、248、276、286、294、313、314、352、355、376、391、401、413、459、468、474、480；《合集》6、268、940、1117、15409、19763、19803、19813、19863、19884、22045、22238、22246、23720、34050；《英藏》1764、1969 等等。

② 有不少用辭的意涵難以理解。例如《合集》965"勿貯用，一伐于南庚，卯宰？"，本祭祀辭先有"勿貯用"，而後纔記載祭祀南庚之事，所以應該不是卜問祭禮，而在祭禮前描述某種情況，但其具體狀況難考。

《花東》420 另有"甲辰卜,丁各仄于我?用",雖然該卜辭的結構也是"于某用",但此"某"是"我",顯然不會是受祀者。所以在這一條卜辭中,"用"並不是爲了確認祭祀的事情,而是爲了確認當時卜問的事情。這種非祭祀中的用辭也非常多,筆者將於下文中再作討論。①

據上可見,"用"字在祭祀辭中的意思相當多元,除了卜問祭品和祭禮的流程,也可以卜問祭禮的成功,或是否被神祖接受、使神祖喜悦,並達成祭者的目的,從而獲得神祖的護祐。"用"字作問辭或作驗辭都是表達正面的意思。祭禮有"用",是指祭禮有吉祥、成功的結果,因爲有"用",所以能獲得神祖的支持、保祐。"用"字的本意是以占卜決定事情的吉凶,因此用辭在祭祀辭中的含義接近於"吉",即代表順利成功的情況,所以祭祀辭的用辭均帶有福祐辭的意思。

(二) 祈雨和求年中的用辭

用辭在祭祀辭中的出現率雖然較高,但用辭未必一定與祭祀有關,在不少非祭祀辭中,也有用辭出現。如《花東》103 録:

> 丁卯卜,雨不至于夕?
> 丁卯卜,雨其至于夕?子占曰:其至亡翌戊?用。
> 己巳卜,雨不延?
> 己巳卜,雨其延己?子占曰:其延終日?用。
> 己巳卜在狀,庚不雨?子占曰:其雨亡司?夕雨。用。
> 己巳卜在狀,不雨?子占曰:今夕其雨?若?己雨,其于翌日庚亡司?用。

巫師占卜這幾天是否繼續下雨,而按照卜辭的内容,占卜者是希望繼續下雨的。在這幾條中,"用"字應作表達正面結果的驗辭,可釋作:得用,獲得上天的承諾等。用辭在祈雨卜辭中,常有這類的作用。

> 癸亥夕卜,日延雨?子占曰:其延雨?用。　　　　　　　　　　《花東》227
> 甲夕卜,日不雨?
> 甲夕卜,日雨?子曰:其雨?用。　　　　　　　　　　　　　　《花東》271
> 其叀雨?用。　　　　　　　　　　　　　　　　　　　　　《合集》12756
> 其雨?不用。　　　　　　　　　　　　　　　　　　　　　　《花東》10

---

① 有一些祭祀辭非常簡略,如《合集》19887"呼妣己,用",僅提出受祀者的名號,而以"用"字確認結果。《合集》2012"貞:丁,用"的意思可能也相同,不過"丁"字也可以指日期,不一定是受祀者的名號。

《花東》258記載了向丁獻祭的祓除禮,祭禮中並進行祈雨,其謂:"□钔于丁,雨?用。"可見獲得了卜者希望的結果。《花東》123曰"辛酉卜,子其改黑牝,隹徝往,不雨?用妣庚□",出行前,子占卜是否路清無雨,並尋求妣庚的護祐。下引的卜辭,也同樣作爲祈求天晴之用:

  乙酉卜,丙奏岳,比用,不雨?   《合集》20398;《屯南》4513+4316①
  侑兄丁二牢,不雨,用延?   《合集》22274

前句謂以樂奏祭拜岳神之前,先占卜是否下雨,但"比用"的意思不甚清楚。次句則提到用二牢祭祀兄丁,祈求繼續天空放晴,"用延"的意思即"延續不雨的天氣"。可見"用"字均指占卜符瑞,不用則指祈求沒有成功。《合集》34150曰"辛未卜:帝鳳,不用?雨",巫師祈求上帝遣鳳引起大風而趕除雲雨,可是沒有成功,天空仍繼續降雨。②

在求年的卜辭中,用辭基本上也都作正面的驗辭,如:

  貞:不其受年?用
  貞:受年?用   《合集》40094;《英藏》803
  弜用,受年?   《合集》28216

《懷》1392謂"叀生?用",卜辭的意思可能是求生。可見用辭若指正面的結果,在意義上接近於"吉",均有福祐辭的意味。

(三)戰辭和獵辭中的用辭

在戰辭或獵辭中,用辭的意向也相近。《合集》5648載曰:

  丙戌卜,□貞:巫曰:叡,貝于婦,用若?八月。

"叡"是狩獵前的祭禮。出獵前,巫師占卜此次狩獵是否能有所獲,並祈求婦的支持。"用若"是典型的福祐辭。在甲骨文中,"若"字作動詞,指來自上面的支持、賜予和善及順祥的情形。在卜辭中,能賜予"若"者有祖、③王、④帝、⑤下上(天地),⑥"若"字常見

---

① 《合集》36988也有"比用"一詞:"辛未卜,貞:豕……翌日壬王其比用……暨鷔,用亡災在……?"其義待考。
② 有關上帝與氣象天神的關係,參拙著《昊天充滿神獸:殷商自然天神的崇拜》,待刊。
③ 如《合集》151、6653、13603等。
④ 如"王若授祐",參見《合集》30326等。
⑤ 如《合集》94、14200、14201、14202、14204、14206、14207、7407、7075、30888等等。
⑥ 甲骨文中,以"下上"一詞表達"天地"以及"天地相輔"、"天地志同"的概念。參郭靜雲《甲骨文"下上若"祈禱占辭與天地相交觀念》,《周易研究》2007年第1期,頁7—13。

於戰辭或獵辭中,均含有授權的意味,如授權攻伐異國,或授權殺野獸。在這一條卜辭中,"用若"是指得到天婦的授權。

甲骨文獵辭經常記錄祈求獵獲的語句:

乙未卜,子其田,從坒,求豕,冓?用不豕?
乙未卜,子其〔往〕田,叀豕求,冓?子占曰:其冓?不用?
乙未卜,子其往田,若?用。
乙未卜,子其往田,叀鹿求,冓?用。　　　　　　　　　《花東》50
罕豕?子占曰:其罕?用。　　　　　　　　　　　　　《花東》378
辛未卜,罕?子占曰:其子其罕?用三麑。　　　　　　《花東》234
辛巳卜,子叀宁見?用。隻(獲)一鹿。　　　　　　　《花東》259
庚申卜,狄貞:王叀斿,麋用?吉。　　　　　　　　　《合集》27459
戊子卜,其乎子歺句〔馬〕不死?用。
乙未卜,子其往于阞,隻(獲)?子占曰:其隻(獲),用?隻(獲)三鹿。
己亥卜,母(毋)往于□,其祐事?子占曰:其祐事?用,祐宜。　《花東》288

從卜辭中可以很清楚地看出,"用"字有獲、得的意思。如《合集》28903言"弜田?……奠各?用,亡災",即是在狩獵前卜問順利、有無災禍。

甲骨文中有很多簡略的獵辭,僅提出要"往田"出獵,並祈卜吉凶:

乙卯夕卜,子弜往田,用?　　　　　　　　　　　　　《花東》7
辛未卜,從坒往田,用?
辛未卜,犖(離),用?　　　　　　　　　　　　　　　《花東》9
狩,叀新止?用。　　　　　　　　　　　　　　　　　《花東》11
丁丑卜,其钔,子往田,于小示?用。　　　　　　　　《花東》21
乙未卜,子其往田,若?用。　　　　　　　　　　　　《花東》50
辛未卜,子其亦彔,往田,若?用。　　　　　　　　　《花東》59

在獵辭中的用辭,均意指對順利成功,有得、有獲、無災的祈求。[①]

若看甲骨文的戰辭,其中的用辭意向也接近,卜辭言:

辛酉卜,叀大行,用?　　　　　　　　　　　　　　　《懷》1561
叀旐用東行,王受祐?　　　　　　　　　　　　　　　《懷》1464
伐,叀義行,用,遘巤方,有戠?

---

① 類似卜辭亦見於《花東》23、35、295+340+4469、312、395;《屯南》3004等等。

弜用，義行，弗遘方？	《合集》27979
叀宣行，用，哉甾……大吉。	《合集》27978
叀微，用，洅洣于之，若，哉廄方，不雉衆？	《合集》27996
貞：弗用裴，叀祕行，用，哉甾人于之，不雉人？	《合集》26896
甾方西，其用，王受有祐？	《合集》28093
……用，危方西，于姒庚，王翌？	《合集》28092

戰辭中數次出現"某行，用"的句法。"行"字在甲骨文中有"馬路"的意思，商代以"行"字指涉馬車的道路。對此，屈萬里先生曾言："卜辭'貞：徏复崔行？十月'（甲編3937）①行，讀爲'周行'之行，道路也。"②温少峰和袁庭棟先生也曾提出類似的解讀："卜辭中的'行'是交通大路之稱，'乙巳卜，出貞：王行逐'，……'行逐'者……循大道而追逐也。'貞：行出？貞：弜行出？'……'行出'者，由大道出行也。'弜行出'者，不由大道出行也。"③關於甲骨文"行"字的用法，學界看法已趨於一致。"行"或用作動詞，表達行走的意思，如《合集》29610"……行東至河"、《合集》21901"己丑卜，王不行自雀"等。另外可作"行路"的名詞，指道路寬大關鍵，爲了重要的事而出行。

　　上述卜辭應是出兵之前的祈卜記錄，巫師祈問出行方向的吉凶，商王是否受到護祐，在此路綫上是否會遇到敵族並取得勝利。有用、有祐、有若，都是祈求取得吉祥的結果。《合集》903提出了更具體的問題，其謂"貞：我用舜孚？"，亦即祈卜獲得舜族的戰俘，此處"用"字可直接釋作"得到"的意思。

　　甲骨文中經常有出行的記録，但不指出其目的，如《花東》239"丁巳卜，子弜往狀？用"。《花東》卜辭整理者將"往"視爲禳祭名，但筆者認爲"往狀"與常見的"往田"或"往伐"、"往伐某方"意思相同。④ "狀"字可作人名、神名、族名、地名，在《花東》卜辭中則常作地名。所以本條卜辭的意思是：子準備往狀出行，先卜其吉凶。或許這也是關於戰獵的記録。

　　此外，《屯南》25"叀乙巳用伐？"、《合集》278＋3228"……貞：叀乙亥用射爯以〔羌〕……？"等卜辭中亦有"用"字。"伐"、"射"曾出現在祭祀辭中，皆爲殺人牲的祭法，但亦可用作戰辭的動詞，未必一定指涉祭祀。所以對這兩處內容過於簡略的記

---

① 另參見《合集》4037："……出復有行？十月。"
② 屈萬里：《小屯·第二本，殷虚文字·甲編，考釋》，臺北：中研院歷史語言研究所，1961年，頁450。
③ 温少峰、袁庭棟：《殷墟卜辭研究·科學技術篇》，成都：四川省社會科學院出版社1983年版，頁178—179。
④ 如《合集》614—617、6177、6206—6235、6763、7580—7583等。

錄，目前尚無法判斷其意旨爲何。

據上述獵辭和戰辭來看，其中"用"字均有"得"的意思，表達有獲或軍事上取得成功，故也有福祐辭的意味。

（四）他種祈卜目的用辭

甲骨文中有"朝見某"的卜辭，尤其常見於《花東》卜辭之中。如：

辛亥卜，叀彈見于婦好。不用？	《花東》63
戊寅卜，自🈳屰見于婦好。用？	《花東》451
甲卜，乎多臣見瞪于丁。用？	《花東》453
乙未卜，乎𡈼燕見？用。	《花東》290

《花東》卜辭整理者認爲"見"字爲"獻"的通假，①但筆者不贊成其説。這些文句可能是當時的朝見記録，用辭則是卜問成功、吉凶的意思。

在殷商社會中，馬車爲特殊貴重的王族標誌物。甲骨文也有關於馬的用辭，如：

庚辰卜，叀乃馬？不用？	
叀乃馬眔貯見，用？	《花東》391
丁未卜，新馬其于貯見，祐用？	
丁未卜，新馬于宁見，祐不用？	《花東》7
新馬子用右？	
新馬子用左？	
貯見子用右？	
貯見子用左？	《花東》367

《花東》卜辭整理者解釋："殷代車制，駕車之馬分於轅之左右，是很有講究的。該片卜辭竟爲此進行多次占卜，就是明證。……新馬爲貯所貢獻。"整理者認爲此處記載了子針對新馬"進行占卜，是用於左好，還是用於右好？"。② 筆者認爲，雖然大致的意思是如此，但"用"字却不宜直接釋作現代習慣的"用"義。子在備馬車時進行占卜，新馬是駕在車轅之左處爲吉，或駕在右處爲吉？因爲對殷人來説，馬車並不是簡單的交通工具，而是神聖貴重的禮車，也是地位崇高的戰車，王家的標誌物。"用"的字形源自卜吉的神秘符號，字義則具有占卜的神秘意義，所以"用"的概念不宜徑以現代語言作

---

① 《花東》，頁1705。
② 《花東》，頁1705。

解讀。若將新馬駕在正確的車轅側面,則駕車得吉,如段玉裁釋"用"字時所言:"卜中則可施行。"

在其他少數的用辭中,還有一些與犬、馬有關的記録,如《合集》21275、21885"用犬",①《花東》46"乎用馬?",《花東》179"弜匄黑馬? 用",《花東》191"其日用騽",《合集》36986"叀小犗,用?"、"叀馰。用?",等等。筆者認爲這些可能不是祭祀辭,而出獵前占卜應該用犬或用馬的卜辭。

甲骨文中另有"先用"一詞:

〔丙〕辰卜,翌丁巳,先用? 　　　　　　　　　　　　　《合集》23148

丙辰卜,狄貞:🈳以執,先用? 　　　　　　　　　　　《合集》26983

叀竹,先用? 　　　　　　　　　　　　　　　　　　　《合集》32933

"先"字或有前導、前驅、開創的含義。因甲骨文中"先用"的記録少見,目前解讀上仍缺乏可靠證據,故難以推斷真詳。

誠然,甲骨卜辭的意思常常難以理解,有些用辭的結構,可同時出現於祭祀和非祭祀的卜辭記録中,其卜問目的經常不詳。用辭中也有不少筆者無法推論其意旨的說法,如《合集》15410"貞:用宁?",《合集》15821、15822"戊子,其禘,叀欼用? 十月",《合集》15413"貞:勿用欼?",《合集》15733"叀廪殷用",《屯南》29、《懷》1581"自叀(師)惟)建用?",《合集》20521"用曶遇",《合集》22083"陰用",《合集》25632"……出,永貞:叀禱,燕用?",《合集》25128"……卜,出……辛丑……窑歲……燕用?",《合集》30392"䜽用",等等。②

(五)"用"字與時空記録

有些專門提及日期或地點的用辭,可以運用於性質不同的各種記録中。其中,指出時間的用辭有三種,分別用指:具體的某日、日干、幾天的時間。

甲、某日+用

在祭祀辭中,有以占卜强調"今日用"的文例。

癸酉卜,侑于祖辛二牛,今日用? 　　　　　　　　　　《合集》1681

丁丑卜,侑兄丁,羊,叀今日用? 五月。 　　　　　　　《合集》20007

---

① 卜辭殘缺。

② 如《花東》130、150、178、179、193、252、255、267、280、296、297、316、324、338、351、370、372、374、379、380、381、391、398、458、480、493 都含有用辭,目前已難知其義。

乙酉卜，今日用，丁㘱……　　　　　　　　　　　　　　　　《合集》15303

我們可以認爲，這些記錄旨在卜問今日進行祭禮的問題，可是這樣的問辭在巫覡文化中也許還有其他隱義，如祈禱今日的順利或其他難以考知的需求。甲骨刻辭中有"今日用"、"之日用"、"即日用"、"翌用"等詞彙，都曾數次單獨出現或寫入各種占卜的記錄中，其中有一部分指夕、昃、日出等時間，如：

乙酉，今日用？　　　　　　　　　　　　　　　　　　　　《合集》40498
用今日？　　　　　　　　　　　　　　　　《合集》22215、22234、22277①
貞：今日用方？　　　　　　　　　　　　　　　　　《合集》8699、21279
……六妣，即日用？　　　　　　　　　　　　　　　　　　《合集》19906
之日用，戊寅竹侑？　　　　　　　　　　　　　　　　　　《合集》6647
癸巳卜，䁑甲歲祖甲牡一、祐髭一，丁日出，用？
甲午，歲祖乙牝一，丁日出畝，用？。　　　　　　　　　　　《花東》426
……昃用……　　　　　　　　　　　　　　　　　　　　《合集》20968
癸卯卜，䁑[字]于昃用？
庚戌卜，子重彈乎見于昴大，亦燕，昃用？
庚戌卜，丁各，用夕？　　　　　　　　　　　　　　　　　《花東》475

上述各例中，《花東》475等部分卜辭應不屬於祭祀辭，所以強調時間的用辭未必都與祭祀有關係。

不過，今日或翌日等指日用辭不僅是指涉日期而已，也是將今天或明天的太陽當作祈禱對象。例如《合集》22044載"辛亥卜，翌用于下乙？"，祭祀對象是下乙，而翌指的是時間。而《合集》7821所載"于翌用？"則可能不是時間，而是將"翌日"當作祭祀對象。《花東》446載"丙卜，卯牛，于䁑用？"，即明確地表達此一概念。《合集》34359也有"于翌日告，用牡？"的文句，雖然可以將之理解爲單純的時間記錄，但這裏並沒有提及其他祭祀對象，因此筆者推論"翌日"本身即爲祈禱和祭祀對象，巫師用牛祭拜明天的太陽，也是明天一天。《合集》30022謂："隹日羊，有大雨。"宋鎮豪先生將"羊"讀爲"祥"，②此解可從。不過因爲有"牛于䁑"的記載，所以"日羊"也可以理解爲用羊祭日。"于翌用"的"用"字可作兩種理解：其一，這或許是卜問祭拜翌日的問題；其二，又或應斷作"于翌？用"，即占卜後的結果。

---

① 另參《合集》454、1371、1878、15382、15384、20398、9162、40500。
② 宋鎮豪：《夏商社會生活史》，北京：中國社會科學出版社2005年版，頁779。

至於"今日用"卜辭,筆者認爲應是在早晨時占卜本日吉凶。這種理解是從"用"字的本義而來,"用"的字義本來就涉及吉凶占卜,得吉則可用。而除了今日或翌日之外,甲骨用辭中還有一些指明干支的文例,如:

甲午卜,殻貞:于翌丙申,用?	
貞:勿于丙申,用?	《合集》15396
壬辰卜,宂貞:于乙未,用?二月。	《合集》5733
壬午卜,殻貞:翌乙未,用,若?	《合集》16387
于乙亥,用?	《合集》22014
叀辛卯,用?	《合集》4392
翌癸未,用?	《合集》900

這些卜辭僅占卜某干支用否,並未記録其他事項。筆者認爲這可能也是占卜吉日的刻辭,殷人提早祭拜將來的某日,並占卜本日的吉凶。《合集》16387則强調以"若"爲目標,祈求天的支持、承諾或授權。對此,《合集》236有更詳細的記録:

庚子卜,宂貞:翌甲辰用,望乘來羌?

望乘是武丁的將軍,常領兵征伐方國、異族。這條卜辭或許是占卜出兵日吉凶的記録。又《合集》401謂:

貞:翌丁巳用,侯告歲,羌三卯牢?

此處或爲占卜諸侯來朝而告歲的吉日。① 所以指日用辭確實可用於許多不同的禱文之中。

乙、日干+用

指日用辭中也有單指日干者,如:

戊子卜,于來戊用,羌?	
叀今戊用?	《合集》22045
叀今癸用?	《合集》22276
乙卯卜,翌午用?	《合集》22094
戊子卜,有ㄣ歲于父戊,用今戊?	
戊子卜,叀今戊用?	《合集》22046

日干爲十個太陽的名號,在殷商巫覡文化中,十日具有相當深入的信仰含義,不僅涉

---

① 類似記録另見於《合集》456、679、19800、22542、32148、33788、34410;《英藏》1771等。

及死生,也牽連着祖先崇拜系統,①所以"于來戊"的意思,應是在日出前用羌人祭迎今日上升、名爲"戊"的太陽。宋鎮豪先生研究殷人拜日的問題,發現"于出日"、"于入日"並非每天祭拜日出日落的記載,而是在二分時進行迎日、送日之禮,以求生、求死而再生。② 循之,筆者推論除了二分之外,殷人有時也會崇拜某些特定日期的太陽,只是不用"于出日",而改用"于來日"的説法。《合集》22045 有"于來戊",就是以戊子時從大地升起的戊日爲崇拜對象。

《合集》22065"甲子卜,用翌入乙?",《合集》22092"入乙用?",也都是以日名指涉日象。本類用辭的意思或許涉及祭拜晚上的乙日。因日干作先王廟號,祭祀某日干顯然也代表祭祀以其日名爲名的祖先,這兩個概念並不抵觸。王暉先生發現,殷商崇拜的嚳、河、岳、王亥、伊尹等神祖的祭日亦有日名上的規律,其謂:"商人認爲代代相傳的商王室貴族均是十日之子,商王的衆日之父是殷人高祖帝嚳。"③此一論述相當清楚明晰。殷人有十氏部族結構,相當於十組師旅(或許類似滿族八旗),並以十日命名,所以殷人崇拜某日干時,即同時崇拜了該日象及以其爲名的神祖。《合集》22046 載歲祭於父戊,而同時問"今戊用"。筆者推論,未必是祭禮的時間之録,也有可能是廣泛祈戊的記載。④

丙、數日+用、延用

此外,尚有指涉數日的用辭。《合集》22046 有幾條戊子的祭祀辭,另有一條壬辰的卜辭,其謂"壬辰卜日",其間隔了五天時間;此外還有一條用辭謂"七日,迺用"。這可能都與戊子的祭祀有關,而是其七日之後的驗辭,以記録祭禮的結果。我們不知道當時祭禮的目的,僅能推知"用"字所表達的結果應該是吉祥的。

《花東》198 載:

> 辛卯卜,子障宜,至二日,用?
> 辛卯卜,子障宜,至二日,不用?

這可能也表達了該次祈卜,旨在求問所問之事是否將在明後日產生效果。子有尊宜,

---

① 有關日干和日名的研究,目前已有相當豐富的成果,如王國維、陳夢家、董作賓、屈萬里、郭沫若、楊希枚、楊樹達、張光直、馬承源、李學勤、宋鎮豪、常玉芝、王暉、曹定雲、張懋鎔、朱鳳瀚、[日]伊藤道治、[日]井上聰、[日]島邦男撰、[日]赤塚忠、[美]吉德煒等學者都有相關的深入研究。對此筆者已進行過綜合討論,參拙著《殷商王族祭日與祖妣日名索隱》,《甲骨文與殷商史》新 2 輯,上海:上海古籍出版社 2011 年版。
② 宋鎮豪:《夏商社會生活史》,頁 780—789。
③ 王暉:《商周文化比較研究》,北京:人民出版社 2000 年版,頁 27。
④ 《合集》22091"辛,用?"、《合集》22195"庚,用?"等記録。這些獨立的用辭的意思難考,可能占卜日干,占卜日名等等。因卜骨殘缺,待考。

而卜問第二天是否能有所得。

甲骨文另有祈求"延用"的祈禱辭：

叀今自延用，王受祐？	《合集》30699
叀入自延用，王受祐？吉。	《合集》31211
弜延用？	《合集》31872、34409、41480

此應是祈禱繼續獲得天上的支持、保護，祈求能延用天祐。

丁、月＋用

在甲骨文中，有強調日期、日干、干支或時間的用辭，但尚未見有強調月數的用辭。如：

……執羌其……用？在四月。	《合集》26971
兹用。在□月。	《合集》35850
執羌其用？在四月。	《合集》40913
癸未卜，……翌丁亥酻兄丁一牛？六月。用。	《合集》20055

這是目前所見卜辭中月數記錄加上用辭的聯合結構，可見在斷句時用辭與月數的記錄都要斷開來讀。雖然在《合集》20055 有一條"幾月用"三字連寫的敘述，但照這一條卜辭的内容，"六月"是祭祀辭之後的月數記錄，而"用"是刻在最後的驗辭，並不是連讀六個月都"用"的意思。可知，殷人會特別強調某日用，但未見有強調某月用的用辭。

戊、地點＋用

在少數用辭中，出現有強調地點的文例。《屯南》4396 載錄曰"其用在父甲，王受祐？"，意思可能指王在父甲的宗廟裏祈禱，以求獲祐。"用"的意思應是接近象形本意，即占卜吉凶，並求獲祐。《合集》26962"在升用，王受祐？"，《合集》28115"叀東單用？"，《合集》22271"……媿牢在盲，用？"，其意思應皆相近，都指出了地點，而"用"字則有祈卜的意思，也帶有吉祥的意味。

《合集》33127"丙辰卜，于庚申酻，求用在商"，[1]即祭拜翌日庚申，以求獲得吉日，並指出進行酻祭的地方。這條用辭刻錄了完整的時空記載。

《花東》195"辛亥卜，乎茊涶見于婦好在㦰，用？"，在記錄朝見的卜辭中載明了地點。"㦰"字可作人名、神名、族名、地名，在《花東》卜辭中常作爲地名。甲骨文中經常會出現地名，但從這類卜辭的内容，我們無法判定地名是否具有必要性。從上述用辭

---

[1] 《花東》427、449；《合集》22173 也有相近的記錄。《合集》34121—34124 另有"北 ✕ 用"、"新 ✕ 用"，均指地名。《合集》34100"□卯，貞：王大钘□□大示北，三十牛？叀兹 ✕ 用"，其地名出現在驗辭中。

中,也看不出占卜重點和地點是否有關係。只有在《花東》474所錄的卜辭中,地名可能是其關鍵所在:

   子叀㹤田,吾妣庚眔一宰,酚于㹤,用?

"㹤"是子往狩獵的地方,也是受酚的對象。依筆者理解,這應是在出獵前,子先祭祀了妣庚,以求獲祐,又祭祀了狩獵地區的神衹,求本地神衹護佑於子。

   壬辰夕卜,其宜羌一于㹤,若?用,在刊。　　　　　《花東》421
   庚申夕卜,子其乎刞黎于刊,若?用。　　　　　　　《花東》437

在這兩條卜辭中,"刊"同樣既是地名,也是被祭祀的對象。這兩條卜問的目的是得到崇高的"若",而用字則爲其驗辭。

不過總體來說,甲骨文用辭較少強調地點。

(六) 王用的記錄

有些甲骨用辭會具名"用"這個動作的主體,大部分爲"王用"、"我用"、"余用",都是指稱商王。如:

  ……貞:王用?二告　　　　　　　　　　　　　　　《合集》5364
  貞:王用?允,叀羊(祥)。十三月　　　　　　　　　《合集》26100
  ……冊,王用?　　　　　　　　　　《合集》4907+12247+3406(反)①
  ……我用?　　　　　　　　　　　　　　　　　　　《合集》19855
  戍卜,余用,于……　　　　　　　　　　　　　　　《合集》22075
  甲辰卜,王用二婦,元……年?　　　　　　　　　　《合集》19790
  乙巳卜,㱿貞:我其有令戛奭,用王?
  乙巳卜,㱿貞:我勿有令戛,弗其奭?　　　　　　　　《合集》1107

依筆者淺見,"用"在這裏的意思近於得到、掌握、得有。卜辭問:王是否已得到天上、神祖、各種神力的支持保祐? 王事吉或不吉? 所以,《合集》26100"王用?"的驗辭纔會注明爲"祥"。

卜辭有泛問"王用"問題者,但也有卜問具體事項者。"王用二婦"的意思可能是王娶得了兩位配偶。《合集》1107載有令戛的戰事,"用王"的意思與"王用"相同,都是卜問王是否能達到他的目的。

---

① 林宏明綴組,參林宏明《醉古集:甲骨的綴合與研究》,臺北:萬卷樓圖書2001年版,組340。

甲骨文常以"若"、"祐"加强"王用"福祐辭的含義,如:

  貞:今般取于尻,王用,若? 　　　　　　　　　　　　　　　　　《合集》376
  王用竹若? 　　　　　　　　　　　　　　　　　　　　　　　　《合集》15411
  叀沚或啓,我用,若? 　　　　　　　　　　　　　　　　　　　　《合集》33056

"我用若"即王祈禱得到崇高者的承諾。

《合集》2635曰"貞:婦好弗其用?",與王用的意思相同,只是"用"的主體是婦好。《合集》29694"其唐(吾)用舊臣貝?吉",則應是占卜是否奪取舊臣財富的意思。這些句子中,"用"字的意思均同。

(七) 獨立的用辭

甲骨刻辭中,有以"允用"一詞作爲驗辭的記録,如:

  癸巳卜,爭:允用。 　　　　　　　　　　　　　　　　　　　　《合集》812
  勿呼伐舟?叀允用。 　　　　　　　　　　　　　　　　　　　　《合集》5684
  〔己卯〕卜,疲〔貞〕:叀翌庚〔辰〕用庚□?允用。 　　　　　　　　《合集》15385
  貞:于翌甲辰用,羌?允用。 　　　　　　　　　　　　　　　　《合集》454+1694①

"用"字的含義頗爲廣泛,作爲驗辭,有吉、有得、順事、可用等意思。甲骨文驗辭經常有"吉,用"、②"大吉,用"、③"弘吉,用"④等文句出現。"用"或"吉用"經常作獨立驗辭,未記録任何占卜問題。

如果没有特别的綫索,句末的"用"字常可作問辭或驗辭兩種理解。在甲骨文中另常見有不配合任何其他内容的"其用?"或"不用"、"勿用?",以作爲獨立的記録。⑤

---

① 林宏明綴組,參林宏明《醉古集:甲骨的綴合與研究》,組320。
② 《合集》28965、29867、29014、29245、29800、30280、31211、31287、31748—31753等。
③ 《合集》28567、28997、29079、29491、29632、29985、30000、30213、30459、30752、31732—31735。
④ 《合集》28759、28961、32691—31693等。
⑤ 如《花東》6、15、19、24、26、29、34、45、54、58、68、80、93、105、135、137、141、142、147、160、170、189、194、198、207、222、228、257、128、283、324、336、364、402、419、435、442、460、475、504、508、532、534、557;《合集》416、557、787、811、839、965、3061、4498、5626、6391、6647、11800、15397、15400、15415、15416、15417、15419、15420、15421、21131、22065、22066、22092、22147、22263、22374、22426、22446、22447、23690、25910、25911、25913、28090、28093、28216、29504、30687、30702、32563、33126、34150、34240、34363、34422、35154、35363;《英藏》580、803;《懷》1665等等。

或如《合集》488所載,其謂"王固曰:用,勿由?",其"用"字亦是單獨成句。筆者認爲,這些記錄類似甲骨文"吉"、"不吉"、"咎"、"亡咎"等刻辭,都是出現在不同的情況下,是意思相近的概念。

在甲骨文二、三期以來的刻辭中,常見有"兹用"的記錄。在極少數的刻辭中,"兹用"是指"應該要這樣進行祭祀":

辛巳,兹用于土。	
兹用于土。	《合集》32183
己巳卜,其有歲于南庚,兹用一牛。	《合集》32608
兹用三牢。	《合集》41685
……于父丁,兹用辛酉十牛。	《屯南》289
□丑,兹用在中?	《合集》34458

"兹用"大多數放在卜辭之後作爲驗辭。當然,其在祭祀辭中可以作爲確認祭禮施行的記錄,但它也常常見於非關祭禮的卜辭中。因此,筆者認爲其大概是"這樣就好"、"這樣就能吉祥"、"就這樣施行,可以獲得"等意思。

在甲骨文晚期的祭祀辭、戰辭、獵辭、祈雨的記錄中,都會以"兹用"作爲驗辭:

王其各于大乙﹜伐,不遘雨?吉,兹用,不雨。	《合集》27000
弜戠日,其有歲於仲己?兹用。	
癸未卜,父甲木丁,制牛?兹用。	《懷》1371
叀制牛?兹用。	《合集》37035、37036、37056、37126
于公宣,其祝于危方奠?兹用。	《合集》27999
癸未卜龍來以導方□?兹用,乙酉遘□。	
三牛?兹用。	《合集》33189
王其田,擒?兹用。	《英藏》2300
王曰,貞:弗其獲?兹用。	《合集》24449
其比犬口擒,有狐?允擒,兹用。	《合集》28316
在盂亡災?兹用。	《合集》29134
從盂?吉。兹用。	《合集》28946
其雨?	
乙不雨?吉,兹用。	《合集》29873

在目前所發現的甲骨文中,至少有五百餘條相類的驗辭,其中一部分,"兹用"兩字並

没有相配的卜辞记録。①

"兹用"验辞常与"吉"、"大吉"等瑞祥记録连续,其中也不少为独立的吉祥辞,如:

  王往田,湄日,不遘大风？大吉。

  癸未卜,翌日乙王其〔遘〕不风？大吉,兹用。   《合集》29234

  其酚方,今夕有雨？吉,兹用。   《合集》29992

  ……鹿,弗擒？吉,兹用。   《合集》28344

  ……王其田,湄日无灾,不遘雨？吉,兹用。   《合集》28512

  ……王其田,以万湄日,亡灾？吉,兹用。   《合集》29397

  丁至庚其遘小雨？吉,兹用,小雨。   《合集》28546＋30148②

---

① 另参《合集》1824、6211、12993、22946、23148、24402、24449、24502、24549、25015、25016、25017、25018、25817、26995、27015、27164、27172、27179、27251、27306、27313、27315、32362、32468、33189、35141、35150、35151、27310、37349、27360、27368、27387、27394、27415、27443、27470、27483、27539、27551、27588、27614、27620、27621、27623、27659、27751、27799、27884、27890、27915、28369、28654、28693、28801、28890、28939、29441、29454、29465、29580、29593、29608、29643、29658、29700、29843、29856、29857、29873、29910、30173、30214、30303、30305、30310、30311、30381、30433、30439、30521、30522、30633、30738、30744、30869、30937、30940、30981、31141、31156、31705、31706、31708—31710、32053—32055、32075、32087、32106、32113、32117、32119、32123、32133、32184、32193、32202、32224、32225、32227、32230、32242、32252、32253、32279、32284、32303、32329、32342、32347、32360、32366、32409、32441、32446、32448、32449、32453、32461、32480、32501、32512、32513、32531、32535、32536、32538、32567、32569、32574、32586—32588、32595、32596、32611、32615、23618、32625、32637、32645、32660、32673、32691、32695、32707、32721、32735、32742、32750、32753—32755、32791、32792、32803、32935、33005、33031、33190、33314、33338、33402、33422、33430、33436、33526、33691、33695、33696、33894、33954、33969、33986、34004、34029、34115、34123、34124、34137、34148、34165、34170、34221、34240、34258、34259、34300、34302、34309、34313、34323、34344、34363、34381、34384、34436、34442、34443、34450、34458、34466、34467、34469、34474、34538、34557、34561、34601、34621、34622、34629、34660、34665、34683、35131—35140、35142—35149、35152—35156、35162、35436、35818、35823、35825、35828—35830、35834、35837、35839、35840、35842、35848、35858、35914、35917、15918、35920、35930—35935、35942—35945、35950、35965、35966、35975、35976、35981、35986、35991、35995、35999、36002、36004、36005、36013、36022、36032、36042、36076、36078、36080—36082、36088、36091、36093、36094、36097、36101、36103、36105、36110、36114、36116、36126、36134、36137、36142、36145、36149、36153、36158、36159、36164、36166、36178、36185、36322、36323、36325、36326、36335、36524、37015、37027、37029、37031—37034、37037、37047—37055、37079、37988、37130、37137、37160、37164—37166、37169、37171、37176、37187—37195、37207、37225、37280、37308、37309、37317、37318、37324、37853、38234、38241、38734、38735、38737、38756、39441、41456、41473、41476、41482、41496、41544、41660、41789、41793；《屯南》1062、1088、1131；《英藏》2267；《怀》1591、1688；等等。

② 林宏明缀组,参林宏明《醉古集：甲骨的缀合与研究》,组278。

甲骨文用辭及福祐辭

翌日辛王其省田,藜入,不雨?吉,兹用。　　　　　　　　　《合集》28628
……卜,万其[字]至凡,王弗悔?大吉,兹用。　　　　　　　　《合集》28122
丁亥卜,翌日戊王兑田大啓?大吉,兹用。　　　　　　　　《合集》28663
叀桑田省延至于之,亡灾?大吉,兹用。　　　　　　　　　《合集》28991
叀倪田,湄日,亡灾,導王,用?大吉,兹用。　　　　　　　　《合集》29239
丁亥卜,翌日戊王叀呈田……王擒狐三十又七。弘吉,兹用。　《合集》28314
弘吉。兹用。　　　　　　　　　　　　　　　　　　　　《合集》31690
大吉,兹用。
　　《合集》27454、29234、29603、30149、30820、31694—31703、41427《懷》1419
吉,兹用。　　　《合集》29816、29851、30125、31102、31143、31704、31707
吉。　吉。　吉,兹用。　　　　　　　　　　　　　　　《合集》41425
……兹允用　　　　　　　　　　　　　　　　　　　　《懷》1570

"兹不用"這類負面的驗辭極少見於甲骨刻辭中,[①]其可能原因很多,今人已難知之。

(八) 用福祐辭

由上文可知,甲骨文用辭指涉極廣,且均有福祐辭的意味。部分用辭並加上其他字彙,以強調福祐的含義。如:

甲、祐用

例如卜辭常見"用王受祐"的記錄。

叀二十祀用王受〔祐〕?　　　　　　　　　　　　　　　《合集》29714
于宗用王受有祐?　　　　　　　　　　　　　　　　　《合集》30307
叀兹豐用,王受祐?　　　　　　　　　　　　　　　　《合集》30725
高用王受有祐?　　　　　　　　　　　　　　　　　　《合集》26991
……庚,叀召用王受祐?　　　　　　　　　　　　　　《英藏》2359
……于[字]用王受祐?大吉,兹用。　　　　　　　　　　《屯南》1088

此外尚有很多相同的文例,在《合集》共出現了五十餘次。
此外甲骨文中亦有"祐用"一詞:

丁卯卜,行貞:叀祐用?在十一月。　　　　　　　　　《合集》24351
庚子卜,行貞:叀祐用?在八月。　　　　　　　　　　《合集》25045

---

① 《合集》22758、24402、24549、25018、33006、35162、41687。

……今往王呼悔钔，叀之祐用，有雨？　　　　　　　　　　　　　《屯南》2254

《合集》30343、《英藏》2265 也有以"用祐"爲祈禱用辭的例子。

乙、吉用

《合集》559、562+7715 載"王固曰：其用？"，雖然没有多加吉、祐等福祐辭，但意思與《合集》17699、17319 所載的"王固曰：其吉？"[①]非常接近。也就是説，甲骨文"用"字本身與"吉"字的意思相仿。有吉就可得而用之；有吉就事情可以被順利施行；事情順利就是吉。甲骨文用辭也有"吉用"一詞：

　　王固曰：吉用？　　　　　　　　　　　　　　　　　　《合集》795、14022
　　貞：弜葬，叀吉用？　　　　　　　　　　　　　　　　《合集》15422
　　弜用，二十豈？大吉。吉用。　　　　　　　　　　　　《合集》30914
　　吉用。　　　　　　　　　　　　　　　　　　　　　　《合集》28323、31034

《合集》27453 在卜辭的左邊有"吉"、"大吉"、"吉用"三個吉辭，而《合集》28965 在卜辭的左邊亦有"吉用"、"吉"、"吉用"、"吉"四個吉辭，可見這都是意思相近的吉辭。另有很多卜骨卜辭旁邊只有一個"用"字，以表達"吉"的意思。基本上，我們可以推斷在殷商占卜文化中，"吉"和"用"的概念是相近的。

"吉用"若作爲占卜的問辭，有時會多加另一個字。如《合集》5268—5270 皆有"叀吉𤔔用？"，《合集》27846 則載有"辛亥卜，何貞：叀吉燕用？"，其意思不詳，待考。

丙、祝用

從"用"字的象形意義出發，很容易理解它所表達的占卜吉兆，所以含有"吉"的意思。此外"用"字也有祝禱的含義。所以在占卜刻辭中，"用"與"祝"兩字的關係非常密切。《花東》267 載録曰：

　　甲辰卜，又祭祖甲，子弜祝？

[①]《合集》17319"吉"字寫作"✿"，與典型的"✿"有别。唐蘭先生釋"✿"字爲"由"。（王懿榮舊藏、唐蘭釋：《天壤閣甲骨文存並考釋》，北京：北京圖書館出版社 2000 年版，頁 49—50。）從字形來説，西周中期師𩛥鼎（《集成》2830，現藏於陝西省歷史博物館）"由先祖"的"由"字寫作"✿"，與"✿"字形接近。《集成》13656"貞：有疾齒，叀有✿"，"✿"字讀爲"由"可通，所以唐蘭先生的釋讀應屬準確。但甲骨文中另有很多文例，該字若讀作"由"並不可通，如上述《合集》17319 以及 17320—17329 所載"貞：叀✿？"、"貞：有✿？"、"不叀有✿？"，或《合集》10049、12401 所載"貞：牛？✿。二告"、"貞：豕？✿。二告"等等。所以學者們乃另尋其他解釋，如郭沫若先生釋爲"古"（郭沫若：《卜辭通纂》，頁 50，第 61—62 辭。）于省吾釋爲"由"，並通爲"咎"（《甲詁》，頁 715）。依鄙見，"咎"的字形和用法並不一致，但與"✿"（吉）字字形接近，且有疑問的文句，依例應是通見有"吉"字的文句，所以"✿"字既可作"由"，又或爲"吉"的省文或訛字。

戊申卜，叀子祝？用。

歲祭時，子來祝賀祖先，感謝祖先，並祝禱將來的福祐。"子祝"的問辭顯然不是卜問需否祝禱，而是問祈禱是否順利。在這樣的卜辭中，"用"字應作爲驗辭，表示確認了祝禱的順利。以下幾條記載也相類似：

乙卯，歲祖乙殳，叀子祝？用。　　　　　　　　　　　　　《花東》76
甲辰卜，歲覓友祖甲羖，叀子祝？用。　　　　　　　　　　《花東》179
甲申，歲祖甲，𤕨 祝？用。　　　　　　　　　　　　　　《花東》220
甲辰卜，歲祖乙黑牡一又牝一，叀子祝？用。　　　　　　　《花東》481
辛未卜，子弜祝？用。　　　　　　　　　　　　　　　　　《花東》214

在其他卜辭中，"祝"和"用"也有作爲互文的例子，如：

叀……用于……祐？
舌祖乙祝，叀祖丁用，王受祐？
叀高祖夒祝用王受祐？　　　　　　　　　　　　　　　　　《合集》30398

"祖乙祝"和"祖丁用"兩句相應，都有祝禱、祈求王受祐的作用。"祝用"在卜辭中也有當作同義複詞的文例，以表達祝禱、祈求獲得的意思：

丁丑卜，狄貞：其求禾于河，叀祖丁祝用？吉。
貞叀父甲祝用？
貞：叀祖丁祝用，王受祐？　　　　　　　　　　　　　　　《合集》30439
叀𠛱歲，祝用？大吉。　　　　　　　　　　　　　　　　　《合集》30958
叀叡，祝用，有正？　　　　　　　　　　　　　　　　　　《合集》31009
……翌丁亥，叀上甲祝用？　　　　　　　　　　　　　　　《合集》8093
叀祖丁祝用？吉。吉。　　　　　　　　　　　　　　　　　《合集》27296
其求年……岳叀……用祝
叀茲祝用？　　　　　　　　　　　　　　　　　　　　　　《合集》30418
……新祝用？　　　　　　　　　　　　　　　　　　　　　《合集》30799
……祝用？　　　　　　　　　　　　　　　　　　　《合集》32790、19849

"祝用"一詞可呈現用辭概念在殷商占卜文化中的多類面相，也經常用以表達祝禱是否成功的意思。

丁、用若

"用若"也是一種常見的用辭。上文已提及"若"字意指來自上面的支持並帶有授權的意味,陳夢家先生將"若"解釋作"諾"和"允諾",應也可從。① 上文已提及"用若"常見於戰辭和獵辭中,也有"王用若"的卜辭。而在祭祀記錄中,也同樣可見有該詞,如:

甲午卜,子乍玉分卯,子弜告于用若? 《花東》391

子弜叀舞戍于之,若用?

子其叀舞戍,若不用? 《花東》206

壬午卜,㱿貞:翌乙未用若? 《合集》16387

……迺其用若?八月。 《合集》16388

……弜用若?在十一月。 《合集》25903

丙寅,貞:行叀春🈂用若? 《合集》32934

辛卯卜,叀爯啓,用若? 《合集》33098

其大概的意思是祈求得到崇高者的支持、承諾,或卜問祭禮是否被神祖接受,而賜予其承諾。"用祐"和"用若"的意思相近,都是祈求來自崇高者的支持和祐助。

在有些"用"和"若"倒寫的卜辭中,"若"字可能要讀作問辭,而"用"則爲驗辭,如:

丙辰卜,延奏商若?用。 《花東》86、382

庚戌卜,□钾宜,翌日壬子延酚,若?用。 《花東》149

戊戌卜,在淨,子射,若?不用。

戊戌卜,在淨,子弜射于之,若?

己亥卜,在呂,子其射,若?不用。 《花東》467

乙酉卜,乎垇麤,若?用。 《花東》220

丁卯卜,再于丁黎在喧,迺再若?用。 《花東》363

壬寅卜,子夋,子其屰□于婦,若?用。 《花東》492

---

① 參陳夢家《殷墟卜辭綜述》,北京:中華書局 2008 年版,頁 567。先秦兩漢文獻中也保留了此種"若"字的用義。如《國語·晉語二》:"夫晉國之亂,吾誰使先若二公子而立之,以爲朝夕之急。"其"若"字即指選擇授權的意思。《左傳·宣公三年》:"故民入川澤山林,不逢不若,魑魅罔兩,莫能逢之。"《商君書·慎法》:"外不能戰,內不能守,雖堯爲主不能以不臣諧所謂不若之國。"則指和善而順祥的意思。《楚辭·天問》:"何獻蒸肉之膏,而后帝不若?"《漢書·禮樂志》:"神若宥之,傳世無疆。"則是最接近於卜辭中"若"義的文例。(戰國周)左丘明撰、(吳)韋昭注:《國語》,《四部刊要·史部·雜史類·事實之屬》,臺北:漢京文化事業有限公司 1983 年版,頁 309;(晉)杜預注、(唐)孔穎達等正義:《春秋左傳正義》,《十三經注疏》,臺北:新文豐出版公司 2001 年版,頁 956;(戰國衛)商鞅撰、賀凌虛注譯:《商君書今注今譯》,臺北:商務印書館 1985 年版,頁 187;(楚)屈原著,洪興祖補注:《楚辭補注》,臺北:大安出版社 2004 年版,頁 142;(漢)班固撰、(唐)顏師古注:《漢書》,北京:中華書局 1962 年版,頁 1055。

這樣的結構,目前只在《花東》卜辭中發現。

戊、用正

上文已引幾條"用,有正"的記録,如《合集》27133"于祖丁,用,有正,王受祐?",《合集》28209"叀祖丁秾舞,用,有正?",《合集》31009"叀馭,祝用,有正?",《合集》41485"叀祖丁唐執,用,有正?",有些學者認爲,"正"字要通假作"祊",這是祊祭的祭法。① 但筆者仍以爲應讀如字,只是卜辭的意思依然不甚清楚,必須重新思考。

"正"字在甲骨文裏有正向、正定的意思,亦可作正月或征伐的意思。在上述卜辭中"正"的含義應該如同《詩·大雅·文王有聲》所言"考卜維王,宅是鎬京,維龜正之,武王成之",②即表達確定的意思,不過同時也有正面、不偏不倚的正向意味。同時《易·蹇》有言"當位貞吉,以正邦也",③顯示"正"字在古代占卜文化中,即具有制御、治理的含義。或許卜辭中所言王事"有正",是指凶咎被制止,邦家獲得治理。可以説,甲骨文的"正"字也是有一種福祐辭的作用。

甲骨文中另有數條"用正"的記録:

今日夕用正?	《合集》903
丙戌卜,葡貞:其用正?	《合集》6567
叀牛,用正?	
叀牢,用正?	《合集》30825
貞:用正?	《合集》8852
甲午……用正?	《合集》16251

此處卜辭更加簡略,不能完全確定其爲正月首日祭禮的記録,或求問征伐之事的卜辭。但筆者認爲,其意思應該與上述"用有正"的卜辭相仿,即卜問是否正向無咎的福祐辭。

己、其他

據上所述,可以推斷殷商占卜文化中,用辭有非常重要的作用。除了卜問、確認占卜結果、祭祀、祈禱過程外,甲骨用辭也常帶有福祐辭的作用,或與其他福祐字彙作複合詞。除了上述用辭外,還有"疣用"、"率用"、"永用"等記録,早已在學界引起了許

---

① 《花東》,頁1575。
② (漢)毛公傳、鄭玄箋,(唐)孔穎達等正義:《毛詩正義》,頁1607。
③ (魏)王弼、(晉)韓康伯注,(唐)孔穎達等正義:《周易正義》,《十三經注疏》,臺北:新文豐出版公司2001年版,頁333。

多辯論，對這幾個字筆者曾已做過討論。①

六、結　語

《説文·用部》云："用，可施行也。从卜、中。"段玉裁注："卜中則可施行，故取以會意。"甲骨文"用"字的字形明確从"卜"，徐中舒先生定義爲"決定吉凶"的意思。筆者通讀甲骨刻辭，發現其中的"用"字含義與現代語文有差異，反而與許慎的定義較接近，亦即通過祭禮祈求崇高者的允許、卜問吉祥等。

據上所述，我們可以思索用辭在甲骨文中的實際作用，或許不限於單純的"享用祭品"的意思而已。其雖然常用於祭祀辭中，但"用"的本意源自施行占卜、決定事情的吉凶，所以它的意思也涉及各方面占卜的作用，包括確定祭禮的方式、卜問祭禮的成功、確定事情的吉凶等等。"用"字在祭祀辭中，除了卜問祭品和祭禮的流程，也可以卜問祭禮的成功是否被神祖接受，是否達成祭者的目的，並獲得神祖的護祐。"用"字作問辭或驗辭都是表達正面的意思。祭禮有"用"，是指祭禮有吉祥、成功的效果，所以用辭在祭祀辭中的含義接近於"吉"，即代表順利成功的情況，可視爲福祐辭。

總而言之，"用"字在祭祀辭中可具有雙方向的意涵，一方面是用祭品祭祀祖先，另一方面則由祭祀者受祐於祭禮的結果。這與後世金文的記録相同，一方面是"用作"，即表達以某財物來源製造享祀祖先的禮器，或以某祭品享祀祖先的意思；另一方面，"寶用"則表達祭禮對祭祀者及其後裔的作用。祭祖的甲骨文和商周金文兩者都屬宗廟記録，所以其用辭含義相同是非常合理的事。

如果從後世的祭禮活動來看，通常的流程是祭品準備好後，祈問受祀對象所備之物是否正確；祭禮活動時，進行升獻並祈禱，再問受祀對象是否滿意；最後進行祈禱，求得受祀者的保祐。殷商時期的祭禮活動流程亦應與此相類，甲骨記録"用"字的出現，也正涵蓋了這三種意思：提供祭品給神使用，神使用了祭品，祭祀者受用神的支持。

甲骨文"用"字不僅出現在祭祀卜辭中，也見於祈雨、求年、田獵、征伐等占卜的記録中。在非祭祀辭中"用"字均指占卜符瑞，而"不用"則指祈求沒有成功。在獵辭和戰辭中，"用"字均有"得"的意思，表達田獵有獲或戰事取得成功，故也有福祐辭的

---

① 參郭靜雲《由商周文字論"道"的本義》，《甲骨文與殷商史》新 1 輯，北京：綫裝書局 2009 年版，頁 203—226；郭靜雲《甲骨文"𩰲"、"兀"、"𤐫"字考》，《甲骨文與殷商史》第 3 輯，上海：上海古籍出版社 2013 年版，頁 197—221。

含義。

　　"用"字的含義頗爲廣泛,可作爲問辭或驗辭,表示有吉、有得、順事、可用等情況。"用"字常常單獨成句,筆者認爲,這些記錄類似甲骨文"吉"、"不吉"、"咎"、"亡咎"等吉祥辭。甲骨文"用"字本身與"吉"字的意思相仿。有吉就可得而用之,有吉事情就可以被順利施行,事情順利就是吉。"用"字在許多卜骨上,一如刻在卜辭旁邊的"吉"字,以表達占卜的吉祥結果。"用"或"兹用"驗辭常與"吉"、"大吉"等瑞祥記錄連續或互換。基本上,我們可以推斷在殷商占卜文化中,"吉"和"用"的概念是相近的。

　　換言之,殷商占卜文化中,用辭有非常重要的作用。除了卜問、確認占卜結果、祭祀、祈禱過程外,甲骨用辭也常帶有福祐辭的作用,或與其他福祐字彙作複合詞,其中有"吉用"、"祝用"、"祐用"、"用若"、"用正"、"禨用"、"率用"、"永用"等。

試探牛肋骨刻辭的貞卜意義

湯 銘

（山東博物館）

在甲骨刻辭中，有一種牛肋骨刻辭極爲少見，而關於它的性質，學界長期以來存有爭議。其爭議的焦點主要圍繞着牛肋骨刻辭是否具有卜辭性質，抑或只是作爲習刻或仿刻之用來展開的，多年來未有定論。現借中國社會科學院歷史研究所與山東博物館合作整理、研究館藏甲骨之契機，將爭議最多的、孫文瀾先生所藏的牛肋骨刻辭真實展現，爲論證牛肋骨刻辭的性質提供有力證據。下面就現世已知爭論較多的牛肋骨刻辭的資料進行匯總及綜合分析。

一、第五次安陽小屯發掘的牛肋骨刻辭

1931年，在由董作賓先生主持的、安陽小屯的第五次殷墟發掘中，首次出土了有字的牛肋骨刻辭。董先生在《甲骨文斷代研究例》中指出："第一、二期的兼用龜背甲貞卜刻辭，第四期兼用牛肋骨刻辭，都是第五次發掘（二十年冬）所得的新穎而真實明確的知識。"①董氏說的四期刻辭，即《甲編》3629號（《合集》27460，圖一），屬於三期廩辛、康丁時期，上有兩條卜辭："□子卜，父甲豐。……父杏歲，即且……"胡厚宣先生在《甲骨學緒論》中認爲

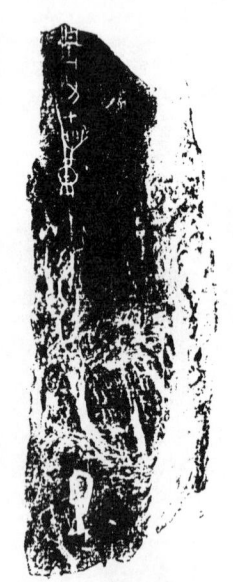

圖一　《合集》27460

---

① 董作賓：《甲骨文斷代研究例》，《董作賓先生全集》甲編第2册，臺北：藝文印書館1977年版，頁460。

此片刻辭"文極草率,又無鑽灼卜兆之痕,自當爲習刻之字,非普通之卜辭也"。① 筆者認爲,由於刻辭内容不全,難以考證其卜辭性質,但其中的"□子卜"應爲卜辭中的叙辭之形式,所以也不能就此斷定這片内容殘缺的牛肋骨刻辭不是卜辭。

二、鄭州二里崗出土牛肋骨刻辭

1953年4月中旬,鄭州二里崗商代城址出土了一段商代牛肋骨刻辭(圖二)。② 趙全嘏先生在《鄭州二里崗的考古發現》一文中,收錄了經陳夢家先生鑒定後制出的肋骨片形部位釋文,共十字(圖三),即"又屮土羊乙貞从受十月"。③ 陳先生認爲這片刻辭是"刻著練習契刻卜辭的十個字",並指出"占卜只用肩胛骨,不用肋骨"。④

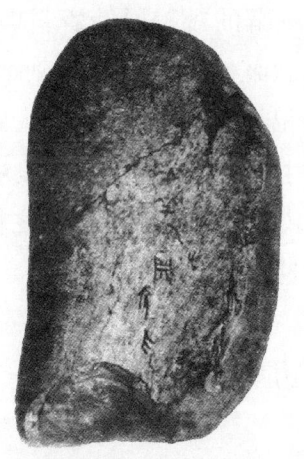

圖二　鄭州商城出土牛肋骨掃描影像　　圖三　鄭州商城出土牛肋骨刻辭釋文

李學勤先生在他的《鄭州二里崗字骨的研究》一文中,對陳氏的看法提出了不同見解。⑤ 李先生將刻辭分成兩條卜辭,將"屮"釋作丑,並插入第二行"乙"字之下,釋作:

又土羊。

---

① 胡厚宣:《甲骨學緒論》,《甲骨學商史論叢》第2集下册,成都:成都齊魯大學國學研究所1945年版,頁424。
② 楊育彬:《河南考古》,鄭州:中州古籍出版社1985年版,頁103,圖版24。
③ 趙全嘏:《鄭州二里崗的考古發現》,《新史學通訊》1953年第6期,頁14。
④ 陳夢家:《解放後甲骨的新資料和整理研究》,《文物參考資料》1954年第5期,頁6。
⑤ 李學勤:《鄭州二里崗字骨的研究》,《中國社會科學院歷史研究所學刊》第1集,北京:社會科學文獻出版社2001年版,頁3—4。

乙丑貞，从受
　　十月

　　李先生對刻辭大意進行了解釋，認爲刻辭月日干支清楚，"又（侑）土羊"是指祭祀，"土"讀爲地神的"社"。李先生認爲"在殷墟，習刻的字骨有肋骨，也有胛骨，其共同特點是文字的紊亂幼稚"，"至於那些卜辭完全、字體又精好工整的，恐怕很難説是模仿性的習刻，二里崗的肋骨也當劃歸這一類"。並且，李先生對這一觀點做出"兩種可能"的解釋：第一種解釋認爲牛肋骨"是教卜的人爲習刻者示範的例子"，"不過當時刻過的甲骨大量現成，有什麽必要做這種範本，尚須斟酌"；第二種解釋是"當時另有使用肋骨的卜法，而且是不施鑽灼的"，李先生還舉例了"日本、朝鮮的卜骨就有肋骨，或加燒灼，或者不然"之情形。對於這兩種解釋，李先生指出"我自己是傾向後一種解釋的"。葛英會先生在《讀鄭州出土商代牛肋骨刻辭的幾種原始資料與釋文》一文中也認爲這不是習刻的作品，並指出"因爲，這是兩款辭例較爲完備的刻辭，其中第一款有前辭、命辭與占卜月份，第二款省略前辭，是祭祀社神地祇的卜辭，大致相同的辭例也見於殷墟卜辭"[1]。筆者也贊同李先生和葛先生的觀點，從牛肋骨刻辭的內容構成上來看，符合卜辭的基本特徵，且刻法的熟練及認真程度也絶非習刻之情形。只是對於當時是否存在不施鑽灼的肋骨的卜法，尚需證據進一步確認。

三、美國所藏牛肋骨刻辭

　　1957年李學勤先生綴合了《庫方》958＋1106的牛肋骨寫本（拓本後著録於《美國》10、11，圖四），得13條卜辭：

　　正面：

　　　　乙巳卜，其示帝。
　　　　乙巳卜，帝曰叀丁。
　　　　叀乙，又曰。
　　　　叀辛，又曰。
　　　　癸丑……
　　　　弜㱃。
　　　　癸丑卜，其品於……
　　　　其品，即……

---

[1] 葛英會：《讀鄭州出土商代牛肋骨刻辭的幾種原始資料與釋文》，《中原文物》2007年第4期，頁97。

試探牛肋骨刻辭的貞卜意義

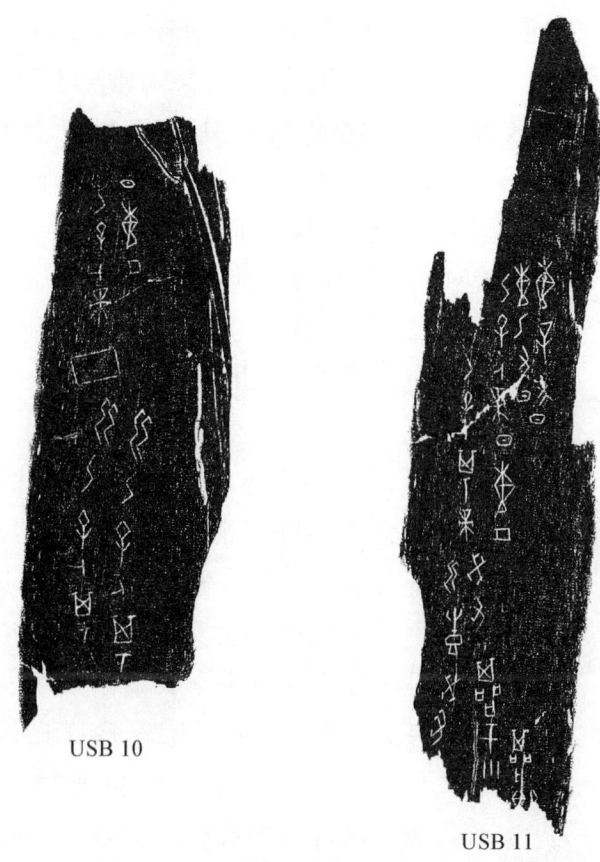

図四 《美國所藏甲骨錄》11 正、10 反

反面：

乙巳卜,其示。

弜。

乙巳卜,其示。

弜。

乙巳卜,帝曰東丁。

李學勤在《論殷代親族制度》一文中對刻辭進行了解釋。認爲刻辭中的"帝"即是殷王的稱謂。"示"即指主,此處系卜爲故王立主。"弜"是否定副詞。反面四辭,一正一反,是甲骨占卜中常用的正反對貞、同事異問。李先生認爲乙巳卜一組是給剛死去的王選擇日名的卜辭。[①] 1979 年他在訪問美國期間,於匹茲堡郊區梅麗丹研究中心得以目驗原骨,發現"刻辭刀法精熟,絶非僞刻","肋骨未見鑽灼,但字迹毫無倒錯紊

---

① 李學勤：《論殷代親族制度》,《文史哲》1957 年第 11 期,頁 35。

亂,又不像是習刻",故他重申了以前的看法,指出"肋骨是可以有卜辭的,鄭州二里崗採集的一片即是實例"。① 筆者贊同李先生的看法,美國所藏牛肋骨刻辭相較之前所見的鄭州刻辭等,刻辭字數較多,在刻辭内容上更豐富,結構上更完整,且刻法"精熟",與普通甲骨卜辭無異。可以看出,牛肋骨也是可以用作占卜的,雖然没有進行鑽灼,可能是因爲骨質較薄或施用鑽灼空間不足,而作爲特例,應當是采取某種不作鑽灼的占卜方式,雖仍未有證據證明,但這種可能性進一步加大。

四、孫文瀾藏牛肋骨刻辭

70年代時,胡厚宣先生在根據甲骨實物及拓本證明《甲骨卜辭七集》著録的原臨淄孫文瀾藏甲骨文 X1—31 全爲真物的同時,還提到 X1 爲一片牛肋骨刻辭(《合集》31678,圖五),胡氏指出:"這是一片牛肋骨卜辭。卜辭用牛肋骨的極少見。因有貞人寧,知當爲廩辛康丁時所卜。"②胡氏的這一主張改變了早先牛肋骨"並無卜用之辭"的説法。而針對胡氏的説法,嚴一萍提出了異議,先是重申董作賓早年舊説《七集》X1—31 孫氏藏甲骨"幾乎全是仿刻,無一原刻。仿刻與贋刻不同,贋刻或雜湊字句,或别構新辭,出於臆造爲多,仿刻則頗像翻版之書,依樣葫蘆,冒牌原版",此係"仿刻全段而依原款式",③並進一步辯解説"X1 的肋骨刻辭,如不是出於後人仿刻,也是當時習契者的抄録,因爲骨版的正反兩面都没有鑽鑿灼痕"。④ 嚴氏對孫氏藏牛肋骨的性質主張殷人仿刻説。現在,胡氏與嚴氏爭論的孫文瀾藏牛肋骨 X1,除見於《合集》中的拓片外,還有實物可得驗證,這片牛肋骨現

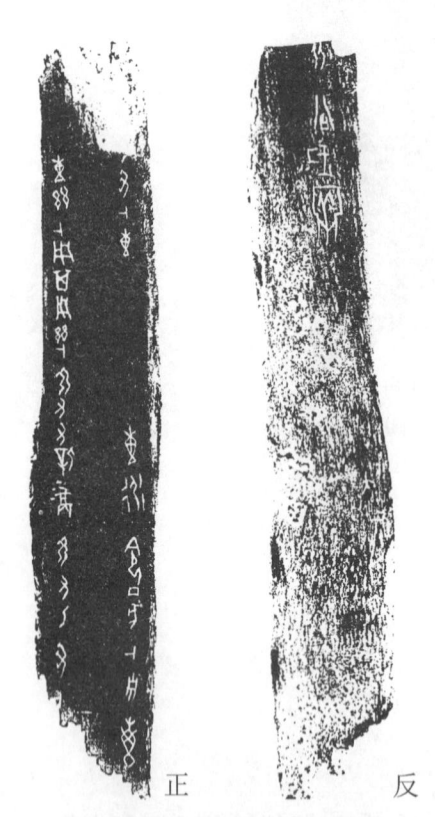

正　　　反

圖五　孫文瀾藏牛肋骨刻辭
　　　(《合集》31678)

---

① 李學勤:《論美澳收藏的幾件商周文物》,《文物》1979年第12期,頁73。
② 胡厚宣:《臨淄孫氏舊藏甲骨文字考辨》,《文物》1973年第9期,頁53—54。
③ 董作賓:《方法斂博士對於甲骨文字的貢獻》,《北平圖書館圖書季刊》新第2卷第2期,1940年。
④ 嚴一萍:《甲骨卜辭七集中孫氏藏甲骨的真僞問題》,《中國文字》第52册第12卷,臺灣:臺灣大學文學院古文字學研究室,1974年,頁5729。

藏於山東博物館。

五、山東博物館甲骨文整理與研究工作中的發現與探索

孫氏藏甲骨 X1，系孫氏於 1907 年以前所得，乃早期殷墟出土之物。1945 年孫氏去世後，由山東圖書館購買了 9 片，後輾轉歸山東博物館保存。2014 年 2 月，宋鎮豪先生受山東博物館邀請，前來指導並合作開展山博甲骨文的整理與研究工作，在整理的過程中，拍攝了這片肋骨的高清照片，不僅使肋骨的真貌得以展現，也爲它的真僞辨認提供了可靠的證據。

（一）比對《合集》拓片，鑒證和辨析肋骨實物

孫氏藏甲骨 X1，即山博館藏文物分類號爲甲 8.85.1 的牛肋骨（如圖六所示）。通過實物比對，它與《合集》31678（圖五）的甲骨拓片在形狀、大小、刻辭的文字及位置等完全吻合一致。由實物照片可見，肋骨表面平滑光潤，整治精細，刻辭之刀法力道均勻，字體規整，書體深刻，結構緊湊，大小協調，可看出刻者的用刀熟練和在刻辭時的認真規範。與其他作正式之用的甲骨刻辭相比，在刻辭製作上並無差異。

（二）辨析刻辭內容的卜辭特徵

牛肋骨上下兩端有所缺失，正反兩面皆有刻辭。肋骨刻辭的文例采用了自下而上的排列方式，需分段逐一向上進行釋文：

正面：

乙丑卜……
弜又。
又妣辛潘。
弜又。
其用兹卜。
更兹卜用。

圖六　山東博物館藏牛肋骨（文物分類號：甲 8.85.1）

乙丑卜,叀。(此省略"兹卜用"三字)

丁亥卜,寧,🝎……

叀派令。

反面：

公歲小宰。

根據胡厚宣先生的《臨淄孫氏舊藏甲骨文字考辨》對肋骨刻辭的釋義,可知"乙丑卜"、"丁亥卜,寧"屬卜辭中的敘辭部分,表明了占卜的時間及貞人。"又妣辛淄"屬於卜辭中的命辭部分,表明了此次占卜所問的內容。妣辛是祖甲的配偶,也稱母辛;淄,祭名,意爲侑于妣辛用淄祭。"弜又"、"叀兹卜用"則屬於卜辭中的占辭部分。"叀兹卜用",叀讀若惠,表示肯定,言要按照這一卜去施行。"弜又",即弗侑,表否定。前六辭一正一反,乃反覆占卜之辭,屬甲骨占卜中常用的正反對貞、同事異問。反面刻辭一,言歲祭某祖公,用一宰即一對羊。① 雖未有驗辭,然驗辭不必然出現,所以孫氏肋骨刻辭具備甲骨卜辭文字內容的構成要素。

宋鎮豪先生在《夏商社會生活史》中談到甲骨文體文例時,提到《甲編》3629號、《合集》31678號以及《美國》的10、11(正、反面)三例牛肋骨刻辭,並認爲:"肋骨刻辭大都表面無鑽、鑿痕,難於施灼見兆,但幾乎包括了甲骨文辭各個種類,如習刻、仿刻、記事、干支表、卜辭等,上舉三例,卜辭辭例寬式與簡式穿插自如,運用嫻熟,沒有犯一般習刻者仿刻卜辭時常犯的關鍵字詞往往脱奪或生拉硬湊的通病,且辭例契刻或自下而上,或左右上下呼應,章法規範,一氣呵成,這是通家所爲,仿刻者實難做到也無須如此去做,故與其説是翻版卜辭,不如説是占卜時所刻卜辭,惟其卜法恐與一般甲骨所見鑽鑿灼兆有所不一樣,似用冷占卜法,恐怕是在施灼見兆之外的一種變通,屬於少數卜人所爲,而卜辭文辭却仍自然而然浸染於同時期流行文體間。"②筆者也贊同宋先生的看法,刻辭的貞卜內容表達清楚,語義通順,邏輯嚴謹,用詞準確,且刻辭中的用詞未出現與文意整體無關的臆造或拼湊之象,兩段刻辭的文例皆采用牛肩胛骨常用的自下而上的卜辭行文格式,行款有序,章法呼應,完全符合甲骨卜辭的文法規範。如此看來,在傳統的鑽灼卜法之外,的確可能存在一種不施鑽灼的冷占卜法,值得探究。

---

① 胡厚宣:《臨淄孫氏舊藏甲骨文字考辨》,《文物》1973年第9期,頁54。
② 宋鎮豪:《夏商社會生活史》下册,北京:中國社會科學出版社2005年版,頁915—916。

六、牛肋骨刻辭的冷占卜法

據國外學者研究,甲骨的占卜方法有"熱占卜"與"冷占卜"之分。美國漢學家吉德煒(David N. Keightley)在他的著作《Sources of Shang History》中指出,用動物肩胛骨的色彩和裂紋占卜是一種分佈很廣、延續很久的人類習俗。這類占卜可分爲熱占卜(pyro-scapulimancy)和冷占卜(apro-scapulimancy)兩類:一般說,東半球西部,地中海沿岸的西亞、北非和歐洲,用來占卜的骨多不經灼燒(但匈牙利和蘇格蘭也發現過熱卜的例子);而東半球東部的中亞和北亞,還有西半球的北美,則流行用灼燒的方法來占卜。[1] 吉德煒把世界各地的這種動物肩胛骨的卜法分成東方、西方兩大類型:東方型的卜法是對骨進行燒灼,看所造成的痕迹裂紋的形狀,以確定吉凶;西方型則省去燒灼,僅觀察骨的形狀、厚薄或紋理。美國著名人類學家克洛伯(A. L. Kroeber)在其名著《人類學》的第十二章《文化成長與傳播》中也對這種卜法的分類持相同觀點。

在中國古代的占卜術中也存在熱占卜與冷占卜,龜卜與筮占當屬這種情形。《太平御覽》卷九三一和九九七引《洪範五行傳》云"龜之言久也,十(千)歲而靈,比(此)禽獸而知吉凶者也",[2]"蓍之爲言蓍(耆)也,百年一本,生百莖,此草木之壽(儔)知吉凶者也,聖人以問鬼神焉",[3]又見《禮記·曲禮》云"龜爲卜,策爲筮"。[4] 可知龜卜是將龜這種由人們視爲神靈崇拜的動物作爲媒介而進行的占卜,而筮占則是將蓍草這種植物作爲媒介來進行的占卜。根據明代善本《春秋左傳注疏六十卷》對龜卜和筮占的疏解:"卜以(之)用龜灼以出兆,是龜以金、木、水、火、土之象而告人。筮之用蓍揲以爲卦,是筮以陰陽蓍策之數而告人也。凡是動植飛走之物,物既生訖而後有其形象,既爲形象而後滋多,滋多而後始有頭數。其意言龜以象而示人,筮以數而告人。"[5]筆者認爲,所謂龜卜即是對龜甲進行鑽灼的熱占卜法,這種占卜法的特徵是利用了所謂五行的自然力量,如火,並輔以人力而得出"象",如裂紋卜兆等。筮占則是用蓍草通過

---

[1] David N. Keightley, *Sources of Shang History*, California: University of California Press, 1978, p.3.
[2] (北宋) 李昉等撰:《太平御覽》卷九三一《龜》,北京:中華書局1960年版,頁4137。
[3] (北宋) 李昉等撰:《太平御覽》卷九九七《蓍》,北京:中華書局1960年版,頁4412。
[4] (西漢) 戴聖著、(南宋) 陳澔注:《禮記》卷一《曲禮上》,上海:上海古籍出版社1987年版,頁14。
[5] (春秋) 左丘明著、(晉) 杜預注、(唐) 陸德明音義、(唐) 孔穎達疏:《春秋左傳注疏六十卷》卷十四《僖十五年》、《盡二十一年》,嘉靖中福建刊本,頁15。

計算作卦的冷占卜法,這種占卜法的特徵是以人爲主體,以蓍草爲工具,通過一定的規則而計算得出的"卦數",無需進行燒灼。簡言之,龜甲可用作熱占卜,蓍草可用作冷占卜,那麼龜甲也可否用於冷占卜呢?

1983年至1987年,在河南舞陽賈湖遺址發掘的新石器時代裴李崗文化墓葬中,出土了不少成組的隨葬龜甲,龜甲一般放在墓主人的頭骨和脛骨部位,每組龜甲3至8個不等,這些龜甲裏面裝有石子,少數龜甲的邊緣還有鑽孔。如M17∶6、M363∶13d等,"龜殼中放有數量不等、顔色不同、形狀多樣的石子",且未作鑽灼,有的作了鑽孔。[①] 張居中先生認爲,成組龜甲和內裝石子表明,當時已存在着原始的用龜作占卜的現象。[②] 此外,舞陽還出土了一些刻符龜甲,如M344∶18(圖七、圖八),作爲一塊較爲完整的龜腹甲,上刻一"⊙",M335∶15(圖九)上刻一"日",這些符號與殷墟甲骨卜辭"目"字、"日"字等字形極爲相似。[③] 筆者認爲,殷墟甲骨文的"日"字等,應是繼承上述諸文化而來的。這更加證明了舞陽龜甲是用作占卜之物。

圖七　舞陽賈湖遺址出土"目"字紋龜甲(M344∶18) 　　圖八　舞陽賈湖遺址出土"目"字紋龜甲局部(M344∶18) 　　圖九　舞陽賈湖遺址出土"日"字紋龜甲(M335∶15)

---

① 河南省文物研究所:《舞陽賈湖遺址的試掘》,《華夏考古》1988年第2期,頁4—5、11—14;張居中:《舞陽賈湖遺址出土的龜甲和骨笛》,《華夏考古》1991年第2期,頁106。
② 張居中:《淮河上游新石器時代的絢麗畫卷——舞陽賈湖遺址發掘的主要收穫》,《東南文化》1999年第2期,頁9。
③ 河南省文物研究所:《河南舞陽賈湖新石器時代遺址第二至六次發掘簡報》,《文物》1989年第1期,頁12—14。

河南省文物考古研究所編著的《舞陽賈湖》一書在談及這種龜卜的原理時,認爲"龜腹石子應是一種寓於龜象的數卜",即通過將這些龜甲握在手裏反復搖動,石子可從龜甲上口振出,或以奇偶數目,或以石子的黑白之象,得出卦數。① 這種根據奇偶數目而做出的占卜,也可見於四川凉山彝族地區流行的一種"雷夫孜"占法。② 筆者認爲,這種使用龜甲進行數占的卜法是可行的,因爲無論是采用龜甲作爲數占的工具,抑或采用其他物質,只要可以完成數占,皆可適用。《左傳》僖公十五年:"若《易》之卦象,則因數而生。故先揲蓍而後得卦,是象從數生也。"③從文獻中"象從數生"可以看出,對於數占而言,卦象不是由何種外在物質或器具來決定的,而是由得出的"數"來決定的。因此,即使采用龜甲來進行數占也是可以的,熱占卜所使用的材料也可用作冷占卜。

　　同理可知,與龜甲同屬熱占卜法的獸骨,如牛肋骨,也可用于冷占卜。至於采用何種方式,尚未有確鑿證據予以證明,但僅在現有可證資料的情形下,就上述發現的牛肋骨刻辭而言,刻辭工法精熟,内容完全符合常規卜辭的要求,既不可能歸爲習刻之作,又不屬於進行鑽灼的熱占卜之卜辭,因而只能歸爲作某種冷占卜時用的卜辭。這種論證得出的説法應當是成立的。對於這些牛肋骨卜辭,應當作爲重要的研究材料予以重視,並應做進一步的發現與探究。

---

① 河南省文物考古研究所:《舞陽賈湖》下卷,北京:科學出版社1999年版,頁977—983。
② 汪寧生:《八卦起源》,《考古》1976年第4期,頁243—244。
③ (春秋)左丘明著、(晉)杜預注、(唐)陸德明音義、(唐)孔穎達疏:《春秋左傳注疏六十卷》卷十四《僖十五年》,《盡二十一年》,嘉靖中福建刊本,頁15—16。

"中央圖書館"所藏甲骨文字原稿

金祥恒

(臺灣大學,已故)

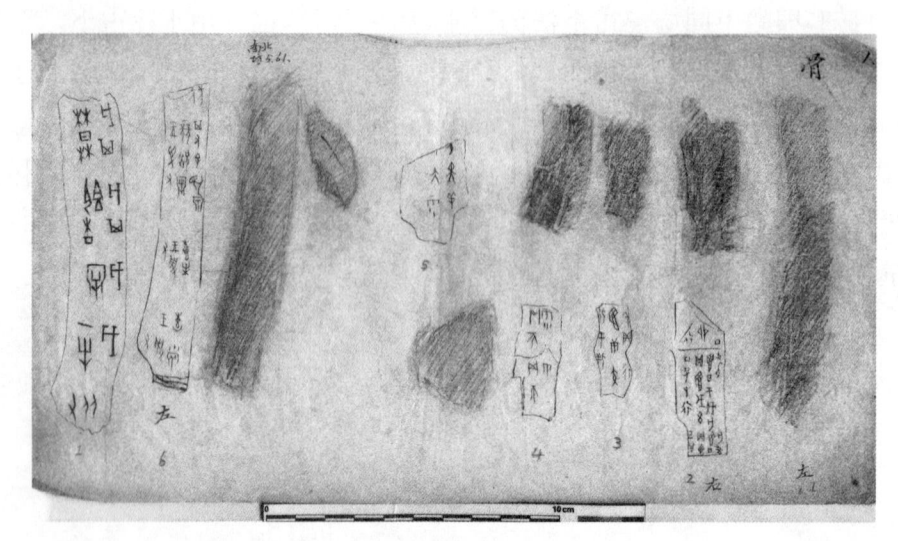

骨1

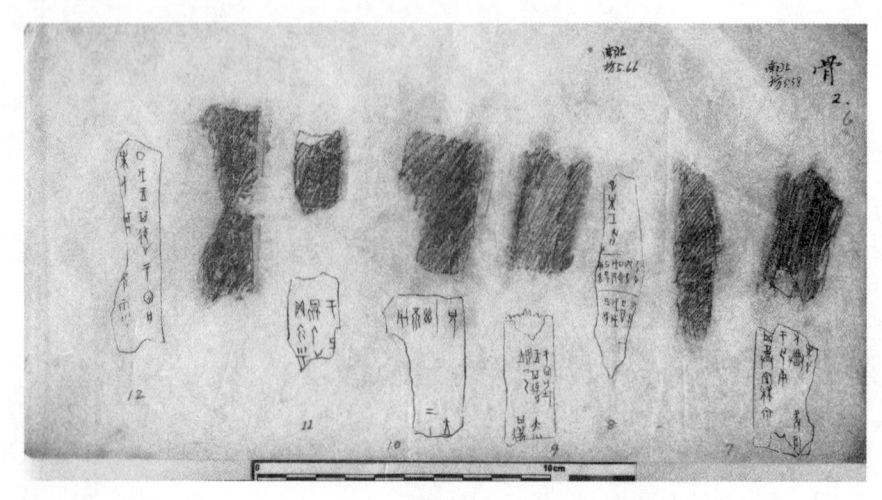

骨2

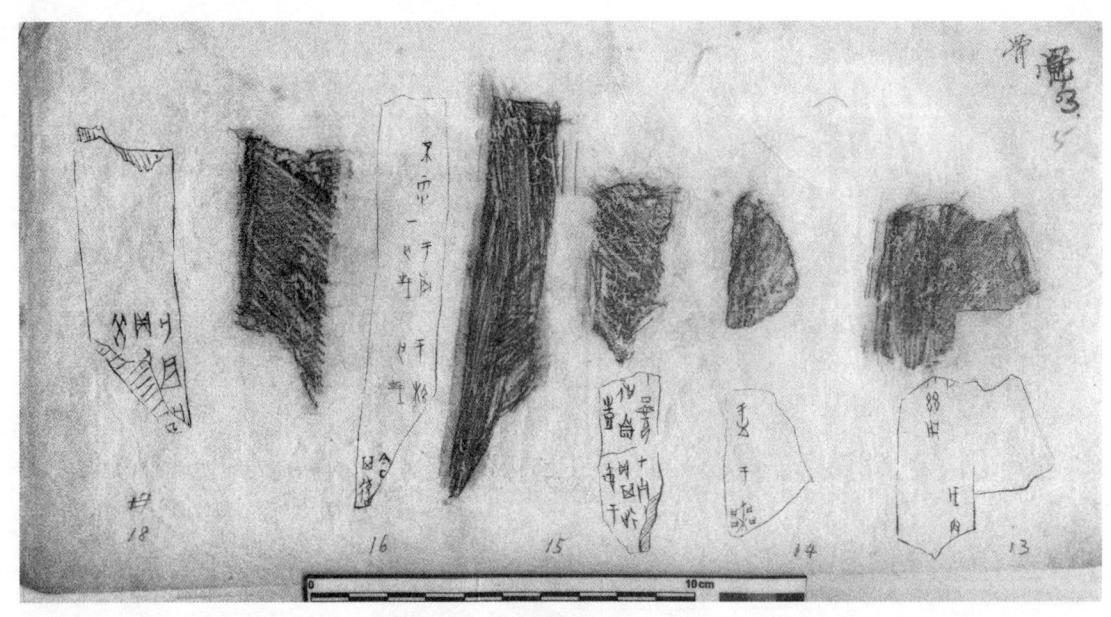

"中央圖書館"所藏甲骨文字原稿 · 187 ·

骨 3

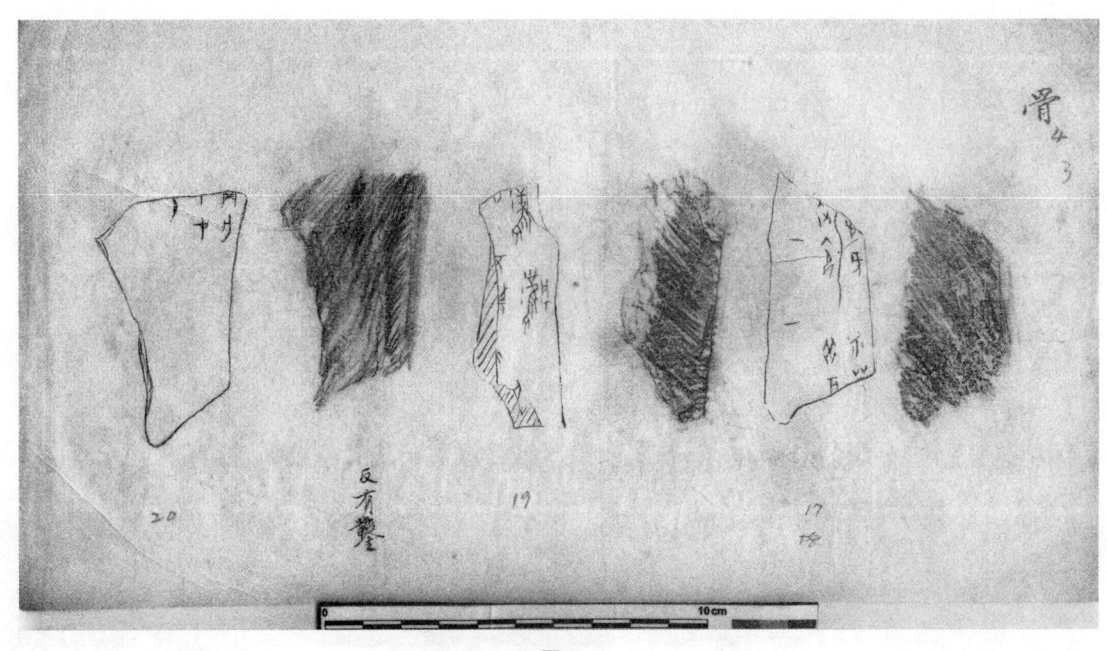

骨 4

· 188 ·　　　甲骨文與殷商史(新七輯)

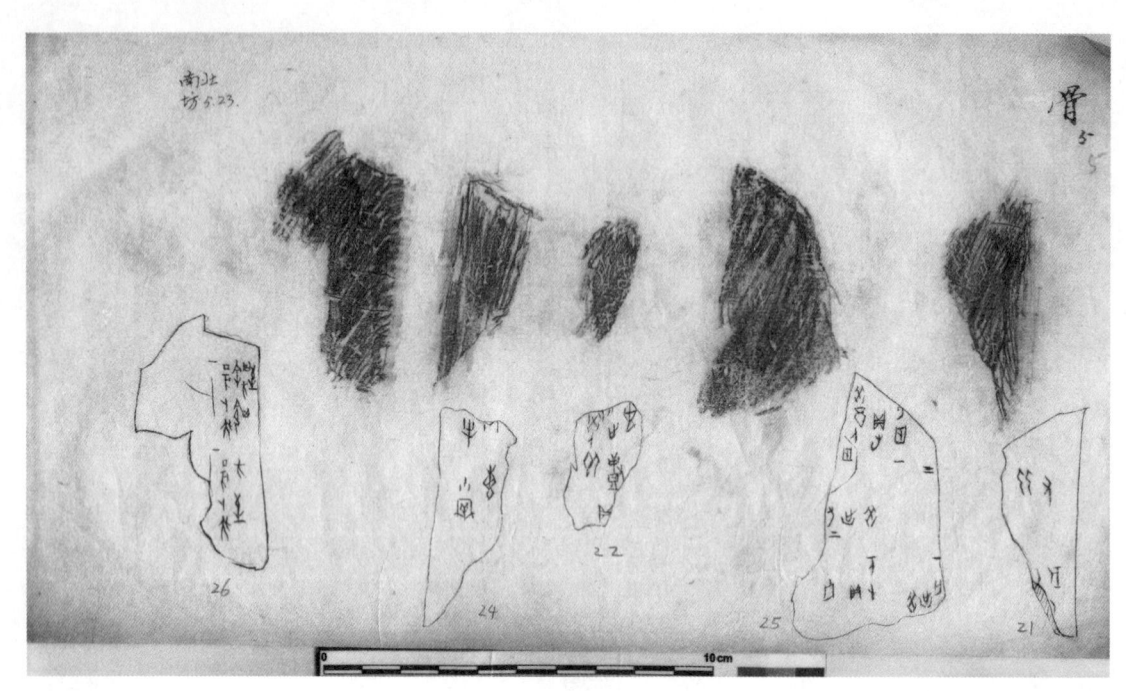

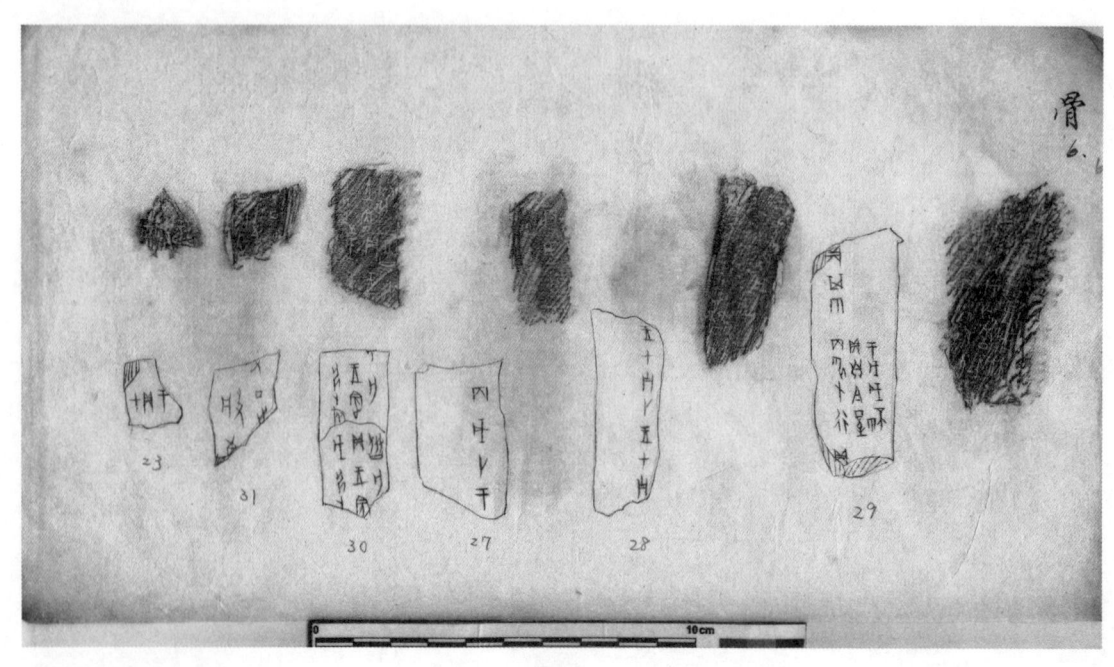

骨 5

骨 6

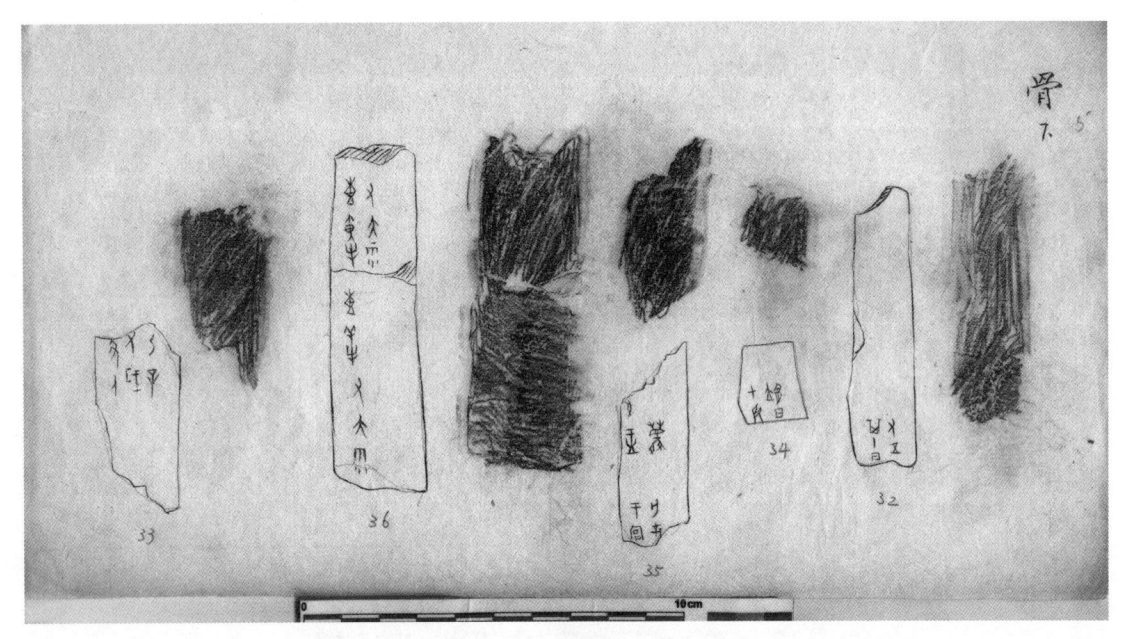

"中央圖書館"所藏甲骨文字原稿 · 189 ·

骨 7

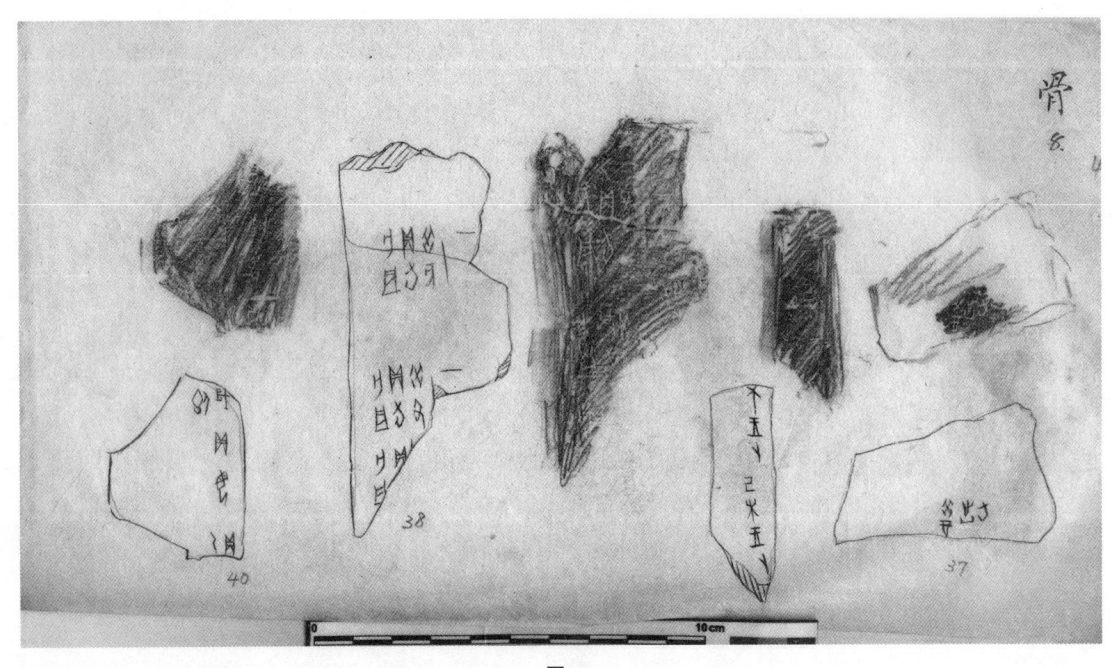

骨 8

· 190 ·　甲骨文與殷商史(新七輯)

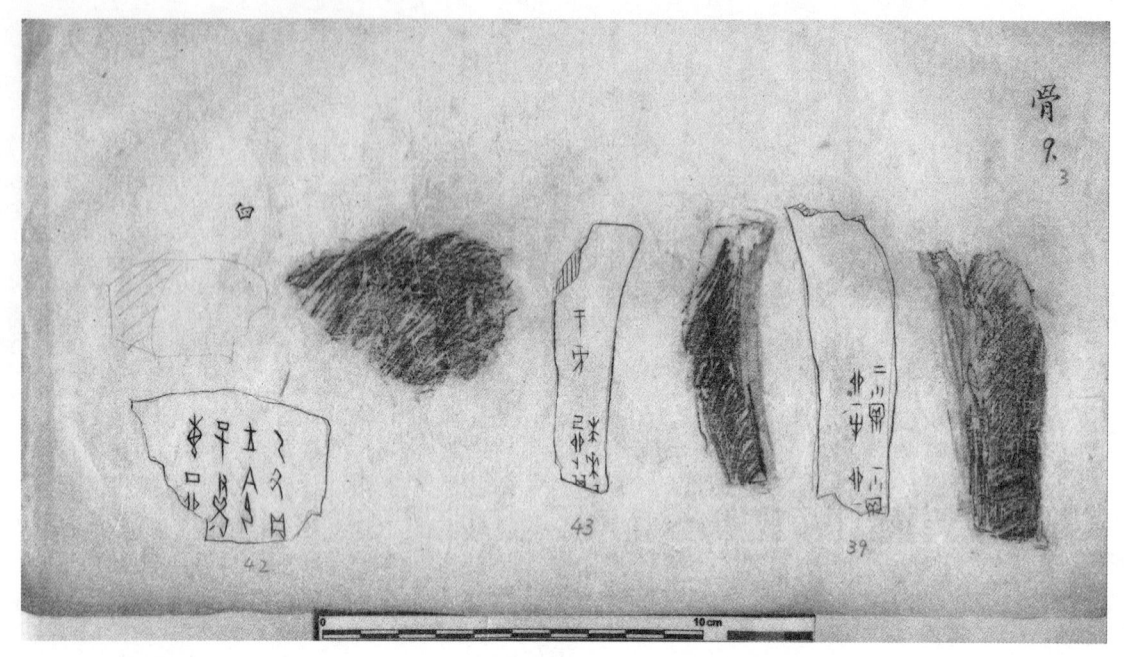

骨 9

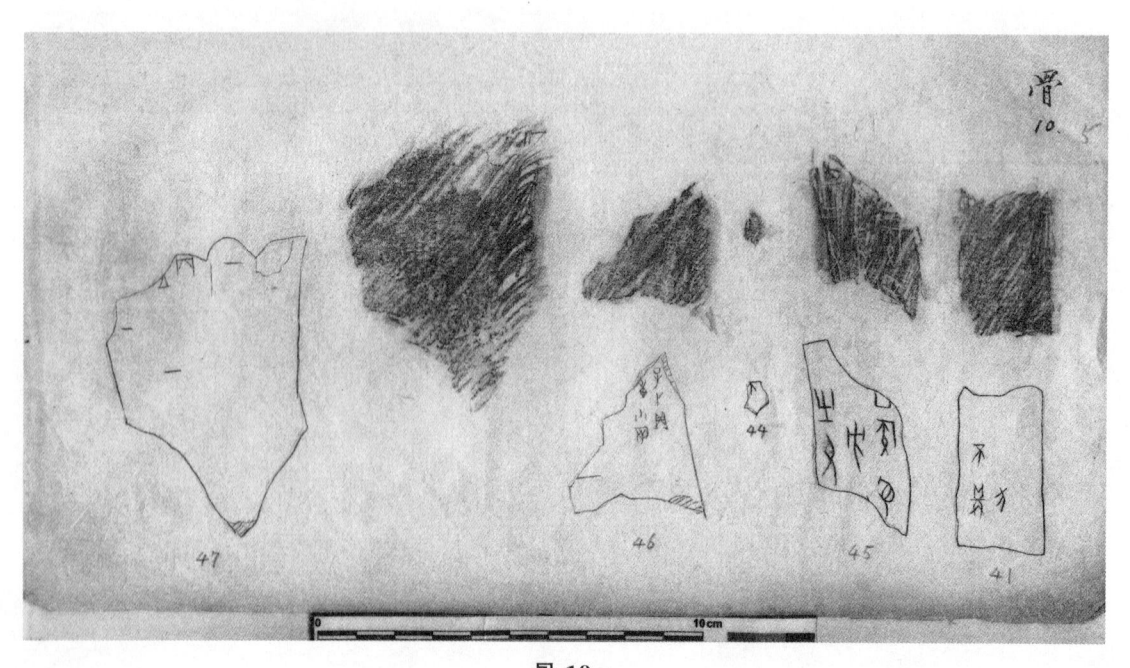

骨 10

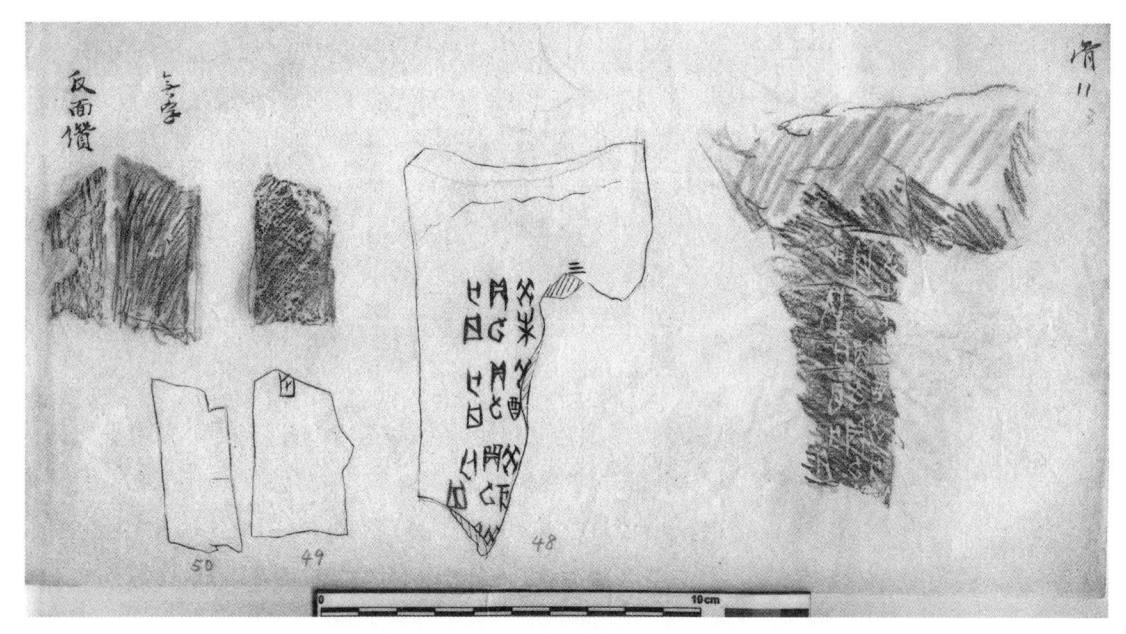

"中央圖書館"所藏甲骨文字原稿 · 191 ·

骨 11

骨 12

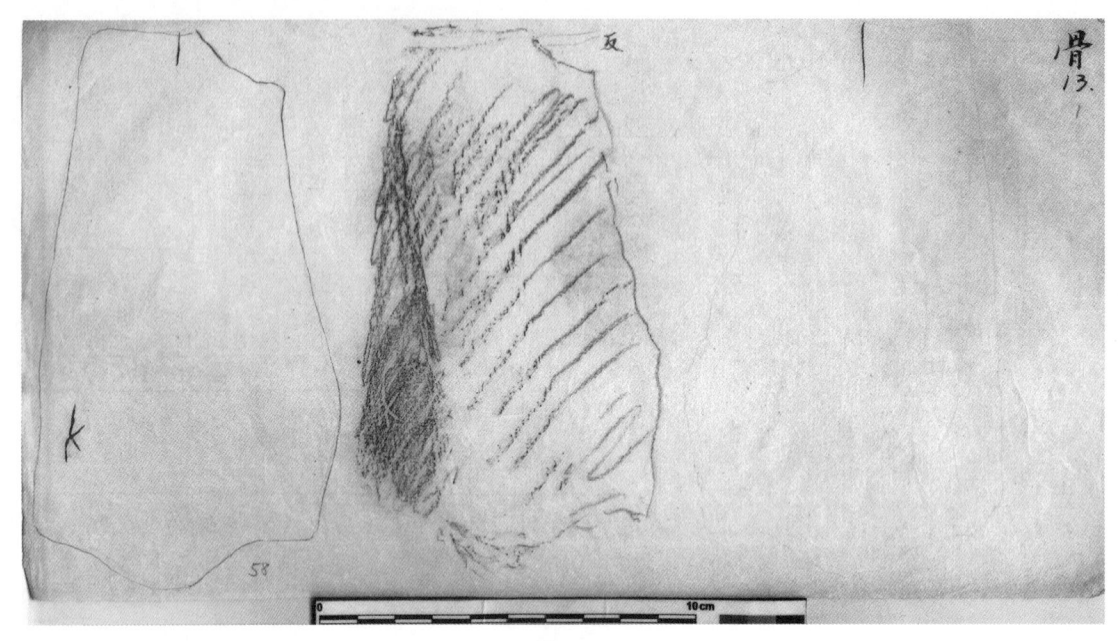

骨 13

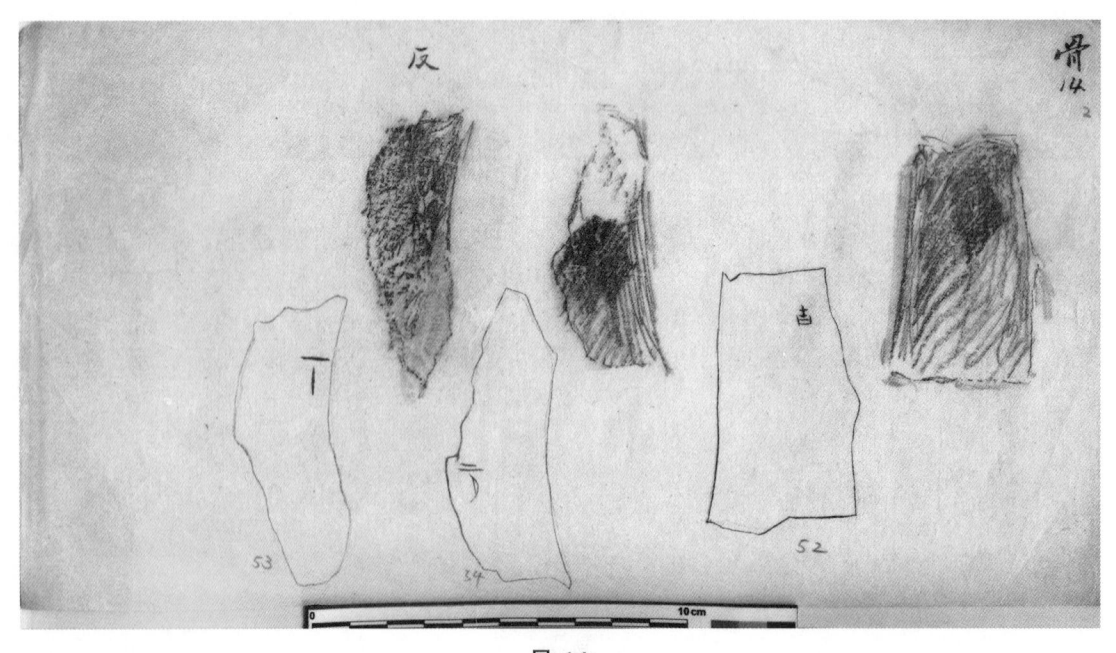

骨 14

"中央圖書館"所藏甲骨文字原稿

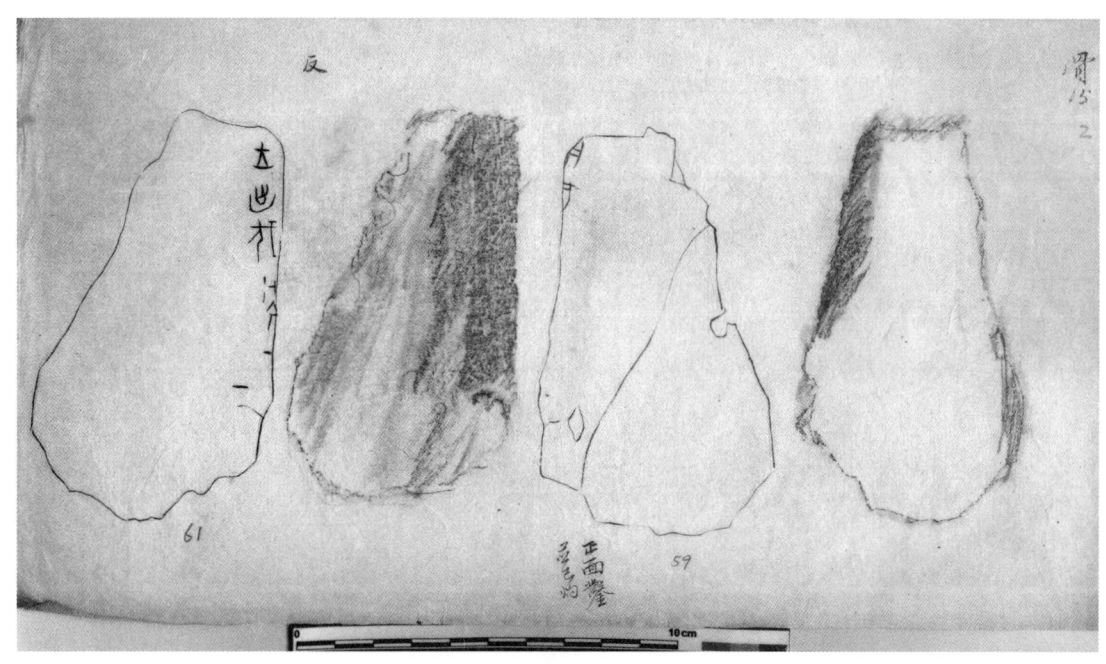

· 193 ·

骨 15

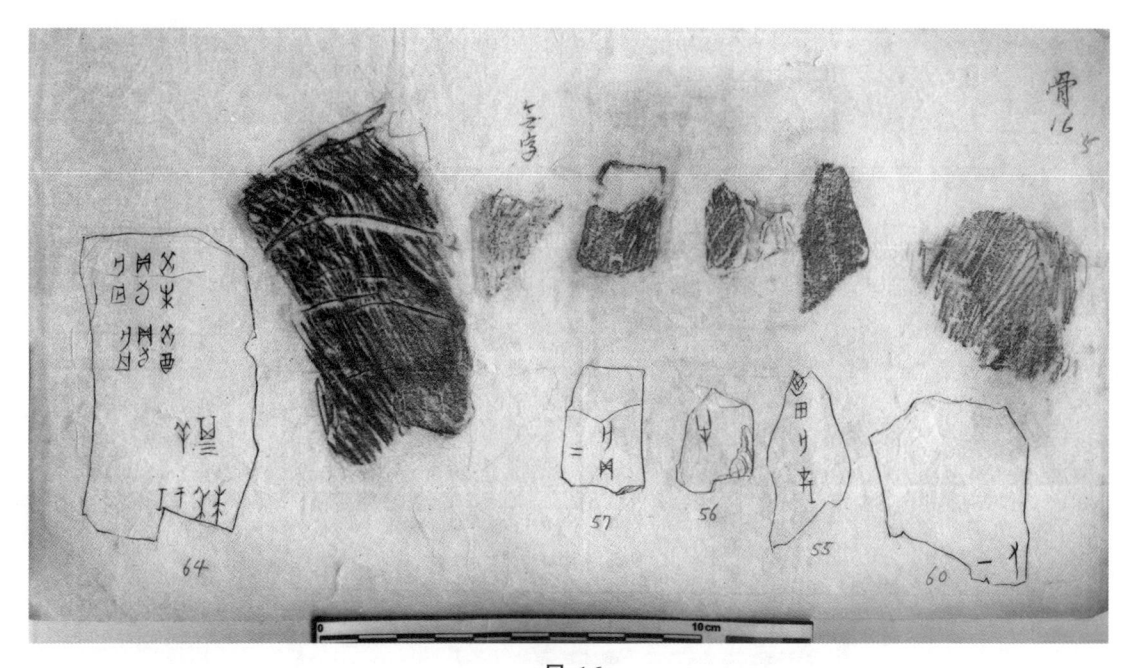

骨 16

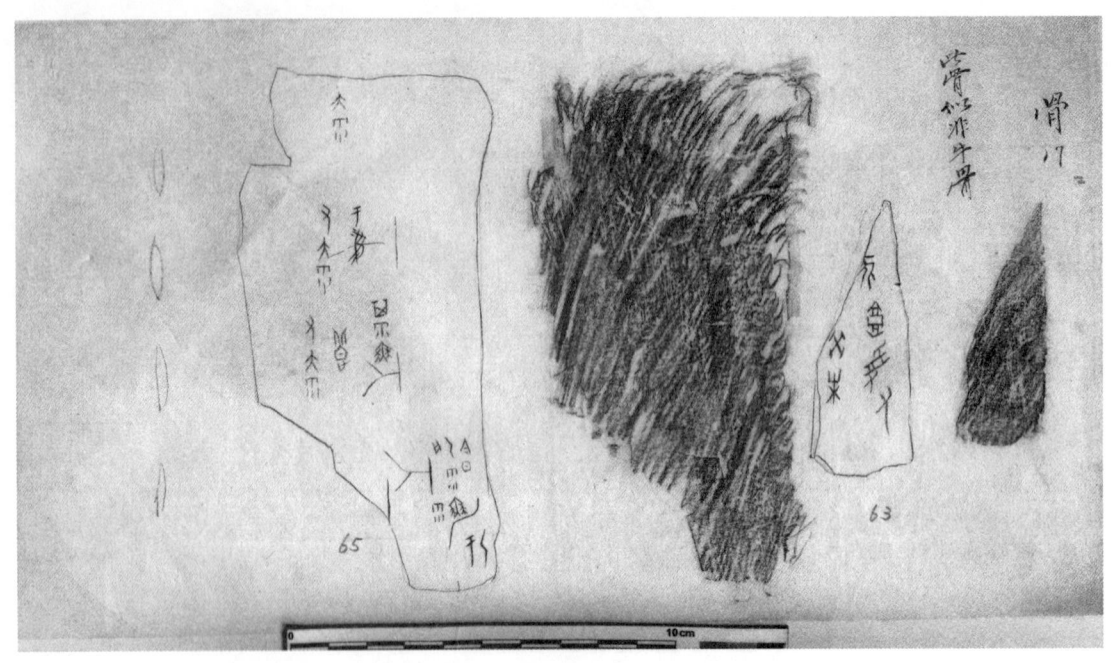

骨 17

骨 18

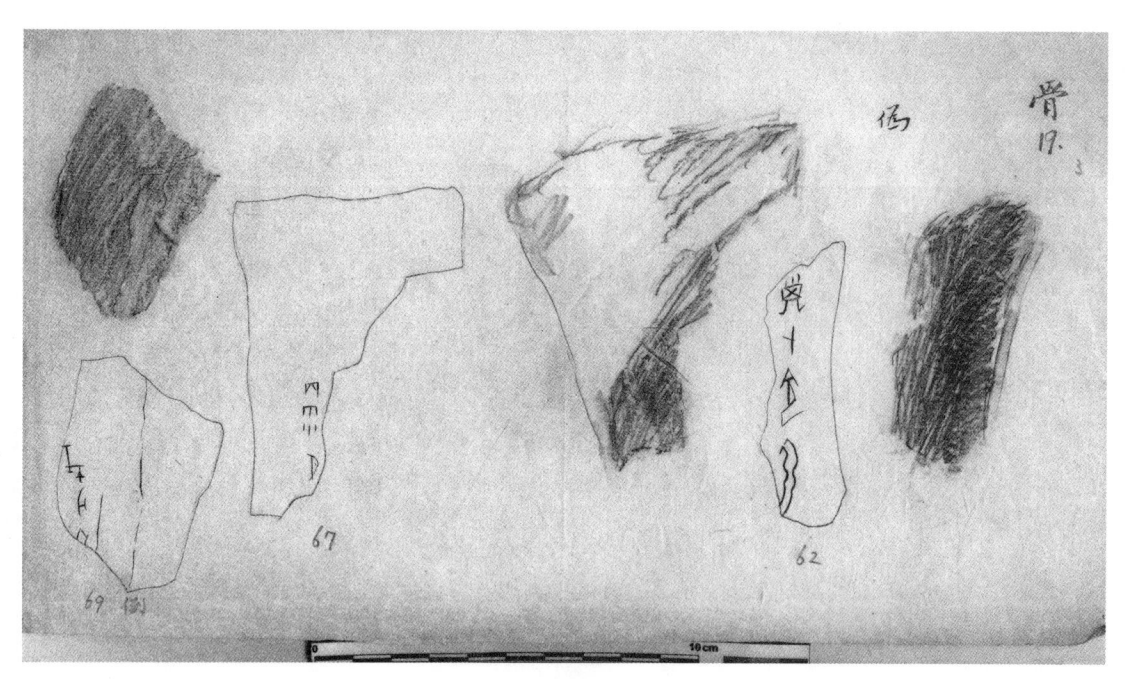

"中央圖書館"所藏甲骨文字原稿 · 195 ·

骨 19

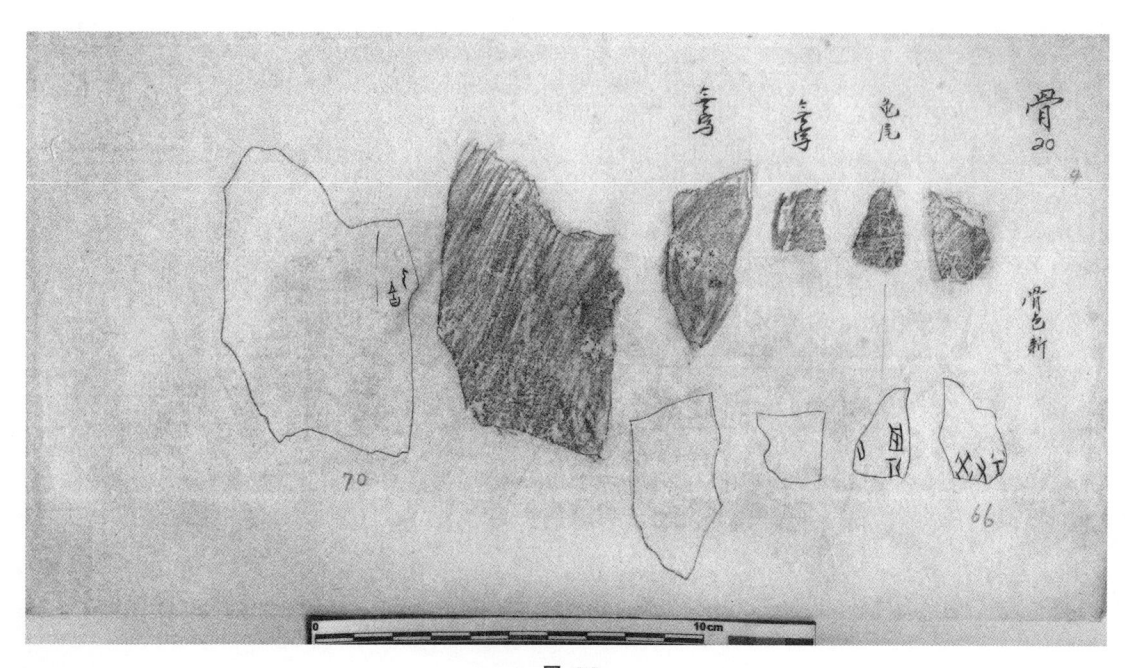

骨 20

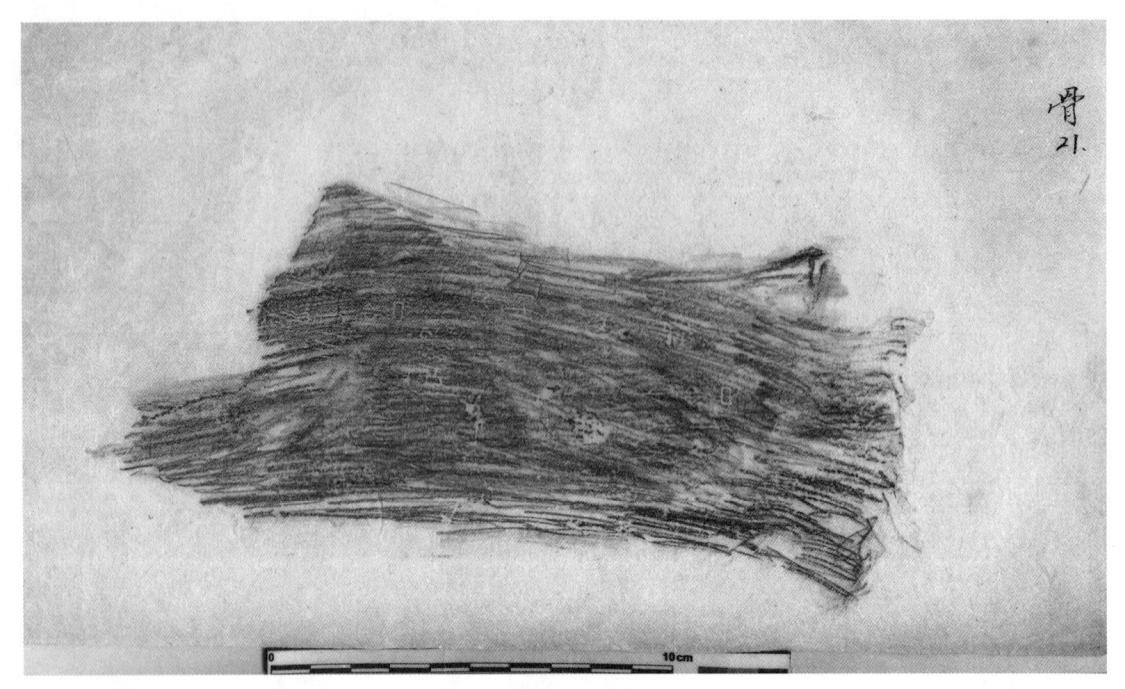

骨 21 - 1

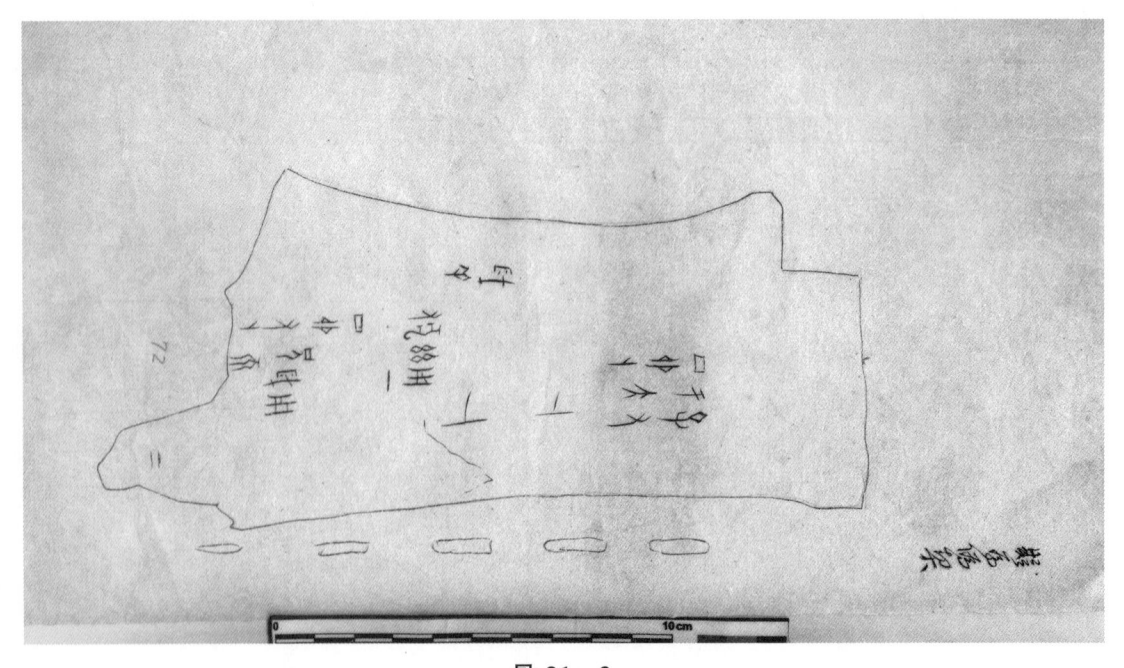

骨 21 - 2

"中央圖書館"所藏甲骨文字原稿

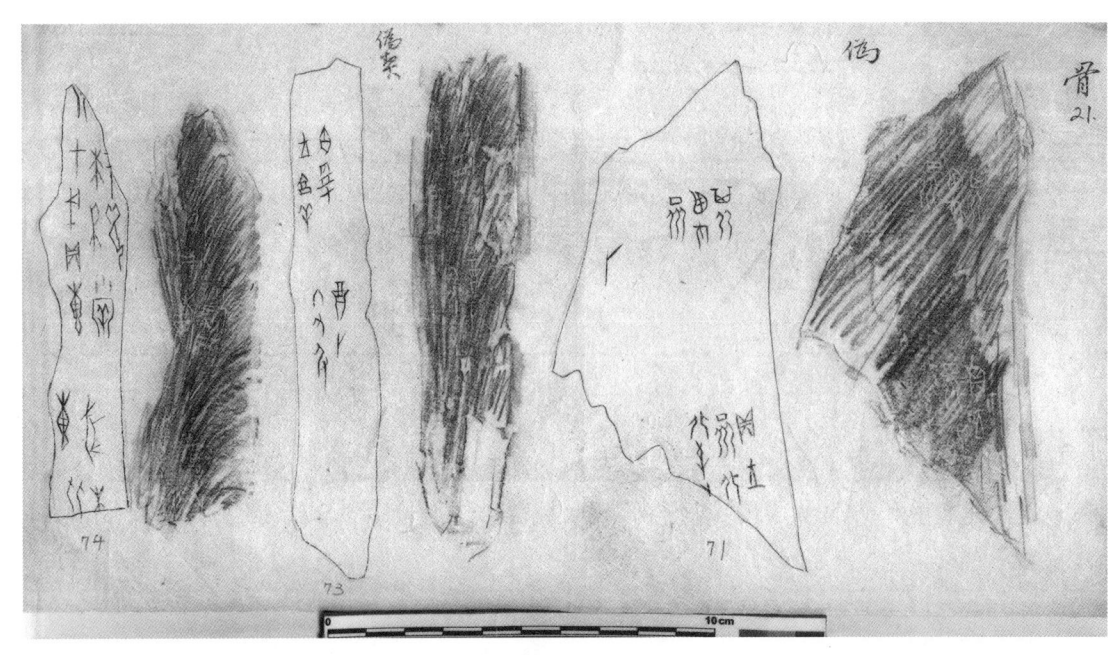

骨 21-3

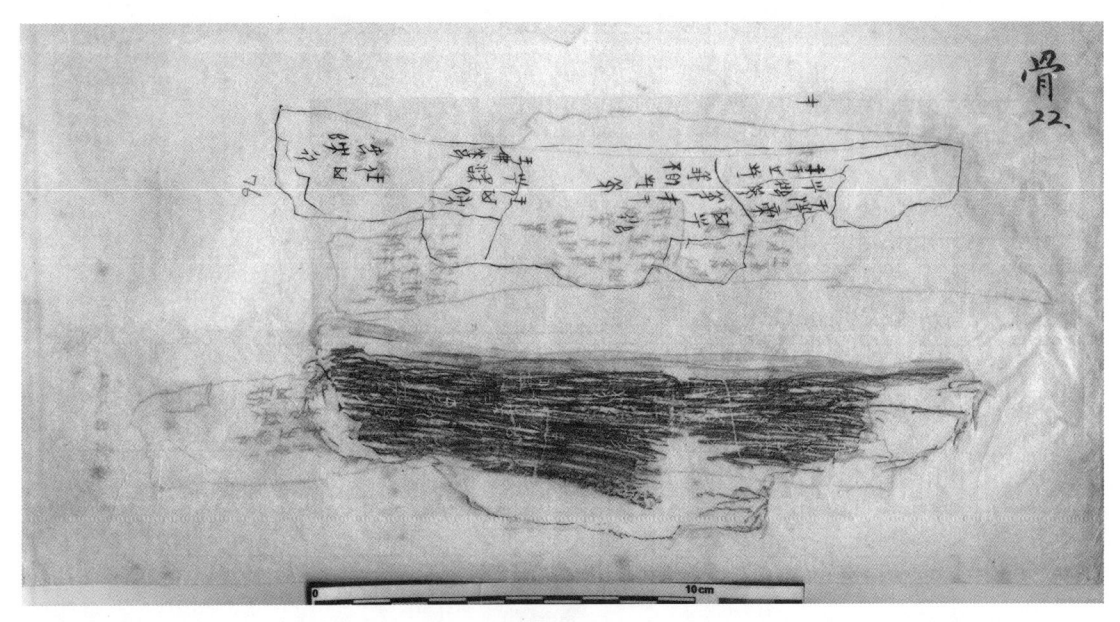

骨 22-1

骨 22－2

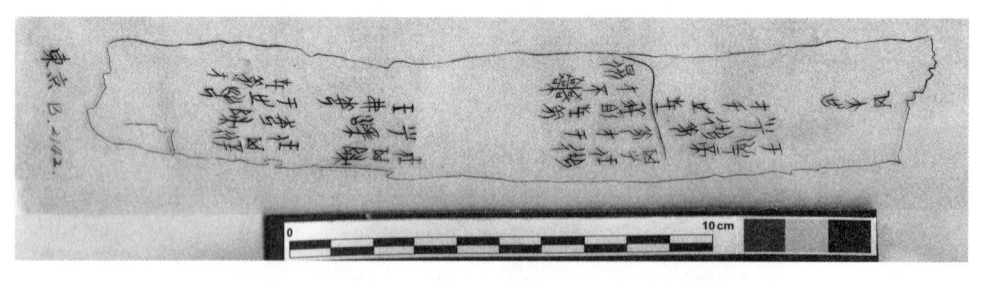

骨 22 背 1

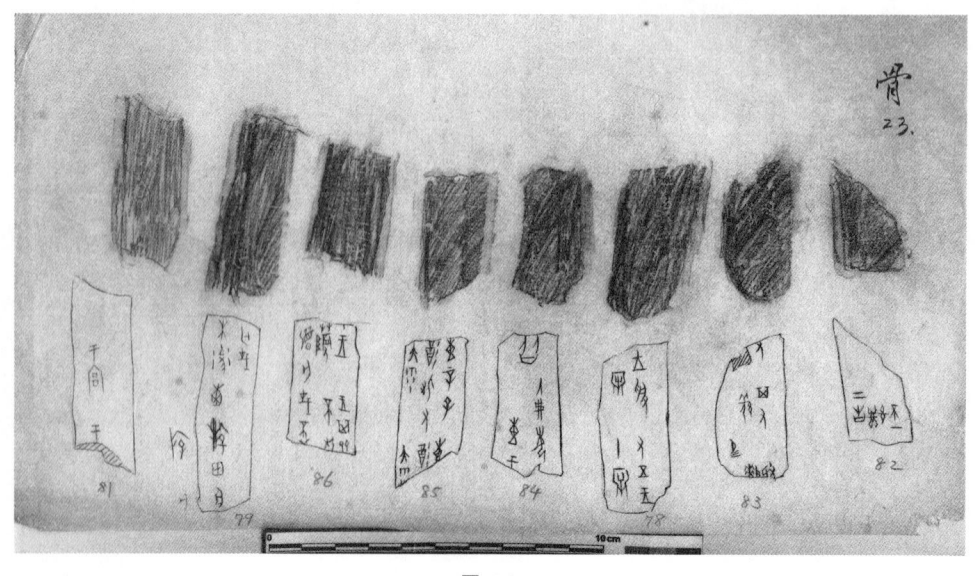

骨 23

"中央圖書館"所藏甲骨文字原稿

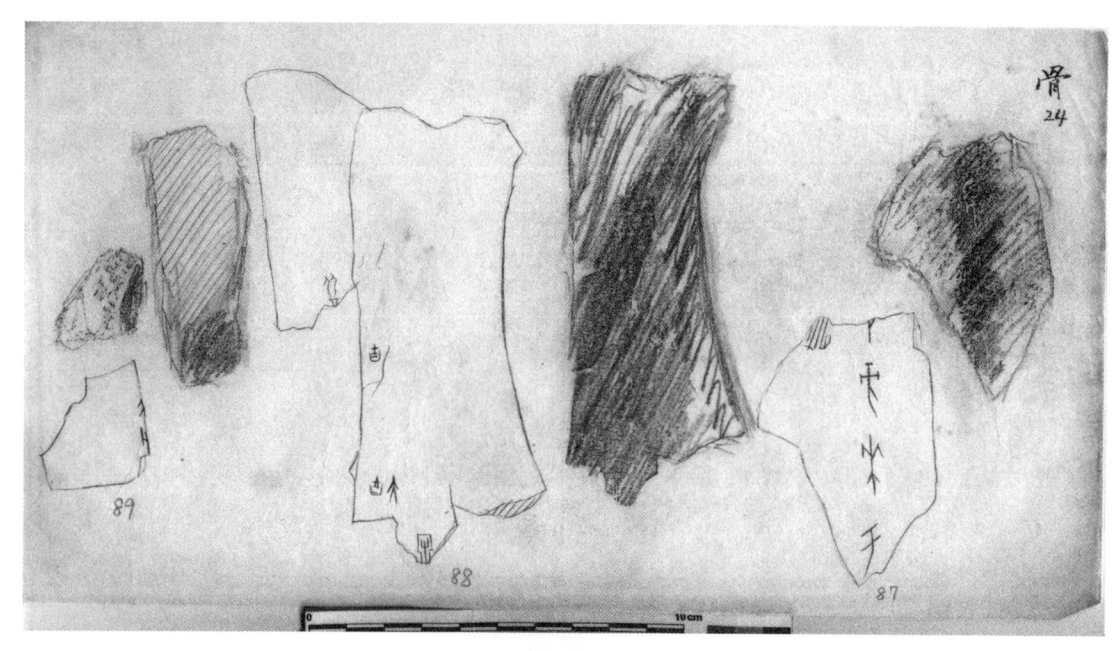

骨 24-1

骨 24-2

骨 25

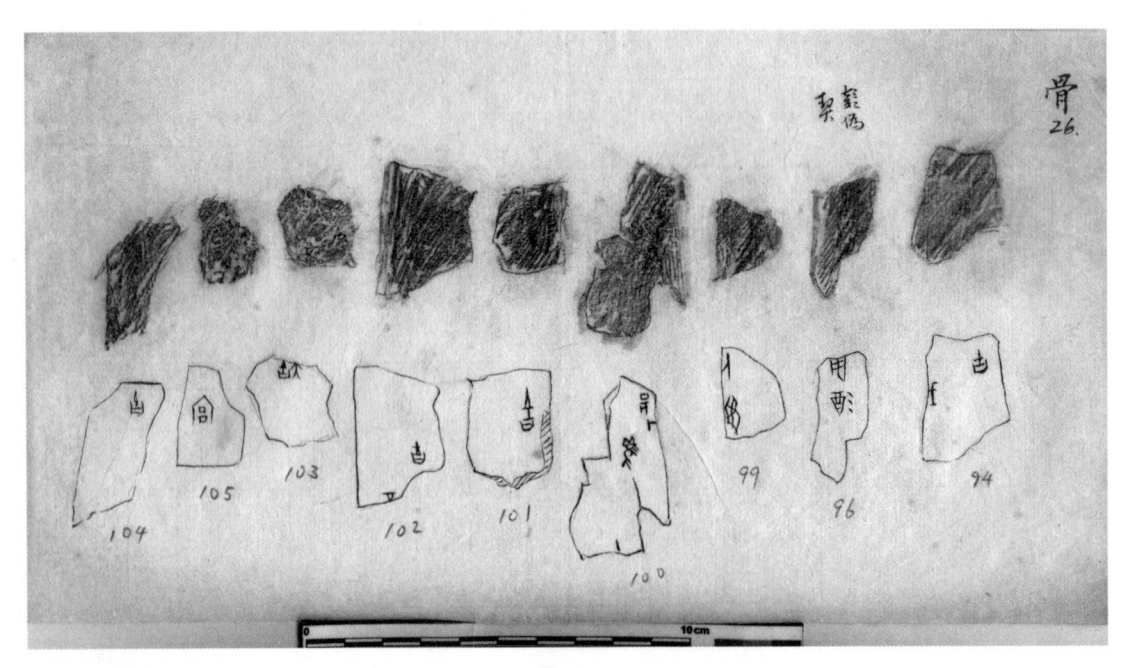

骨 26

"中央圖書館"所藏甲骨文字原稿

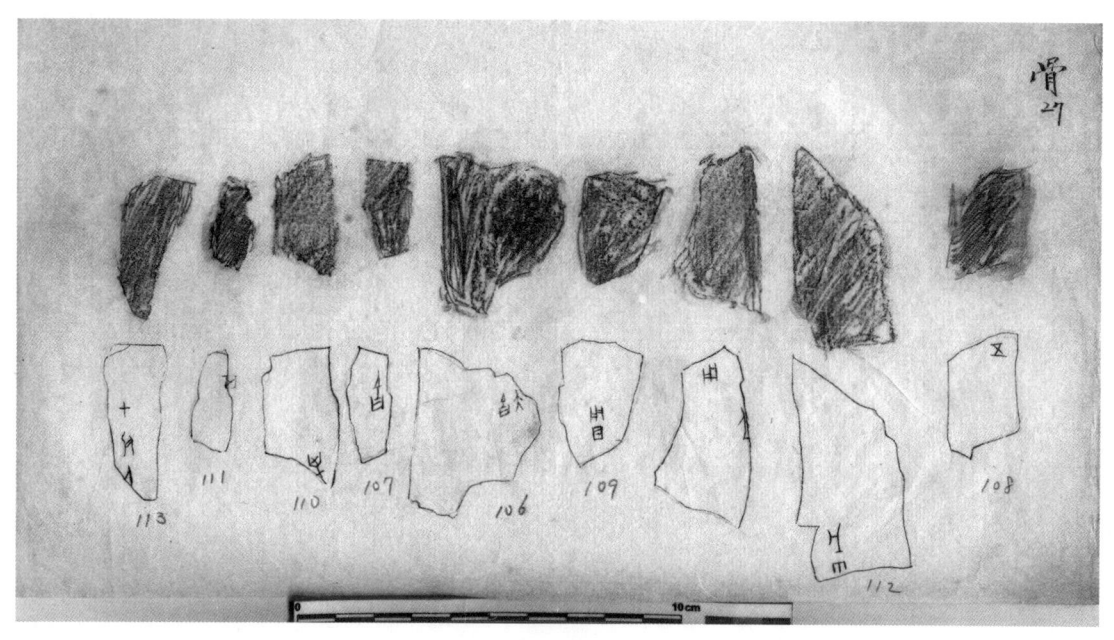

骨 27

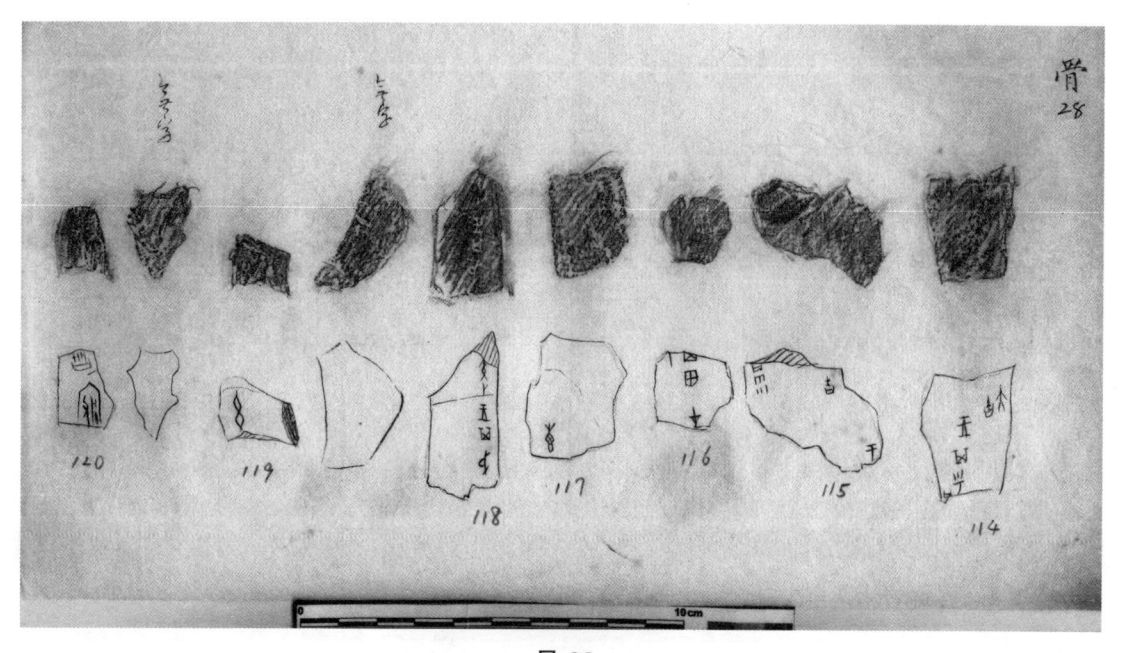

骨 28

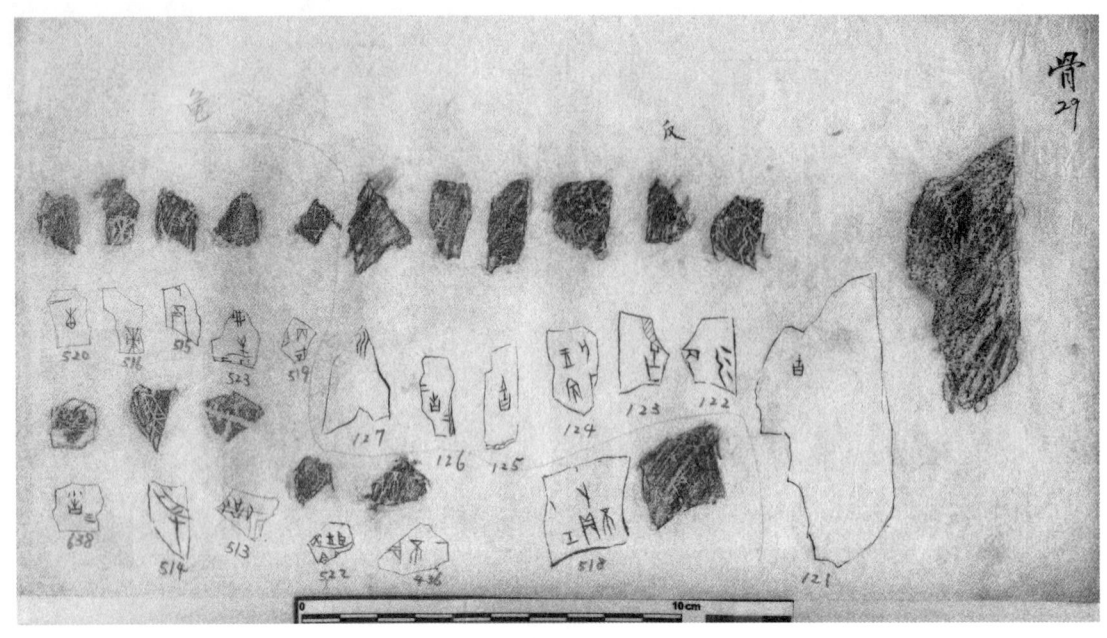

骨 29

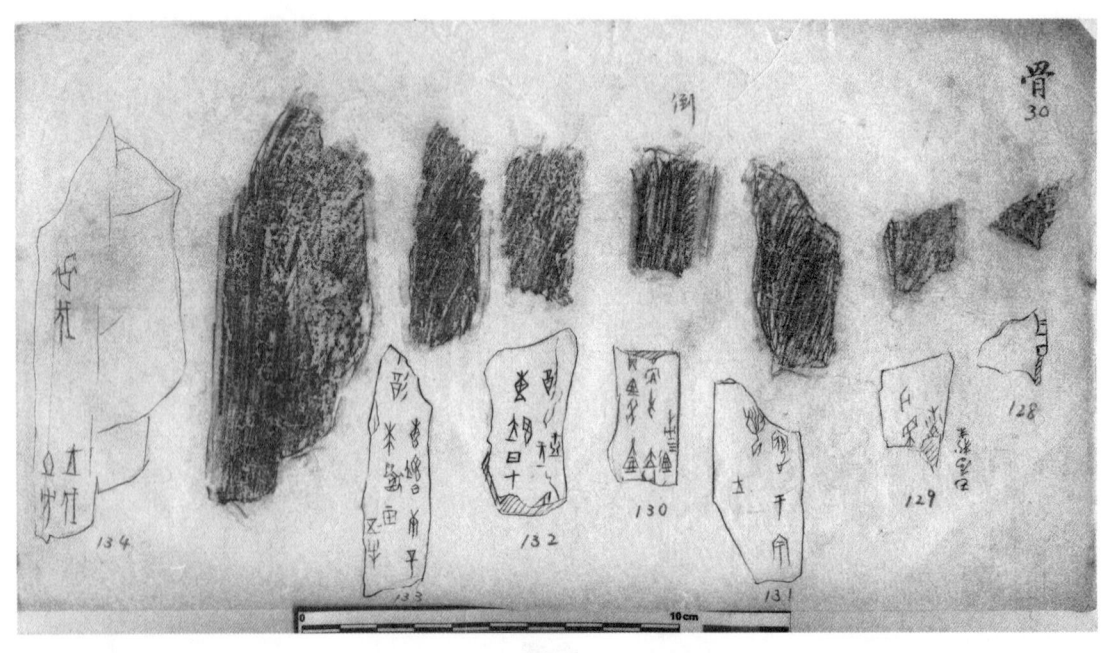

骨 30

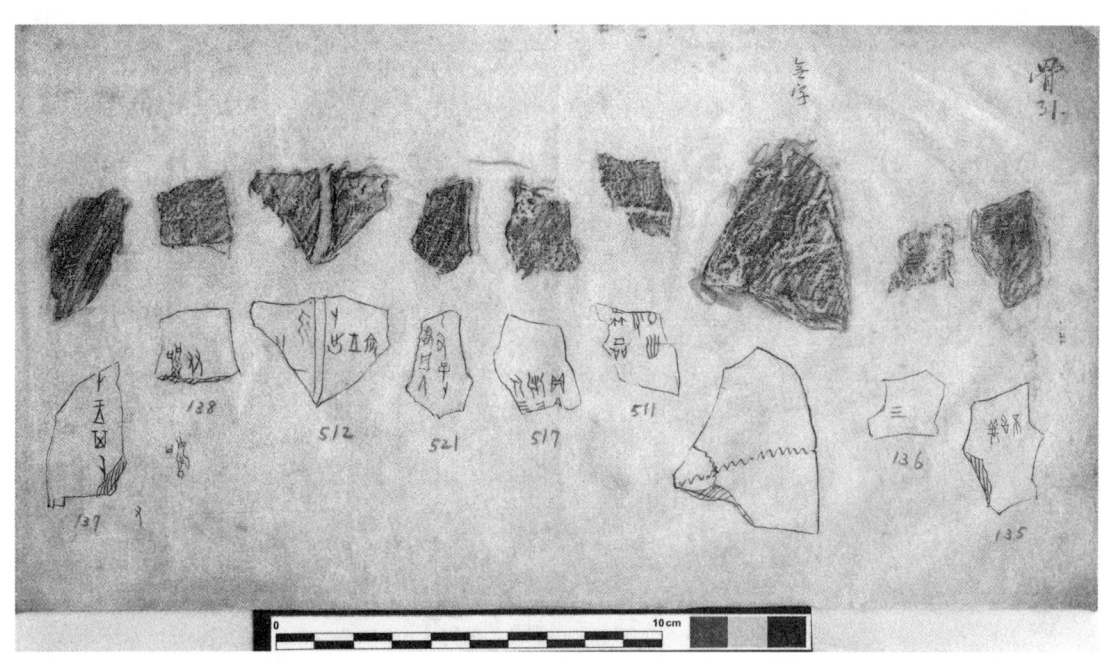

"中央圖書館"所藏甲骨文字原稿 · 203 ·

骨 31

骨 32

· 204 ·　甲骨文與殷商史（新七輯）

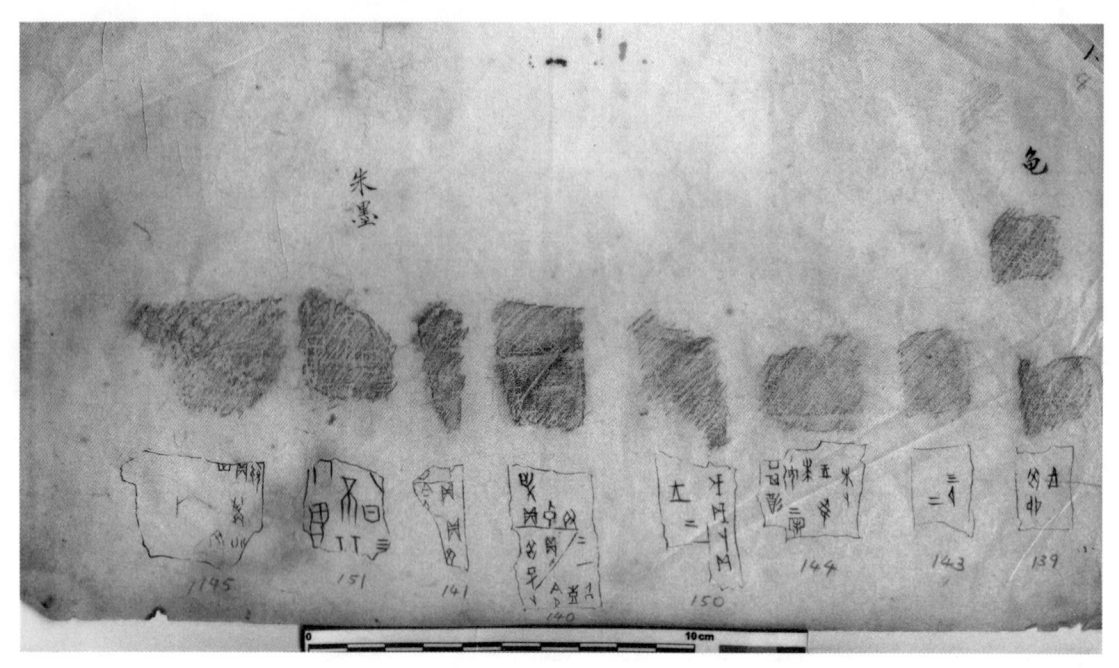

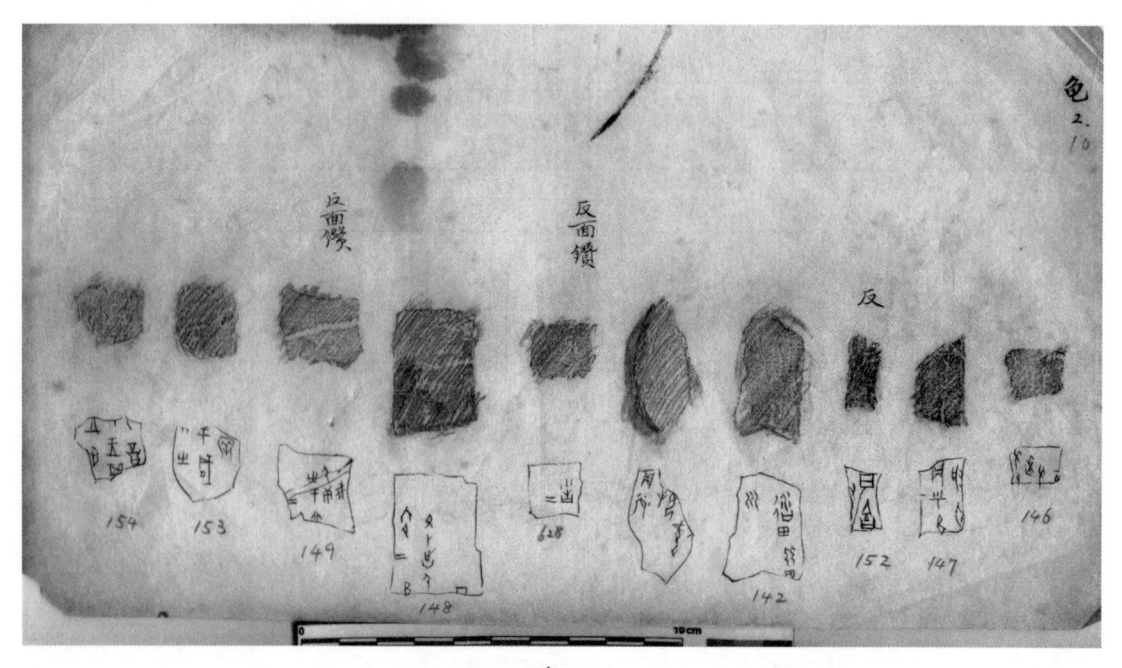

龜 1

龜 2

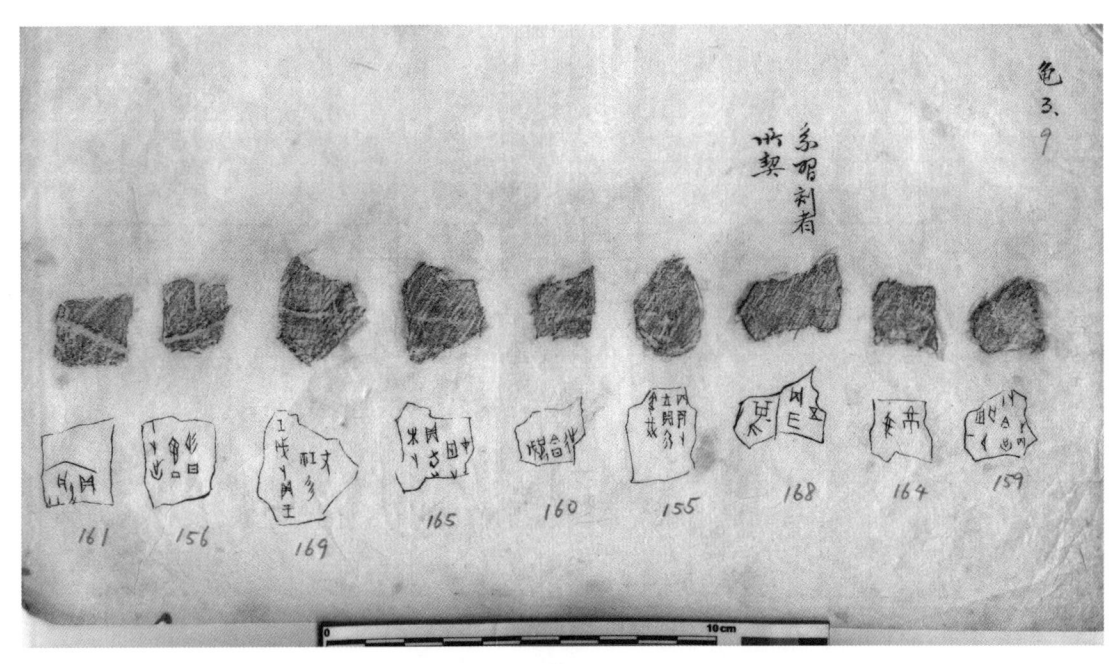

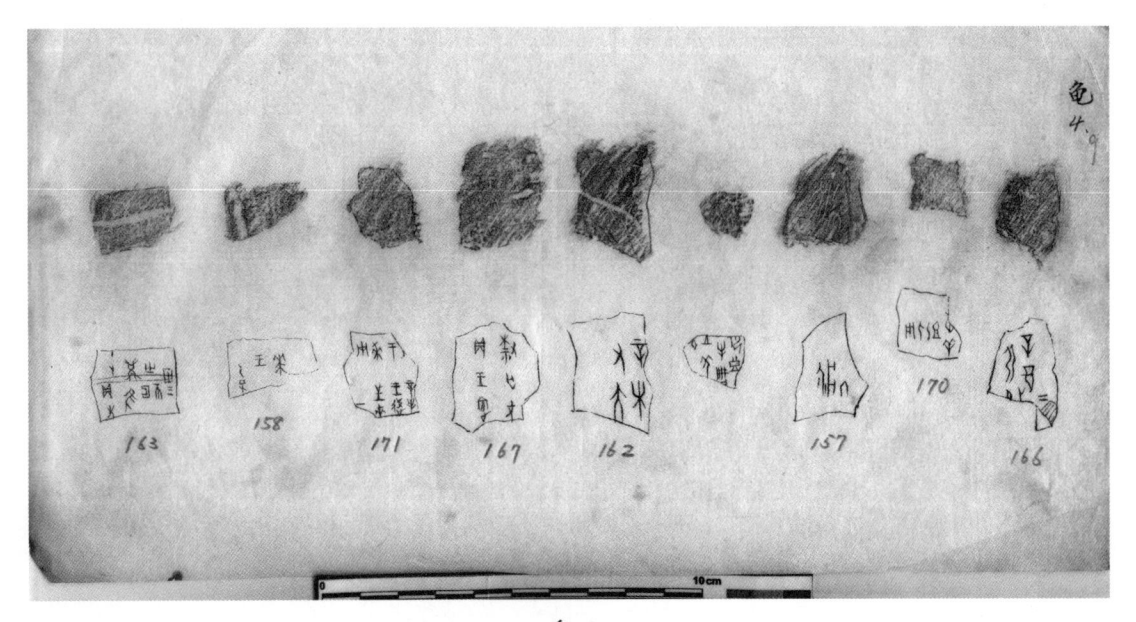

"中央圖書館"所藏甲骨文字原稿

龜 3

龜 4

· 206 ·　　　　　　　　甲骨文與殷商史(新七輯)

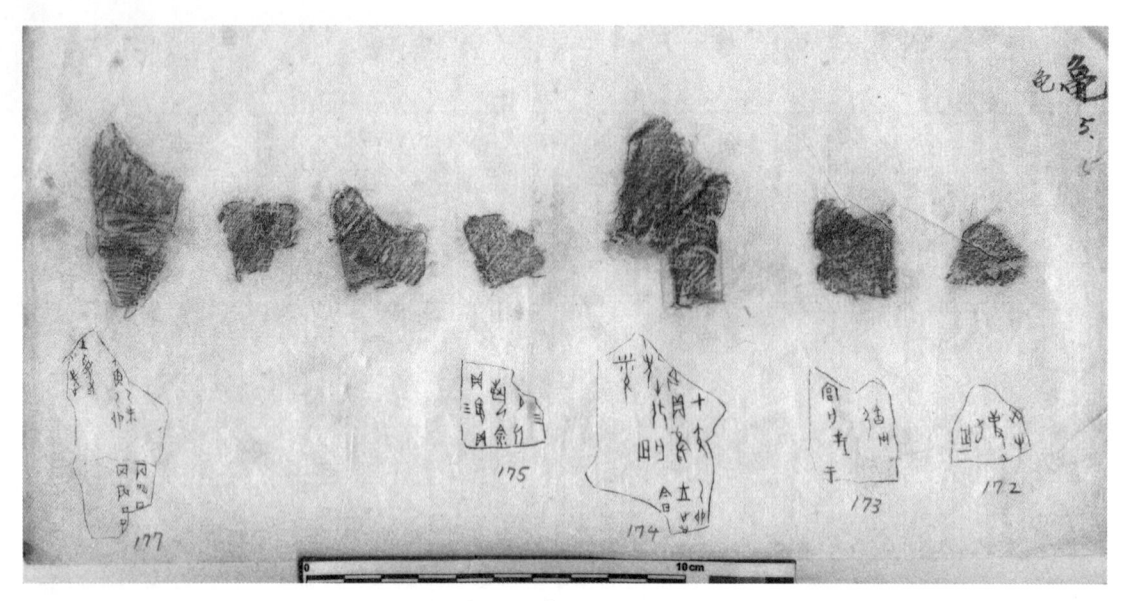

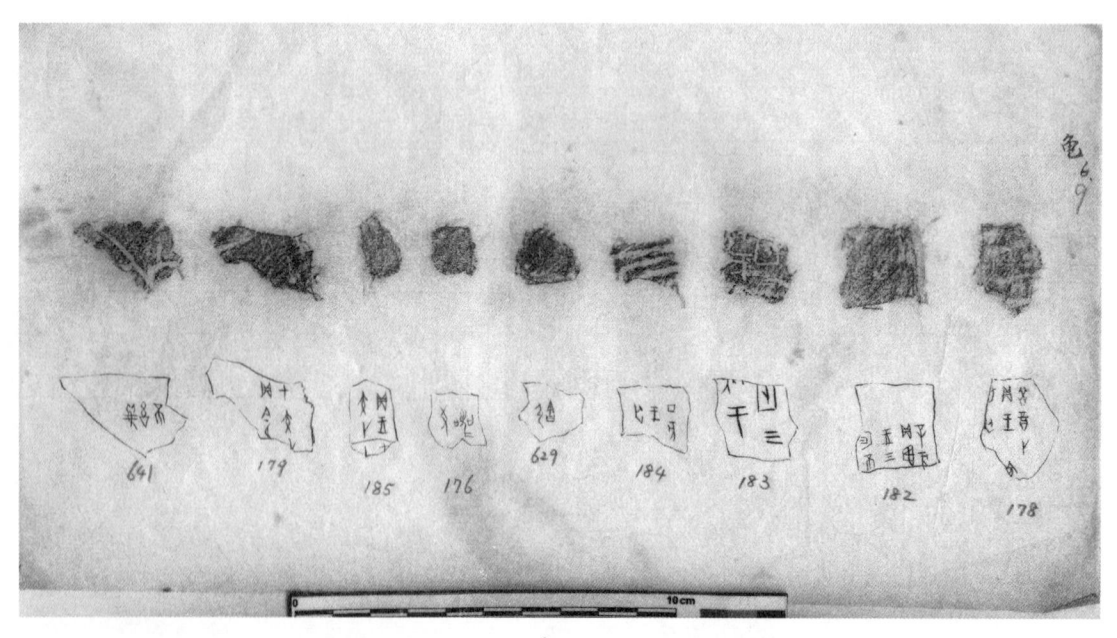

龜 5

龜 6

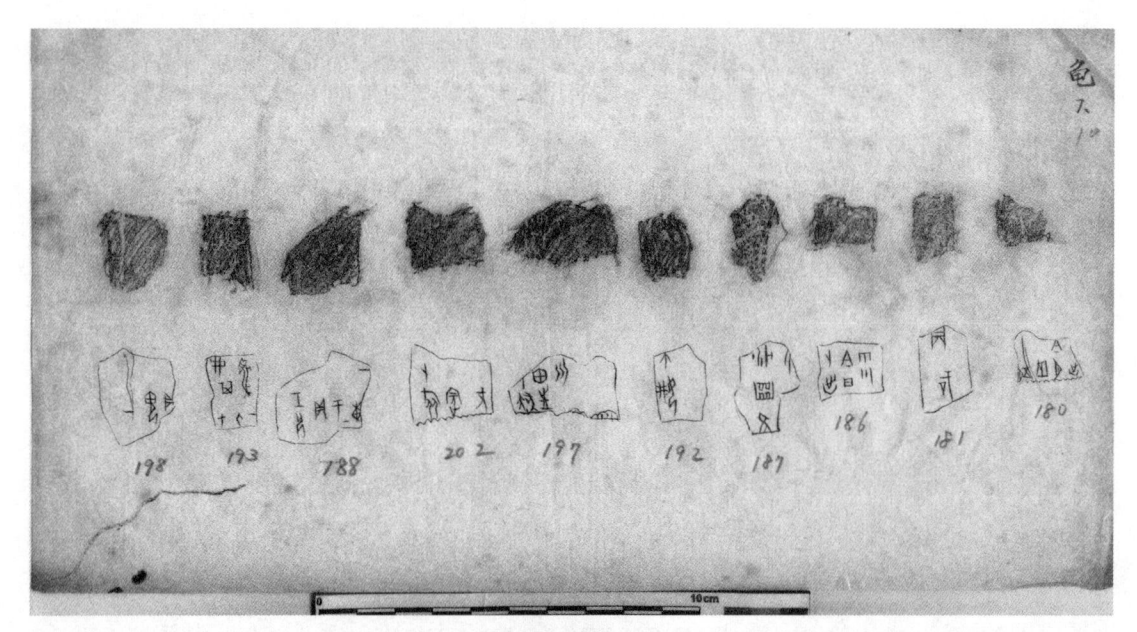

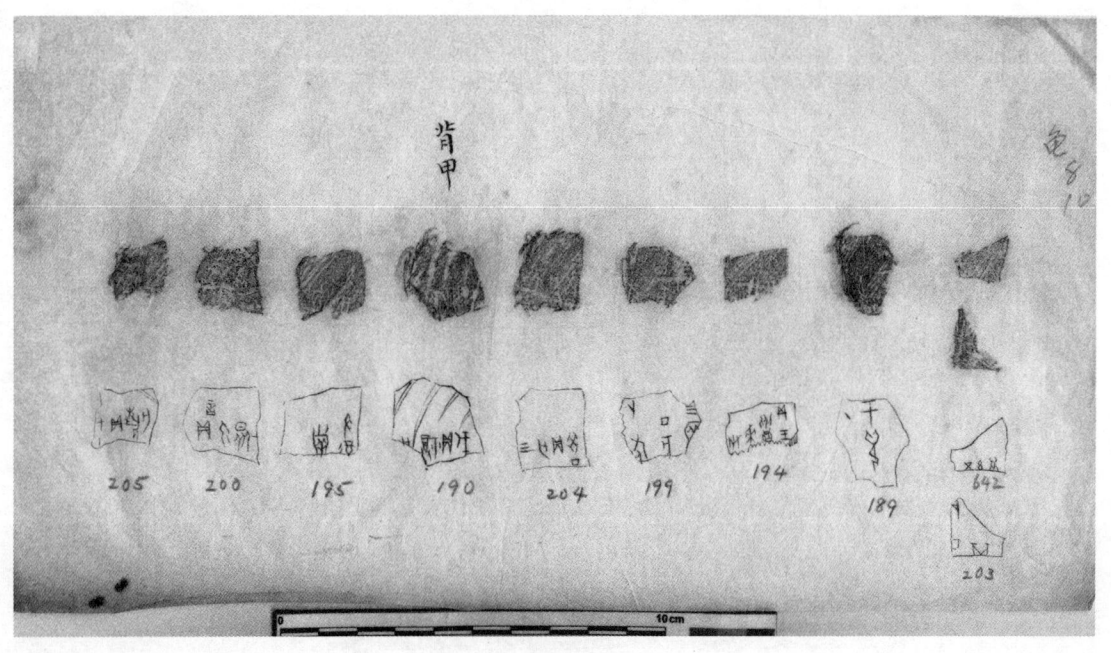

龜 7

龜 8

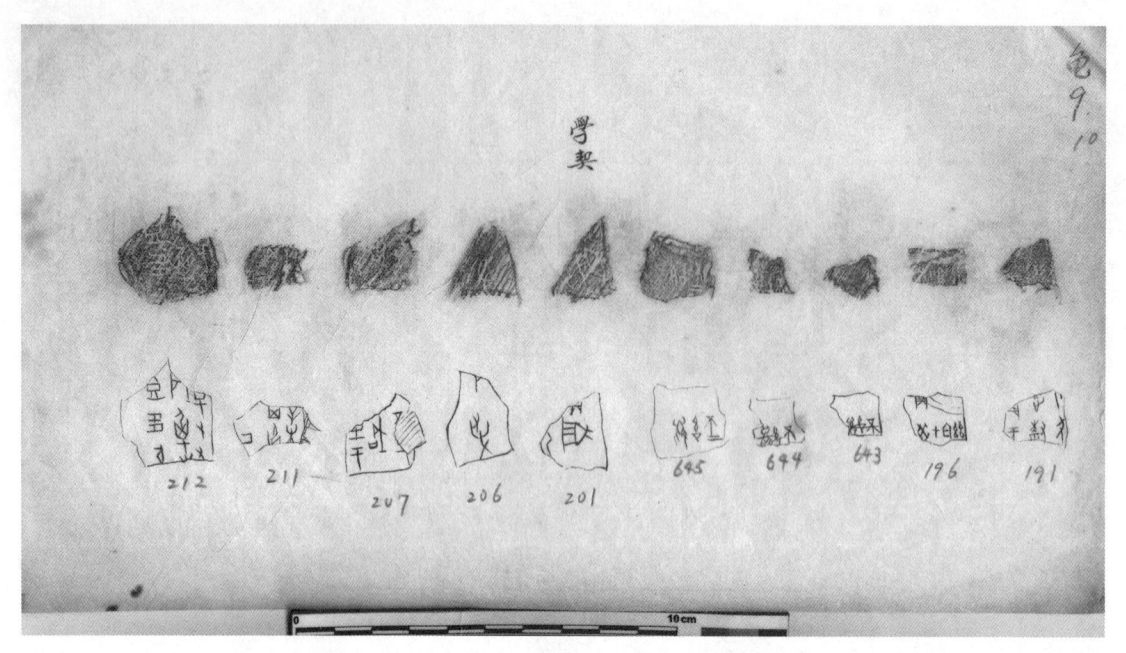

龜 9

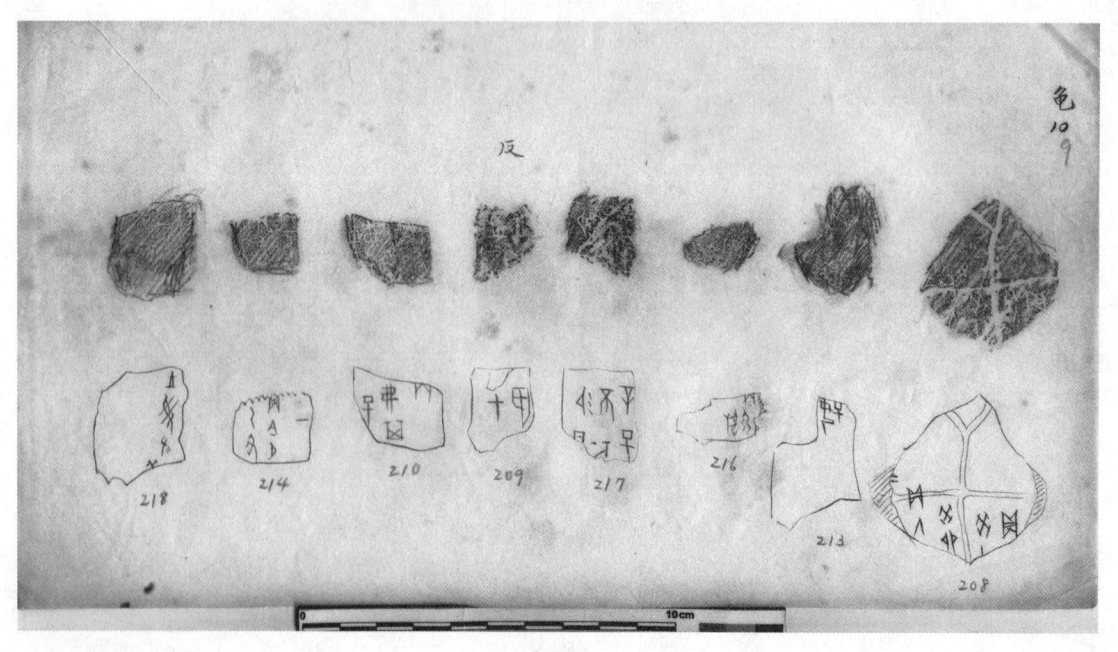

龜 10

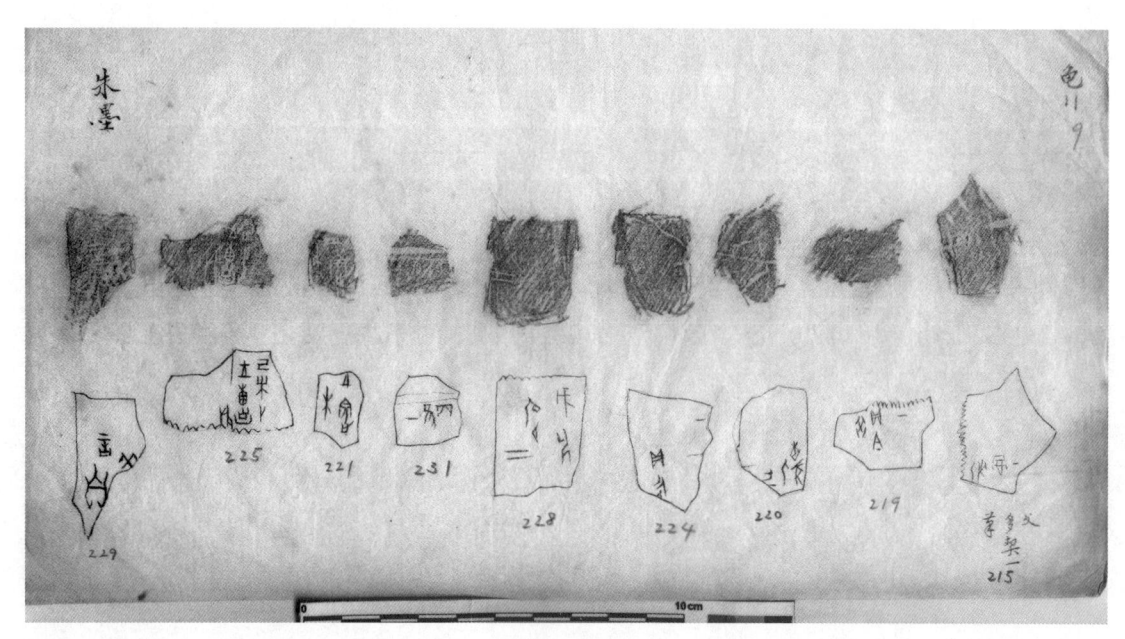

"中央圖書館"所藏甲骨文字原稿 · 209 ·

龜 11

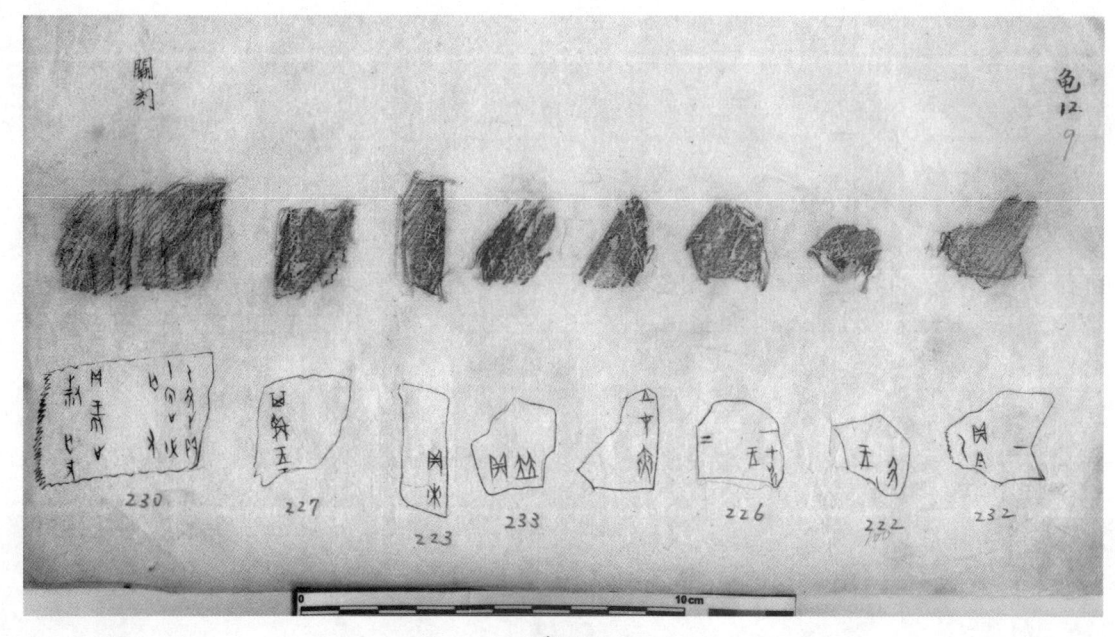

龜 12

· 210 ·　　　甲骨文與殷商史（新七輯）

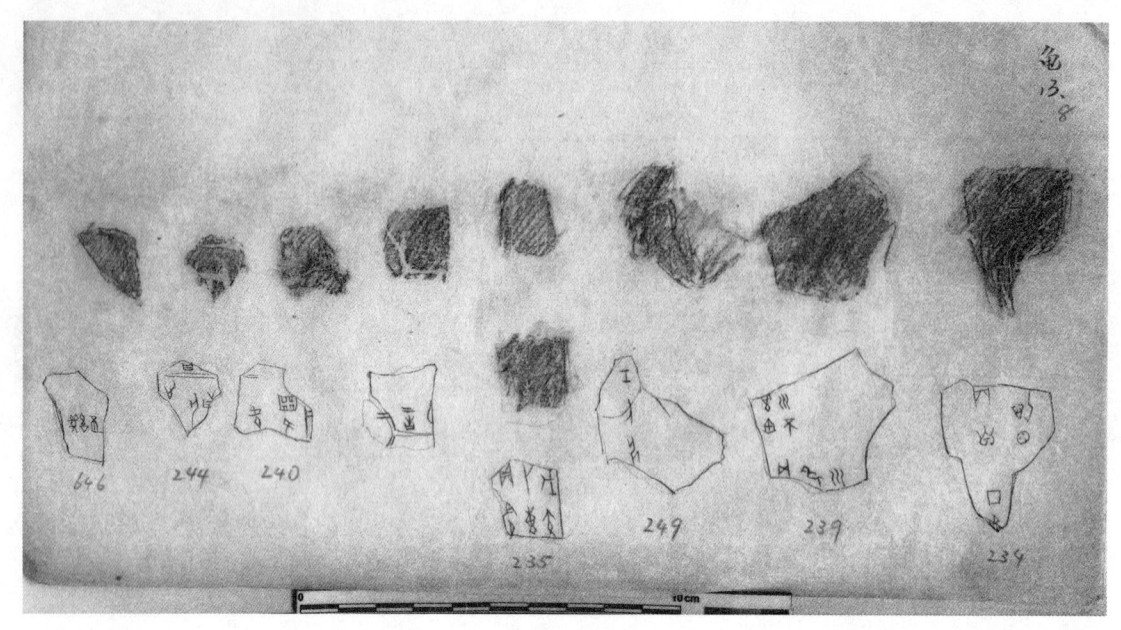

龜 13

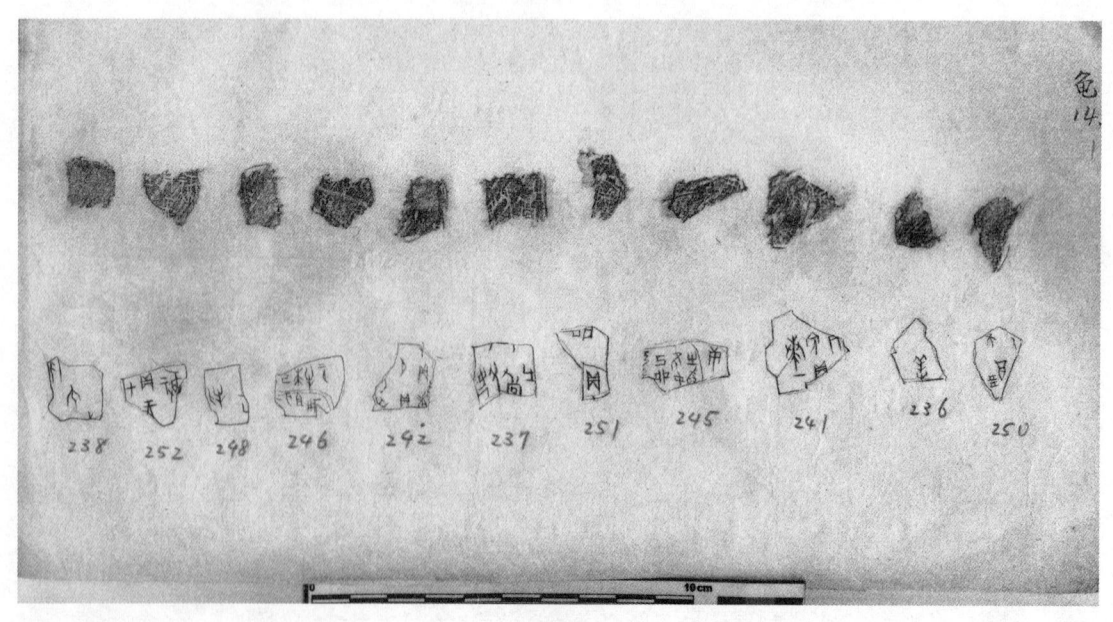

龜 14

"中央圖書館"所藏甲骨文字原稿

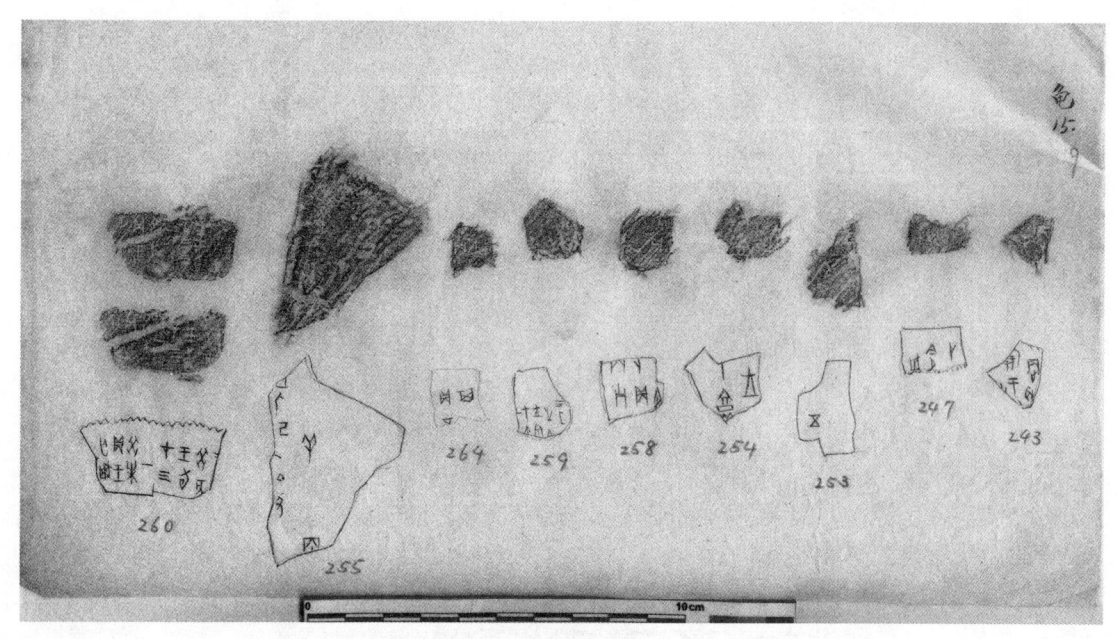

龜 15

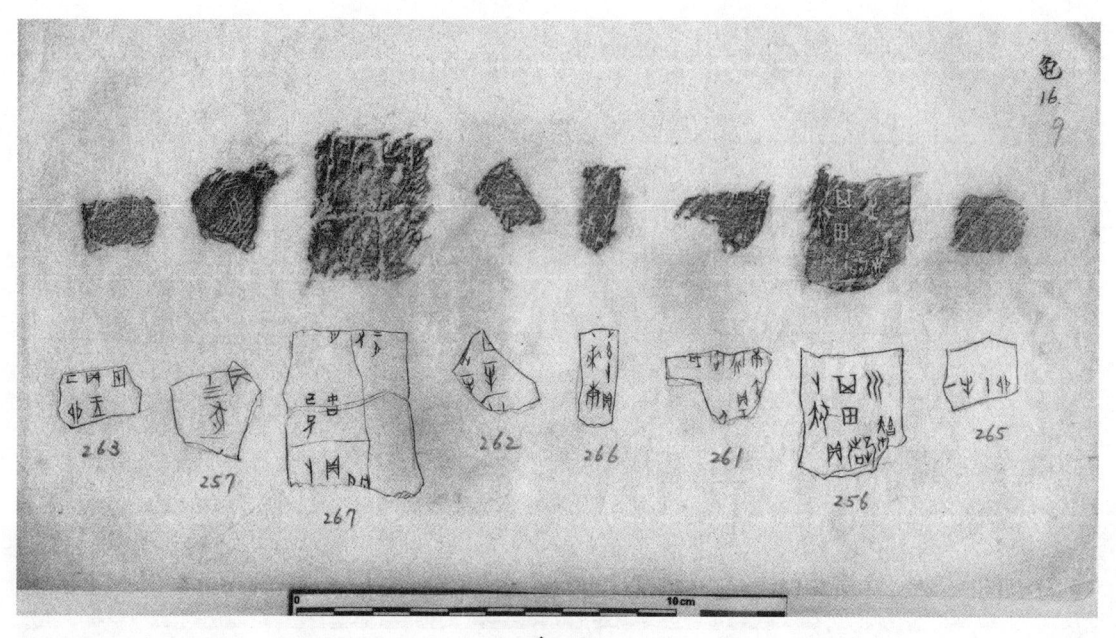

龜 16

龜 17

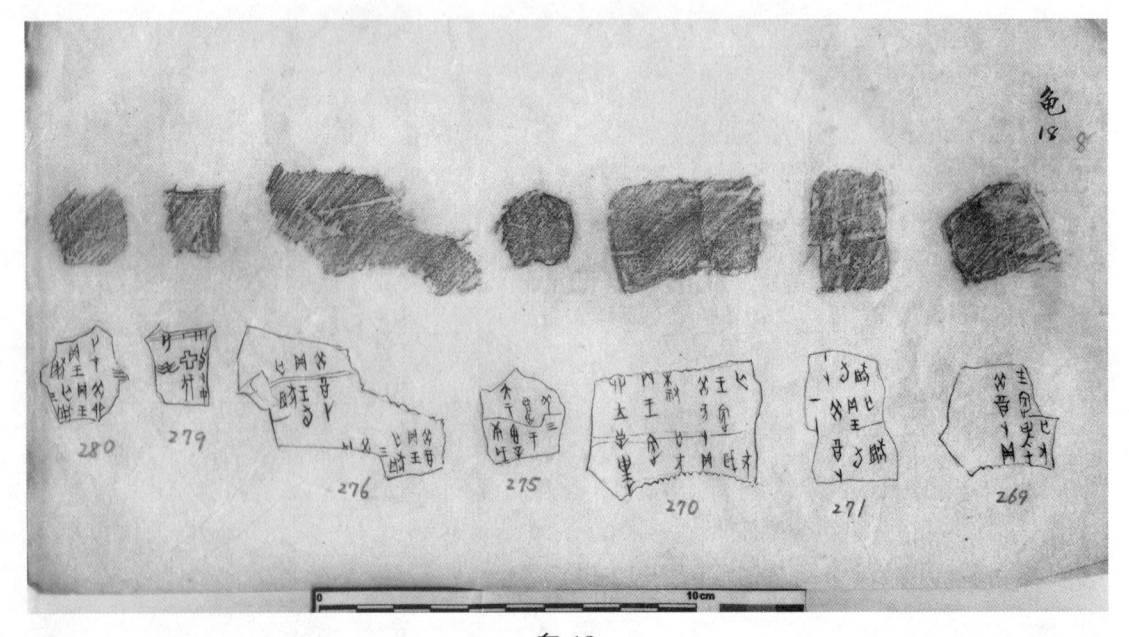

龜 18

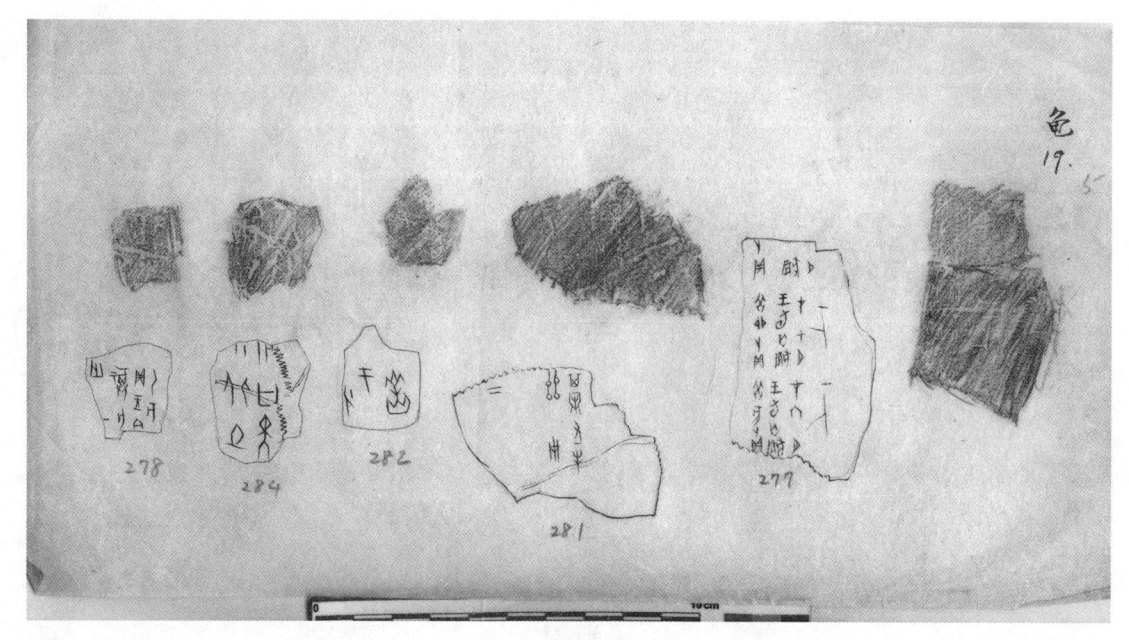

"中央圖書館"所藏甲骨文字原稿 ・213・

龜 19

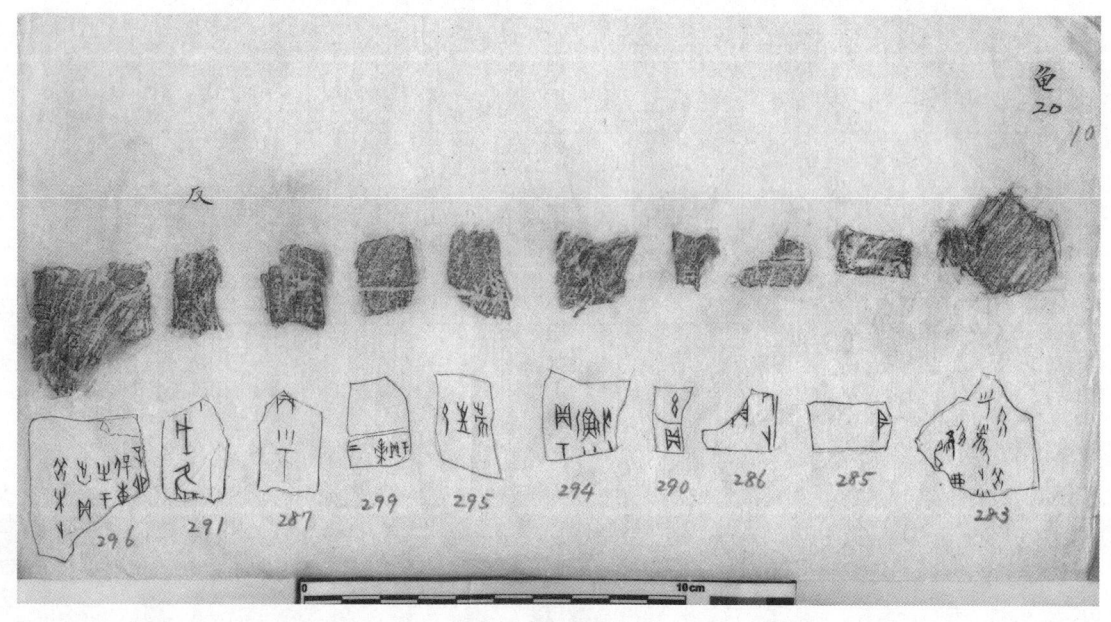

龜 20

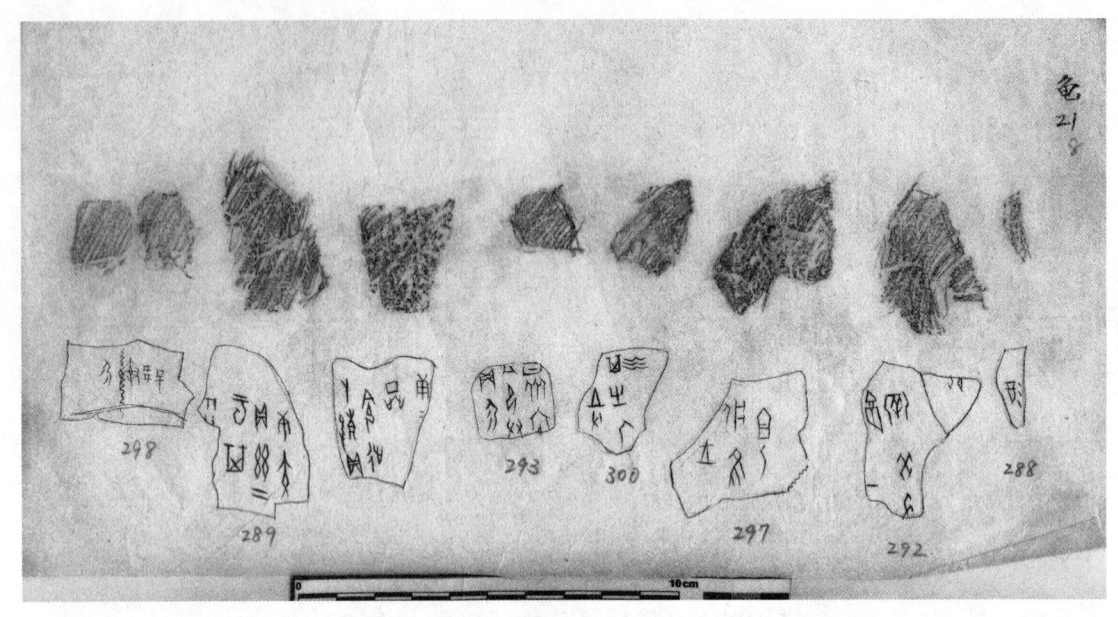

龜 21

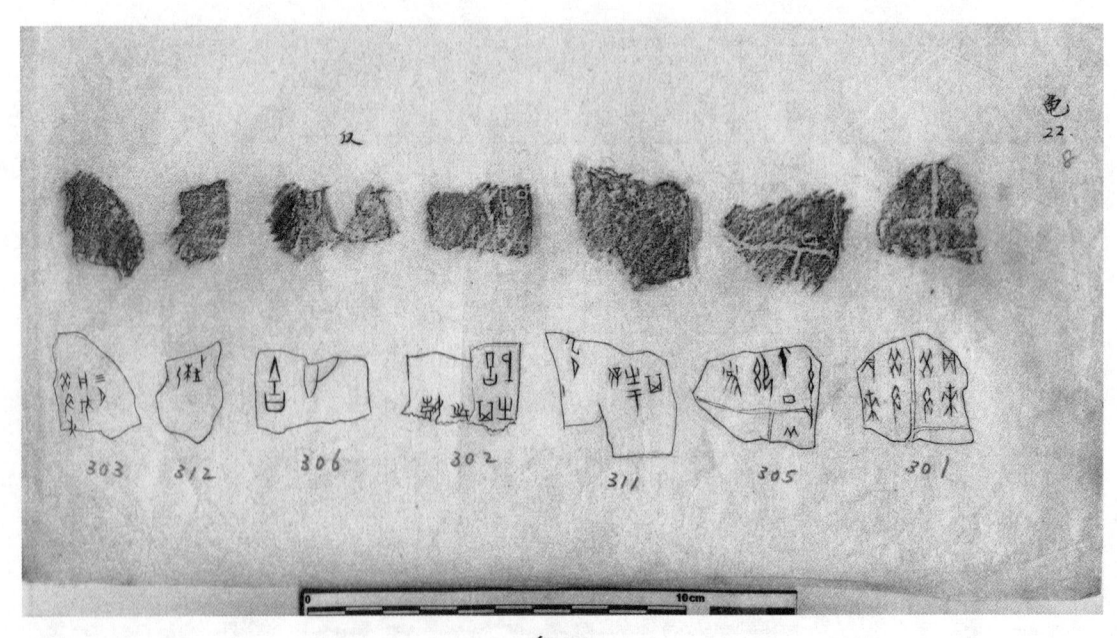

龜 22

"中央圖書館"所藏甲骨文字原稿

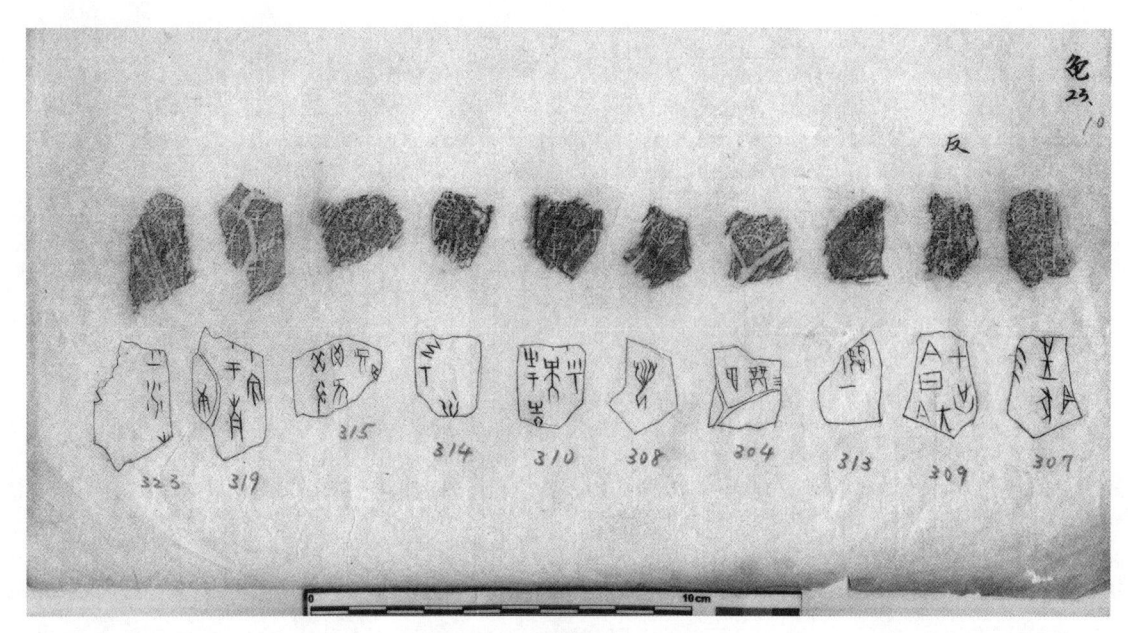

龜 23

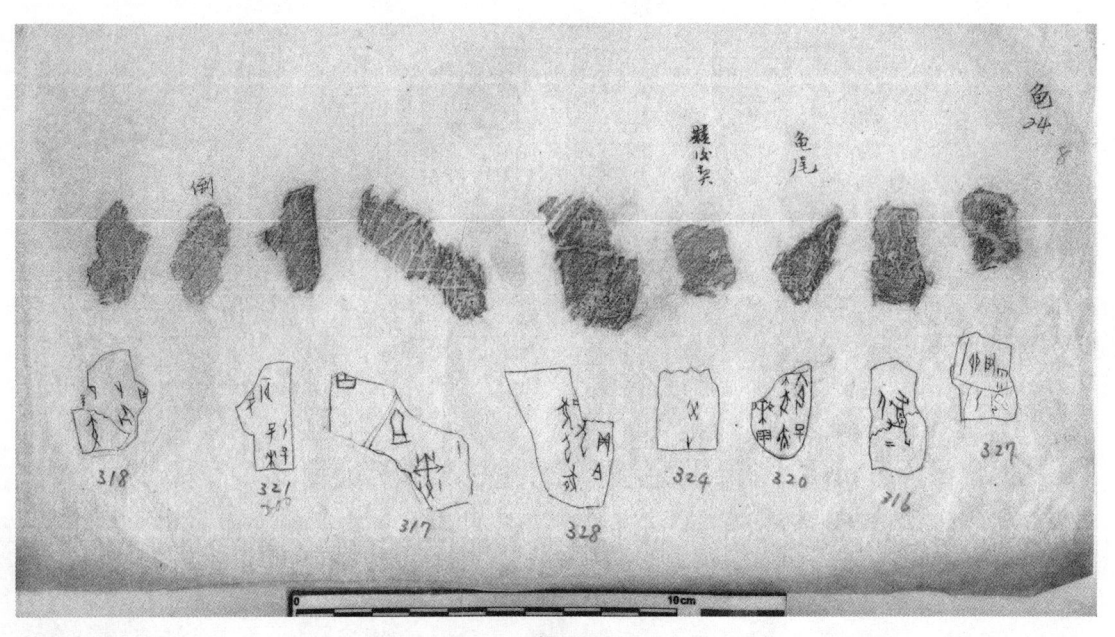

龜 24

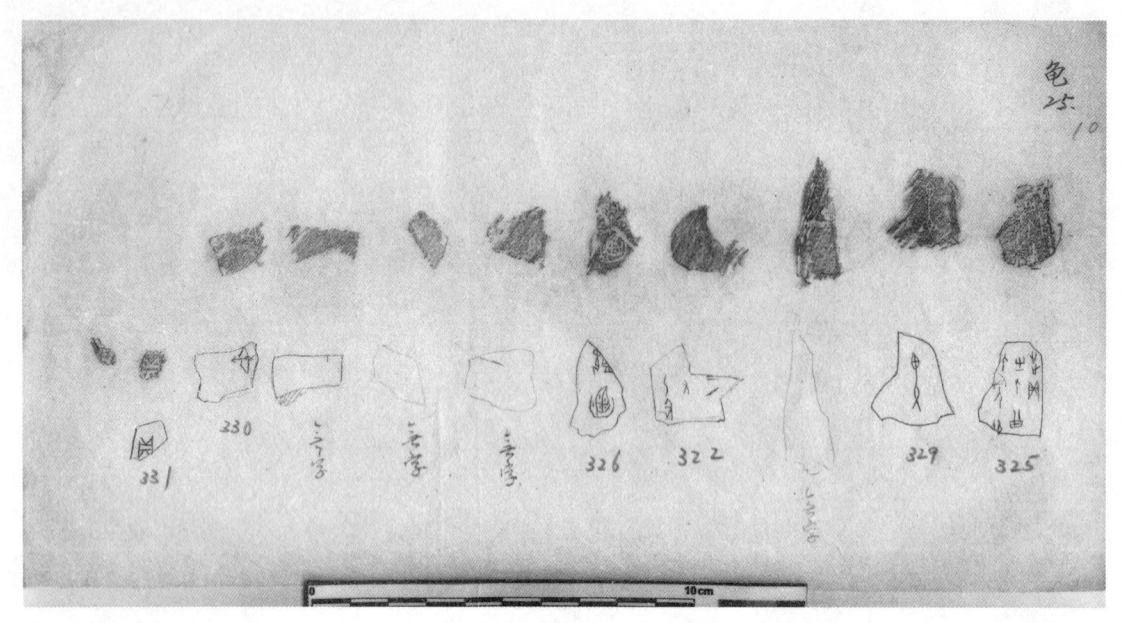

龜 25

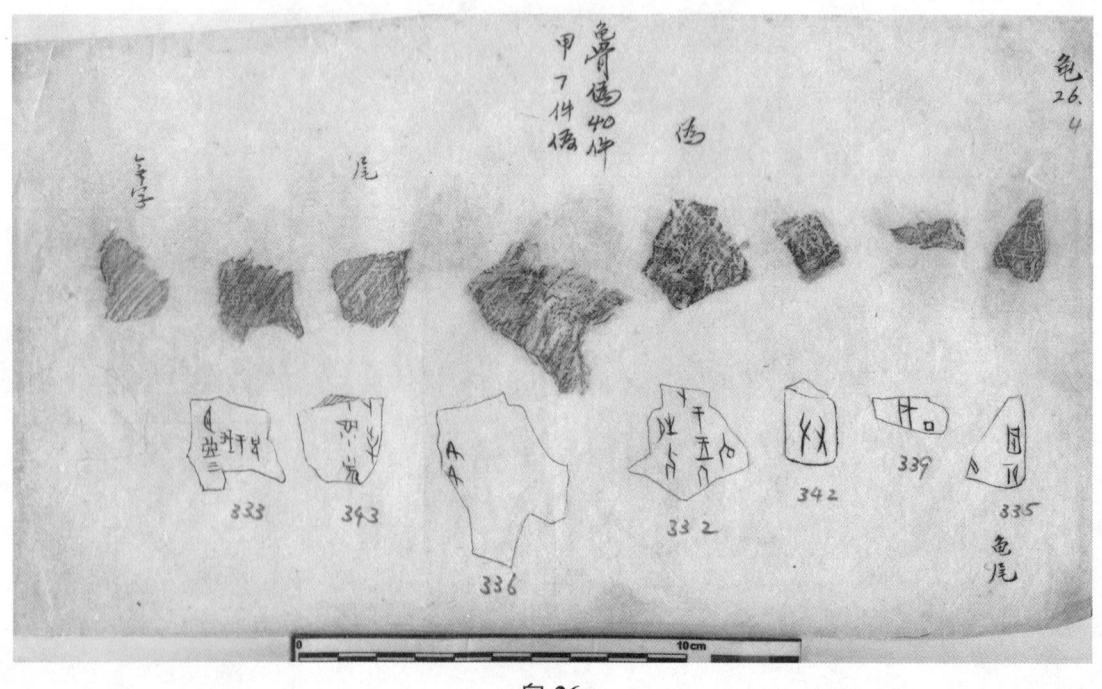

龜 26

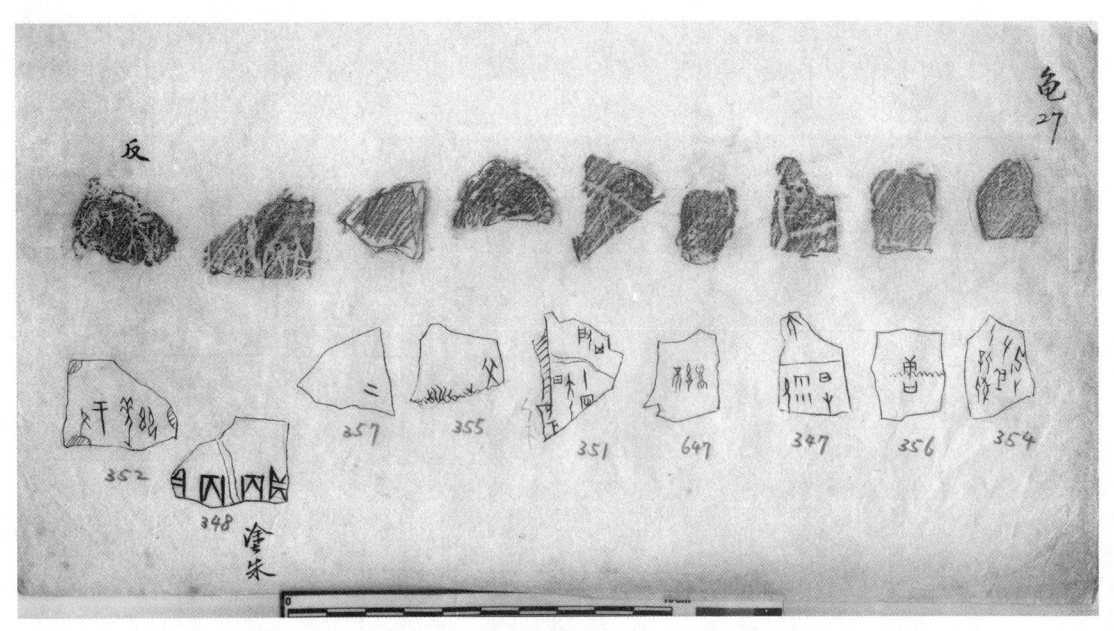

龜 27

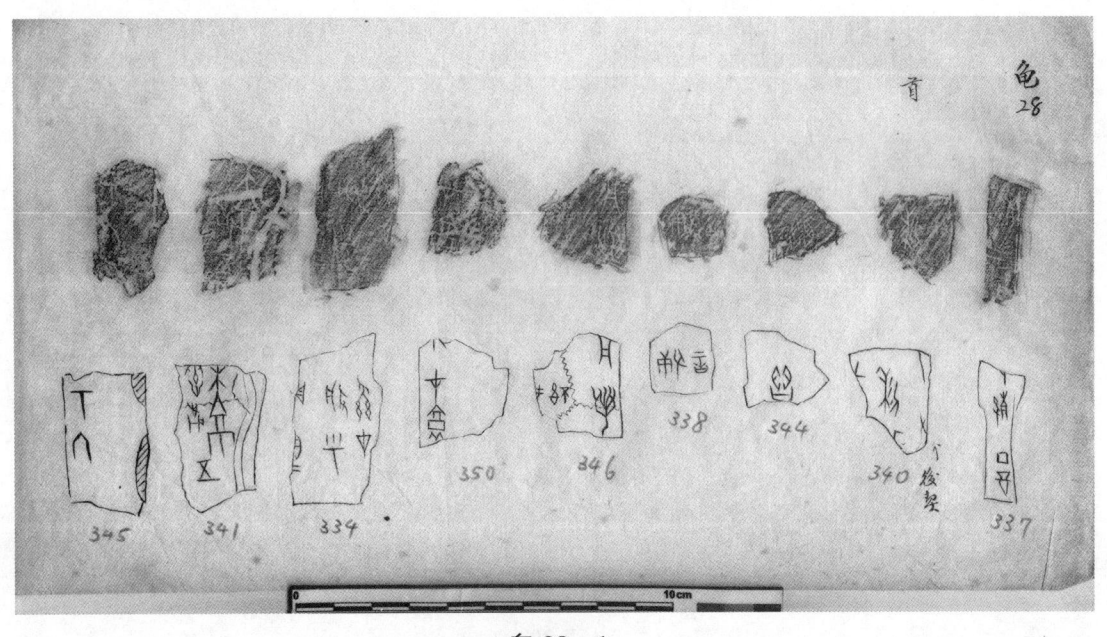

龜 28-1

・218・　甲骨文與殷商史(新七輯)

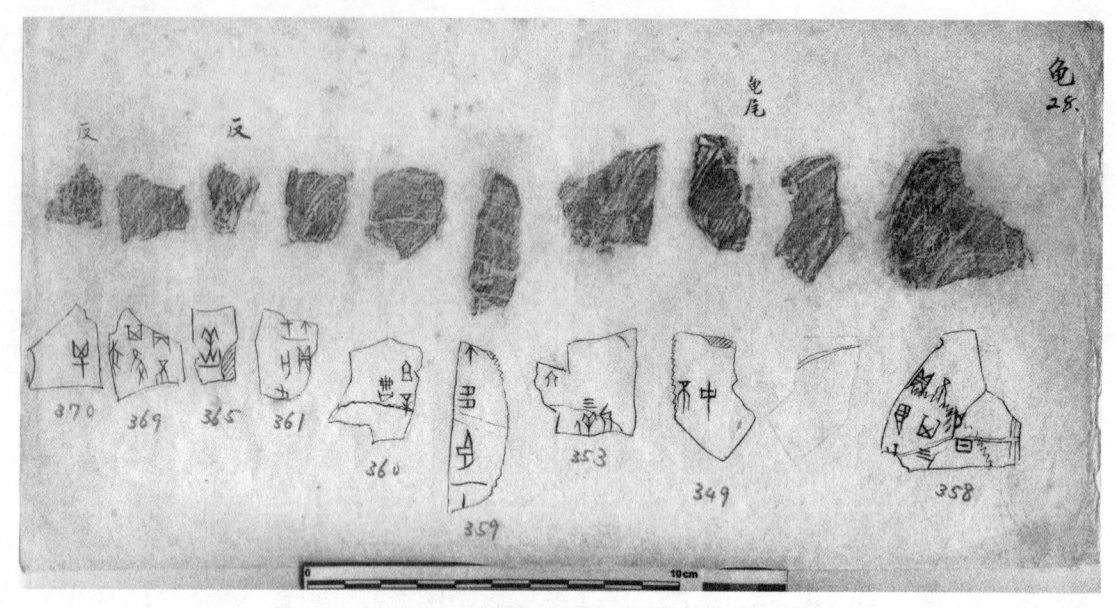

龜 28-2

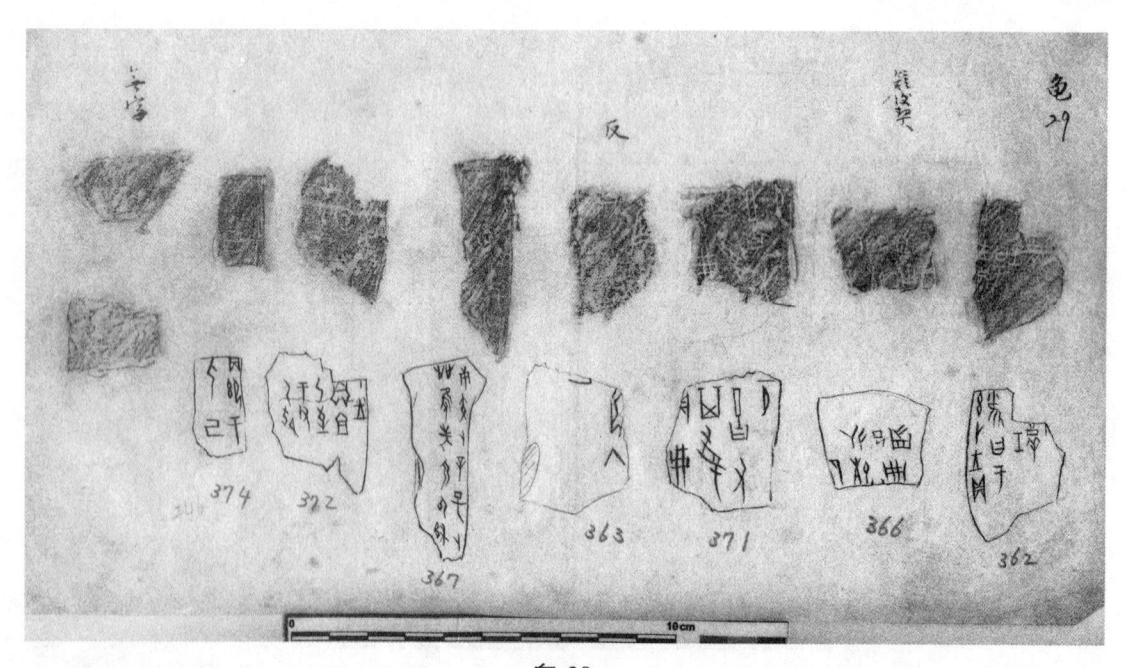

龜 29

"中央圖書館"所藏甲骨文字原稿

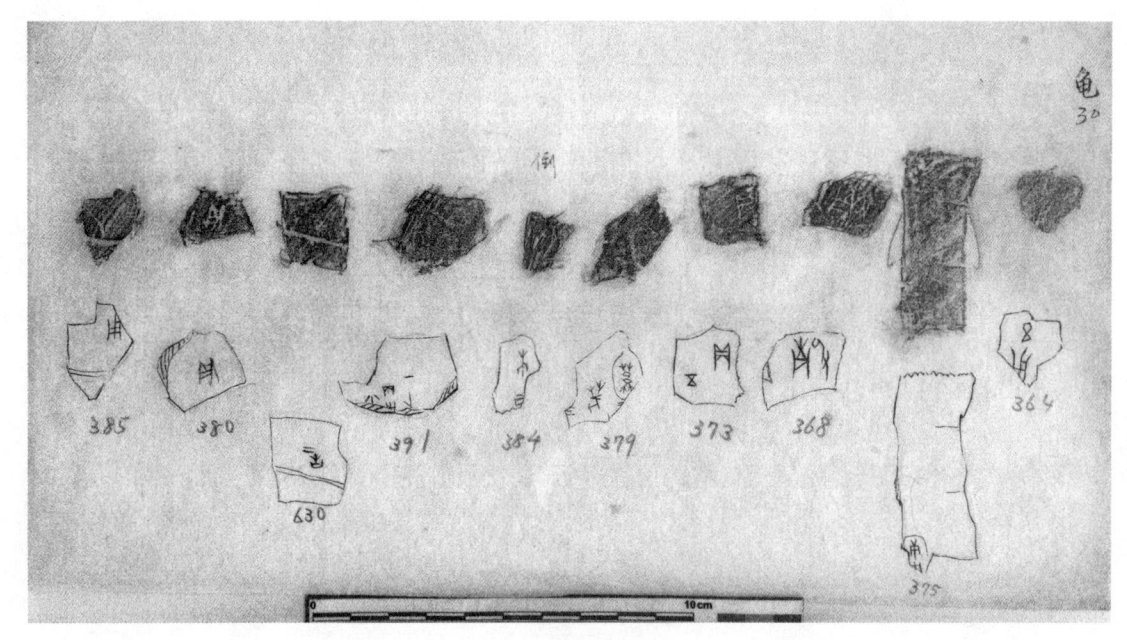

龜 30

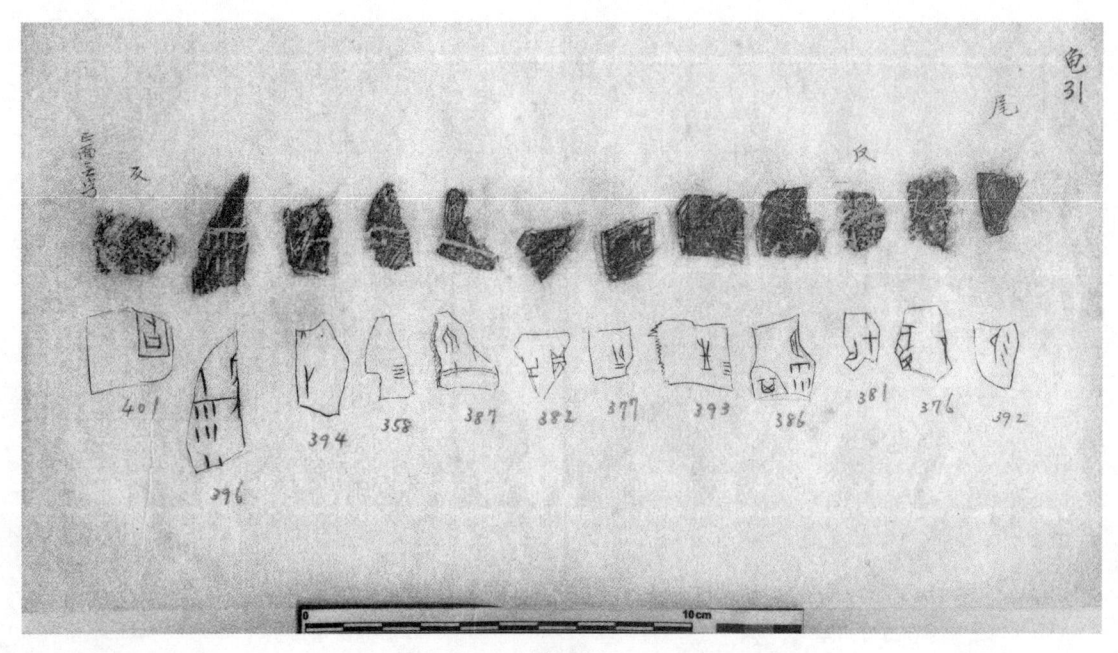

龜 31

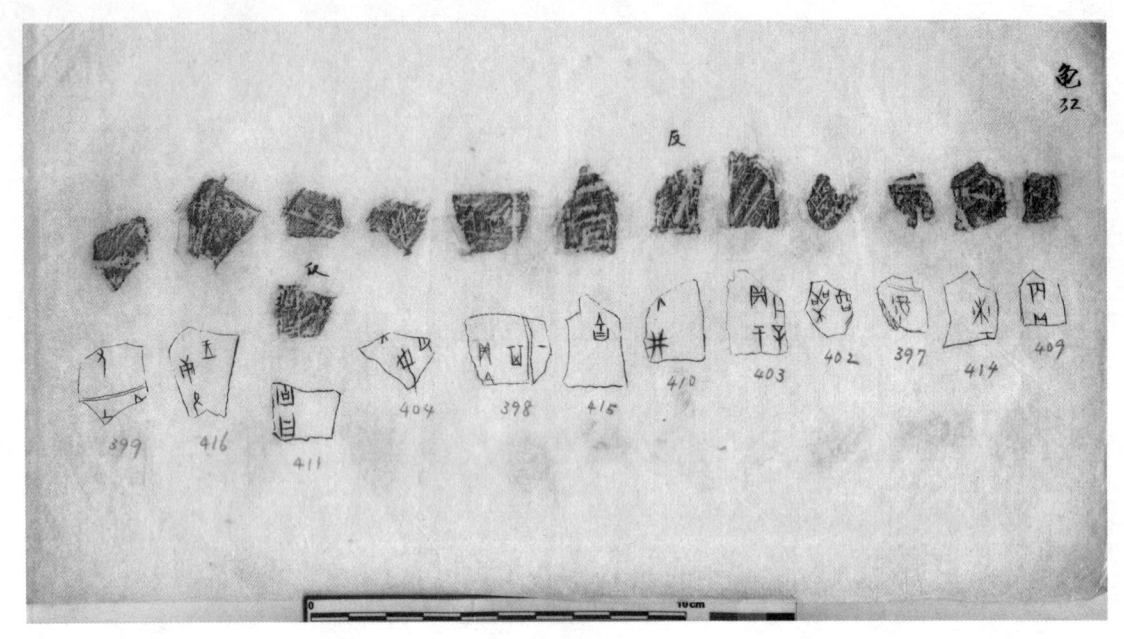

龜 32

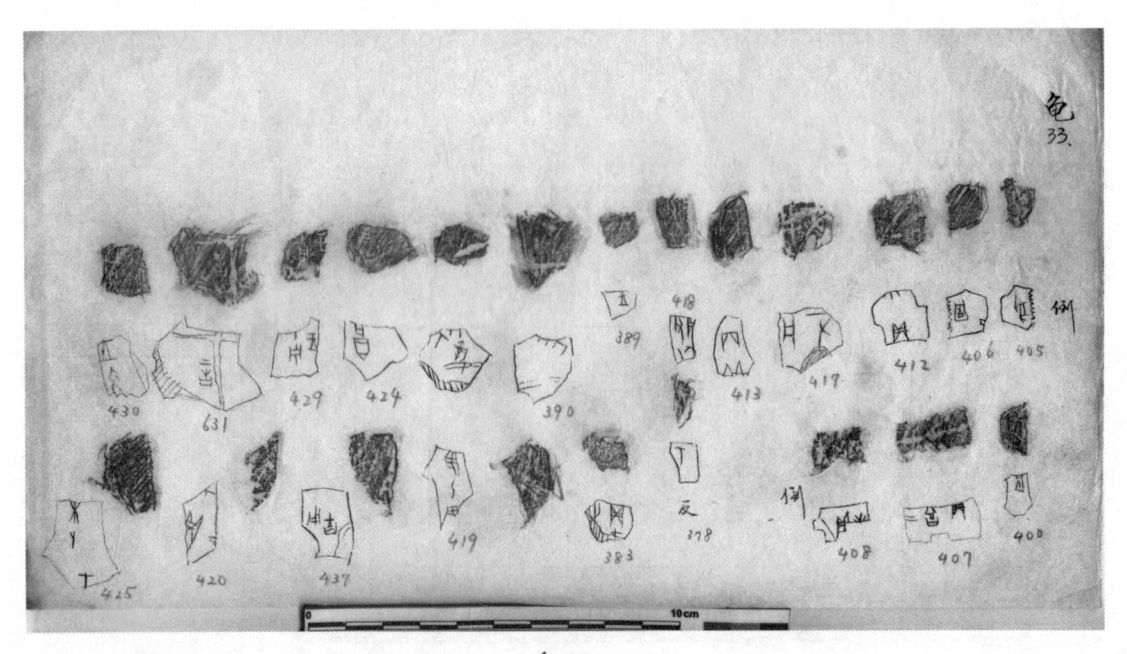

龜 33

"中央圖書館"所藏甲骨文字原稿

龜 34

龜 35

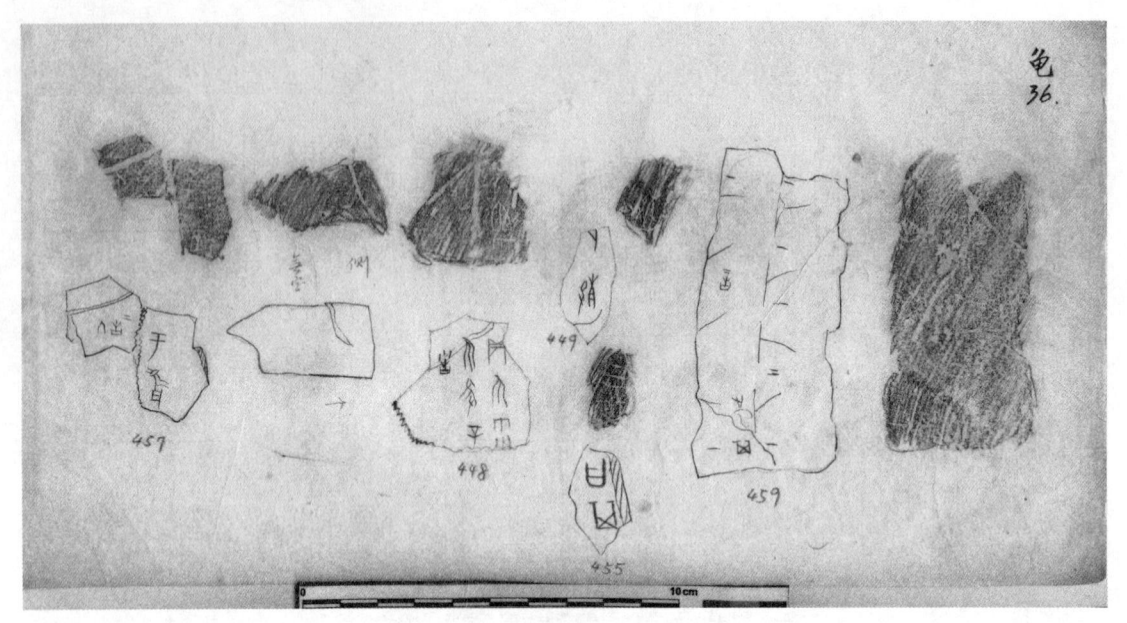

龜 36

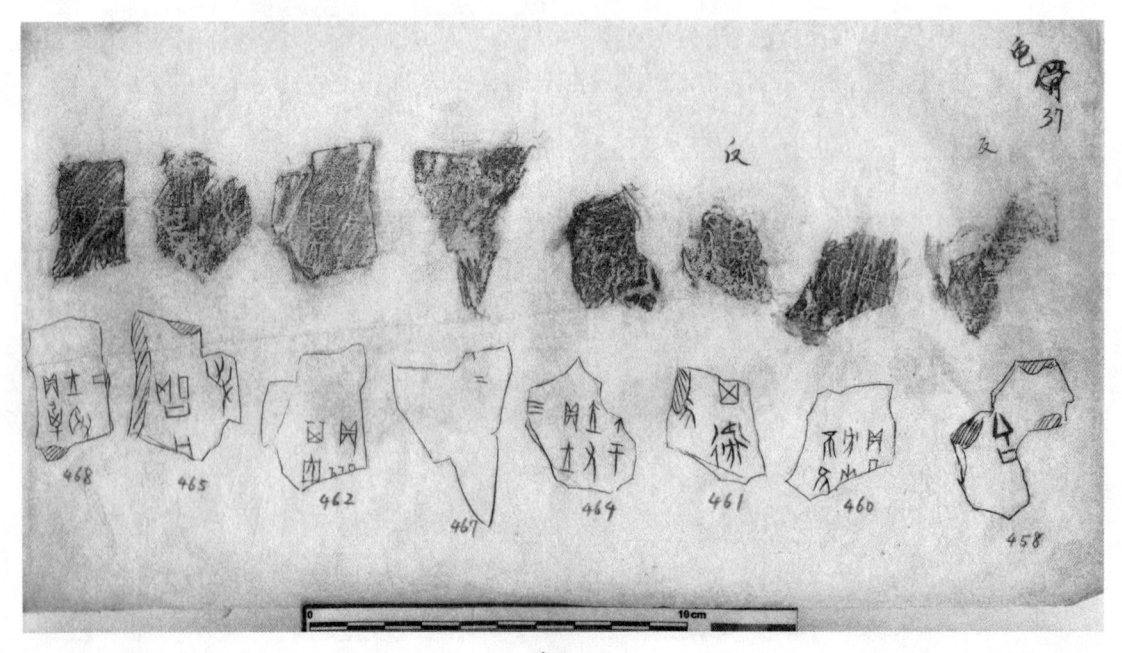

龜 37

"中央圖書館"所藏甲骨文字原稿

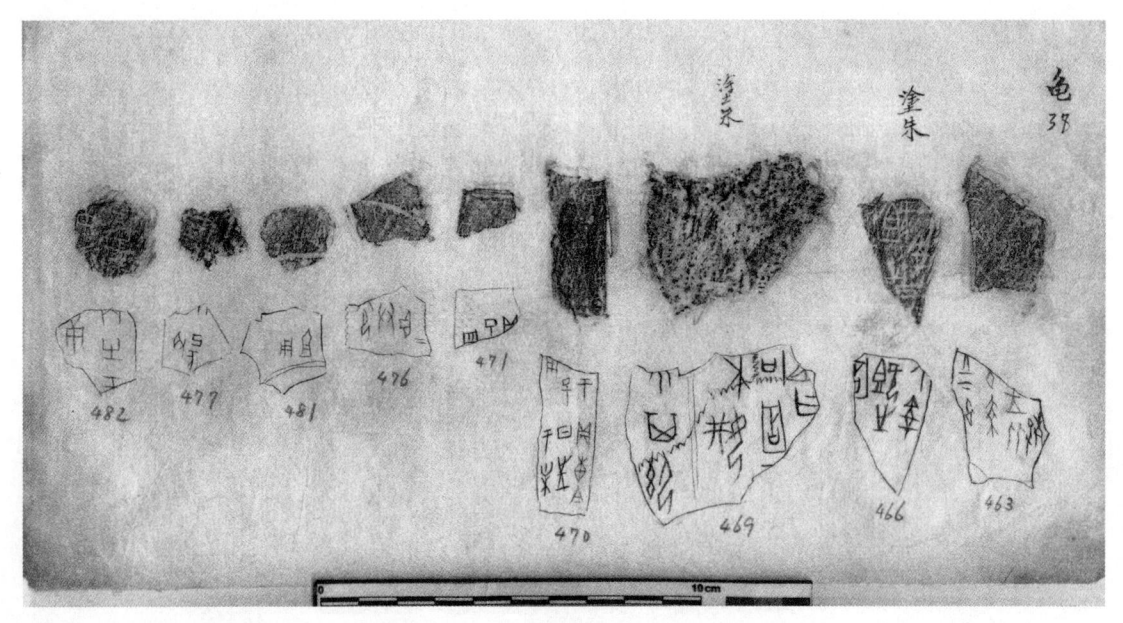

龜 38

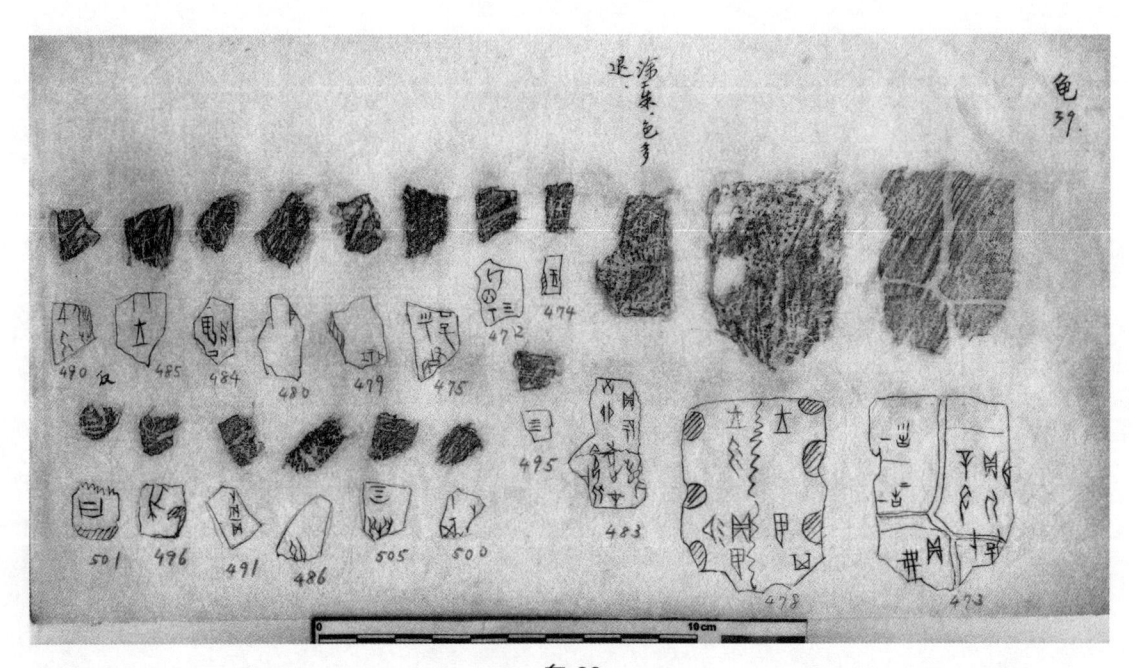

龜 39

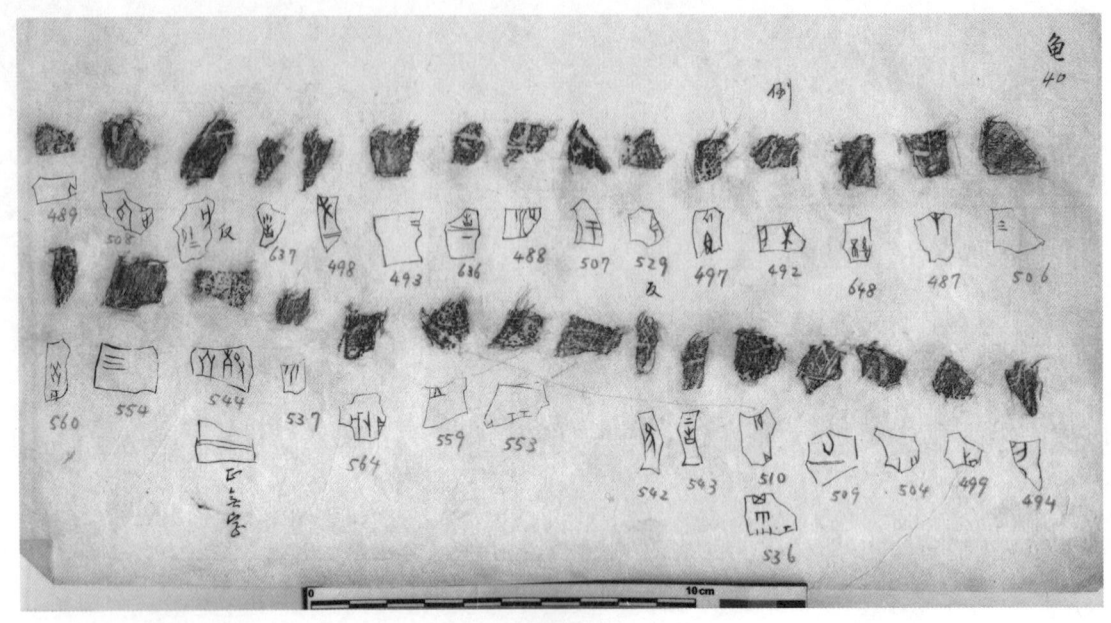

龜 40

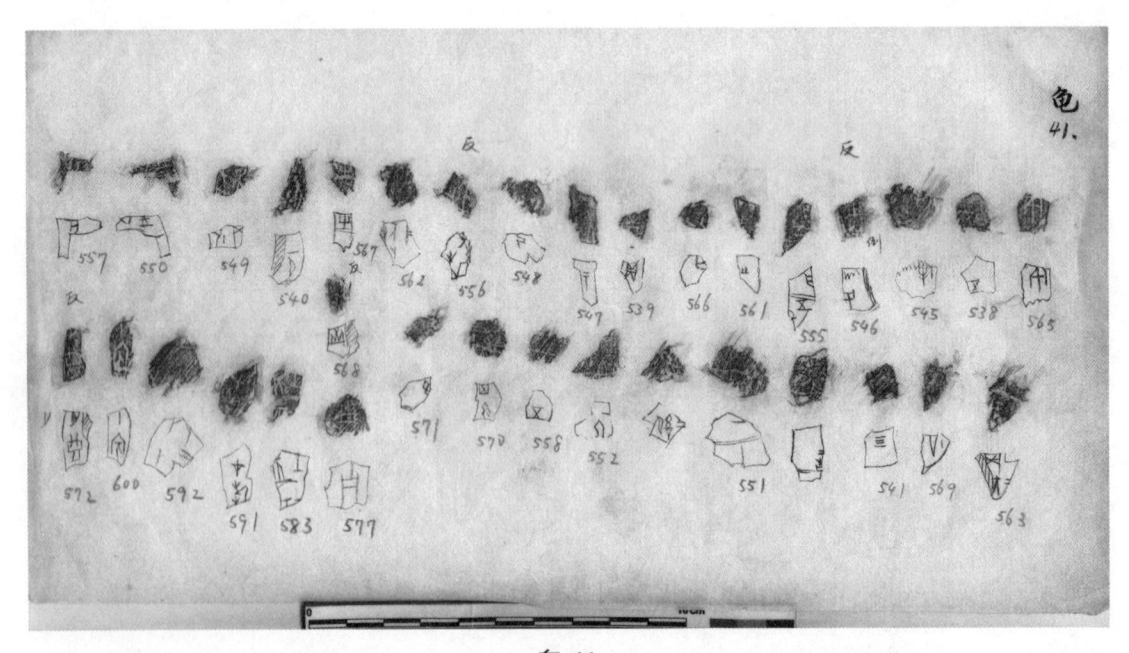

龜 41

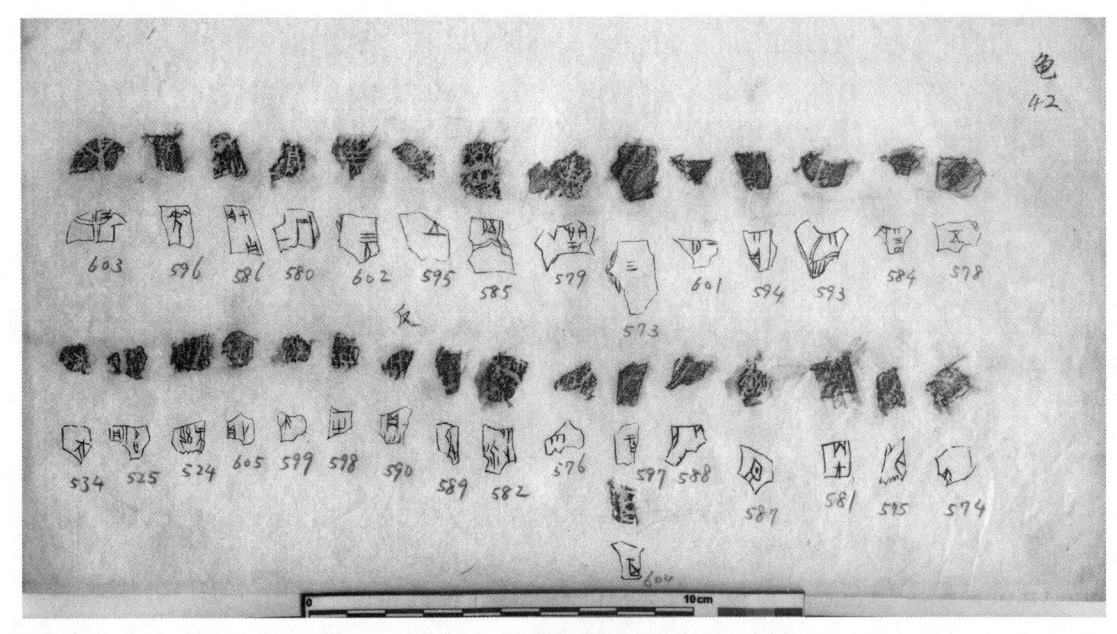

"中央圖書館"所藏甲骨文字原稿 · 225 ·

龜 42

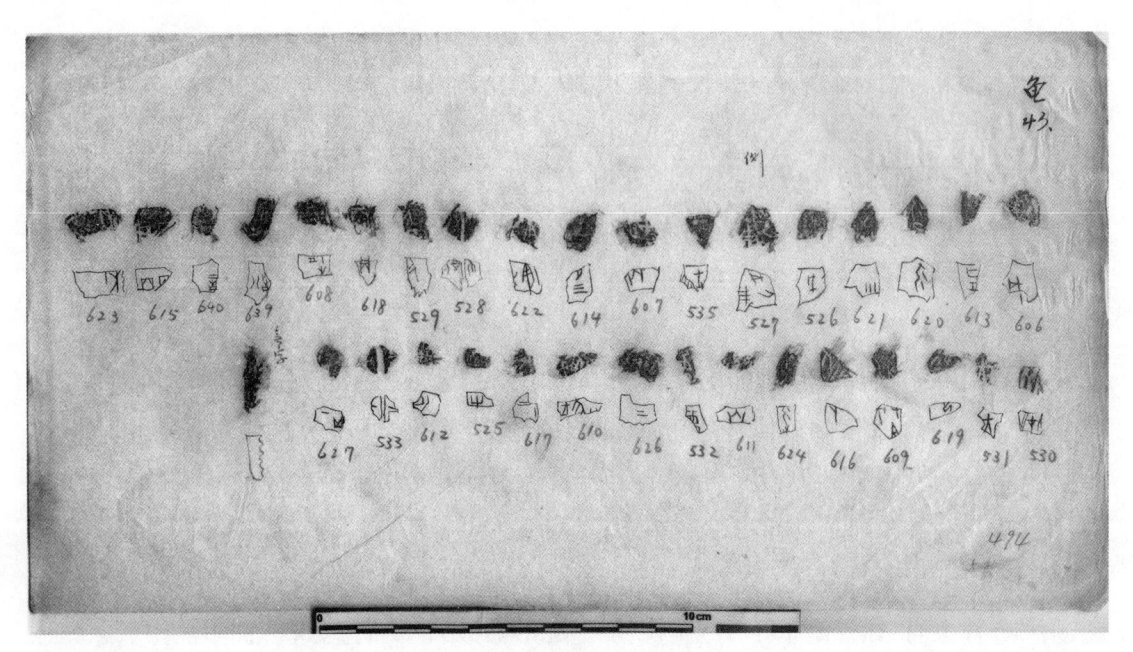

龜 43

跋《"中央圖書館"所藏甲骨文字原稿》

蔡哲茂

(中研院歷史語言研究所)

近來輔仁大學金周生教授整理他的父親、先師金祥恒先生的遺物時,發現一份牛皮紙袋,上書"'中央圖書館',藏甲"(今"國家圖書館")。打開一看後,發現是先師當年在《中國文字》第19、20期發表的《"國立中央圖書館"所藏甲骨文字》的底稿。這批甲骨現藏臺北"國立中央圖書館",其拓片、照片均未整理公布,故金先生的摹本初稿,有公諸學界之必要。

經仔細閱讀這份初稿後,發現與當初刊印於《中國文字》第19、20期的版本有所不同,其中最大的差異點在於,底稿上有以鉛筆繪製的類似拓片一類的圖片。這份資料應是先師在"中央圖書館"内整理館内所藏甲骨時,以宣紙壓在甲骨上,再用鉛筆以類似墨拓的方式繪製而成。除了鉛筆拓片外,尚有毛筆摹本與甲骨信息的筆記。底稿的毛筆筆迹與出版於《中國文字》第19、20期的毛筆摹本筆迹不同,可能刊印時用了另外製作的毛筆摹本。底稿以"龜"、"骨"分類,每頁標以頁碼,頁碼下有阿拉伯數字,標明該頁或該盒中有幾片甲骨。有些拓片上會注明"朱墨"、"反"、"反面鑽"、"系習刻者所契"、"背甲"、"學契"(習刻)、"闕刻"(缺刻橫畫)、"倒"(原倒置於盒中,摹本已正)、"首"(首甲)、"塗朱"、"龜尾"、"疑後契"、"無字"、"尾"、"正面無字"、"原片破損過甚"(此片便無鉛筆拓片)、"塗朱,色多退"、"左"(骨面左方邊緣)、"臼"、"疑爲僞契"、"僞"、"骨色新"(可能疑僞片)、"正面鑿,應已灼"、"已爲粉末"等。亦有注明已見舊著録的編號,如"南北坊5.61"等。在龜26頁處,第336片上有"龜骨僞40件,甲7件僞"。龜的頁數共43,骨爲32。而可能出於某些甲骨占據較大版面之故,金先生將骨21分成三頁,骨22分成兩頁,骨24分成兩頁。

這批材料的重要性在於幾片較爲獨特的甲骨,如骨22編號076,其反面有金先生的毛筆摹本,標注東京 B.2142。事實上這片是《京人》2142,金先生當時已知這兩篇是同文例。

這些信息在《中國文字》刊出的版本中,有些出現,有些被隱藏。可能當初金先生離開"中央圖書館"後,整理底稿時,某些信息遺漏了,或是因爲其他因素沒有刊布,因此造成了落差。讀完底稿後,我認爲或許此底稿尚有能爲學界所用之處。底稿刊布於《中國文字》上,有些訊息沒有隨之刊出,甚至片數上都有落差,可能是因爲僞刻或是無字的關係而不收。除此之外尚有多片不知何故而失收,其圖版見下(圖一):

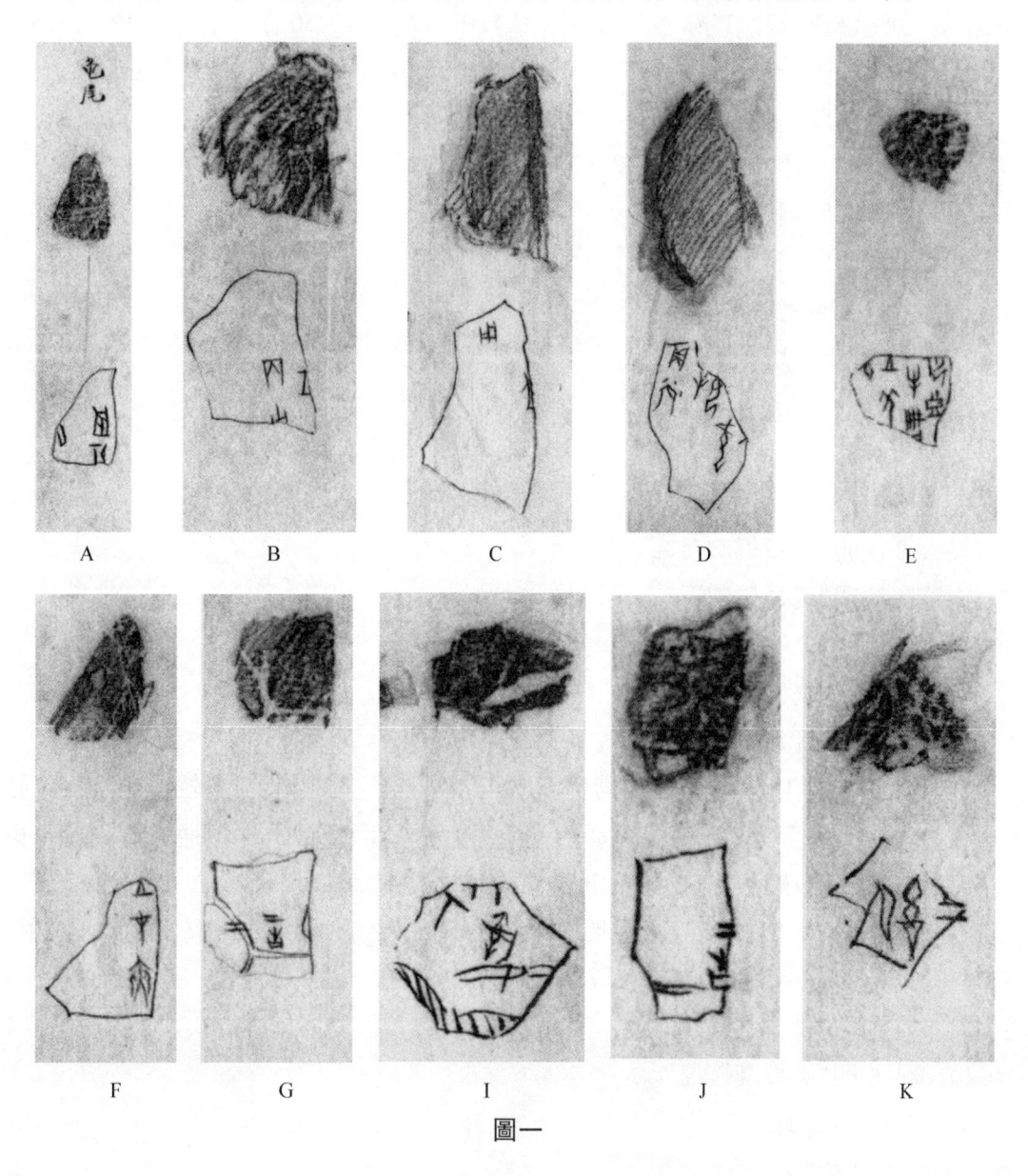

A　　　　B　　　　C　　　　D　　　　E

F　　　　G　　　　I　　　　J　　　　K

圖一

今在此介紹底稿上未刊於《中國文字》第 19、20 期的部分:

一、注明舊著録

金先生於《中國文字》19、20 的文章出版後，大部分爲《甲骨文合集》第十三册收録，當中有些見於其他著録，且已有拓片，被收入《甲骨文合集》第一册到第十二册中，造成重片的現象。其號碼爲：008（《合》40225 摹、《合》41851 摹）、026（《合》20478 拓、《合》40834 摹）、085（《合》27141 拓、《合》41313 摹）、090（《合》41460 摹、《合》32018 拓）、130（《合》41640 摹、《合》34143 拓）、372（《合》1651 拓、《合》14869 拓、《合》39579 摹）。

1. 006 注明"南北坊 5.61"。
2. 007 注明重片"南北坊 5.58"。
3. 008 注明"南北坊 5.66"。
4. 026 注明"南北坊 5.23"。

當然中圖與南北坊重出尚有：

5. 001 與"南北坊 5.60"。

二、注明僞刻

1. 012 注明"疑爲僞契"。
2. 051 注明"疑爲僞契"。
3. 062 注明"僞"。
4. 071 注明"僞"。
5. 072 注明"疑爲僞契"。
6. 073（《合補》13393）注明"僞契"。按：此版上半部刻辭爲"王敦缶受"，從鉛拓上可見右上"缶"字旁有"又"字，漏摹。下半部"酉卜六丑及"文例不通，行款左行，與上半刻辭右行不同，疑仿刻自《新獲卜辭寫本》363（《甲》261）。
7. 093 注明"疑似僞契"，又注明"《甲》211"。按：金先生之意爲本片抄自《甲》211，《甲》211 又見《新獲卜辭寫本》373。
8. 096 注明"疑僞契"。
9. 324 注明"疑後契"。
10. 332 注明"僞"。
11. 340 注明"後契"。
12. 366 注明"疑後契"。按：上半部三字疑爲僞刻。

三、注明習刻

1. 168 注明"系習刻者所契"。
2. 201 注明"學契"。

四、注明龜甲位置及背甲等

金先生於《中國文字》19、20 出版的文章中,有注明龜甲位置記錄,其編號爲:335。

1. 190 注明"背甲"。
2. 320 注明"龜尾"。
3. 335 注明"龜尾"。
4. 340 注明"首"。
5. 343 注明"尾"。
6. 349 注明"龜尾"。
7. 392 注明"尾"。

從本稿圖版可知爲背甲但未注明者:

1. 184
2. 230
3. 452

五、注明施朱或施墨

金先生於《中國文字》19、20 出版的文章中,注明了若干朱墨記錄,其編號爲:151、348、483。

1. 229 注明"朱墨"。
2. 348 注明"塗朱"。
3. 466 注明"塗朱"。
4. 469 注明"塗朱"。
5. 483 注明"塗朱,色多退"。

六、注明鑽鑿

1. 020 注明"反有鑿"。
2. 149 注明"反面鑽"。
3. 628 注明"反面鑽"。
4. 059 注明"正面鑿,並已灼"。

七、其　他

1. 063 注明"此骨似非牛骨"。

原稿與刊布版本在編號上有落差處,僅見於 017、018 兩片,與《中國文字》上的版本順序相反。001 至 020 有以鉛筆寫下編號。注明"反"者,應與前一版是正反關係,但底稿上没有寫上"正",到刊布時這些信息都没有刊出。至於僞片,有些還保留到刊布後,有些則在刊布版本中未見,可能金先生有他考慮的因素。

八、可以彼此綴合

1. 009(《合》41362)＋019(《合補》13405)(蔡哲茂綴,將收入《甲骨綴合三集》)①
2. 024(《合》41386)＋039(《合》41648)(蔡哲茂新綴)(圖二)

九、可以與其他著録綴合

1. 045(《合》3287、《合》39699 重片)＋《合》6552 正(方稚松綴)②

十、兩片爲正反關係

金先生於《中國文字》19、20 出版的文章中,注明了若干正、反記録,

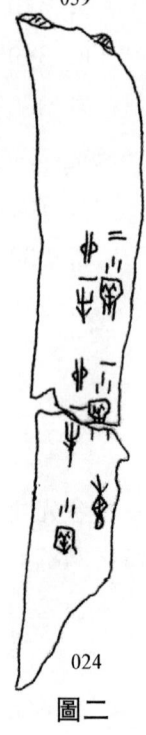

圖二

---

① 類似文例見天理 8550"辛其冓[大]風"、"壬王其不冓大風"。
② 收於黄天樹編《甲骨拼合集》第 82 則,北京:學苑出版社 2010 年版,頁 89。

跋《"中央圖書館"所藏甲骨文字原稿》

其編號爲：050（相鄰的反面摹本有鑽鑿，無編號）、061 反（059 正）、542 反（543 正）、557 反（550 正）。本稿中有注明"反"的有兩種情形：一是此片爲反面，另一則是前面相鄰的那片是正面。此外，從稿中有些相鄰的兩片形狀很可能就是正反關係。以下號碼前爲正面，後爲反面。

1. 054、053（倒）
2. 059、061（《合》41532）
3. 122、123
4. 287、291
5. 302（《合》39982）、306
6. 307（《合》40195）、309
7. 310（《合》39686）、314
8. 346（《合》40566）、350（《合》40008）
9. 341（《合》40014）、345（《合》40695）
10. 348、352（《合》40478）
11. 361、365
12. 363（《合》40072）、371（《合》40555）
13. 369（《合》40151）、370
14. 403、410
15. 457（《合》40743）、458
16. 460（《合》39855）、461（《合》39989）
17. 462、465
18. 473（《合》40412）、478（《合》40336）
19. 542、543
20. 550、557
21. 642、203

十一、僞　　刻

1. 065[①]
2. 093

[①] 詳見拙稿《〈甲骨文合集〉辨僞舉例》，《漢學研究》第 24 卷第 1 期，2006 年，頁 417—441。

3. 234

4. 366(上半偽刻)

關於"國立中央圖書館"所藏這批材料，雖然金先生有摹本與鉛筆拓本的刊布，但仍希望有學者專人針對這批甲骨財料，完成製作拓片、彩色照片、釋文、拼合、剔除偽片等工作，以利學界使用。

追記：本文所記綴合兩則009+019以及024+039，經本所同仁李宗焜先生覆核實物，正確無誤。

史語所藏殷墟甲骨目驗校訂九則

張惟捷

（廈門大學人文學院中文系）

壹、問題提出

甲骨學身爲古文字、殷商史學的研究核心，其刻辭釋讀内容是否具有公認的可信度，使學者引用有據，是極爲重要的。倘若起初即使用了具有争議的辭例釋文，往往將會使研究方向產生偏差，導致結論不可信，削减其學術價值。

而欲深入研究卜辭辭例，必須具備良好的文本條件始得進行。然而受限於龜甲、獸骨的保存狀況，反面粗糙，以及鑽鑿、刮除等負面影響，甲骨文字的辨認或多或少會面臨種種障礙，尤其傳統金石學墨拓手段乃百年來呈現甲骨文字及其細節綫索的最主流方式，拓本的製作質量往往會直接影響閱讀品質。[①] 職是之故，目前學術界可見的重要甲骨釋文工具書，如《殷墟甲骨刻辭摹釋總集》（以下簡稱《摹釋總集》）、《甲骨文合集釋文》（以下簡稱《合集釋文》）、《甲骨文校釋總集》（以下簡稱《校釋總集》）等書，在關於磨損過甚的文本以及龜甲反面的部分，其釋文常不盡理想。以反面卜甲爲例，有時反面刻辭數量較多，且與正面卜辭關係密切，這時無法正確釋出内容將導致重要辭例殘缺，降低整版學術價值，往往令學者感到遺憾。

因此，筆者借近年於臺灣中研院史語所文物庫房進行研究之便，對所藏甲骨做了一系列的整理工作，其中部分成果已陸續出版、發表。[②] 這些成果的基礎來自接觸實

[①] 以劉鶚的《鐵雲藏龜》爲例，此書初版爲石印本，拓本並不完善，僅有少部分刻辭深者較清楚，可參宋鎮豪、劉源介紹，見氏著《甲骨學殷商史研究》，福州：福建人民出版社 2006 年版，頁 82—84。

[②] 參見拙作《甲骨文字舊釋新說——以史語所藏十四版腹甲爲例》，臺灣中山大學《文與哲》學報 2013 年第 22 期；《殷墟甲骨綴合二十二組》，《政大中文學報》2013 年第 19 期。

物，以目驗摹本對勘拓片的方式儘量將正反面刻辭釋出，得到了不少具有一定價值的學術成果。本文即在此研究基礎上，新揀選《殷虛文字乙編》所收殷墟第 13 次挖掘所得 9 組較爲漫漶的腹、背甲，進行目驗釋文，並援引《摹釋總集》、《合集釋文》、《校釋總集》等舊釋，在文中對勘，使學者瞭解目驗摹本對修訂甲骨舊釋的重要性。文中隨組附上拓本與目驗摹本，供學者參照。

貳、正　文

以下由《殷虛文字乙編》中挑選 9 組師組、賓組的腹、背甲，依《甲骨文合集》號碼將辭例順序列舉如下。每組內首先標明著録號，①並説明綴合情形，再來依《摹釋總集》、《合集釋文》、《校釋總集》的順序將舊釋列出，筆者新釋在後，最後對此版釋文與相關問題作一綜合討論，以釐清論述。

一、《乙》3189（R44583/《合》939 反）

（一）前賢舊釋

《摹釋總集》：
(1)……固曰……其……　(2)䛔耂王　(3)上甲耂王　(4)祖辛耂　(5)耂王
(6)翌……未……　(7)其雨　(8)惟父丁　(9)不……父
(10)丁……尹虎……　(11)王固曰……　(12)……固

《合集釋文》：
(1) □□耂王　(2) □丁耂王　(3) 上甲耂王　(4) 祖辛耂[王]
(5) 黃尹耂王　(6) 隹父乙　(7) 不[隹]父乙　(8) 翌乙未其雨
(9) 王固曰……　(10) [王]固曰：其……

《校釋總集》：
(1) □□耂王　(2) □丁耂王　(3) 上甲耂王　(4) 祖辛耂[王]
(5) 黃尹耂王　(6) 隹父乙　(7) 不[隹]父乙　(8) 翌乙未其雨
(9) 王固曰……　(10) [王]固曰：其……

---

① 《乙》表示《殷虛文字乙編》，《乙補》表示《殷虛文字乙編補遺》，《合》表示《甲骨文合集》，《外》表示《殷虛文字外編》，"R"表示史語所數位典藏系統號碼（Registered Number）。

(二) 筆者新釋

A. ☐固☒　B. ☐固曰：其妞。　C. 西盅(害)王。　D. 上甲盅(害)王。
E. ☐丁盅(害)王。　F. 黄尹盅(害)王。　G. 祖辛盅(害)王。
H. 翌[乙]未其雨。　I. 隹父乙。　J. 不[隹]父乙。　K. ☒妣☒
L. 王固曰☒

(三) 説明

今新增釋文 B"妞"、C"西盅(害)王"、K"妣"等。本版正面有"于西/于東"之貞問，新釋文蓋與之相關，卜辭罕見貞問四方害王相關辭例，類似文例僅見《合》33094"隹西方害我"，則本組新釋可作爲商代四方威能觀念之補充參考材料。①

拓本與摹本：

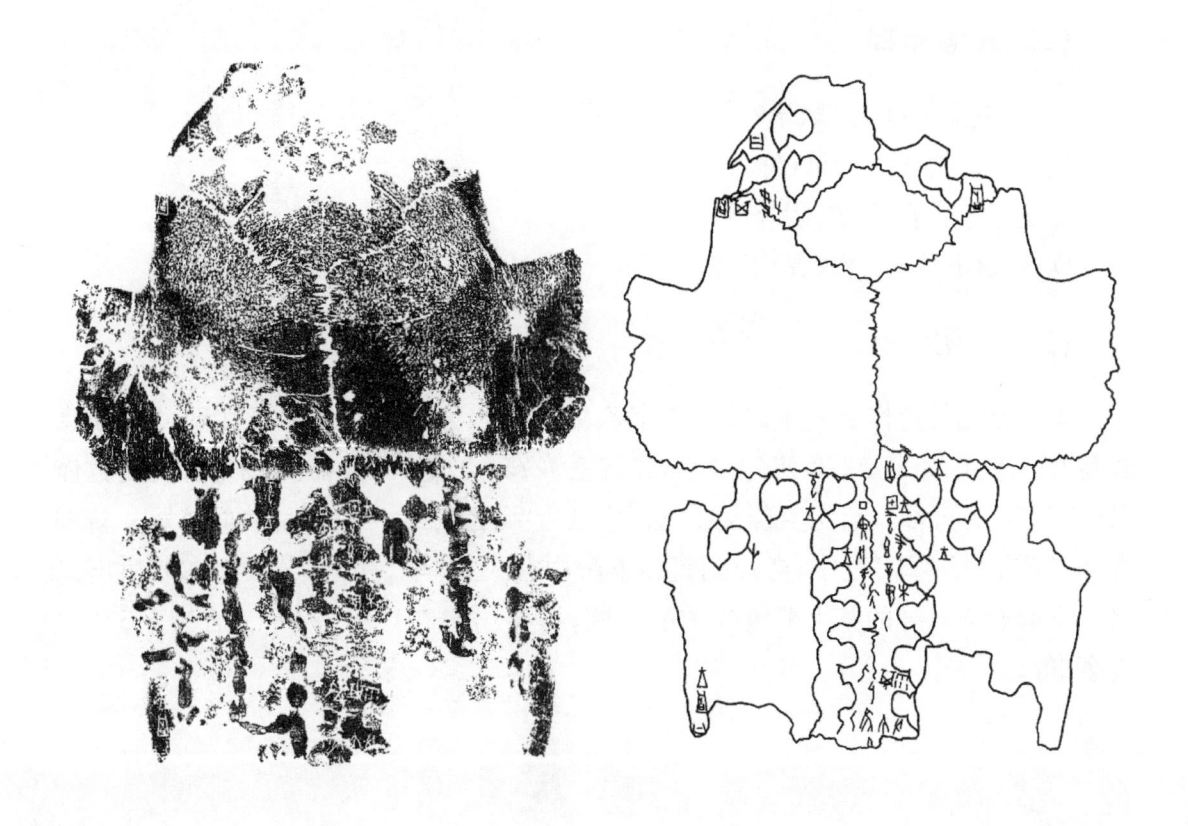

---

① "盅"字釋"害"，參裘錫圭《釋"盅"》，《裘錫圭學術文集·甲骨卷》，上海：復旦大學出版社 2012 年版，頁 206—211。

二、《乙》273＋《乙》275（R26290/《合》17443）[①]

（一）前賢舊釋

《摹釋總集》：

(1) 己亥卜爭貞有？夢王無囚　(2) 乙丑卜爭貞……不戋

《合集釋文》：

(1) 乙丑卜，爭，貞妉不戋。九月　(2) 己亥卜，爭，貞夢王亡囚

《校釋總集》：

(1) 乙丑卜，爭，貞妉不戋。九月　(2) 己亥卜，爭，貞夢，王亡囚

（二）筆者新釋

A. 己亥卜爭貞：[㞢(㞣?)]夢王。亡囚
B. 癸卯卜爭貞：弓獸(狩)。叀(惟)☐
C. ☐☐☐[爭]☐㛸☐辛☐
D. 乙丑卜爭貞：窒(賓)不戋。

（三）説明

本綴合見於董作賓先生《殷虛文字乙編摹本》，董先生於此組下注明："甲面蟲蛀特甚。"本組的《乙》273 即《合》17443，《乙》275《合集》、《合補》均未收，故此處僅及《乙》273 的舊釋。董先生釋文在"叀"字後有"父乙"二字，根據目驗似可疑。新釋A"貞"下有一從"㞢"之字，考慮到賓組卜辭中有人名"㞢"和"㞣"，故此處兼隸出二者。卜辭對王以外的某人夢境吉凶的貞問，可參《合》201"帚好夢"、《合》17452"㞣有夢"等。

[①]《合》17443＝《乙》273，本版爲董作賓先生綴合，見氏著《殷虛文字乙編摹本》，《中國文字》第3冊，臺北：臺灣大學中文系，1961年；收錄於蔡哲茂先生《甲骨綴合彙編》，臺北：花木蘭出版社2011年版，第589組。

拓本與摹本：

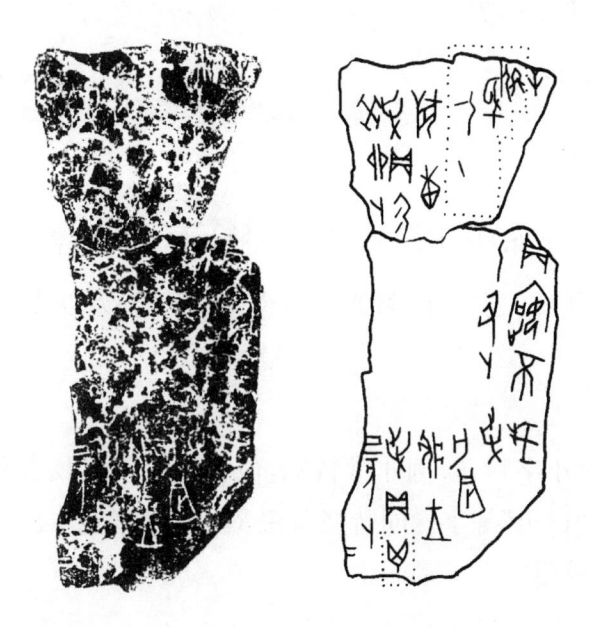

三、《乙》145＋《外》220（R26138/
《合》20338＋《合》21844）①

(一) 前賢舊釋

《摹釋總集》：

(1) ……耳……以……册……　　(2) ……𢀗……兹曰……

(3) ……豕……啓……　　(4) ……卜𢀗……𠦪以……

(5) 朕余曰吙……　　(6) ……曰……兹……

《合集釋文》：

(1) ……曰其丁丝日……　　(2) ……朕余曰吙召爰……

(3) □□[卜]，扶，子𠦪目……亦疾　　(4) ……鹿毋啓臣。

(5) ……扶曰：丝日丁……　　(6) ……𢀗万目……册

《校釋總集》：

(1) ……曰其丁兹日……　　(2) ……朕余曰印召爰……

---

① 《外》220 爲蔣玉斌所綴，本文一並摹出，拓本貼綴爲蔣先生所製作；蔣文見《〈甲骨文合集〉綴合拾遺》第 6 組，中國社科院歷史所先秦史研究室"先秦史網站"，http://www.xianqin.org/blog/archives/1552.html。

(3) □□[卜]，🯄，子畝以……亦疾　　(4) ……鹿母啓臣。

(5) ……🯄曰：茲日丁……　　(6) ……叀万以……册……

(二) 筆者新釋

☐曰：[㠯?]茲岂(兆)☐朕。余曰：𢀩(將)又(有)𧎮(害)☐亦(夜)夢卜扶、子
剗以☐爲，女啓臣。扶曰：茲曰土(社)。亦(夜)夢聑(聽)万以 🯅 (鳳?)册。

(三) 説明

本版字體屬於師小字類，辭例非常特殊，似包含了兩段長占辭。根據目驗，增訂
"岂"、"有害"、"夢"、"曰土"等字。同時據蔣綴及其釋文增補本新釋，將此組卜辭由右
至左合讀之，並稍做修訂。

拓本與摹本：

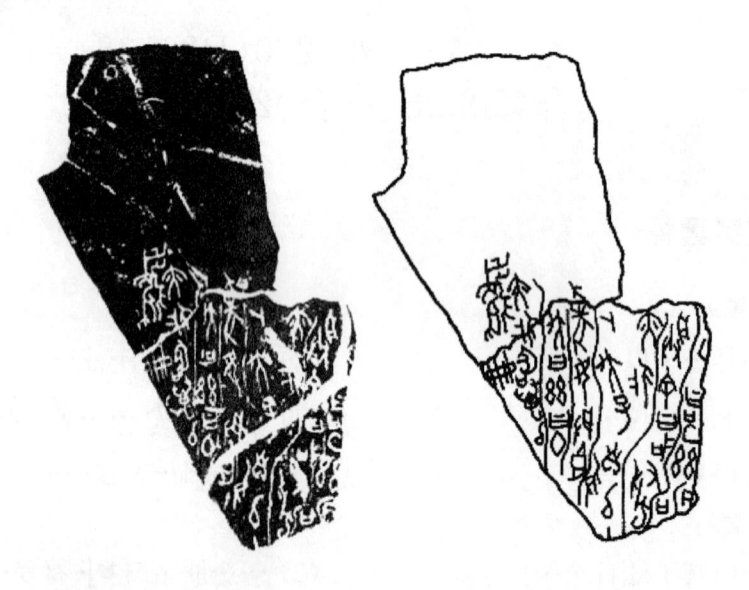

四、《乙》111＋《乙》8497（R32424/《合》20476）

(一) 前賢舊釋

《摹釋總集》：

(1) 癸亥卜七月六日……其征　　(2) ……小方不……征今……印……

《合集釋文》：

癸亥卜,小方不征,今襲受□。七月六日其[征]。六日征。

《校釋總集》：

癸亥卜,小方不征,今秋受□。七月六日其[征]。六日征。

(二) 筆者新釋

癸亥卜：小方不㞢(圍)今䉤(秋)印。七月。

六日,告余出自乂(㞢)。旬,[出]㞢(圍)。

(三) 説明

本組兩版綴合接點周圍較爲漫漶,致使拓印效果較差,今據目補、改釋諸字詞,得到幾乎完整的一組卜辭。配合語序訓讀,可知"七月"當歸屬命辭中,標誌貞問當日月份;"六日,告餘出自乂(㞢)。旬,[出]圍"一段爲驗辭,包含了癸亥日六天後、一旬後的情形。"㞢"字釋"圍",從唐健垣先生釋。①

拓本與摹本:

---

① 唐健垣:《從"于"字用法証甲骨文㞢㞢之不同》,《中國文字》第 28 册,臺北:臺灣大學中文系,1968 年。

五、《乙》404＋《乙》479＋《乙》8518＋《外》211(R26484/《合》20974)[①]

（一）前賢舊釋

《摹釋總集》：

(1) 乙酉……雨🜚……雨……各……雨　(2) 丙戌卜……🜚舞雨不雨

(3) 丙戌卜于戊雨　(4) 丁亥卜舞🜚……今夕……雨

《合集釋文》：

(1) 乙酉[卜]，雨，雨。各雲□雨　(2) 丙戌卜，于戊雨

(3) 丙戌卜，□🜚舞。🜚雨，不雨　(4) 丁亥卜，舞🜚今夕雨

《校釋總集》：

(1) 乙酉[卜]……雨🜚，雨。各雲，[不]雨　(2) 丙戌卜，于戊雨

(3) 丙戌卜，□🜚舞🜚。雨，不雨　(4) 丁亥卜，舞🜚，今夕雨

（二）筆者新釋

A. 乙酉[卜]：□霖昜，雨。
   各雲□雨☒三月。

B. 丙戌卜：于戊雨。

C. 丙戌卜：🜚無（舞）昜。雨。
   不雨。

D. 丁亥卜：無（舞）昜□今夕□雨☒

（三）説明

釋文 A "霖"字，舊釋"雨"，目驗可查見該字上從雨，下部似從"艸"，應即"霖"字。此條卜辭記有月份"三月"於左下側，舊均缺釋。

[①] 《外》211 爲蔣玉斌所綴，本文一並摹出，拓本貼綴爲蔣先生所製作；蔣文見《〈甲骨文合集〉綴合拾遺（第六十八—七十三組）》，中國社科院歷史所先秦史研究室"先秦史網站"，http://www.xianqin.org/blog/archives/2072.html。

釋文 C"舞"字上該字,舊釋拆分爲"□ [字]",事實上應爲一字。此字从[字]从[字],前者似爲"叔"字異體,後者不識,《新甲骨文編》將[字]單獨列入附錄。① 此字見於師組卜辭之間,如《合》21013"△日雀(陰)不雨"、《合》20200"其△舞方"等,從該字在卜辭中的用法來看,可能作爲一種時間副詞使用。

拓本與摹本:

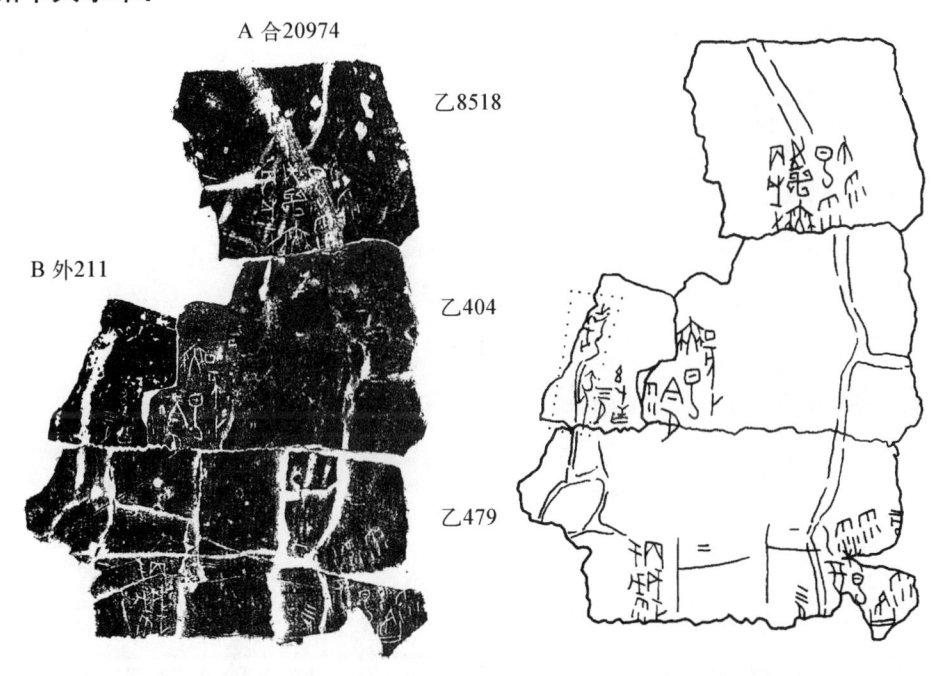

A 合20974
乙8518
B 外211
乙404
乙479

六、《乙》38＋《乙》108(R26039/《合》21022)

(一) 前賢舊釋

《摹釋總集》:

(1) 戊申卜翌己……　　(2) 戊申卜貞翌己酉大啓
(3) 戊申……今……大……　　(4) 各雲不其雨允不啓
(5) 雲其雨不雨　　(6) 己酉卜晕……其雨印不雨[字]啓

《合集釋文》:

(1) 戊申卜,貞翌七日己酉□大□□戌　　(2) 戊申今日……舞……

---

① 劉釗、洪颺、張新俊:《新甲骨文編》,福州:福建人民出版社 2009 年版,頁 999。

(3) 戊申卜,翌……　　　　　　(4) ……雲其雨,不雨

(5) 各雲不其雨,允不戌　　　(6) 己酉卜,晕今其雨印,不雨,🈯戌

《校釋總集》：

(1) 戊申卜,貞翌己酉□大□□戌,七月　(2) 戊申今日……舞……

(3) 戊申卜,翌……　　　　　　(4) ……雲其雨,不雨

(5) 各雲不其雨,允不戌　　　(6) 己酉卜,晕今其雨印,不雨,🈯戌

（二）筆者新釋

A. 戊申卜貞：翌日己酉令人大（亦？）[獸（狩）]。又（有）啓。十月

B. 戊申□：今日令人大[獸（狩）。又（有）啓]

C. 戊申卜：翌日己□不☐

D. 己酉卜：晕令□其雨印。不雨,🈯啓。

E. ☐㞢（擒）☐庚☐雲其雨。不雨。

F. 各雲不其雨,允不啓。

（三）說明

本組綴合多涉及田獵事宜,然原物磨泐甚深,故影響釋讀。舊釋"七日"、"七月",應爲"十月"之誤；另補出"令人"、"大狩"、"又",以及釋文 E"㞢"、"庚"等字。釋文 A、B 的"大"字,人手下似有短畫,可能爲"亦",反復觀察不能確定,暫志之以待討論。

拓本與摹本：

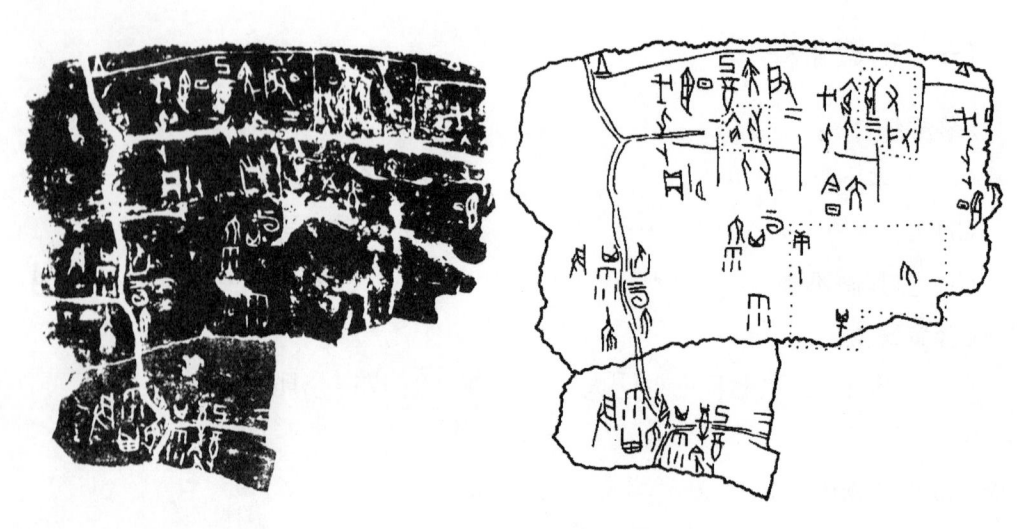

七、《乙》370+《乙》393+《外》216（R26390/《合》21153+《合》21055）[①]

(一) 前賢舊釋

《摹釋總集》：

(1) 庚午卜祭……弜惟　　　　(2) 壬申祑步弜……今丁未册……

(3) 丙戌卜祑及薔追比……　　(4) 丁亥卜……以……

(5) ……亥卜丙寅其喪……丙寅妟　(6) 丁亥卜余不……逐……喪

(7) ……卜……五月其……弜喪　　(8) 丁……不……史眉于……祑

《合集釋文》：

(1) 丙寅其喪。

(2) 丙寅卜,步和……弜……壬申祑祖乙……乙……

(3) 庚午卜,祑祈□□……　　　(4) 乙亥卜,丙戌祑□

(5) 乙亥□丁酉允不于祖乙使祑　(6) 壬午卜……喪……允……逐不

(7) 丙戌卜,及薔追从　　　　(8) 丁亥卜,余,弗其喪羌

(9) 丁亥卜,朕,彳……父……豭……薔……

(10) ……允……允……五月

《校釋總集》：

(1) 丙寅其喪。

(2) 丙寅卜,步和……弜史壬申祑祖乙……乙……

(3) 庚午卜,祑祈□□……　　　(4) 乙亥卜,丙戌祑□

(5) 乙亥□丁酉允不于祖乙史祑　(6) 壬午卜……喪……允……逐不

(7) 丙戌卜,及薔追比　　　　(8) 丁亥卜,余,弗其喪羌

(9) 丁亥卜,朕,彳……父……豭……薔……

(10) ……允……允……五月

[①] 《乙》370+《乙》393 爲《合》21153 綴合。蔣玉斌加綴《合》21055（《外》216）《殷墟 B119、YH006、YH044 三坑甲骨新綴》,《中國文字研究》2007 年第 1 輯。本文一並摹出,拓本貼綴爲蔣先生所製作；蔣綴還原一較爲完整卜辭,即新釋 D,其中"肩同"者該字似从"斗",《合集釋文》、《校釋總集》隸爲"妊",恐非是。

(二) 筆者新釋

A. 丙寅卜：余册弜。
B. 丙寅：其喪☐
C. 己巳☐以☐五月。
D. 庚午卜：祐在析風，有☐
　　之夕衣(卒)，☐肩同。
E. 壬申卜：祐二祖戊、乙。
F. 乙亥卜：丙戌祐析，步。
　　祐於祖。𠙵。
G. 丙戌卜，及嗇追，比朕。
H. 丁亥卜：乍☐父☐豕☐嗇☐
I. 丁亥卜：余弗其喪羌。
J. ☐父☐弜☐五月。
K. 壬☐卜☐[我?]喪☐[叜?]☐
L. ☐逐不
M. ☐不☐允不
N. ☐來☐不☐

(三) 説明

　　新釋 A 位於本組下方齒縫沿邊，舊釋"步和"，其"步"字當歸屬上側新釋 E，"和"字應爲"册"字誤釋，此册字似从"力"；步、册二字之間有"余"字未釋，此字上半部似从二橫畫，今補之。

　　新釋 D 與 F 事類有關，都是貞問對"析"（或在析地）行祭的事宜，從新釋 D"祐在析風"來看，若中無斷讀，很可能與四方風名中的東方名有關；"在析風"，或指東風而言，前一日己巳記時令"五月"，亦屬春季。《合集釋文》、《校釋總集》均將此辭的"析"釋爲"祈"，是囿於拓本不清所致，現改釋之並補"在"、"風"二字。①

　　新釋 E"二祖戊、乙"，指祖乙、祖戊，此二祖稱爲習見於師組小字類，舊釋"豭"，實爲"豕"字。此外，根據行款、字排的位置來判斷，本文對一些字詞的母辭歸屬也做了

---

① 關於卜辭中的四方風，尤其是春風的問題，可參蔡哲茂《甲骨文四方風名再探》，《金祥恒教授逝世周年紀念論文集》，臺北，1989 年，頁 123—152。有進一步的論述。

改定，如新釋 G 歸入"朕"字、新釋 F 歸入"步"字等，請學者參看。

拓本與摹本：

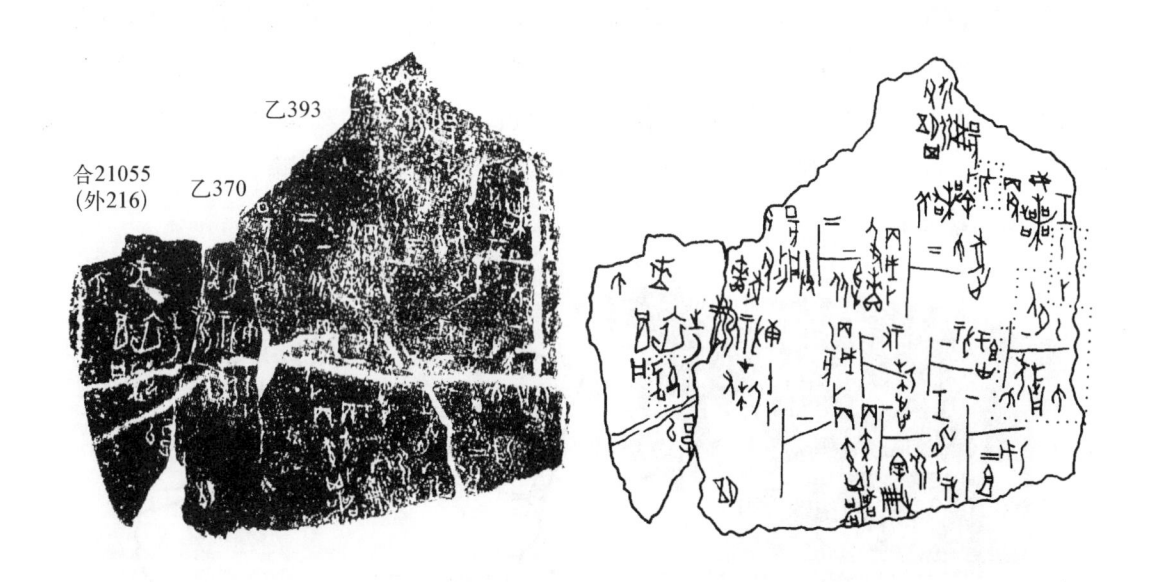

八、《乙》39（R26040/《合》21327）

（一）前賢舊釋

《摹釋總集》：

(1) 庚……卜……月　　(2) 壬子卜……賣……今夕……無田

《合集釋文》：

(1) 庚戌卜……九月　　(2) 壬子卜，令虎賣，今夕亡田

(3) ……及……隹

《校釋總集》：

(1) 庚戌卜……九月　　(2) 壬子卜，令虎責，今夕亡凸

(3) ……及……隹……

（二）筆者新釋

A. 庚戌卜：其☒九月。

B. 壬子卜：令多犬☐嗇，今夕亡田，不[隹]☒

C. ☒[豕]☒二人。二告

（三）説明

舊釋"賽"字，其下實爲"向"，隸定爲"奝"較爲合理。"亡囧"後仍有殘文，右上方亦有殘字，最左有"其"字殘筆，今皆據目驗正、補之。釋文 A"九月"右側有漫漶刻痕，似爲蟲蛀，亦似習刻，本文通過仔細觀察認爲屬於刻意爲之的刻畫可能性較大。釋文 B"犬"字上有一"肉"字，應爲"多"字簡省之異體，可參見蔣玉斌討論。①

拓本與摹本：

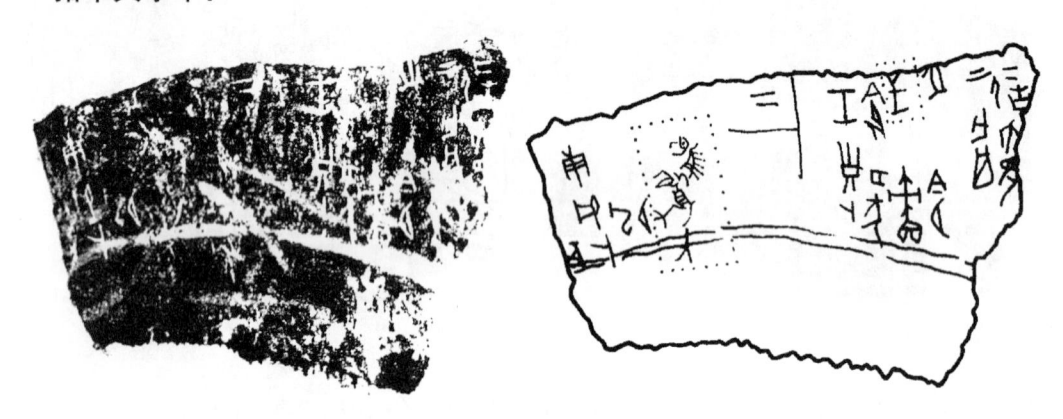

九、《乙》56（R26056/《合》21481）

（一）前賢舊釋

《摹釋總集》：

(1) 庚……   (2) ……卜翌……

《合集釋文》：

(1) 丁未卜……翌……戠……勿……   (2) 庚申卜……𡰪□中家余𧊒

《校釋總集》：

(1) 丁未卜……翌……戠……勿……   (2) 庚申卜……𡰪□□家余［蠱］

（二）筆者新釋

A. ☒彔。三月。

---

① 蔣玉斌：《殷墟子卜辭的整理與研究》，吉林大學博士論文（指導教授：林澐），2006年，頁31。

B. 己未卜：翌庚申哉（待），弜（勿）衣（卒）□[令]狩。
C. 庚申卜：弜令㞢（贊）宋家[爲？]蛛。

(三) 説明

本版磨損較爲嚴重，導致拓本不清，《合集》轉印更加模糊，《摹釋總集》於此版或即照《合》21481 進行釋文。今據目驗儘量摹出殘存文字，釋文 A 提供了月份，B 補出"哉"、"弜"、"衣"、"令"、"狩"數字。C 的"宋家"習見於師組卜辭，同條"令"字左上有"㞢"，從位置上來看應爲補刻。按屈萬里先生曾指出："此言宋家，亦謂子宋之國。"（《殷虛文字甲編考釋》，頁 33）其説可信。《甲骨綴合彙編》第 531 組（嚴一萍綴）有"令允比宋家"，應即子宋正進行某場戰事，王令允前往跟隨，參與戰爭之意，與本條"弜令㞢（贊）宋家"可互參。弜作人名。

拓本與摹本：

叁、結　語

通過實際目驗，本文對此 9 版龜甲的重新研究，總共考訂了 48 條刻辭（含對貞），修正了其中二十餘條釋文，大略估計約五成的刻辭內容是需要改定的，可見此工作的推行確有其必要性。除了史語所藏甲骨以外，大陸地區所藏諸如小屯南地甲骨、周人甲骨，以及各學術機構、私人收藏品等，事實上都具有製作目驗摹本與重新釋文的條件，尤其是屯南甲骨印刷質量不佳，雖然與龜甲在材質上面對的著錄局限不完全相同，但若通過專門學者的目驗摹寫，應能在現有的墨拓本外，給學界帶來具有學術意義的對勘材料，從而重新挖掘出此批材料的新價值。

此外，藉由本文的分析我們可以瞭解，無論對於出土或是傳世甲骨的釋文與考釋，倘若僅能通過拓本、照片來進行研究，釋文正確性將隨着材料的清晰程度而變動，許多所得到的成果往往經不起推敲，這對於需要大量正確辭例來構成研究基礎的甲骨學乃至整體古文字、古史學而言，頗值深切注意。希望藉由本文的拋磚引玉，未來學者能見到更多清晰、完整的刻辭，使甲骨學的研究得以日新又新，持續獲得進展與突破。

參考書目

工具書

董作賓：《殷虛文字外編》，臺北：藝文印書館1956年版。

郭沫若主編、胡厚宣總編：《甲骨文合集》，北京：中華書局，1979年—1982年，中華書局2001年再版。

姚孝遂、肖丁：《殷墟甲骨刻辭摹釋總集》全二册，北京：中華書局1988年版。

鍾柏生：《殷虛文字乙編補遺》，臺北：中研院歷史語言研究所，1995年。

胡厚宣主編：《甲骨文合集釋文》，北京：中國社會科學出版社1999年版。

曹錦炎、沈建華：《甲骨文校釋總集》二十卷，上海：上海辭書出版社2006年版。

劉釗、洪颺、張新俊：《新甲骨文編》，福州：福建人民出版社2009年版。

專著、期刊

林宏明：《醉古集——甲骨的綴合與研究》，臺北：臺灣書房2008年版。

唐健垣：《從"于"字用法證甲骨文足、疋之不同》，《中國文字》第28册，臺北：臺灣大學中文系，1968年。

張惟捷：《甲骨文字舊釋新說——以史語所藏十四版腹甲爲例》，臺灣中山大學《文與哲》學報2013年第22期。《殷墟甲骨綴合二十二組》，《政大中文學報》2013年第19期。

裘錫圭：《釋"虫"》，《裘錫圭學術文集·甲骨卷》，上海：復旦大學出版社2012年版。

董作賓：《殷虛文字乙編摹本》，《中國文字》第3册，臺北：臺灣大學中文系，1961年。

蒋玉斌：《殷墟子卜辭的整理與研究》，吉林大學博士論文（指導教授：林澐），2006年；《殷墟B119、YH006、YH044三坑甲骨新綴》，《中國文字研究》2007年第1輯。

蔡哲茂：《甲骨文四方風名再探》，《金祥恒教授逝世周年紀念論文集》，臺北，1989年；《甲骨綴合彙編》，臺北：花木蘭出版社2011年版。

電子資源

香港中文大學中國文化研究所漢達文庫網站：http://www.chant.org/default.asp。

蒋玉斌：《〈甲骨文合集〉綴合拾遺（第六十八—七十三組）》，中國社會科學院歷史所先秦史研究室"先秦史網站"，http://www.xianqin.org/blog/archives/2072.html；《〈甲骨文合集〉綴合拾遺》，中國社會科學院歷史所先秦史研究室"先秦史網站"，http://www.xianqin.org/blog/archives/1552.html。

《殷虛書契四編》的整理

吴麗婉

(首都師範大學甲骨文研究中心)

  新近出版的《殷虛書契五種》由《殷虛書契前編》、《殷虛書契菁華》、《殷虛書契後編》、《殷虛書契續編》、《殷虛書契四編》等五套甲骨著録書集合而成。前四種在這之前,已經以專書的形式面世,《殷虛書契四編》(以下簡稱《四編》)[①]尚未單獨發行。《四編》一共著録444版甲骨拓片,這些拓片大部分已經采入《合集》、《北珍》、《存補》等甲骨著録書中(詳見本文附録"《四編》與舊著録對照表"),但也有一小部分未見於舊著録。

  尚未見於舊著録的拓本,其價值自然不言而喻。已見於舊著録的拓本,其重要性也不可低估。由於墨拓過程不同,拓本質量有優劣之分。對《四編》進行整理,找出未面世的拓本和比其他著録書精緻的拓本,對卜辭的研究有一定作用。《四編》拓本製作精良,文字清晰,正如其後記所指出的,《合集》1187的清晰度與《四編》400相比,相差甚多。[②] 筆者在整理《四編》與舊著録對照的過程中,發現《四編》還有其他更加優良的拓本,可以幫助解決卜辭研究中的一些問題,本文選取一些例子加以說明。

[①] 本文引用甲骨著録書及其簡稱爲:《四編》——《殷虛書契四編》、《合集》——《甲骨文合集》、《續存上》——《甲骨續存》上編、《北珍》——《北京大學珍藏甲骨文字》、《中歷藏》——《中國社會科學院歷史研究所藏甲骨集》、《合補》——《甲骨文合集補編》、《存補》——《甲骨續存補編》、《國博》——《中國國家博物館館藏文物研究叢書:甲骨卷》。

[②] 羅振玉、羅福頤類次:《殷虛書契五種》下册,北京:中華書局2015年版,頁1585。

一、《四編》279

目前所有的釋文均將《合集》20297"癸酉"條卜辭"弜"後面一字釋爲"水"。① 《合集》20297即《四編》279（局部截圖見圖一），此字在《四編》的字形明顯爲"㕣"，左邊是側立的盤形，右邊的小點應當是表示水滴（或血滴），象盤中盛水（或血）之形，非"水"字。此辭的釋文當作"癸酉[卜]，王：弜……㕣圍……盾……三月"。

《合集》811有這樣一條卜辭"貞：屮㿝左子，王徝于之㿝若。"㿝與㕣構形相似，一作正面形，一作側立形，但由於辭意不明，尚不能確定是否爲一字。各家均將"㿝"釋作"益"，但"益"字一般作"㿝"形，② 兩者字形不同，且用法有别，"㿝"與"益"可能並非一字。㿝與㕣的具體含義，有待進一步研究。

二、《四編》244

以往卜辭中"魚"字及以"魚"作爲偏旁的字所從之魚均是類似"魚"象形度較高的寫法，③《合集》10494的"鯀"字作"鯀"形，所從"魚"的寫法似乎與象形度較高的寫法不同，但由於拓本不清晰，不能確定是拓本漫漶所導致，還是"魚"本身寫法就比較特殊。翻檢《四編》244（局部截圖見圖二），可以清楚地看出此字作"鯀"形，所從"魚"的寫法與舊釋爲"冉"的寫法幾近相同，"鯀"字作此寫法，未見於他處。

---

① 胡厚宣主編：《甲骨文合集釋文》，北京：中國社會科學出版社1999年版，第20297號；曹錦炎、沈建華主編：《甲骨文校釋總集》，上海：上海辭書出版社2006年版，頁2332；陳年福：《殷墟甲骨文摹釋全編》，北京：綫裝書局2010年版，頁1810；漢達文庫：http://www.cuhk.edu.hk/ics/rccat/index.html。

② 有的學者認爲卜辭中舊釋"益"的字大多應改釋爲"血"，詳見楊澤生《甲骨文"盦"字新釋》，《中國文字學報》第1輯，北京：商務印書館2006年版，頁63。本文采用"益"說。

③ 可參看李宗焜《甲骨文字編》，北京：中華書局2012年版，頁655—660；劉釗主編《新甲骨文編》（增訂本），福州：福建人民出版社2014年版，頁660—662。

"𩺰"字,在甲骨文中大致有祭名、人名、邂遘三種用法,這是大家所熟知的。但對於"𩺰"字構形取象爲何,衆説紛紜。唐蘭先生認爲象兩甾背叠之形;郭沫若先生認爲象竹簍之形;董作賓先生認爲象構木爲棟梁之形;李孝定先生和裘錫圭先生均認爲象二魚相遇形;于省吾先生認爲郭沫若之説,可備一説,"𩺰"與"魚"形無涉,以爲象兩魚相遇,非是。①

"🐟"所從之魚與"🐟"(《合集》20222)、"🐟"(《合集》20413)、"🐟"(《合集》17055)等形的"𩺰"字所從偏旁相類,如此,"𩺰"字當如李孝定先生和裘錫圭先生所説,象兩魚相遘之形。

甲骨文的"爯"字,李孝定先生認爲:"象以手挈物之形,自有舉義,但不能確言所挈何物耳。"②由"魚"可作"🐟"觀之,"爯"所舉之物有可能爲"魚","爯"字作"🐟"形(《合集》7426正),所提之物即與"魚"類似。

卜辭中還有獨體的🐟,以及🐟、🐟、🐟、🐟等一系列以之爲偏旁的字,其與"魚"的寫法"🐟",是同形字的關係,還是一字繁簡,異體分工的關係,由於缺乏相關材料,只能存以俟考。

三、《四 編》113

各家對《合集》30667 的釋讀如下:

《甲骨文合集釋文》	惠今日……畓其。 中……又……③
《甲骨文校釋總集》、 《殷墟甲骨文摹釋全編》	畓其惠今日 中……又……④
漢達文庫	……畓其惠今日 中……又……⑤

---

① 各家之説詳見于省吾主編《甲骨文字詁林》第四册,北京:中華書局 1996 年版,頁 3134、3141—3146。
② 李孝定編述:《甲骨文字集釋》第四、五册,臺北:樂學書局 2004 年版,頁 1408。
③ 胡厚宣主編:《甲骨文合集釋文》,北京:中國社會科學出版社 1999 年版,第 30667 號。
④ 曹錦炎、沈建華主編:《甲骨文校釋總集》,上海:上海辭書出版社 2006 年版,頁 3413;陳年福:《殷墟甲骨文摹釋全編》,北京:綫裝書局 2010 年版,頁 2722。
⑤ 漢達文庫:http://www.cuhk.edu.hk/ics/rccat/index.html。

所有的釋法均有問題。其一，"其"字的行款及字體大小均與"中……又……"相同，異於上面一辭，不應歸入"曾"字條卜辭；其二，仔細觀察《合集》30667 的拓本，依稀間還可以看出"惠今日"右邊還有卜辭，只是難以辨認爲何字。對照《四編》113（局部截圖見圖三），可看出這些缺釋的字爲"酨，又正"，"酨"字上端有所殘缺，但從殘畫以及辭例看，當是"酨"字，卜辭中常見占卜"某日酨，又正"，如"即日酨，又正"（《合集》29704）、"貞：惠乙酉酨，又正"（《合集》30813）、"惠今辛丑酨，又正"（《合集》30815）。

圖三

因此，《合集》30667 的釋文當作：

……曾……惠今日酨，又正。
其中……又……

四、《四編》82

《合集》2442 又見於《續存上》313，但是兩者拓本都非常模糊，下面一辭更是難以辨認，各家釋文均爲"翌日戊戌……侑……"，[①]從左往右釋讀，這樣的釋讀並不符合這個部位一般的刻辭規律。從甲骨形態上看，這是右龜腹甲第四道盾紋下面的部位，這個部位的刻辭順序一般是從原邊往中縫（千里路），即從右往左刻寫，相似的刻辭順序可參看《合集》24、235、773 甲、1487、2799、9638、16749 等。若翻檢《四編》82（局部截圖見圖四），便知道正確的釋讀是"丁巳卜：兄戊翌日"。卜辭中貞問"某祖先翌日"的辭例還有"祖辛翌日"（《合集》1770）、"祖乙翌日"（《合集》12333 反）、"中丁翌日"（《合補》2523 反）、"妣庚羌甲奭翌日"（《合集》27507）等。

圖四

[①] 胡厚宣主編：《甲骨文合集釋文》，北京：中國社會科學出版社 1999 年版，第 2442 號；曹錦炎、沈建華主編：《甲骨文校釋總集》，上海：上海辭書出版社 2006 年版，頁 348；陳年福：《殷墟甲骨文摹釋全編》，北京：綫裝書局 2010 年版，頁 312；漢達文庫：http://www.cuhk.edu.hk/ics/rccat/index.html。

五、《四編》25

《四編》25（局部截圖見圖五）即《合集》953，目前所有的釋文對中間那條卜辭的釋讀均是"戊寅卜，王：大庚伐"。①但是只要查閱《四編》25，便可以很清楚地看到"戊寅"實爲"乙亥"之誤。《合集》的拓本是因爲"乙"字下面的筆畫被盾紋掩蓋，而"亥"字由於拓本漫漶，字形夾雜着並非筆畫的泐痕，所以"乙亥"才被誤釋成"戊寅"。

圖五

六、其 他

《合補》11637骨扇部位的卜辭有一字爲"▨"，字形不甚清晰，上端的偏旁難以辨認，此字在《四編》337（局部截圖見圖六）作"▨"，可明顯看出上端所從爲"自"。以往將此字或釋作"兕"，②或釋爲"▨"，③均誤。

《合集》13576雖然拓本比較漫漶，但是文字仍可辨認，只是已無法看出兆序辭。翻看《四編》393（局部截圖見圖七），可看出兆序辭"二"（也有可能是"三"，"三"最上面的一筆可能與盾紋參雜在一起）。

圖六　　　圖七

《合集》13476與《中歷藏》614是重片，兩者"▨"字下面的筆畫均已殘缺。《四編》380（局部截圖見圖八）拓本比較完整，"▨"字並不殘損。在研究尤其是綴合時應綜合考慮這幾種拓本。《四編》13的拓本亦比《合集》35485更加完整。

《合集》15157正只墨拓甲骨有字之處，而《四編》396正（局部截圖見圖九）則將殘去

---

① 胡厚宣主編：《甲骨文合集釋文》，北京：中國社會科學出版社1999年版，第953號；曹錦炎、沈建華主編：《甲骨文校釋總集》，上海：上海辭書出版社2006年版，頁163—164；陳年福：《殷墟甲骨文摹釋全編》，北京：綫裝書局2010年版，頁163；漢達文庫：http://www.cuhk.edu.hk/ics/rccat/index.html。
② 彭邦炯、謝濟、馬季凡主編：《甲骨文合集補編》第6册，北京：語文出版社1999年版，頁1932；曹錦炎、沈建華主編：《甲骨文校釋總集》，上海：上海辭書出版社2006年版，頁5827。
③ 陳年福：《殷墟甲骨文摹釋全編》第八卷，北京：綫裝書局2010年版，頁4493。

380反　　　380正
圖八　　　　　　圖九

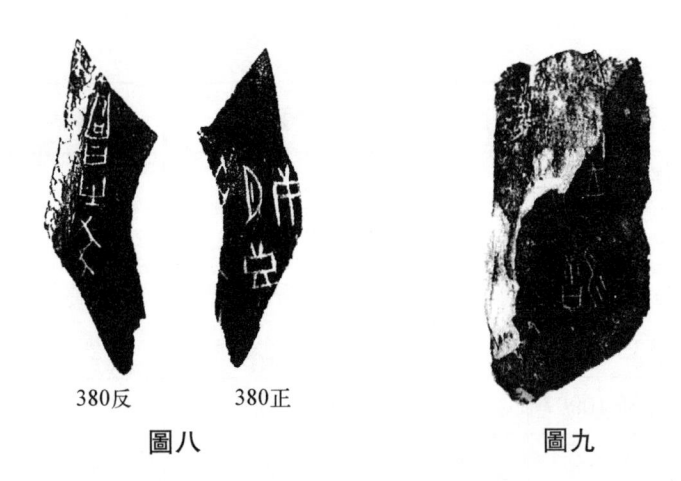

表皮，無字之處也墨拓出來，更全面地展現此卜骨的"面貌"。

當然，也有一些《四編》的拓本有缺乏反面或骨臼、不完整、比較模糊等情況，尚且不如舊著錄。倘若能將所有拓本互相比對，就能達到取長補短的功效，進一步推動卜辭的研究。

附錄：《四編》與舊著錄對照表①

四編	舊著錄	四編	舊著錄	四編	舊著錄
1	合補 4114	10	35451	19	32216
2	1761	11	35457	20	35368
3	14750	12	25712	21	5544
4	1187	13	35485	22	北圖 2891、存補 5.223.1
5		14	22722		
6	22686	15	22728	23	27151
7	22634	16	27127	24	1343
8	37865	17	27106	25	953
9	35443	18	32427	26	9387

---

① 舊著錄一欄中如果是《合集》的號碼，則徑直標注號碼；若是其他著錄，則在號碼前標注舊著錄的簡稱。因《合集》、《合補》均有來源表可以查詢，倘若舊著錄是《合集》、《合補》，一般只標注《合集》或《合補》的號碼，例如《四編》150 即《合集》24558，而《合集》24558 來自《續存上》1612，本表只標注"24558"，不再標注《續存上》的號碼。由於筆者能力有限，《四編》中可能還有一些已見於舊著錄的拓本尚未查找出來，尚祈見諒。

續　表

四編	舊著錄	四編	舊著錄	四編	舊著錄
27	北圖 2766	53	北圖 2767	79	13698
28	908	54	23092	80	2439
29	35539	55	35809	81	441
30	1435	56	35823	82	2442
31	35558、合補 10967	57	35819、合補 11023	83	440
32	32254、合補 6833	58	35841	84	19895
33		59	35871	85	27533
34	合補 11661	60	合補 11044	86	
35	35612、合補 10972	61	35912	87	19900
36	35620	62	35966	88	27541
37	北珍 350	63	35970	89	2494
38	35600	64	36017	90	25884
39	22847	65	36010	91	15363
40	19770	66	35989	92	15124、合補 2236
41	6610	67	36067	93	
42	1566	68	36084	94	36205
43	1555、合補 125	69	36137、合補 11087	95	36208
44	27216	70	36143	96	36278
45	1639	71		97	2537
46	22921	72	7301	98	14820
47	1733	73	23224	99	2973
48	23082	74	1952	100	3260、23554
49	1873	75	23067	101	23556
50	1881、1890	76	22570	102	6147
51	36321	77	5029	103	3499
52	1831	78	14822	104	27665

续表

四编	旧著录	四编	旧著录	四编	旧著录
105	34191	131	38520、合補11793	155	11360
106	14516	132	合補11792	156	11370
107	17302	133	38568	157	11383
108	3703	134		158	北珍2599
109	15046	135	25277、合補7571、國博163	159	
110	15148			160	11233
111	合補4313	136	38560	161	26946
112	15346、合補2745	137	合補11774、北珍574	162	合補17
113	30667			163	833
114	25728	138	30556	164	16863
115	25724	139	25356	165	16798
116	23693	140	25388	166	中歷藏1206
117	15395	141	25385	167	5576
118	15396	142	25394	168	16783
119	15714	143	25469	169	26634
120	34508	144		170	26651
121	31092	145	34638	171	26608
122	16113	146	11054	172	26545
123	25969	147	34460	173	26671
124	25958	148	中歷藏1053	174	31344
125	23069	149	合補2690	175	合補9979
126	25295	150	24558	176	北珍1224
127	34584	151	11156	177	16781
128	合補11804	152	34659	178	
129	合補11890	153	15060	179	34921
130		154		180	35010

續　表

四編	舊著録	四編	舊著録	四編	舊著録
181	35091	206	35745	232	5161
182	34965	207	35755	233	36675
183	續存上 913	208	35702	234	合補 1526
184		209	35662	235	3417
185		210	合補 10945	236	存補 5.200.6、8589、合補 4597
186	合補 12923	211			
187	41842	212	37915	237	36361
188	北珍 1325	213	36541	238	36571、合補 1119
189	合補 12678	214	36430	239	72
190	36872	215	合補 11245	240	10600
191	合補 12729	216	16568	241	10503
192	36871	217	16591	242	10240
193	合補 12751	218	24382、合補 7248	243	10857
194	41838	219	26276	244	10494
195	合補 12829	220	合補 12427	245	10903
196	合補 12824、北珍 1373	221	38818、合補 12423	246	28590
		222	38842	247	28696
197	北珍 1341	223	合補 12569	248	28606
198	合補 12804	224	5239	249	30445
199	北珍 1392	225	5242	250	28823
200		226	26017	251	29023
201		227	34618	252	33502
202	39250	228	8303	253	33448
203	北珍 1321	229	8220	254	37651
204		230	23752	255	37621
205		231	27165	256	37416、合補 11337

續 表

四編	舊著録	四編	舊著録	四編	舊著録
257	37462 正	282（缺臼）	7415	306	839
258	37722			307	9964
259	合補 11315	283	7411	308	22345
260	37777	284	3383	309	9965
261	6066	285	6056	310	9607
262	北珍 777	286	6746	311	28230
263	6092	287	5777	312	24439
264	614	288	5760	313	12704
265	北珍 799	289	5785	314	
266	20384	290	10060	315	合補 3533、33890
267（缺反）	20467、合補 10353、北珍 274	291	7447	316	12716
		292	7510	317	12259
268	6541	293	7482	318	11666
269	6507	294	7454	319	11751
270	6606	295	7557	320	12024
271	6400	296	7552	321	34040
272	6683	297	28028	322	12177
273	8728	298	36532	323	12298
274	20480	299	36492	324	2837
275	8662	300（缺反）	9508	325（缺反）	12469
276	6833				
277	19036	301	10072	326	
278	6995	302	合補 2523	327	12486
279	20297	303	10095	328	12975
280	7589	304	9986	329	12803
281	14243	305	北圖 2930	330	24664

續 表

四編	舊著錄	四編	舊著錄	四編	舊著錄
331	北珍1613	356	4310	382	13474
332	30021	357	中歷藏1075	383	7265
333	29699	358	19087	384	3146
334	38194	359	7061	385	19595
335	38193	360	32862	386	15151
336	38121	361	17170	387	4758
337	合補11637	362	33007	388	18807
338	30212	363	18454	389	26791
339	12978	364	17096	390	16102
340	5468	365	13735	391	合補6177
341	5467	366	13909	392	15225
342	27886	367	中歷藏565	393	13576
343	19403	368	4860	394	8387
344		369	13927	395（缺正）	7216反
345	8846	370	13948		
346	2838	371	11430	396	15157
347	5538	372	5842	397	16980
348	5519	373	16997	398	合補5617
349	553	374	14190	399	19684
350	5564	375	14240	400	
351	5043	376	5320	401	合補798
352	32832	377	40564、存補5.95.1	402	合補803
353	8672	378	7193	403	
354	13533	379	16506	404	11527
355	4996、20314、合補1279	380	13476	405（缺反）	14968
		381	合補3446		

續　表

四編	舊著錄	四編	舊著錄	四編	舊著錄
406	26733	419	21636	432	中歷藏 799
407	25021	420	34365	433	31020
408	北珍 1215	421	8745	434	中歷藏 793
409		422	29417	435	29758
410	合補 2748	423	39467、合補 10380	436	
411	40221	424	31867	437	37993
412	26847	425	33743	438	北珍 1857
413	23696	426	37971	439	38014
414	18204	427	合補 1987	440	
415	8902	428		441	合補 11515
416		429		442	
417	中歷藏 466	430	18027	443	38003
418	11687	431		444	18881

《龜卜》校勘小記

趙 鵬

(中國社會科學院歷史研究所,出土文獻與
中國古代文明研究協同創新中心)

　　《龜卜》一書,由金祖同編纂,顧廷龍題簽,郭沫若作序,金祖同跋並校勘,修綆堂(北平)、溫知書店(上海)、忠厚書莊(上海)發行,1948年出版。全書著錄甲骨拓本125片。

　　《龜卜》一書拓本的甲骨源流,據《序》有羅振玉《殷虛書契前編》之剪餘,據《跋》爲河井荃廬贈金祖同的日本財閥三井源右衛門氏藏契墨本。三井藏甲骨約3 000片左右,在羅振玉收藏甲骨之前既得,疑是1909年東京文求堂書坊主人田中慶太郎(號救堂)從安陽買入,三井藏甲骨拓本一式三份,《前編》與《龜》有部分取材於三井藏品。這批甲骨與劉體智《善齋》有同源者。三井藏甲骨後歸其友河井荃廬,河井荃廬[①]寓所距靖國神社不足百步,1945年"二戰"轟炸時,河井荃廬被炸身亡,藏品多成灰燼,甲骨亦開裂、變形,損毀嚴重。

　　據此,就目前來看三井甲骨曾先後著錄於羅振玉《前編》、《後編》,林泰輔《龜》(摧古齋),[②]金祖同《遺珠》、《龜卜》,郭沫若《通纂》、《東文研》、《東文庫》、《掇三》、《笏之》等書。

　　現將《龜卜》校勘情況整理如下:

---

① 河井荃廬齋名"繼述堂"。
② 三井齋名"聽冰閣"。

龜卜	合	合補	龜	遺珠	通	後	東文研	東文庫	掇三	卟一	卟二	備注
1 好	7302		1.3.10 剪	1192 完整				199				《合》選《珠》
2	7317		2.28.13	1183				262				
3	7116			1334				201				
4	7390		1.8.18					197				《合》7390《《龜卜》4）＋《東文庫》206《《龜卜》117）＋《珠》809①
5	5398 正, 李愛輝校; 19483 反, 李愛輝校	1302		1385 正				88	164			
6		2486	1.4.7	1116				204				
7	5095			1111				51				
8	7950		1.8.10					191 李愛輝校				
9	29249	9027						367				
10,11 不全	36733; 36735	11101	2.29.1 不全		626 不全			547 完整				《合》36735 大於《龜卜》此版

---

① 蔡哲茂：《《東洋文庫所藏甲骨文字》新綴二則》，先秦史研究室網站，2008 年 8 月 2 日，網址：http://www.xianqin.org/blog/archives/1761.html；劉影：《甲骨新綴第 121 組》，先秦史研究室網站，2012 年 4 月 18 日，網址：http://www.xianqin.org/blog/archives/2652.html；黃天樹主編：《甲骨拼合三集》，北京：學苑出版社 2013 年版，第 614 則。

續表

龜卜	合	合補	龜	遺珠	通	後	東文研	東文庫	掇三	笏一	笏二	備注
12	36,728			1126				550				
13	37810						867 李愛輝校					
14	37540											
15	36888											
16	36411											
17	37808											《龜卜》此版左下好於《合》
18		11106		1133								
19 不全	36708		2.29.2 不全		621 不全			549 完整,陳年福有校				
20	37419		1.7.13		675			545				
21	5069		1.8.3 剪					190 不全				
22	1178		1.8.14					171				
23 完整	1548						248 殘,李愛輝					
24	5500		1.7.6					66				
25	1690			1060								
26	1704											

續 表

龜卜	合	合補	龜	遺珠	通	後	東文研	東文庫	掇三	勿一	勿二	備 注
27	35766		1.2.9									《合》用《龜卜》,《龜卜》字口粗,《龜》字口細
28		11065										
29	1471											《合》3309（《龜》2、3、14,《合補》8=《東文研》123）+《合》1471（《龜卜》29）+《合》3308（《掇續》325,《南上》67）=《合補》502（《懷》0360）①
30												
31	23404											
32	5319		2.29.7					357				
33		273										《合補》缺反
34	38318						722 李愛輝					
35	38281						712					
36	38659		1.5.15 李愛輝校							1235 李愛輝校		
37	38511											

① 蔣玉斌：《〈甲骨文合集〉綴合拾遺》,先秦史研究室網站,2009 年 7 月 17 日,網址：http://www.xianqin.org/blog/archives/1552.html; 蔣玉斌：《〈甲骨文合集〉綴合拾遺（第六十一—六十五組,第二組補綴）》,先秦史研究室網站,2010 年 9 月 3 日,網址：http://www.xianqin.org/blog/archives/2046.html。

續　表

龜卜	合	合補	龜	遺珠	通	後	東文研	東文庫	綴三	夠一	夠二	備注
38		7499	2.29.10									
39	38298		1.2.1清晰									《合集》不如《龜》清晰
40		11787										
41	38406											
42	38350						389					
43	38396											
44												
45	38395											
46	11298		2.27.16					159	152蔡哲茂校			
47好	11055		1.4.6剪					160				
48	37187		2.28.18	1103				402				
49	37069											
50	37020		1.6.10剪	1108				422				
51	37038											[《合》36078（《前》1.21.3,《通》78）+《合》38235（《龜》1.1.5,《龜卜》54）]+《合》37308（《龜卜》51）①

① 門藝：《殷墟黃組甲骨刻辭的整理與研究》，鄭州大學博士學位論文（指導教師：王蘊智），頁264,第47組;李愛輝：《甲骨拼合第97則》,先秦史研究室網站,2011年5月30日,網址：http://www.xianqin.org/blog/archives/2364.html;黃天樹主編：《甲骨拼合續集》,北京：學苑出版社2011年版,第524則。

《龜卜》校勘小記

續表

龜卜	合	合補	龜	遺珠	通	後	東文研	東文庫	綴三	勿一	勿二	備 注
52	37339											
53								401				
54	38235		1.1.5 拓本好									《龜》1.1.5 拓本比《合集》清晰。[《合》36078(《前》1.21.3,《通》78)＋《合》38235(《龜》1.1.5,《龜卜》54)]＋《合》37308(《龜卜》51)①
55	37200			1094				408				
56		11390;11416					786					
57	37955	12923 部分										《合》37955(《龜卜》57)＋《合》37954(《合補》12923,部分《歷》1817,《歷拓》202②
58	37890	12755						541				
59	39389							532				
60	39266	12864										
61	39311											

① 門藝:《殷墟黃組甲骨刻辭的整理與研究》,第 47 組;李愛輝:《甲骨拼合第 97 則》,黃天樹主編:《甲骨拼合續集》,第 524 則。

② 常玉芝綴合。蔡哲茂指出為誤綴。

續表

龜卜	合	合補	龜	遺珠	通	後	東文研	東文庫	掇三	笏一	笏二	備注
62	39136			1253				464				
63	38970		1.5.16					463				
64	39203							537				
65		12664；12834					907				1332	
66	39268						923				1337	
67	36497	11238 不全；11233	1.1.10		571	更上 31.8 完整		533				《合》選《通》，完整。《合補》11238，《合》36479（《合選》《通》571，《後上》31.8、《龜》1.1.10,《合》36499（《歷拓》8027）①
68	39391			1256				53				
69	39016	12661		1275				453				《東文庫》453（《合》39016,《龜卜》69,《珠》1275,《合補》12661）+《東文庫》459（《合》39017,《龜卜》71）②

---

① 蔡哲茂：《甲骨綴合集》，臺北：樂學書局1999年版，第52組。
② 蔡哲茂：《〈東洋文庫所藏甲骨文字〉新綴二則》。

续 表

龜卜	合	合補	龜	遺珠	通	後	東文研	東文庫	綴三	笏一	笏二	備 注
70	39027		1.1.6 拓本好									《合集》選《龜》，拓本好
71	39017							459			1518	《東文庫》453（《合》39016，《龜卜》69，《珠》1275，《合補》12661）+《東文庫》459（《合》39017，《龜卜》71）①
72	39070											
73		12659；12904										
74	38993											
75	26539						911					《合》26539（《京》4087，《善》1421，《龜卜》75）+《虛》367（《甲詮》39）+【《合》26646（《北圖》5035，《文猪》682）+《東文庫》355②】

① 蔡哲茂：《〈東洋文庫所藏甲骨文字〉新綴二則》。
② 林宏明：《甲骨新綴第449、450例》，先秦史研究室網站，2014年1月18日，網址：http://www.xianqin.org/blog/archives/3608.html；林宏明：《甲骨新綴第586—591例》，先秦史研究室網站，2015年8月10日，網址：http://www.xianqin.org/blog/archives/5471.html；《合》26646+《東文庫》355，吳麗婉《甲骨拼合第14—20則》，先秦史研究室網站，2015年7月1日，網址：http://www.xianqin.org/blog/archives/5334.html。

续表

龟卜	合	合补	龟	遗珠	通	後	东文研	东文库	缀三	笏一	笏二	备注
76	26708						652					《拼续》386 组【《合补》8243（《摭续》255）+《合补》7238（《文拓》1268】+【《合》26661（《北图》2411）+《合》26708《龟卜》76】①
77		12432										
78	38832											《合》38807《《上博》110页—549）+《合》38832《《龟卜》78）②
79	38783							500			1405	《合》38783《龟卜》79、《龟拓》79）+《合补》12413《歷藏》9566）③
80		12334										
81		12339										
82	38915											

① 林宏明：《甲骨新缀第 181—183 例》，先秦史研究室网站，2011 年 1 月 6 日，网址：http://www.xianqin.org/blog/archives/2255.html；《契合集》，台北：万卷楼 2013 年版，第 183 组；刘影：《甲骨新缀一组（替换原影第 172 组）》，先秦史研究室网站，2014 年 6 月 19 日，网址：http://www.xianqin.org/blog/archives/4102.html。

② 林宏明：《甲骨新缀第 400 例》，先秦史研究室网站，2012 年 12 月 31 日，网址：http://www.xianqin.org/blog/archives/2876.html。

③ 李爱辉：《甲骨拼合第 85 则》，先秦史研究室网站，2011 年 4 月 18 日，网址：http://www.xianqin.org/blog/archives/2327.html；黄天树主编：《甲骨拼合续集》，第 512 则。

續　表

龜卜	合	合補	龜	遺珠	通	後	東文研	東文庫	掇三	笏一	笏二	備　注
83	38833			1315				483 李 燮輝校				
84	38793			1311				540				
85	36464							542				【《合》36464(《龜卜》85)＋《英藏》2527】＋《合》36463(《粹》1202,《善》9515)＋《合》36462①
86		12327						488			1529	
87		12565										
88		12549										
89	12965		1.2.4					174				
90 好	12935		1.4.9 剪	1142				176				
91 正		3825正*	1.2.14					274			239	《合補》3825,《龜卜》91有反,《笏二》239*為其反
92	12472							179				
93	12877		1.4.3 反					181				《合》用《龜卜》
94正反												
95	11758	3823 陳年福校						26				

---

① 李發:《黄組卜辭補綴一則》,先秦史研究室網站,2009 年 6 月 1 日,網址: http://www.xianqin.org/blog/archives/1515.html;蔡哲茂:《甲骨綴合集》,第 220、241 組。

續 表

龜卜	合	合補	龜	遺珠	通	後	東文研	東文庫	綴三	勿一	勿二	備 注
96	38136		2.27.1					530				《合》38120《《珠》1167)＋《合》38136《《龜》27.1)①
97												
98												
99												
100												
101		5246										
102 正反	15227		1.2.18 正 清楚				147 正反	242 只有正			反937李愛輝校	《合》選片好，《龜》正，《龜卜》反
103 正												
104	9003		1.2.15					86				
105 完整好	7261		1.2.16 剪					56				《合》選《龜卜》
106												
107	5147											《合》5147《《龜卜》107)＋《合》5148《《南博拓》1973，《虛》363，《歷拓》8400)②
108												

① 林宏明：《甲骨新綴第592—596例》，先秦史研究室網站，2015年12月6日，網址：http://www.xianqin.org/blog/archives/5856.html。
② 鄭慧生綴合。

續 表

龜卜	合	合補	龜	遺珠	通	後	東文研	東文庫	掇三	㱿一	㱿二	備 注
109												
110			1.1.7									《龜》1.1.7清晰,但又剪切,《龜卜》完整
111		3354						555				
112	3427		1.1.1	1371				268				《珠》1371拓本比《合集》完整,《龜卜》選《合集》《龜卜》
113												
114							450					
115												
116		662										
117								206				
118		3403,6320李愛輝校	1.5.9剪	1384								《合補》3403《《龜卜》118、《珠》1384、《合補》6320)+《英藏》848(《金璋》687①

① 李愛輝:《典賓類卜骨新綴四則》,先秦史研究室網站,2009年8月31日,網址:http://www.xianqin.org/blog/archives/1611.html;黃天樹主編:《甲骨拼合集》,北京:學苑出版社2010年版,第275則。

續　表

龜卜	合	合補	龜	遺珠	通	後	東文研	東文庫	綴三	綴一	綴二	備　注
119 最完整	35167	10892	1.7.3							55		《合》35167（《龜》1.7.3不全,《龜卜》119）＋《合》35198（《粹》1525,《善》20085,《京》4792不全,《合補》10892①
120												
121	7767		1.3.2					58				比例小於《東文庫》58
122	13989		1.3.8									《合》154（《簠人》59＋《簠典》116《續》4-29-2,《簠拓》398）＋《合》13989（《龜》1.3.8不全,《龜卜》122）②
123 最完整	5331		1.4.4 剪					261				
124	＜17308		1.6.2	1431				295＋	169			《合》17308＝《龜》1.6.2＋1.6.3（《珠》1430,《東文庫》249）
125	6865		1.7.19					271		57		

① 黄天樹：《甲骨新綴廿二例》,黄天樹主編：《甲骨拼合集》,第 6 則。
② 林宏明：《甲骨新綴第 418 例》,先秦史研究室網站,2013 年 4 月 24 日,網址：http://www.xianqin.org/blog/archives/2947.html。

參考書目

胡厚宣主編：《甲骨文合集·材料來源表》，北京：中國社會科學出版社 1999 年版。

沈培：《初讀〈甲骨文合集補編〉》，《書品》2000 年第 2 期，頁 3—23；第 3 期，頁 61—79。

陳年福：《甲骨文重片偶拾》，先秦史研究室網站，2010 年 4 月 11 日，網址：http://www.xianqin.org/blog/archives/1901.html。

（本文蒙李愛輝博士審閱並提出多處補充意見，謹致謝忱！）

初稿：2016 年 6 月 26 日
定稿：2016 年 8 月 22 日

甲骨材質辨識

李愛輝

（首都師範大學，出土文獻與
中國古代文明研究協同創新中心）

裘錫圭先生在《殷墟甲骨文研究概況》一文中寫道：

> 甲骨文就是商代後期遺留下來的卜甲卜骨上所刻的占卜記錄（偶爾也有寫而不刻的甲骨文），所以也稱爲甲骨卜辭或殷墟卜辭。商代人有時也在卜甲卜骨上刻記一些其他文字，有時還在非卜用的獸骨、人骨或骨器上刻字。這些文字通常也稱爲甲骨文。[①]

即甲骨文字契刻的載體是"甲"和"骨"。"甲"分爲腹甲和背甲，"骨"分爲獸骨和人骨。契刻材料的變化，會對卜辭行款、刻字筆畫、甲骨斷裂形狀產生影響。完整的"甲"、"骨"形態特徵鮮明，材質一目了然。然而，就現已刊布的甲骨材料看來，"甲"和"骨"多爲殘片。一部分甲骨殘斷後未留有相關的形態信息，或著錄時形態信息"丢失"，這就給甲骨材質辨識帶來了難度。本文將以殷墟出土的卜甲和卜骨爲研究對象，簡述胛骨、腹甲和背甲殘片辨識方法。

一、卜甲和卜骨的辨識

（一）生物學特徵

1. 盾紋和齒縫

盾紋與齒縫是龜甲所獨有的，亦是區分卜甲和卜骨的重要標誌。盾紋在龜甲上

[①] 裘錫圭：《殷墟甲骨文研究概況》，《裘錫圭學術文集·甲骨文卷》，復旦大學出版社2012年版，頁20。

呈現凹陷的痕迹,椎拓在紙張上爲白色的窄條,猶如陰文刻畫的痕迹。齒縫是龜甲片與片相接合的地方,形狀如鋸齒般細密,墨拓在紙張上呈現不規則的齒狀紋路。相較於龜甲而言,胛骨的表面則是平滑的。

2. 原邊弧度

卜甲的原邊弧度較大,背甲的原邊均爲"凸形邊";龜腹甲的原邊呈不規則的曲綫:凸—凹—凸—凹—凸—直—凸—凹—凸—凹—凸(單側)。卜骨的原邊也存在"凸形邊"、"直邊"和"凹形邊",但與龜腹甲的有所差異。

(1) 凸形邊

龜腹甲的凸形邊弧度大、跨度小。卜骨與之相反,弧度小,跨度大。

(2) 直邊

卜骨的直邊爲對邊(中間部分),臼邊近骨頸處,臼角的切邊,龜腹甲的直邊爲甲橋處的原邊,其臨近處多齒縫和盾紋,所以龜腹甲與卜骨的直邊較易區分。

(3) 凹形邊

龜腹甲的凹形邊以腹橋縫爲分界綫,腹橋縫上方的凹形邊爲向下的" ╯ ",腹橋縫上方的凹形邊爲向上的" ╮ ",且這些凹形邊的跨度較小(以上爲左腹甲,右腹甲與之相反)。卜骨上的凹形邊在對邊和臼邊的上方,即骨頸處。與龜腹甲不同的是,卜骨的凹形邊跨度大,且爲平行的") "和") "。

(二) 甲骨的整治

1. 卜骨反面的"刻痕"

龜甲、胛骨在"成爲"卜甲和卜骨前,殷人要先對它們進行整治,即鋸削、刮磨,並施以鑽鑿。修治後的胛骨反面會留有長條狀似刀刻的痕迹。以《歷》153爲例:在《歷》153反的彩色照片上有多條排列不規則的"刻痕",椎拓在紙張上則爲白色"長紋"(見《歷》153反的拓本)。同例可見:《歷》179反、《歷》202反、《歷》263反、《歷》401反、《歷》432反等。這種"刻痕"在卜甲上是比較少見的,因此它可以作爲區分卜甲和卜骨的一種方法。下舉兩組例子以說明該法的可行性。

《歷》153反照片　　《歷》153反拓本

第一例：《合集》6038 正反。

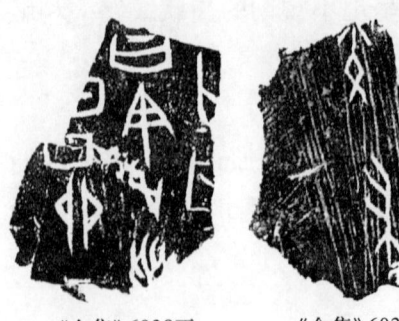

《合集》6038 形態特徵不鮮明，僅正面拓本上有一道紋路，形似齒縫：以"丁"爲起始延伸至"途"字。由此來看，《合集》6038 似有可能是一版卜甲的殘片。然而，《合集》6038 反上有不規則的"長紋"，即上文所說的"刻痕"，因此我們判定這是一版卜骨的殘片。《合集》6038 又著錄於《京人》，即《京人》1073。《京人》一書將本版的材質標注爲"B"，即卜骨，因此我們的結論成立。

《合集》6038正　　《合集》6038反

第二例：《合集》11774 正反。

這版甲骨殘片小，卜辭少，可用以辨識材質的綫索較少，但其反面拓本有排列不規則的長紋，與上文所說的卜骨反面"刻痕"相符合，由此我們推定《合集》11774 是一版卜骨的殘片。《合集》11774 又著錄於《拾掇》，即《掇二》256。《掇二》注明其材質爲"骨"，因此我們的推論成立。

《合集》11774正　　《合集》11774反

2. 甲骨反面的"麻點"

龜甲和胛骨在修治後，其反面均會出現"麻點"區域，這些"麻點"的形狀會隨着材質的改變而發生變化。

胛骨主要是由密質骨和鬆質骨組成：密質骨質地緻密，耐壓性較強，分佈於胛骨的表面；鬆質骨呈現多孔的海綿狀，因此又稱海綿骨，分佈在胛骨內部。胛骨修治時，骨面的錯磨破壞了胛骨的密質骨層，使鬆質骨暴露出來，椎拓在拓本上呈現黑白兩色，形似麻點。龜甲主要是由角質和骨質組成的，而骨質分爲密質骨和鬆質骨。因爲龜甲比胛骨多了一層角質，所以其骨質要比胛骨的細密。龜甲在修治後，椎拓在紙上所形成的"麻點"亦比胛骨的細密。通過對龜甲和胛骨"麻點區"的比較分析，可以將卜骨與卜甲區分開。

以《合集》14 反和《合集》390 反爲例，這兩版甲骨幾近完整。《合集》14 是一版龜腹甲的反面，經過錯磨修治後，其上的"麻點"更像是"蜂窩"，密集且細小，猶如在黑色紙張上點上的小圓點。同例還可參看《合集》93、《合集》110 反、《合集》116 反、《合集》133 反、《合集》1071 反、《合集》9252 反等。《合集》390 反是一版右胛骨（臼角在左），

《合集》14反　　　　　　　　《合集》390反

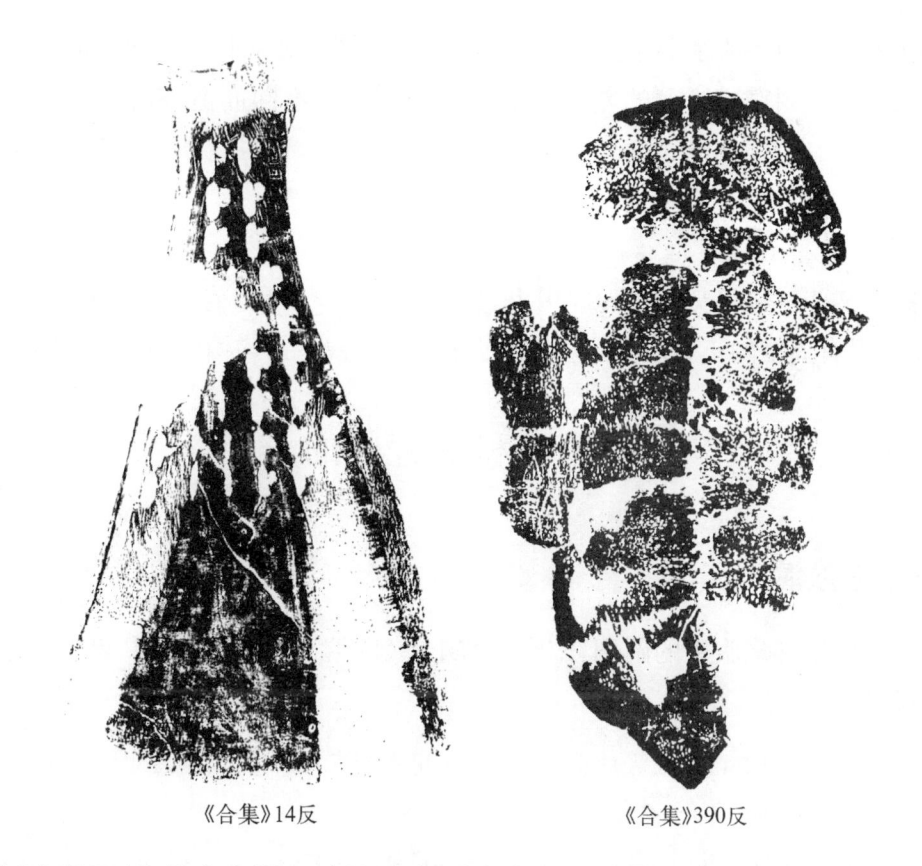

其上的"麻點"更像是在白紙上點的黑點，或是拉長的白痕。同例還可參見《合集》459反、《合集》559反、《合集》885反、《合集》1075反、《合集》1574反等。

總言之，多數情況下，龜甲的"麻點區"黑色略多於白，"麻點"大小略同，排布細密；胛骨上的"麻點區"白大於黑，形如不規則橢圓，分佈較爲稀疏。

（三）卜辭字體

黃天樹先生在《殷墟王卜辭的分期與斷代》一書中，對字體進行分類的同時，亦對各組類契刻的載體給予了明確的歸類：[1]

只用卜甲的組類：賓組👁類、何組二類、何組事何類

只用卜骨的組類：歷草類、無名類

龜骨並用的組類：自組肥筆類、自組小字類、👁類、賓組一類、典賓類、賓組三類、出組一類、自賓間類、自歷間類、何組一類、無名黃間類、黃類

一些龜骨並用的組類裏，刻於龜甲和胛骨上的字體其風格會略有不同。如賓組

---

[1] 黃天樹：《殷墟王卜辭的分類與斷代》，北京：科學出版社2007年版。

一類刻在卜骨上的一般字形稍大，筆畫方飭，多用直筆；刻在卜甲上的一般字形略小，筆畫細勁。這種刻寫風格上的差異可能是因刻寫質料不同而造成的，亦可作爲區分方法。

（四）占卜事類

卜辭中某些事類只契刻於龜腹甲上，如黃類的祊祭卜辭；有些則只契刻於龜背甲上，如黃類附有周祭的王賓卜辭。黃類卜旬辭則"王親卜旬均用骨，且均爲右胛骨"。①

二、龜腹甲和龜背甲的辨識

（一）迴紋溝

關於龜背甲和龜腹甲的區別，宋雅萍博士在《殷墟 YH127 坑背甲刻辭研究》一文中曾有論及：

> 腹甲與背甲有兩點最大的不同：一是背甲多有直行的盾紋，而腹甲除了甲橋的部位有直行的盾紋之外，其他部位幾乎看不到直行的盾紋。②

宋文中的"直行盾紋"即本文所説的"迴紋溝"。烏龜在生長的過程中，龜殼上的角質鱗板並不會脱落，而是"隨着個體的生長，增加了整個鱗甲内表面的角質化，這樣，每個生長期都使鱗甲的邊緣擴展，從而形成了龜殼表面常見的同心環"。③ 這些同心環即甲骨形態學上所説的迴紋溝。迴紋溝有些如宋文所書，爲"直行"，有些則是"）"和"（"，亦或是"「"，亦或是"」"。迴紋溝多見於背甲，它是區分龜背甲和龜腹甲的重要標誌。

有一種情況需要指出，即在一些龜腹甲上存在一種特殊的"盾紋"，其形制與龜背甲上的迴紋溝相似。這些特殊盾紋分佈於龜甲的各個部位，形狀以直行居多，如《合集》2193；亦有弧形的，如《合集》11299（北圖 2961）。各組類卜辭所選用的卜甲上均存在這種特殊盾紋，如《合集》1732（自賓間）、《合補》4181（典賓）、《合集》22874（出組二類）、《合集》29982（何組二類）等。與常規盾紋相同，殷人在契刻卜辭和挖制鑽鑿時，

---

① 門藝：《殷墟黄組甲骨刻辭的整理與研究》，鄭州大學博士論文（指導教師：王藴智），2009 年，頁 46。
② 宋雅萍：《殷墟 YH127 坑背甲刻辭研究》，臺北："國立"政治大學碩士論文（指導教師：蔡哲茂、林宏明），2008 年，頁 24。
③ 侯林、吳孝兵主編：《動物學》，北京：科學出版社 2007 年版，頁 328。

也不會避開這些特殊盾紋。

這種特殊盾紋應是烏龜身上自然形成的，而非人爲挖制，可舉《合集》2193爲例。在《合集》2193的拓本上，縱向分佈有五道"盾紋"，其距離形狀都與龜背甲上的迴紋溝一致。但從龜甲上的卜辭行款、盾紋與斷邊的距離來看，這應是一版龜腹甲的殘片。《合集》2193又著錄於《中國社會科學院歷史研究所藏甲骨集》，即《歷》93，現藏中國社會科學院歷史研究所。我們調驗實物發現，《合集》2193爲左腹甲的殘片，其上的五道"盾紋"寬窄不一，且每條盾紋都無刀刻的痕迹，所以並

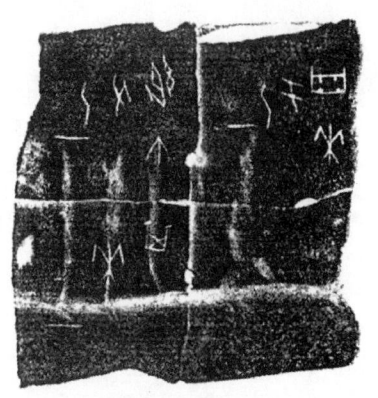

《合集》2193（《歷》93）

不是人爲挖制的，而是烏龜身上自然存在的。下面簡要分析這種特殊盾紋與迴紋溝的異同。

1. 與縱向齒縫的位置關係

背甲迴紋溝存在於邊甲和肋甲上。邊甲與腹甲差異特徵明顯，這裏主要分析肋甲。肋甲上迴紋溝都分佈在靠近邊甲處：左肋甲迴紋溝在縱向齒縫的右側，右肋甲迴紋溝在縱向齒縫的左側。

腹甲上的特殊盾紋分佈較不規律：有的靠近千里路，即左腹甲則其在縱向齒縫左側，右腹甲則其在右側；有的靠近甲橋，其分佈形式與肋甲大致相同；有些則靠近原邊分佈，與縱向齒縫距離較遠。

2. 與卜辭的位置關係

肋甲和腹甲上的卜辭多是順兆契刻，但肋甲迴紋溝的位置相對固定，因此以縱向齒縫爲參照，卜辭多是迎向迴紋溝契刻的；腹甲特殊盾紋的位置相對靈活，因此有時卜辭是迎向特殊盾紋契刻的，有些則是逆向契刻的。

就現已刊布的甲骨材料看來，有這種特殊盾紋的龜腹甲數量較少，所以迴紋溝仍可作爲區分龜背甲和龜腹甲的重要綫索。

（二）齒縫與盾紋間的距離

背甲中的頸甲、脊甲、邊甲、尻甲的"棱角分明"，易於區分。最易與腹甲殘片混淆的是背甲肋甲的殘片，肋甲與腹甲相同之處是上下均有齒縫，然而龜背甲的寬度遠遠小於長度，而腹甲的長度與寬度之間的差異不是這麼明顯。

紐約蘇富比 2015 春季拍賣會所見部分中國古文字資料簡編

楊蒙生

(清華大學中文系,清華大學出土文獻研究與保護中心,
出土文獻與中國古代文明研究協同創新中心)

中華文明,源遠流長。在漫漫的時空中,她總在經意與不經意間層層地積澱下無數的文化瑰寶,啓發着後人無限的遐思。令人扼腕的是,由於種種歷史原因,其中的一些常常流失海外,藏於外人之手,國内人士反而很少見到。所以,當筆者獲得這樣一個親身觀摩的機會時,内心的欣喜與興奮是不言而喻的。這一切都得益於達特茅斯學院艾蘭(Sara Allan)教授和芝加哥大學博物館汪濤先生的幫助,因此在正式介紹這批材料之前,筆者要衷心地向兩位前輩致以真誠的感謝。

筆者此次在蘇富比拍賣行所見古文字資料主要爲甲骨文和青銅器銘文,下面的内容即主要參照拍賣會圖録中的文字資料展開介紹。[①] 就前者而言,儘管數量很大,世界各地也多有散落,但如此次這樣集中、大批地出現在同一拍賣行中的情況並不多見,故而值得關注。對於後者,筆者僅想重點介紹一下幾件有銘青銅器的器形和文字。

一、松丸道雄所藏甲骨

甲骨文於 19 世紀末始被學界發現,其被科學發掘和系統研究則遲至 20 世紀

[①] Sotheby's, *Inscriptions: History as Art*, New York, 17 March 2015, pp.8 - 25.

20 年代。隨着董作賓《甲骨文斷代研究例》的問世,[①]學界開始了對甲骨卜辭的系統研究,甲骨卜辭在文字學、歷史學等各方面價值也逐漸被深入而系統地被發掘出來。

目前所知甲骨總量在十萬片以上,除收藏於公共博物館、高校及相關科研機構的絕大部分外,還有極少部分被私人收藏,世人罕見。這裏即將介紹的甲骨便是這罕見部分中之大宗。

此批甲骨共三函、三十五件,其中牛胛骨十八片、龜甲十六片,疑似象牙質器物構件一枚。它們原爲日本著名篆刻家小林斗盦收藏,後轉入松丸道雄手中,現經蘇富比汪濤先生洽談、爲 Sotheby's 購得並出現在此次春季拍賣會上,其内容曾著録於松丸

[①] 董作賓:《甲骨文斷代研究例》,《中研院歷史語言研究所集刊》外編第一種《慶祝蔡元培先生六十五歲論文集》(上册),中研院歷史語言研究所,1933 年;後收入《董作賓先生全集甲編》,臺北:藝文印書館 1977 年版,頁 363—464。

道雄所編《日本散見甲骨文字匯集(二)》及《小林斗盦舊作品集》,①國内的《甲骨文合集》則只是部分收録,個别之處仍有待補充。

根據貞人、字體、所卜事類等多方面因素判斷,這批甲骨的年代上限爲一期武丁時代,下限爲五期帝乙、帝辛時代;涉及的貞人組有:賓組、出組、何組、黄組;所涉事類有:祭祀、征伐、田獵、求雨、入貢。除此以外,裏面還有習刻或僞刻,需要警惕。

在研究這批甲骨時,有三個地方需要特别注意:

第一,第 10 號卜甲似乎有墨書痕迹,這似乎暗示了它的不同尋常,學者或許可以根據這一點對現存甲骨進行排查和綴合。

第二,此批甲骨最大者爲 13 釐米,最短者爲 0.3 釐米,儘管並未提供比例尺,但從三函中的相對位置依然可以得到若干參考數據。因此,它們的出現很可能會將在客觀上促進甲骨綴合工作的進行。

第三,在三函之中存有一枚背面書寫楷書"高□"二字、材質類似象牙的鑲嵌用構件,這讓人很自然地聯想到河南安陽小屯婦好墓所出的象牙杯。從外形和材質兩方面推測,二者很可能是同一歷史時期的商人物品,但是否爲商王室物品則不得而知。

接下來筆者將儘量依照照片、拓本、摹本和釋文的順序,結合《甲骨文合集》和松丸道雄的整理意見,將這批甲骨材料給予展示。爲了讓讀者儘可能多地瞭解一些原始材料,筆者並未將甲骨拓本和摹本周邊所存留的松丸道雄先生筆迹處理掉。又,釋文之中加"【 】"號的爲據辭例補全者,青銅器銘文部分同此;由於空間原因,最後一片的釋文在不同行之間以"/"隔開,在此一並説明。

第 1 片:

正面:

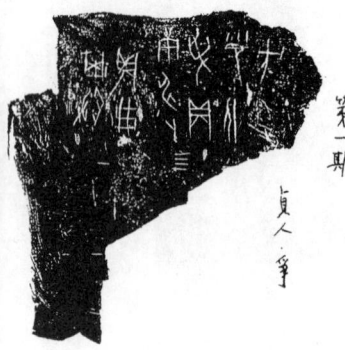

① 松丸道雄:《日本散見甲骨文字匯集(二)》,《甲骨學》第 8 號,日本甲骨學會會刊,1960 年,頁 173、180—183;小林斗盦:《小林斗盦舊作品集》,東京,1975 年,頁 12。

背面：

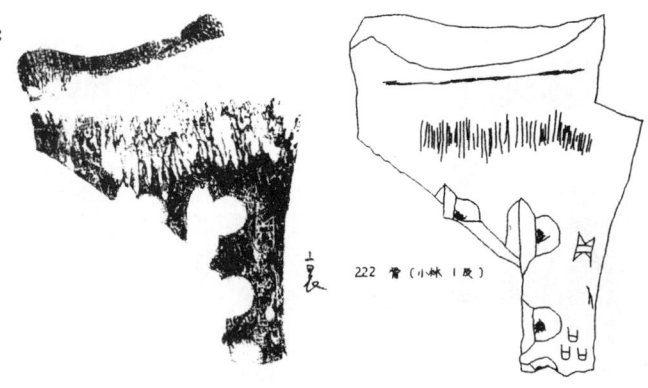

骨臼：

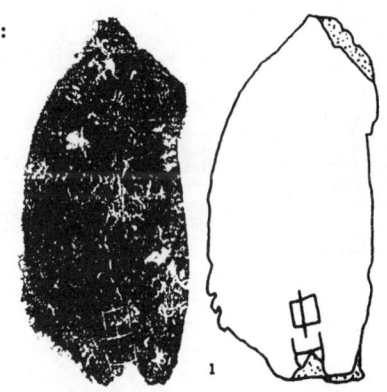

《甲骨文合集》編號：39913
釋文：
正面：庚申卜，争鼎（貞）：乎伐方受[有佑]。四
鼎（貞）：弗其得。一
一　二
一

背面：鼎（貞），人品……
骨臼：甾

第2片：

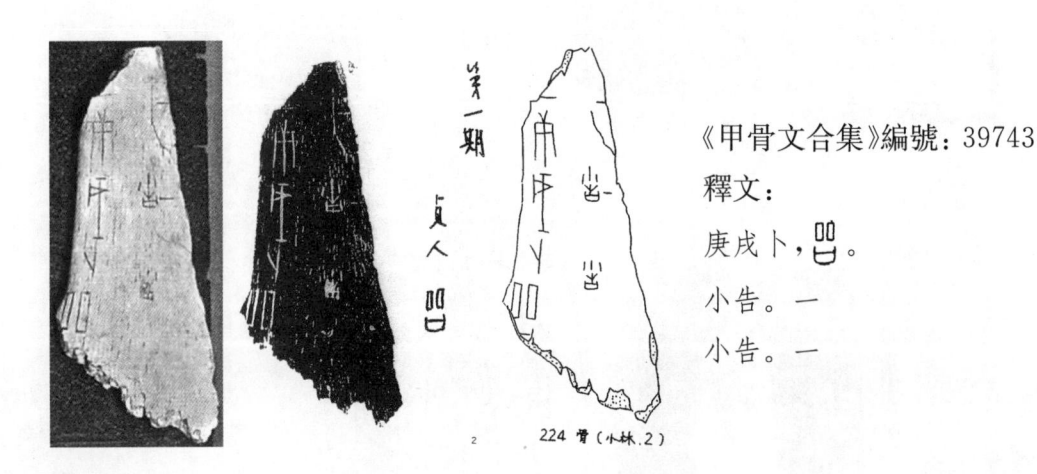

《甲骨文合集》編號：39743
釋文：
庚戌卜，㗊。
小告。一
小告。一

第 3 片：

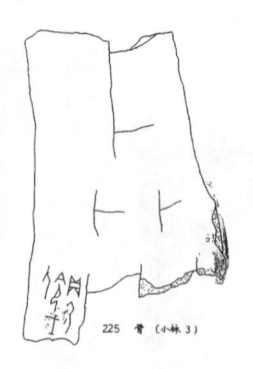

《甲骨文合集》編號：41509
釋文：
貞：勿令戈人。

第 4 片：

《甲骨文合集》編號：40192
釋文：
□戌卜……▨……龏司……
引按，"龏"字之釋從汪濤先生意見。

第 5 片：

《甲骨文合集》編號：39814
釋文：
甲戌[卜]，史……□……吉。
……雨。

第 6 片：

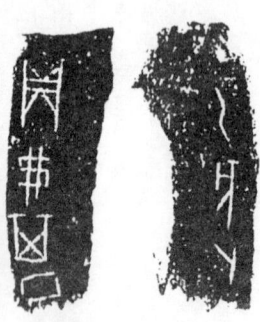

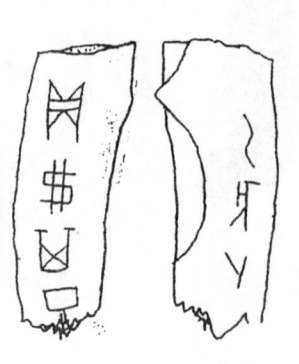

《甲骨文合集》未收
釋文：
正面：貞：弗其……
背面：乙亥卜……

第 7 片：

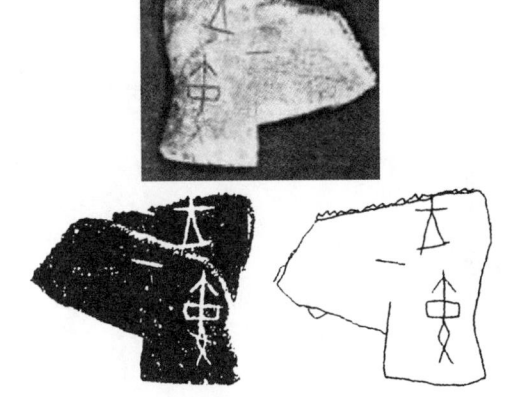

《甲骨文合集》編號：41518
釋文：
……壬寅……
引按，拓、摹本與照片有異，應是拓本反置。

第 8 片：

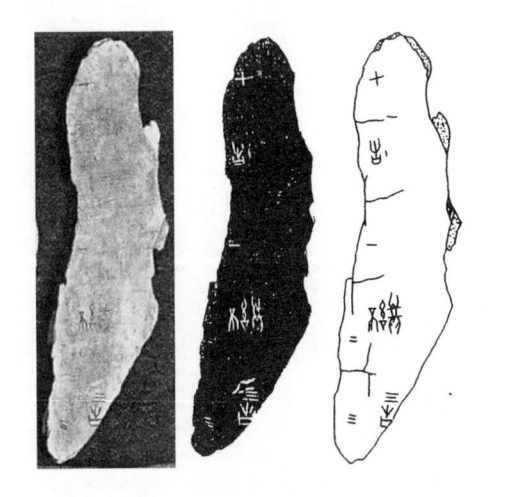

《甲骨文合集》編號：40655
釋文：
三，告。
二，不玄冥。
一
告。
七

第 9 片：

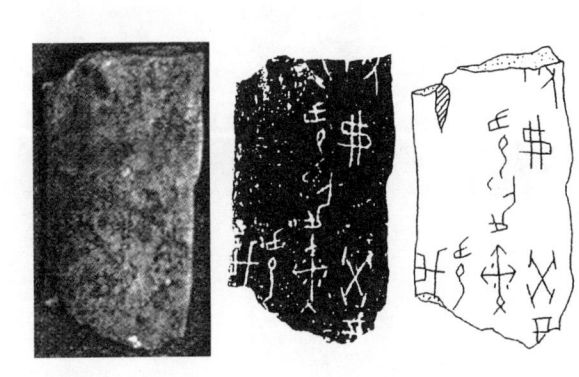

《甲骨文合集》編號：40614
釋文：
癸酉……企束害我。
弗害。

第 10 片：

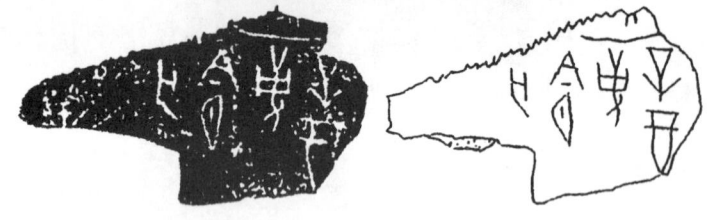

《甲骨文合集》編號：39748
釋文：
辛酉，史，今夕亡（無）……
引按，此片文字字口有填墨痕迹，值得注意。

第 11 片：

《甲骨文合集》編號：40951
釋文：
甲[午卜，行]貞……叙……
甲[午卜，行]貞……
乙巳卜，行貞，王賓祖乙，歲三牢；暨小乙歲二牢，亡（無）尤。一
[丙]巳卜，行貞：王賓……亡（無）尤。

第 12 片：

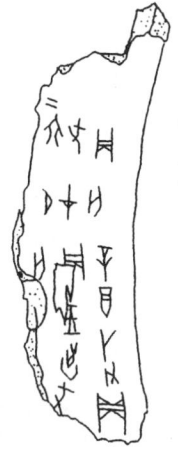

《甲骨文合集》編號：41034
釋文：
貞……［亡（無）］尤。
辛酉卜，尹貞，王出，亡（無）［尤］。
貞，亡（無）尤。才（在）六月。二

第 13 片：

《甲骨文合集》編號：41176
釋文：
丙……貞……出……囚。
卜，喜［貞，王］賓祼囚。

第 14 片：

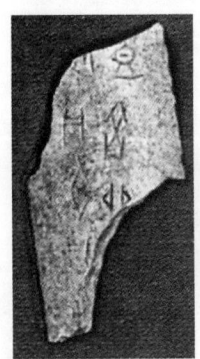

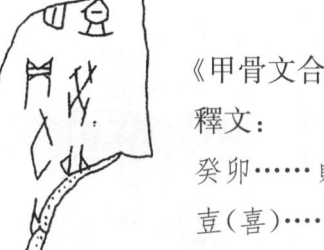

《甲骨文合集》編號：41432
釋文：
癸卯……貞，旬亡（無）［囚］。
壴（喜）……囚……

第 15 片：

239甲(小林16)

《甲骨文合集》編號：
41191
釋文：
……貞……
……賓……魯……

第 16 片：

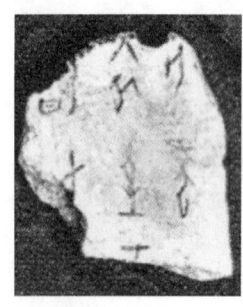

230甲(小林7)

《甲骨文合集》編號：
40538
釋文：
翌甲……衣(殷)至于……亡(無)壱。

第 17 片：

《甲骨文合集》編號：
41104
釋文：
貞，今……不其雨。
丙……貞……

第 18 片：

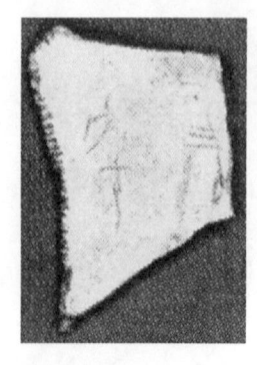

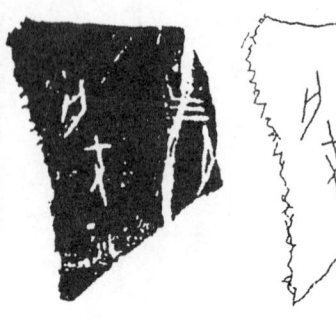

《甲骨文合集》編號：
41275
釋文：
亡(無)尤。三月。

第 19 片：

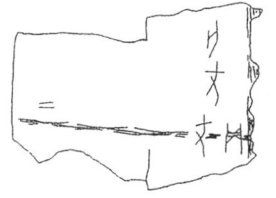

《甲骨文合集》未收
釋文：
貞，[亡(無)]尤。
亡(無)尤。二

第 20 片：

《甲骨文合集》編號：
41089
釋文：
□卯卜……才(在)三月。

249骨(小林26)

第 21 片：

《甲骨文合集》編號：41416
釋文：
辛酉卜，宁貞，王賓夕……

254骨(小林31)

第 22 片：

《甲骨文合集》編號：41443
釋文：
丁酉……貞,今……囚。一

251骨(小林28)

第 23 片：

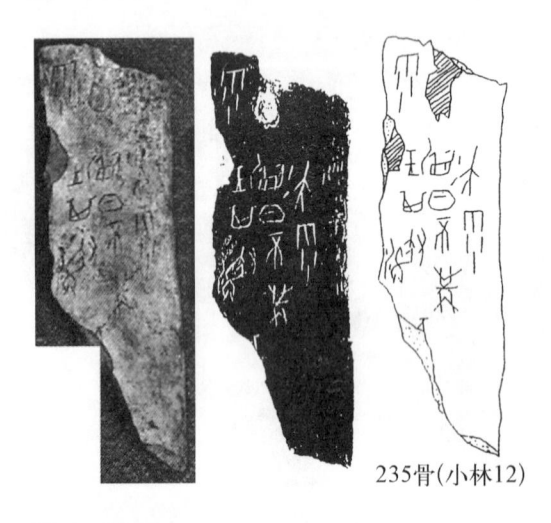

《甲骨文合集》編號：41514
釋文：
王其□,湄日不冓(遘)大雨。
雨。

235骨(小林12)

第 24 片：

《甲骨文合集》編號：41678
釋文：
乙酉貞,丙亡(無)囚。
丙子貞,丁亡(無)囚。
[丁]丑[貞],戊亡(無)囚。

236骨(小林13)

紐約蘇富比 2015 春季拍賣會所見部分中國古文字資料簡編 · 293 ·

第 25 片：

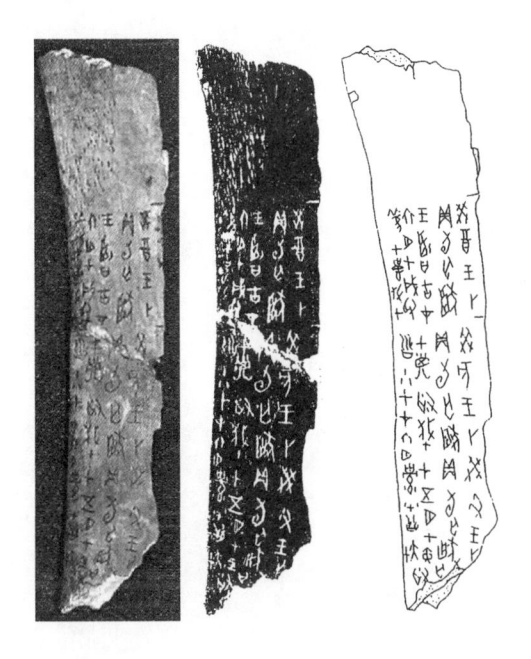

《甲骨文合集》編號：41703
釋文：
癸丑，王卜貞，旬亡（無）𡆥。才（在）五月，甲寅，……觀小甲，酓大甲。
癸丑，王卜貞，旬亡（無）𡆥。甲子，祭戔甲，酓小甲，才（在）六月。
癸酉，王卜貞，旬亡（無）𡆥。王占曰：古（吉）。在六月甲戌，祭雚（羌?）甲，觀戔甲。
引按，此片斷裂處被用膠水黏合，斷口錯位且稍殘，甚爲可惜。

第 26 片：

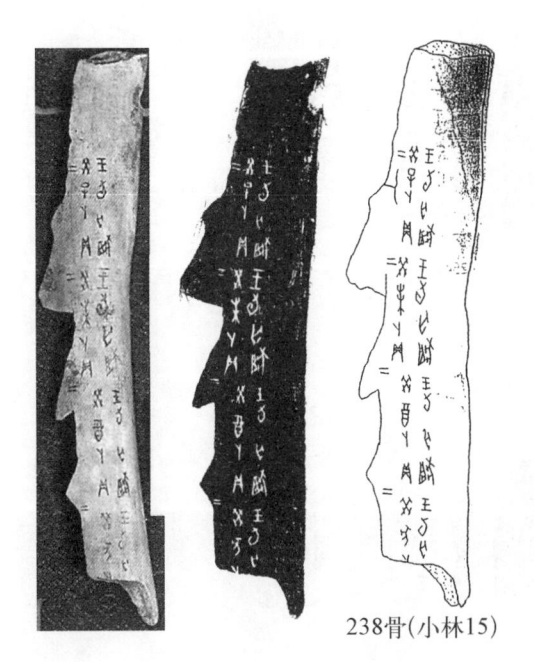

《甲骨文合集》編號：41940
釋文：
癸亥卜，[貞]，王旬亡（無）𡆥。二
癸酉卜，貞，王旬亡（無）𡆥。二
癸未卜，貞，王旬亡（無）𡆥。二
癸巳卜，貞，王旬亡（無）𡆥。二

238骨(小林15)

第 27 片：

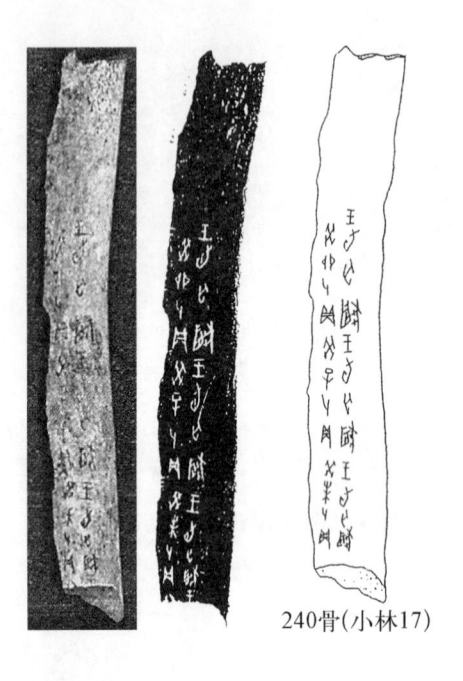

《甲骨文合集》編號：41924
釋文：
癸未卜，貞，王旬亡（無）畎。
癸巳卜，貞，王旬亡（無）畎。
癸卯卜，貞，王旬亡（無）畎。

240骨(小林17)

第 28 片：

《甲骨文合集》未收
釋文：
貞，王叙……

第 29 片：

《甲骨文合集》未收
釋文：
貞，王叙……

第 30 片：

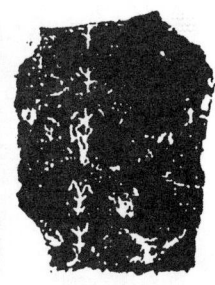

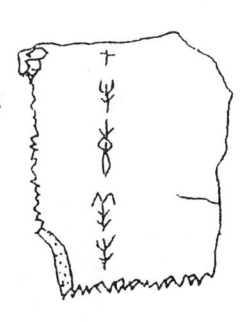

《甲骨文合集》編號：
41797
釋文：
□牛
叀騂。

第 31 片：

《甲骨文合集》編號：
41792
釋文：
……卜，貞，其牢……
叀兹……

第 32 片：

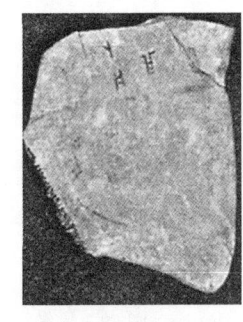

《甲骨文合集》未收
釋文：
卜，貞，其……

第 33 片：

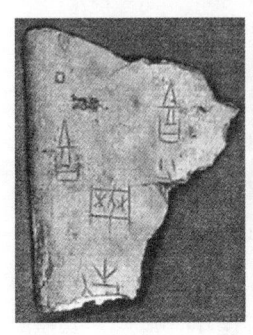

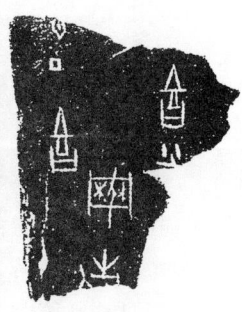

《甲骨文合集》編號：40558
釋文：
……吉。□……
……丁。吉。

🅧……

引按，松丸道雄所作摹本編號遺失，今據所録《甲骨文合集》編號揀出。又，原釋文僅有一"吉"字，顯非，今據《甲骨文合集》補全。

第 34 片：

《甲骨文合集》未收
釋文：
吉。/王。/
□今戊暨五日余……禽(擒)
吉/吉/葬□
引按,承周飛同學見告,王子揚先生以爲此片辭例難解,疑是僞刻。敬謝。

附：類象牙質鑲嵌構件 1 枚

二、青銅器及銘文

此次拍賣會上所見青銅器主要涉及炊食器、酒器等幾大類,雖在種類和數量上都不甚豐富,但亦有頗可采錄者。

1. 祖辛祖癸亯鼎

商代末期,圓體深腹,柱足,立耳,滿花,頸部飾蛇紋、渦紋,中央爲大獸面紋,雙目突出,柱足飾蟬紋。鼎內壁上有銘文六字：犬祖辛祖癸亯。

此器曾收錄於王辰《續殷文存》、羅振玉《三代吉金文存》、嚴一萍《金文總集》、中國社會科學院考古研究所《殷周金文集成》、王獻唐《國史金石志稿》、劉雨和汪濤《流散歐美殷周有銘青銅器集錄》、吳鎮烽《商周青銅器銘文暨圖像集成》等著作。[1]

器形及銘文如下：

---

[1] 王辰：《續殷文存》卷上圖九,1935 年,頁 21；羅振玉：《三代吉金文存》卷三圖三,1937 年,頁 1；嚴一萍：《金文總集》第 0753 號,臺北：藝文印書館 1983 年版；中國社會科學院考古研究所：《殷周金文集成》第 2113 號,北京：中華書局 1984—1994 年版；王獻唐：《國史金石志稿》第 2011.2 號,青島：青島出版社 2004 年版；劉雨、汪濤：《流散歐美殷周有銘青銅器集錄》第 60 號,上海：上海辭書出版社 2007 年版；吳鎮烽：《商周青銅器銘文暨圖像集成》第 1499 號,上海：上海古籍出版社 2012 年版。

2. 覷作父戊卣

西周早期，鼓腹，器蓋中部和頸部飾顧首鳥紋，圈足飾弦紋。

器、蓋各有相同銘文八字：覷作父戊寶尊彝。薛？

此器曾收錄於羅振玉《貞松堂集古遺文》和《三代吉金文存》、嚴一萍《金文總集》、中國社會科學院考古研究所《殷周金文集成》、王獻唐《國史金石志稿》和吳鎮烽《商周青銅器銘文暨圖像集成》等著作。[①]

器形正面、背面、側面以及器、蓋銘文照片如下：

---

① 羅振玉：《貞松堂集古遺文》卷八圖一，1930年，頁26；羅振玉：《三代吉金文存》卷十三圖六、七，1937年，頁28；嚴一萍：《金文總集》第5411號，臺北：藝文印書館1983年版；中國社會科學院考古研究所：《殷周金文集成》第5311號，北京：中華書局1984—1994年版；王獻唐：《國史金石志稿》第310號，青島：青島出版社2004年版；吳鎮烽：《商周青銅器銘文暨圖像集成》第13219號，上海：上海古籍出版社2012年版。

3. 智簋

西周中期器,侈口垂腹,高圈足,獸首形附耳,頸飾回首長冠龍紋,腹部和圈足分別飾一道和兩道弦文。

簋的内底有銘文四十餘字:唯四月,初吉丙午,王【若】曰:易(賜)緇市、冋黄(衡)、玄鏞。曰:用事,司鄭馬。吊(叔)朕父!加(嘉)智歷,用赤金一勻(鈞),用對揚王休,作寶簋,子₌孫₌其永寶。

此器原爲美籍華人範季融先生首陽齋藏品,曾見錄於張光裕《新見智簋對金文研究的意義》、首陽齋等《首陽吉金:胡盈瑩、範季融藏中國古代青銅器》、鍾柏生等《新收殷周青銅器銘文暨器影匯編》、沈寶春等《首陽吉金選釋》、陳佩芬《再議智簋》、汪濤《智簋銘文中的"赤金"及其相關問題》、劉雨等《近出殷周金文集録二編》、吳鎮烽《商周青銅器銘文暨圖像集成》等著作。①

器形側面、俯視及銘文照片如下:

---

① 張光裕:《新見智簋對金文研究的意義》,《文物》2000年第6期,頁86—89;首陽齋、上海博物館、香港中文大學文物館:《首陽吉金:胡盈瑩、範季融藏中國古代青銅器》第33號,上海:上海古籍出版社2008年版,頁98—99;鍾柏生、陳昭榮、黃銘崇、袁國華:《新收殷周青銅器銘文暨器影匯編》第1815號,臺北:藝文印書館2006年版;沈寶春、高佑仁:《首陽吉金選釋》,臺北:麗文出版社2009年版;陳佩芬:《再議智簋》,《中國古代青銅器國際研討會論文集》,2010年,頁71—76;汪濤:《智簋銘文中的"赤金"及其相關問題》,《中國古代青銅器國際研討會論文集》,2010年,頁77—88;劉雨、嚴志斌:《近出殷周金文集録二編》第432號,北京:中華書局2010年版;吳鎮烽:《商周青銅器銘文暨圖像集成》第5217號,上海:上海古籍出版社2012年版。

附記：

　　小稿完成後曾得到李學勤先生、艾蘭（Sara Allan）教授、宋鎮豪先生、王澤文先生、趙孝龍先生的鼓勵與幫助，謹致謝意。

清華楚簡文獻所見商代史迹考

沈建華

（清華大學出土文獻研究與保護中心，出土文獻與
中國古代文明研究協同創新中心）

衆所周知，繼2010年以來，《清華大學藏戰國竹簡》以每年一輯的速度先後陸續出版了六輯，引起海内外先秦學者的極大反響。其内容有的見於傳世經典《尚書》、《逸周書》、《詩經》篇章，如《説命》、《祭公之顧命（祭公）》、《皇門》等；有的是歷史書籍和文書，如《楚居》、《繫年》、《耆夜》、《芮良夫毖》、《周公之琴舞》等，是歷史傳聞史料編纂而成。欣喜的是，在這批清華戰國簡文獻中，保存了一些有關商代的史料傳説中的歷史人物，還涉及商代的重要地名，都可以從卜辭中得到證實。這批出自戰國人之手的清華簡，是未經後世改動的珍貴史料，補充了傳世文獻的不足，它的内容和價值，可以説並不亞於歷史上的西漢時期"孔壁藏經"和西晉"汲冢竹書"。

一、《保訓》所見商代王亥史迹傳説

《保訓》簡不見傳世文獻記載，[①]主要記文王在位五十年病重，將不久於人世，向武王臨終前追述先賢帝王業績，鏡鑒夏商二代的盛衰、治亂，反思淫亂國亡的教訓，希望武王承繼堯、舜明德，修身取中和之道治國，其中講述商王上甲微之父王亥與有易這段恩怨故事。

昔微假（假）中于河，以復（覆）有易，有易怀（服）厥罪。微亡害，乃追中于河（簡8），微志不忘，傳貽子孫，至于成康（唐）。祗備（服）不懈，用受大命，嗚呼發，敬哉！（簡9）

---

① 李學勤主編：《清華大學藏戰國竹簡（壹）》，上海：中西書局2010年版，頁23。

商王上甲微之父王亥服牛，被有易殺害，有易獲取王亥牛羊，上甲微借河伯之師滅有易部族，誅殺族首綿臣。這段傳說故事見於《山海經·大荒東經》："有人曰王亥，兩手操鳥，方食其頭，王亥托于有易河伯僕牛，有易殺王亥，取僕牛。"郭璞注引《竹書紀年》曰："殷王子亥，賓于有易而淫焉，有易之君綿臣殺而放之。是故殷主甲微假師於河伯以伐有易，克之，遂殺其君綿臣也。"王亥與有易的傳說向來被世人看作是一個部族對另一個部族復仇的故事。《楚辭·天問》所云"昏微遵迹，有狄不寧"，與《保訓》楚簡"有易服厥罪"在口氣上有所不同。《保訓》簡中所記上甲微得到河伯正義的幫助，借師覆滅了有易部族之後。這篇遺訓，其實是文王借王亥的傳說，真正目的來表達君王建國執中而服人的用意。

商人稱高祖"王亥"的"亥"字，从隹从鳥，正如《山海經·大荒東經》所曰，"兩手操鳥"，表明早期商族是以鳥為圖騰，這個特點一直被商代後人作為信史傳誦。《詩經》曰："天命玄鳥，降而生商，宅殷土芒芒。古帝命武湯，正域彼四方。""玄鳥生商"的始祖創生神話由來已久，散見於傳世文獻典籍。

《楚辭》追述了王亥的始祖是玄鳥致貽生商，並説出王亥牛羊被有易所獲的故事，這與《保訓》楚簡傳説大致相同。《上海博物館藏戰國楚竹書》記有燕銜卵生契的故事。玄鳥致貽神話傳說在戰國時期普遍流行，安陽花園莊東地甲骨第3片記有地名"玄鳥"合文，"玄鳥"作地名，可見玄鳥一辭已在多方面使用。

《保訓》簡所載上甲微之父王亥至成唐（湯）商代先公世譜，與卜辭祭祀先祖王亥、上甲微、唐互爲印證。

（1）貞大御其陟于高祖王亥。　　　　　　　　　　　　　　　《合集》32916

卜辭多見王亥與上甲微合祭用牲，説明其世承的血緣關係。被燎祭的王亥、上甲微可與"河"合祭，"河"往往出現在王亥、上甲微名字之前或之後。

（2）貞叀上甲日祈。
于河、王亥、上甲十牛，卯十宰。五月。
于河、王亥、上甲，十牛卯十。　　　　　　　　　　　　　　《合集》1182
（3）辛巳卜，貞王、上甲即于河。　　　　　　　　　　　　《合集》34294

"河"向來被學者認爲是自然神名，值得注意的是歷史傳説中的人物"河伯"，在《保訓》楚簡中却寫成"河"，正好與卜辭暗合。羅琨在《殷卜辭中高祖王亥史迹尋繹》一文指出："卜辭中的'河'除了代表大河之神外，還有一重身份，即有祖神的性質，正可用王亥與河伯建立過人爲的血緣關係，而河伯後來又與大河之神合二爲一來解釋。"①歷史傳説往往有着史實的淵源，《保訓》楚簡的傳説正好反映了河伯的事迹在"口耳相傳"的夏代的流傳，以及其從人到神的演化過程。陳來先生指出："作爲神，他們既不是古老的神靈，也不是自然人格化派生出來的；而是歷史人物被神靈化。它既保佑着歷史，也兼任自然神。"②而這一現象，已經在卜辭中得到印證了。卜辭中"上甲日"與"河日"對貞（《合集》1182），同列爲祭祀對象，河與上甲合祭，殷人將"河"看成是有血緣關係的人神來祭祀，"河"與先公享有同等專廟並立祭日。

戰國時期一個特點，傳説中的神話人物，已不再是自然神靈而是歷史人物化的諸神。《保訓》簡，記載了上古傳説中的歷史人物如堯、舜、上甲微、有易及成唐（湯）的故事，他們的傳説，當時被視爲一個完整的信史被楚人記載。《保訓》簡追溯了商代有易與河伯的那段膾炙人口的傳説故事，河伯不再充當傳説中被祭祀的自然神，已成爲部族式的領袖人物。這種宗教異變現象，一方面説明神話歷史傳承中的演化分離，開始走出原始自然宗教信仰的模式，從《穆天子傳》中的"河伯"可以看出，西周晚期河伯扮演的角色與文化内涵與商代卜辭中被祭祀"河"神，實際上有一脉相承的淵源關係，另一方面也反映了當時春秋時期社會信仰的演化和文化的精神需求情結，民間追求的偶像已不再神明化。

二、《楚居》中洲水與卜辭丹、襄、曾地

《楚居》是一部講述楚人歷代世系遷徙的歷史文獻，③楚人自述先祖最初遷徙發源自丹淅地區，首言：

　　季䋣（連）初降于䧹山，氐（抵）于空（穴）窮（窮）。遊（前）出于喬山，宅（宅）尻（處）爰波。逆上洲水，見盤庚之子，尻（處）于方山。"（簡一）

洲水，即《漢書·地理志》的鈞水，在今湖北丹江口水庫一帶。④《水經·丹水注》引："《吕氏春秋》曰：'堯有丹水之戰，以服南蠻。'即此水也。又南合均水，謂之析口。"楚國的先祖最早就生活分佈在商朝的南部今淅川一帶，揭開了自商代以來，丹淅流域

---

① 羅琨：《殷卜辭中高祖王亥史迹尋繹》，張永山主編：《胡厚宣紀念文集》，北京：科學出版社1998年版，頁58、60。
② 陳來：《古代思想文化的世界——春秋時代的宗教、倫理與社會思想》，北京：三聯書店2002年版，頁101。
③ 李學勤主編：《清華大學藏戰國竹簡（壹）》，頁85。
④ 何琳儀：《楚都丹淅説新證》，《文史》2004年第2期，頁11—18；李學勤：《論清華簡"楚居"中的古史傳説》，《中國史研究》2011年第1期。

與楚國歷史形成的淵源。"丹"作爲一個族名,自夏代就已存在,①屬南蠻之地,《詩經·商頌·殷武》曰"維女荆楚,居國南鄉"。到了周初丹淅一帶已發展成爲楚人據點,被封爲"丹陽"。《史記·楚世家》載:"熊繹當周成王時,舉文武勤勞之後嗣,而封熊繹於楚蠻,封以子男之田,姓羋氏,居丹陽。"

武丁時期,臣服於商王被册封爲"丹伯"(《合集》716正)就已擁有被册封的領地,卜辭記載商王經常往返於丹地田游:

(2) ……卯卜……貞……祭……在丹。　　　　　　　《合集》8014(武丁期)

(3) 貞亡灾……在十月,在丹。　　　　　　　《合集》24385(祖庚祖甲期)

(4) 己卯卜,王在丹。　　　　　　　《合集》24386(祖庚祖甲期)

"丹"地在卜辭究竟在何處,長期以來並沒有受到學者關注。從以下商王田獵"丹"地與"瀼(襄)"地同版,相距約四五日距離,不難推測"丹"即在今湖北丹江口一帶,近河南淅川,在丹、淅二水合流之處,史稱"丹淅之會",距今湖北北部襄陽不遠:

(5) 辛巳卜,【行】貞:王步自丹……【亡】灾。

乙酉卜,行貞:王步自遘于亢,亡灾。在十二月。

庚寅卜,行貞:王步自遘于瀼(襄),亡灾。　　　　　　　《合集》24238

"瀼",地名,即襄字,于省吾曰:"按這個字乃《説文》嬝字的初文。《説文》讀若穰。"②《説文解字》"瀼"曰:"从水,襄聲。"襄,指的是漢江,古名爲沔水,即指漢水,《水經注·沔水》:"(沔水)一水東南出。應劭曰:城在襄水之陽,故曰襄陽。是水當即襄水也。城北枕沔水,即襄陽縣之故城也。"這片卜辭爲我們提供了一個可預知的範圍,説明了丹地與襄地之間的聯繫。"襄"因襄河得名,初名漾水,亦名漾川,《尚書·禹貢》:"嶓冢導漾,東流爲漢。"卜辭記載商王在襄水河邊舉行剮祭活動:

(6) 貞燎于河　　　　　　　《合集》3458正

……莫……在瀼(襄)。　　　　　　　《合集》3458反

(7) 貞王其田于瀼(襄),剮于河。　　　　　　　《合集》30439

(8) 其田于瀼(襄)剮于河。　　　　　　　《合集》30431

---

① 《古本竹書紀年》曰:"后稷放帝朱於丹水。"《尚書正義》引《漢書·律歷志》云:"堯讓舜,使子朱處於丹淵,爲諸侯。則'朱'是名,'丹'是國也。"

② 卜辭中从水地名往往省形,如"在潘"(《合集》36851)、"在爵"(《合集》36537、37458)、"在自湼"(《合集》24339、24341)、"在壴"(《合集》24343),類似例子舉不勝舉。于省吾:《甲骨文字釋林·釋兄》,北京:中華書局1979年版,頁132。

如果説上舉卜辭(5)中的"瀼(襄)"地與"丹"的同版,爲我們提供了二地的相距地理位置,那麽《屯南》1098片"瀼(襄)"與"曾"地同版,又爲我們提供了更有力的證據:

(9) 丙寅卜,王其田瀼(襄),叀丁往,戊征……大吉

叀戊往已征,亡灾,杏王。大吉

叀壬往曾征,亡灾,杏王。大吉

王其田瀼(襄),徂射𤟑兕,亡灾。杏王。吉　　　　　　　《屯南》1098

商王在丙寅至己巳日在襄地田獵征伐,第六天壬(申)日來到了曾地,然後又從曾地回到了襄地田獵,射取了兕獵物。值得注意的是《古本竹書紀年》説"周昭王十六年,伐楚荆,涉漢,遇大兕",與卜辭商王田獵"射𤟑兕"相同,襄地一帶自古可能盛産"兕"這種獵物。

"曾"與"瀼(襄)"兩地同版,可見南國的襄、曾族在商代就已建立存在。卜辭記載商王征伐曾國:

(10) ……雀曾伐。　　　　　　　　　　　　　　　　　《合集》1012

(11) ……弗克曾。　　　　　　　　　　　　　　　　　《合集》31812

(12) ……午卜賓貞,翌丁未,蒸𣇃來祭于曾……用。　　《合集》4064

由此説來,曾國歷史至少可以追溯到商代,其地理範圍在今天湖北隨州、襄陽一帶是可信的。這也爲歷史上争論的"曾"即"隨"與姒姓的"繒(鄫)"兩個不同的國名提供了參考,①通過這三地之間的繫聯,爲卜辭中"丹"的地望確立了依據。

殷被周滅後,附屬於商王室的曾族也隨之歸併於周。1979年襄樊文物管理處從廢品公司中回收了曾仲子鼎。② 2010年12月底在湖北隨州淅河鎮葉家山墓地出土了大量文物,其中的西周早期青銅器上帶有"曾侯"和"曾侯諫"、"曾侯犺"銘文,③這表明西周早期曾國已被封分爲侯國。1979年,隨州城郊季氏梁一座春秋墓中出土兩件青銅戈,一件自稱"周王孫季怡孔臧元武元用戈",另一件爲"(曾)穆侯之子西宫之孫,曾大攻(工)尹季怡之用"。④ 季怡既是"周王孫"又是"曾大工",其先輩是"穆侯",説明曾國是受封於周王室的姬姓。

---

① 徐少華:《曾即隨及其歷史淵源》,《江漢論壇》1986年第4期。
② 襄樊市文物管理處:《湖北襄樊揀選的商周青銅器》,《文物》1982年9期。
③ 湖北省文物考古研究所:《隨州葉家山墓地考古發掘工作獲階段性成果——西周早期曾國史研究將有重大突破》,《江漢考古》2011年第3期;《中國文物報》2011年10月12日第4版;《文物》2011年第11期。
④ 隨縣博物館:《湖北隨縣城郊發現春秋墓葬和銅器》,《文物》1980年第1期。

李學勤先生指出:"曾國地理位置文獻缺載,所幸近年湖北多批曾器出土,其疆域根據出土文物分佈範圍,大致是以今隨州市爲軸心向四周伸延,西起襄陽,東過隨城,北到新野,南達京山。"①而此一帶被學術界稱之爲"隨棗走廊"是楚國歷史地理上最重要的地名之一。先秦時期丹淅的地理位置的重要性在於,它位於豫、鄂、陝三省邊陲,有陸通秦晉、水達吴楚之稱,其地區是商周王室進入南方的突破口,被視爲軍事要塞。《史記·屈原列傳》中記載:"秦發兵擊之,大破楚師於丹淅。"隨着近三十年來考古學者在湖北丹江流域陸續發現了楚國大型重要遺址,②楚國都城"丹淅説"的影響越來越受到重視。《詩經·殷武》:"撻彼殷武,奮伐荆楚。罙入其阻,裒荆之旅。"從卜辭"丹"、"瀼(襄)"與"曾"三地商王田獵路綫,可知武丁時期就已經在丹淅流域一帶活動,并且涉過漢水,到達漢中地區,表明商王勢力已經抵達中原最遠南土,印證了《楚居》自述先祖從丹陽遷徙,乃至發展到江漢平原。

三、《説命》中的"百工"、"邑人"、"圜土"

武丁使百工營求諸野,得傅説於傅險中的傳説,分別見於《國語·楚語》、《孟子·告子下》、《墨子·尚賢中》、《離騷》等傳世文獻。《尚書·説命序》曰:"高宗夢得説,使百工營求諸野,得諸傅岩,作《説命》三篇。"這段故事也見於清華楚簡《説命》上,③首言:

> 佳(惟)殹(殷)王賜敚(説)于天,甬(庸)爲達(失)审(仲)叓(使)人。王命氒(厥)百攻(工)(向),以貨旬(徇)求敚(説)于邑人。佳(惟)弨(弼)人【一】夎(得)敚(説)于専(傅)厰(岩)。【二】

《史記·殷本紀》曰:"武丁夜夢得聖人,名曰説。以夢所見視群臣百吏,皆非也。於是乃使百工營求之野,得説於傅險中,是時説爲胥靡築於傅險。"司馬遷采取了今、古《尚書》這段傳説,可能出於歷史真實故事。簡本《説命》(上)與《尚書·説命序》所言"百工"

---

① 李學勤:《曾國之謎》,《光明日報》1978年10月4日第3版;《續論曾國之謎》,《江漢論壇》1990年增刊。
② 1977年—1979年,考古工作者在當時的淅川縣倉房公社(現爲倉房鎮)丹江岸邊下寺龍山附近發掘24座春秋時期的楚國墓葬,共出土了包括青銅禮器、樂器、兵器、車馬器、生產工具和玉器等各類文物達8 000餘件。1990年—1992年間,考古工作者再次在下寺春秋楚墓群附近的和尚嶺、徐家嶺等地發掘了10餘座楚國貴族墓葬群,出土文物達2 000多件。《河南省淅川下寺春秋楚墓》,《文物》1980年10期;《河南省淅川下寺一號墓發掘簡報》,《考古》1982年2期。
③ 李學勤主編:《清華大學藏戰國竹簡(叁)》,上海:中西書局2012年版,頁122。

的身份，在文獻中是指身懷技藝之人，①《禮記·王制》曰"凡執技以事上者，祝、史、射、御、醫、卜及百工。凡執技以事上者，不貳事，不移官"。"百工"見於卜辭：

   （1）癸未卜，有咎，百工。   《屯南》2525

商代"百工"與"胥靡"的身份屬同類，相當於"多任"（《合集》11484、19433）。卜辭中"工"的身份爲王室的工奴或刑徒，屬於最低下的賤民，可當作祭祖犧牲。② 爲防止逃跑，工奴往往帶着枷鎖勞作：

   （2）……🝡 虢（柙）工，不作尤。   《合集》26974

   （3）戊辰卜，今日雍己夕，其乎🝡 虢（柙）工。大吉弜乎🝡 虢（柙）工，其作尤。

                         《屯南》2148

簡本《傅説之命》（上）記載傅説在北海之州圜土，身帶繩索築城，如下：

   亓（其）佳（惟）敓（説）邑，才（在）北嚳（海）之州，是佳（惟）鼑（圜）土。敓（説）【六】逨（來），自從事于鄳（殷），王甬（用）命敓（説）爲公。【七】③

這段傳説的故事情節，基本在傳世文獻中被完整地保留下來，得到簡本的印證，見於《墨子·尚賢》"昔者傅説居北海之洲，圜土之上，衣褐帶索，庸築於傅岩之城"。先秦時期古人將凡是地勢沿環水相連的地方稱之爲州，《説文》曰"水中可居曰州。水周繞其旁，从重川"。"圜土"即古代監獄，《毛詩正義》曰："民之無辜，並其臣僕。"鄭玄注："古者有罪，不入於刑則役之圜土，以爲臣僕。圜土，音圓。圜土，獄也。"商代的監獄，有的是建在環水的州地即島上，主要爲了防止奴隸逃跑。如下：

   （4）甲戌……貞夆（失），自㳄圁，得。   《英藏》540

對於逃跑的奴隸、獵物抓獲，商王占卜往往使用習語"夆（失）"，與"得"相對而言。④ 㳄字，與"州"字含義比較接近。圁字，"即後世囹圄的圄字"。⑤ 這片卜辭記載了逃逸的

---

① 《尚書正義·説命》卷十孔穎達曰："以'工'爲官，見其求者衆多，故舉'百官'言之。使百官以所夢之形象經營求於外野。"皇甫謐云"使百工寫其形象"，則謂"工"爲工巧之人，與孔異也。按皇甫謐指正甚確。《十三經注疏》上册，北京：中華書局1980年版，頁174。

② 肖楠：《試論卜辭中的"工"與"百工"》，《考古》1981年第3期，頁266。

③ 李學勤主編：《清華大學藏戰國竹簡（叁）·説命》，上海：中西書局2012年版，頁122。

④ 趙平安：《戰國文字的"遘"與甲骨文"夆"爲一字説》，《古文字研究》第22期，北京：中華書局2000年版，頁275—277。

⑤ 于省吾：《甲骨文字釋林·釋幸、執》，北京：中華書局1979年版，頁295。

罪犯被商王捕獲送入環水的監獄。卜辭中僅有三片"州臣"稱謂，商王貞問是否能抓到州地逃跑的臣：

  (5) 貞：州臣，得。   《合集》850

  (6) 貞：州臣，得。   《合集》851

  (7) 乙酉卜㱿貞，州臣有🈯(失)，①自夐得。   《合集》849

早期郭沫若先生認爲"臣"爲奴隸，②高明先生對卜辭中的"臣"做了很具體的區别分析，認爲臣的身份在卜辭中含義很複雜，他們有的是輔佐王室，有的是奴隸，"《孟子·萬章》'在國曰市井之臣，在野曰草莽之臣'，是指一般平民。《尚書·費誓》'臣妾逋逃'，此又指奴僕。可見自朝廷官吏、平民百姓，到侍役奴僕皆可稱臣"。③ 除了上述所舉"州臣得"之外，也見"臣不其幸"(《合集》163)、"臣不其得"(《合集》641)，説明卜辭中被武丁追捕的"臣"地位相當於奴隸。

  "州臣"之臣，是指的州地的奴隸，儘管卜辭有人地同名現象，而這裏所指"州臣"的"州"並非私名，其與"奠臣"(《合集》635反、7239，《英藏》1806)都是同等性質，指代表區域之奴隸或平民。卜辭所言的"州"，是否如文獻所指的"北海之州"，我們無法知曉。但有一個現象值得注意，傳世文獻與簡本都同樣記載，北海之州設有圜土(監獄)，而卜辭也同樣記載在州内發生奴隸逃跑事件，這恐怕不是偶爾現象。由此來看武丁從"北海之洲"找到傅説與卜辭"州"，很可能有一定的内在聯繫。

  傳世和出土文獻言傅説居住在"北海之洲(州)，圜土之上"，楚簡《説命(上)》中多次提到的"邑人"(簡1.5.6)。邑，爲地名，④"邑人"一詞見於卜辭：⑤

---

① 李學勤2012年9月17日中心在《説命》讀書班討論會上指出，甲骨文中被讀作"叙田"之"叙( )"字從" "形，實際上也是从"奉"的省形而來的，" "字左邊从" "形也應該是"奉"的省形。

② 郭沫若謂："奴隸本來自俘虜，故奴隸字多有縲絏之象。"《釋臣宰》，《甲骨文字研究》，北京：人民出版社1952年版，頁3。

③ 高明：《論商周時代的臣和小臣》，《盡心集——張政烺先生八十慶壽文集》，北京：中國社會科學出版社1996年版，頁107。

④ 饒宗頤：《殷墟卜辭貞人通考》下册，香港：香港大學出版社1959年版，頁781—782。

⑤ 楚簡中所涉言"邑"地，近期王準先生研究表明："包山楚簡中，邑名之首碼聯地名、機構或人名，(本文稱之'邑名首碼')並非隨意書寫，而是有着較爲嚴格的格式，用於表示該邑的上下隸屬關係。"簡本《説命》所言"邑人"，邑名之前並没有地名和人名綴聯的這種格式，我們分析認爲，實際上應是沿襲商人的地名稱呼。王準：《包山楚簡所見楚邑新探》，《中國史研究》2013年第1期，頁16。

(8) 癸酉卜王貞：自今癸酉至于乙酉，邑人其見（獻）①方戍②，不其見方見（獻）執。　　　　　　　　　　　　　　　　　　　　　　　　　　《合集》799

從癸酉至於乙酉日，商王令邑人獻俘，不從就執捕。商代邑人不僅要承擔服勞役，還要爲商王室貢納俘虜，恰好説明邑人與圖土之間存在某種對王室義務關係。"邑人"或省稱"邑"，如：

(9) 貞邑來告。　　　　　　　　　　　　　　　　　　　　　　《合集》4467

(10) 貞邑不其來告。

　　　貞邑其來告。　　　　　　　　　　　　　　　　　　　　《合集》2895

(11) 癸亥卜，宁貞，命邑、竝（并）執🈳，七月。　　　　　　　《英藏》608

卜辭"邑人"與簡中"邑人"的身份非常近似，屬於"胥靡"從事服役的刑徒或平民。1986年在山西靈石旌介村出土商墓中就有"邑"的族徽鼎器，③李伯謙指出："邑銘徽不多見，殷墟西區 GM874 出土的鼎和觶銘文均爲'邑祖辛父辛乙'④疑爲出身邑族的乙爲族辛父辛所作器，甚至有可能墓主人就是邑中人。"李文認爲："在其族徽中，許多也出土於殷墟和其他商文化遺址，有的見於甲骨文。其所代表的族體，凡可考知者，也都與商王朝有着密切的關係。"⑤上舉卜辭，可知武丁時期的邑族與王室已經保持往來活動，印證了楚簡《説命》中的"邑人"，爲傅説傳説增添了新的研究史料。

武丁時期，商王除了在鄭州商城和偃師商城建立都邑之外，還在湖北黄陂盤龍城、山西垣曲、東下馮等建立商城，⑥從卜辭中都可以看到當時武丁徵集大批的商民進行修築城墻，這些商民被稱爲"作墉"，如：

(12) 辛亥卜殸貞基方作墉其鬧。　　　　　　　　　　　　《合集》13514 正乙

(13) 乙亥貞率令墉致衆，㞢受又。　　　　　　　　　　　《合集》311981

(14) 癸卯卜賓貞，令墉兹，在京莫。　　　　　　　　　　《合集》13523

---

① 楊樹達認爲："《左傳·昭公廿七年》'獻禮改服'，'獻禮'即'現禮'，見、現古今字。"《耐林廎甲骨文説·卜辭求義》，臺北：群聯書店 1954 年版，頁 19 下。

② 姚孝遂、肖丁：《小屯南地甲骨考釋》，頁 70；《甲骨文字詁林》第 1 册，北京：中華書局 1996 年版，頁 409。

③ 山西省考古研究所等：《山西靈石旌介村商墓》，《文物》1986 年第 11 期。

④ 中國社會科學院考古研究院考古研究所：《殷墟青銅器》圖版 77、11、15，北京：文物出版社 1985 年版。

⑤ 李伯謙：《中國青銅文化結構體系研究》，北京：科學出版社 1998 年版，頁 178—179。

⑥ 河南文物考古研究所：《鄭州商城》上册，北京：文物出版社 2001 年版，頁 249；湖北省文物研究所：《盤龍城》上，北京：文物出版社 2001 年版，頁 4。

諸多傳世文獻記載，傅說是從事版築技術，《離騷》曰"說操築於傅岩兮"，《孟子·告子下》"傅說舉於版築之間"。清華楚簡也有同樣記載，傅說身帶繩索從事"築城"勞役：

  敚（說）方坓（築）城，媵墜（降）甬（庸）力。（簡二）

卜辭中有不少關於商王發派商民修築城墻的記載：

  （15）……立邑墉商。   《綴合》30

  張政烺先生指出："墉商的墉字義爲城墻，在這裏是動詞，即修城墻，如《詩經·韓弈》'實墉實壑'的'墉'字，毛氏傳說是'高其城'，墉商是把商的城墻倍修加固。'立邑墉商'是說徵聚眾人城商，這就證明築城是殷代徭役中的一項，是殷代眾人的沉重負擔之一。"[1]

  文獻上記載傅說"庸築於傅岩之城"（《墨子·尚賢》），傅岩即傅險，《史記》正義引《地理志》曰："傅險即傅說版築之處，所隱之處窟名聖人窟，在今陝州河北縣北七里，即虞、虢之界。"傅險，在今山西平陸縣境。1990 年在位於該縣城東地近"砥柱"（三門峽大壩）以東大祁沿河一帶發現了商代的部落居住活動區域，特別是在"糧宿村東面——東糧宿村，發現了一座商代前期城址"，調查者報告說："東糧城址，雖然面積不大，築城技術上既與河南偃師商城、鄭州商城和湖北盤龍城有相似之處。"[2]從山西晉南地區所分佈的商城考古遺址和規模，[3]可以看出商王室對西部的擴張建立據點，當時築城工事，無疑是武丁出於政治和軍事戰略需要，帶出這段傳說築於傅險的民間傳說並非偶然性，顯然來自歷史傳說。

四、《湯處於唐丘》與卜辭唐地

  湯始居地，向來是考古學界爭論熱門課題。自 1956 年以來，考古工作者先後在河南鄭州鄭縣北關，發現了商代早期城址和夏商時期偃師二里頭城址，這些遺址爲早期夏商文化研究確認提供了重要資料。[4] 根據班固《漢書·地理志》自注"尸鄉，殷湯所都"，認爲以嵩山爲中心豫西伊洛地區是夏文化早期活動中心之一，商湯滅商後在

---

[1] 張政烺：《卜辭裒田及其相關諸問題》，《考古學報》1977 年第 1 期。

[2] 衛斯：《商"先王"昭明之都"砥石"初探——砥柱東部山區考古調查隨想》，《中華傅聖文化研究文集》，北京：文物出版社 2010 年版，頁 217。

[3] 中國歷史博物館、山西考古博物館、垣曲縣博物館編著：《垣曲商城，1985 年—1986 年度勘察報告》，北京：科學出版社 1996 年版，頁 321—337，圖版 9—22。

[4] 中國科學院考古研究所二里頭隊：《河南偃師二里頭早商宮殿遺址發掘簡報》，《考古》1974 年第 4 期。

夏都附近建立了偃師商城,也稱西亳。

《孟子·滕文公》和《史記·殷本紀》記載:"湯始居亳",與簡本有着明顯不合。簡本篇題取自《湯處於湯(唐)丘》,①首簡:

> 湯屋(處)於湯(唐)臸(丘),取妻於又=䎽=(有莘,有莘)。媵(媵)以少=臣=(小臣)。(簡一)

自 80 年代以來,隨着山西臨汾陶寺遺址資料的公布,從考古學對聚落形態和內涵比較發現,其規模超過偃師二里頭,②根據考古碳 14 的測驗,陶寺遺址早期年代相當於堯、舜、禹時期,中晚期已在夏代紀年範圍,③其年代屬於夏墟,這一觀點得到了學界的一致認同,夏族始於晉南說,④已引起考古和史學界更多的關注和思考。⑤

臨汾陶寺遺址位於襄汾晉西南,在汾澮之間,《左傳·昭公十七年》引《夏書》曰:"惟彼陶唐,帥彼天常,有此冀方。"冀方即《禹貢》所說的冀州。《左傳·哀公六年》杜預注曰:"唐、虞及夏,同都冀州。"也就是今天的山西冀城。這一帶是夏人主要的活動區域,被文獻稱之爲"夏墟"、"大夏"或"唐",處於當時的天下之中。"夏墟",最早見於《左傳·定公四年》:"分唐叔……命以《唐誥》,而封於夏墟。"《昭公元年》曰:"昔唐辛氏有二子:伯曰閼伯,季曰實沈。……遷實沈於大夏,主參,唐人是因,以服事夏、商。其季世曰唐叔虞。……及成王滅唐而封大叔焉,故參爲晉星。"《史記·鄭世家》、《集解》引服虔曰:"大夏在汾、澮之間,主祀參星。"唐人爲陶唐氏後人,直到西周封虞叔還稱唐,晉人自稱先祖爲"唐公"和"唐人"。傳世春秋時期銅器晉公盨爲證:"我皇族唐公[膺]受大命。"(《集成》16.10342)曲沃北趙晉公室墓地同出玉器"文王玉環":"我既唐人弘戰賈人。"⑥晉南爲古國唐地陶寺的遺址,正好印證了文獻《詩譜·唐譜》鄭玄云"唐者,帝堯舊都"和《史記·正義》引《括地志》"夏后封劉累之孫於唐",這說明古國唐地與文獻記載完全相合。從夏代一直沿革到西周,直至爲周成王所滅,唐改晉,歷時

---

① 李學勤主編:《清華大學藏戰國竹簡(伍)》,上海:中西書局 2015 年版,頁 135。
② 高江濤:《陶寺遺址與二里頭聚落形態之比較研究》,中國社會科學院考古研究所夏商周考古研究室編:《三代考古(四)》,北京:科學出版社 2011 年版,頁 121—128。
③ 高煒:《試論陶寺遺址和陶寺類型龍山文化》,《華夏文明》第 1 集,北京:北京大學出版社 1987 年版,頁 56。
④ 劉起釪:《由夏族原居地縱論夏文化始於晉南》,田昌武主編:《華夏文明》第 1 集,北京:北京大學出版社 1987 年版,頁 18—52;羅琨:《夏墟大夏考》,《揖芬集——張政烺先生九十華誕紀念文集》,北京:社會科學文獻出版社 2002 年版,頁 237—253。
⑤ 田昌武主編:《華夏文明》第 1 集,北京:北京大學出版社 1987 年版;1994 年在洛陽召開"全國夏文化學術研討會",中國先秦史學會、洛陽第二文物工作隊編:《夏文化研究論集》,北京:中華書局 1996 年版。
⑥ 李學勤:《文王玉環考》,《華學》第 1 輯,廣州:中山大學出版社 1995 年版。

久遠的晉南唐國至此告終。

商代山西晉南向來是夏裔民和諸戎羌狄集中混合雜居的地區，商代卜辭中的敵方舌方，其地理位置在西北一帶，卜辭稱舌方爲"西邑"。

  （1）貞勾舌方。
    貞燎于西邑。   《合集》6156 正

唐地與舌方見於同版：

  （2）……友唐告舌方入于莧。   《合集補編》1767
  （3）自㞢友唐告舌方征……戊申亦有來艱自西，告牛家。 《合集》6063
  （4）……舌方……馬……于唐。   《合集》8588

㞢友唐告商王舌方入侵，勢必唐地接壤來"自西"面的舌方，因此舌方與唐地這一帶，被卜辭稱之爲"西邑"（《合集》7863、7864、7865、40000）。清華簡《尹誥》篇索性稱之曰"西邑夏"，説明它是一個涵蓋面積很大的區域。陳夢家先生指出："由邛方侵犯和受征伐的地方而言，邛方似在今垣曲與安邑之間的中條山地區，若邛在中條山，則東界沚而西鄰唐，邛與沚界於安邑與濟源西之間。"①如果陳夢家的推測不錯的話，垣曲與安邑之間正好是夏縣，也是傳説中的夏人故里，離曲沃、翼城相距不遠，這應該是唐地的邊界。近年來隨着考古工作的深入和發現，曲沃、翼城被更多學者接受是周成王封於叔虞的唐地。

1984 年山西垣曲發現商城，據鄒衡先生説南墻下壓有二里頭文化三、四期灰坑，有二里崗的上下層陶器，絕對年代屬於早商早期，也可以到夏代末年，應該包括成湯在内。② 這一發現足以説明晉中和晉西南這一帶自古就是夏商文化的始源地是有據可依的，與《史記·晉世家》言"封唐叔虞於唐，唐在河、汾之東，方百里"的記載也是相吻合的。

楚簡言"湯處於唐丘"正説明湯"從先王居"始源於唐丘其封地，顯示了這一原始資料來源並不是出於偶然，它爲"湯始居唐丘"的真實性，再次提供了新的有力證據。熟悉晉國歷史的人都知道，陶唐氏出於堯後，祁姓，唐國也是祁姓。③

值得注意的是《太平寰宇記》卷一引《國語》佚文："湯伐桀，桀與韋顧之君，拒湯於莘之墟，遂戰於鳴條之野。"佚文所言的"莘之墟"即指夏代"有莘"國，④與鳴條相距不遠，故

---

① 陳夢家：《殷墟卜辭綜述》，北京：科學出版社 1959 年版，頁 273—274。
② 鄒衡：《論早期晉都》，《文物》1994 年第 1 期。
③ 顧棟高：《春秋大事表（一）》"列國爵姓及滅存"，北京：中華書局 1993 年版，頁 592。
④ 《史記·周本紀》："閎夭之徒患之，乃求有莘氏美女。"《正義》引《括地志》云："古鄩國城在同州河西縣南二十里。""莘國"在陝西合陽同州一帶。

曰"遂戰於鳴條之野"。《左傳·桓公二年》云:"初,晉穆侯之夫人姜氏以條之役生大子,命之仇。"楊伯峻注:"山西省廢安邑縣治,今安邑鎮三十里有鳴條崗,當即古條戎之地。"①顧棟高亦云:"今山西解州安邑縣有中條山,縣北三十里有鳴條崗。《孟子》曰'舜卒於鳴條',《尚書大傳》'湯伐桀戰於鳴條',此爲晉之條,當近是。"②文獻説明鳴條大戰是在"有莘之虛"打的,也是夏滅商的最後戰場,從夏啓時代封支子於莘,是古莘國姒姓部族的始源地,故址在今陝西渭南合陽縣東南20公里,隔着黄河對面便是晉南運城。"有莘之虛"的位置應該在晉南安邑一帶,從地域上顯然順理成章,是符合歷史依據的。胡厚宣先生説:"商朝雖然滅了夏王朝,但夏遺民決不會滅亡和絶迹,因此在殷商大量的甲骨卜辭中,一定會有夏遺民的踪迹。"③"有莘氏",也當屬其中之一。

　　作爲並列體的夏商,在地域上應該也是承襲的關係,從文化内涵上,一個王朝的産生乃至滅亡,不可能隨滅亡一下子建立和中斷,都需要走過一個逐漸發展和衰弱的過程。我們推測,成湯推翻夏桀之前,商人的先祖勢力此時還没有來得及如此快地進入河南中部偃師西亳,此時夏商交替時期的晉南,其實仍是以夏王朝爲主體的天下,簡本"唐處於唐土,娶妻於有莘"就足以證實了這點。

結　　語

　　自2009年以來,隨着清華簡整理者每年不斷向學界公布整理報告,可以説給先秦歷史、古典文獻、古文字以及先秦考古帶來了意想不到的收穫,許多資料填補了上古史空白,對先秦歷史研究的深入産生的影響和重要意義非常深遠。這些從未經後世改動的出土戰國簡,讓我們看到了真正流行於民間的戰國傳世抄本與當下傳世古籍存在的差異,給傳世經典帶來新的挑戰與反思。可喜的是,簡本所傳遞出的種種商代歷史信息,基本可以與卜辭印證,這大大彌補了以往我們未知的領域,從而使我們對先秦文書形成和流傳過程中的複雜性,有了更客觀的認識,也給我們帶來了新的啓發和思考。

2016年6月22日

---

① 楊伯峻:《春秋左傳注》,北京:中華書局1981年版,頁92。
② 顧棟高:《春秋大事表》第一册卷七"春秋列國都邑表"晉地,北京:中華書局1993年版,頁802。
③ 胡厚宣、胡振宇:《殷商史》,上海:上海人民出版社2003年版,頁41。

商代饕餮紋及相關紋飾的意義

艾蘭(Sarah Allan) 著(美國達慕思大學)
韓鼎 譯(河南大學歷史文化學院)

一、饕餮紋的識別

晚商青銅器是中國古代工藝和美學完美結合的杰出代表。在商代,當工藝水平突破了只能鑄造最基本紋樣後,一種具有雙目的獸形紋飾就不斷出現在青銅器上,傳統上稱之爲"饕餮"。衆所周知,饕餮紋是難以定義的,但它却非常容易被識別出來。當饕餮紋第一次出現在青銅器上,它就以雙目爲基本特徵(因此也表明有面部),并且被設計在一個帶狀區域内。該階段,饕餮紋由浮雕細紋或帶狀的粗紋構成。到了晚商階段,饕餮紋主要由多種變形獸類器官組成,這也成爲其重要的美學特徵。組成饕餮紋的動物也在不斷變化(其中也包括人的器官),但無論怎樣變化,饕餮紋總有一雙眼睛,或圓形雙目,或有眼角的"臣"字形眼睛。

在晚商階段,饕餮紋的雙目之上往往有角或耳。角可分爲幾種不同的類型,它們可能代表了幾種特定的動物,如牛(圖1b)、羊(圖1c)、鹿(圖1e未成年雄鹿的柱狀鹿角,該角形經風格化處理後成爲龍的角)、虎耳(圖1a)有時也會出現在角的位置。但有些角仍難確定其來源,如圖2和圖1c,我個人認爲它們可能來自山羊。人的耳朵有時也會出現在饕餮頭部的兩側(圖1f,饕餮紋在圖29背面)。[①] 許多饕餮紋有眉毛,有

[①] See Sarah Allan, *The Shape of the Turtle: Myth, Art and Cosmos in Early China* (Albany: State University of New York Press, 1991), pp.138 - 149.(中文版見《龜之謎——商代神話、祭祀、藝術和宇宙觀研究》,北京:商務印書館2010年版。)將瓶狀角(圖1e)視爲鹿角的觀點最早由 J. Leroy Davidson 提出 ("The Riddle of the Bottle Horn," *Artibus Asiae* 22 (1999): 15 - 22),而且鹿耳和正在生長中的鹿角紋樣,也能支持這一觀點。將如圖1g中的扭曲角形視爲鹿角的觀點,最早由江伊莉在1988年在 (轉下頁)

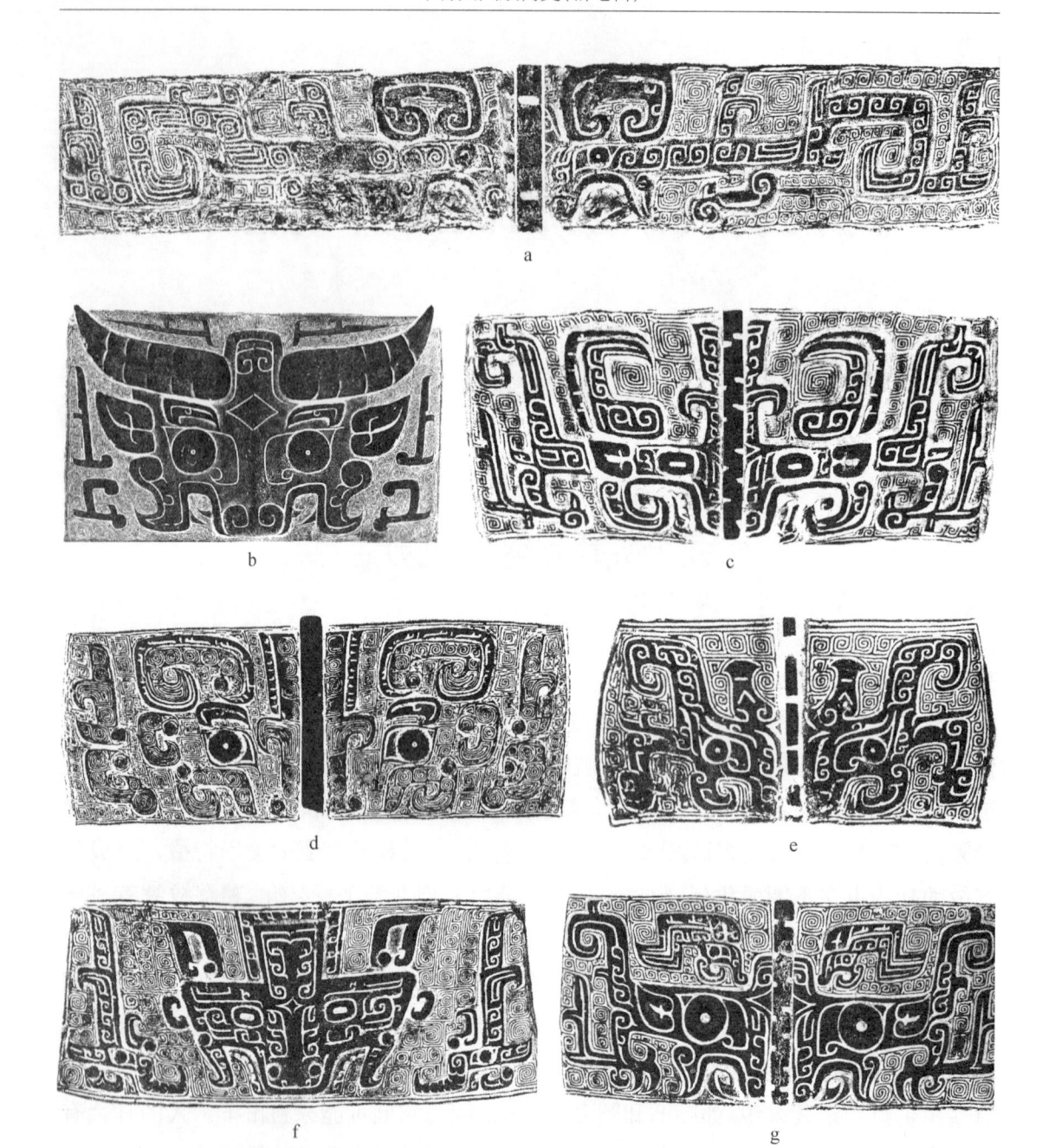

圖 1a—g　晚商青銅器饕餮紋拓片（約 1300—1050 BCE）

出處：上海博物館青銅器研究組編《商周青銅器紋飾》，文物出版社，1984 年，頁 59（編號 165），頁 75（編號 205），頁 32（編號 81），頁 16（編號 35），頁 54（編號 145），頁 74（編號 203），頁 51（編號 139）。

（接上頁）　安陽會議中的一篇論文中提出。她最近細緻考察了各種角形，並試圖使之與現實的動物相匹配。

參見 Childs-Johnson, "The Metamorphic Image: A Predominant Theme in the Ritual Art of Shang China," *Bulletin of the Museum of Far Eastern Antiquities* 70 (1998): 20-31.

些占據角的位置，有些位於眼和角之間（圖 1b，1f，3）。饕餮紋的口一般是張開的，下顎或是被簡省地表現或者不出現。口中往往有長長的尖牙（圖 1a、1b、1g 包括上下顎；圖 1c 僅有上顎），筆者認爲它其實代表了虎口（下文詳述）。在獸面的兩旁均有身軀，身軀下有一條腿，但由於是側面圖，因此也可以視爲一對腿。

　　饕餮紋獸首兩側各有一個身軀，這一形象常被視爲"剖展"（split）的表現手法。饕餮紋整體也能夠進一步分解，使之由一個個單獨的"器官"組成（圖 1d），而且，每一個器官都可以"獸化"爲一個獨立的獸形（圖 1f）。有些饕餮紋的兩側有獨立的獸紋，習慣上稱之爲"夔龍"紋，這一位置有時由鳥紋或是具有某些鳥類特徵的夔龍紋占據，同時，夔龍紋和鳥紋也能出現在其他區域內。有時，甚至饕餮紋的角也能變成獨立的夔龍紋（圖 1g）。總體上看，雖然整個紋飾似乎在表現某種動物，但細緻觀察便能發現這種動物往往具有其他動物的特徵。

圖 2　方彝，晚商時期（約 1300—1050 BCE），材質青銅，高 20.9 釐米

出處：Courtesy of the Musée Rietberg, Zürich, Switzerland（RCH 47, Sammlung Ernst Winkler）。

　　江伊莉（Elizabeth Childs-Johnson）曾推測饕餮紋的角都來自野生動物，並曾嘗試將這些角與甲骨卜辭提及的狩獵物種相對應。儘管我不認爲能夠通過這種高度風格化的角來確定它們是馴養還是野生，但這却是一個很有意思的假設。狩獵是晚商時期商王的重要活動，也是甲骨卜辭中的常見主題。[1] 很多人類學家都發現：在早期農業社會中狩獵和獻祭之間有緊密的概念關聯。瓦爾特·伯科特（Walter Burkert）就曾提出在古代近東和歐洲的信仰體系中，祭祀、狩獵和戰爭的象徵性是可互換的，而同時，宴饗對於它們三者來說都是至關重要的。[2] 這種關係在饕餮紋上也有反映，它既關聯於戰爭和狩獵，比如出現在儀式性兵器、戰爭用頭盔和戰車的裝飾上；同時，又與祭祀相關，比如出現在祭祀和宴饗儀式所用的容器上。

　　商代晚期的甲骨卜辭顯示祭祀所用犧牲中包括人牲，有很多卜辭都有狩獵、捕獲

---

[1] Magnus Fiskesjö, "Rising from Blood-Stained Fields: Royal Hunting and State Formation in Shang China," *Bulletin of the Museum of Far Eastern Antiquities* 73 (2001): 48–192，文章中有對晚商時期狩獵動物的考古和文字證據的詳細的總結。

[2] Walter Burkert, *Homo Necans: The Anthropology of Ancient Greek Sacrificial Ritual and Myth* (Berkeley: University of California Press, 1983), pp.47–48.

人的記錄，人牲主要以畜牧爲生的羌人爲主。他們與動物共同被列爲犧牲，稱之爲"人"或"羌"，在卜辭中，並沒有特殊的標注。如果我們接受了瓦爾特·伯科特所提出的狩獵和祭祀在象徵性上的一致性，那麽饕餮紋中出現的人的成分，其性質也可以被歸爲"野生動物"。我們並不清楚商人是否食用這些捕獲的人牲，但在出土的青銅甗中曾發現人的頭骨，因此，儀式性的"食人"也許存在（圖3）。[①] 饕餮紋的器官均由所狩獵的"野生動物"組成，這一觀點可以解釋爲什麽猪和狗這些在卜辭中常見的犧牲並没有成爲饕餮紋的組成部分（至少在可辨識的饕餮紋中難以發現）。[②]

圖3 甗（其中有頭骨），晚商時期（約1300—1050 BCE），河南安陽殷墟

出處：作者自拍圖片，1983年拍攝於安陽考古工作站。

圖4 俎，（局部圖，從上方看），晚商時期（約1300—1050 BCE），出土於安陽殷墟M1001號大墓，石質，厚1.21釐米，邊長17.6—19.6釐米

出處：李永迪《殷墟出土器物選粹》，中研院歷史語言研究所，2009年，pl.134(ROO5033016)。

二、語　　境

祭祖儀式中所用青銅器一般均飾有饕餮紋，但饕餮紋不僅僅飾於青銅器上，還出

[①] 一件於1984年出土於西北崗，其他則於2000年出土於劉家莊。見唐際根《殷墟：一個王朝的背影》，北京：科學出版社2009年版，頁160。

[②] 其實我們並不能完全確定這些器官的所屬動物。例如，我認爲圖1b和1c的角不應屬於同一類，但江伊莉認爲它們均屬於水牛角。參見 Childs-Johnson, "The Metamorphic Image: A Predominant Theme in the Ritual Art of Shang China," *Bulletin of the Museum of Far Eastern Antiquities* 70 (1998): 107-108.

現在與宴饗祖先相關的儀式器物上,包括骨製、象牙、青銅、玉製的容器和食具上。樂器上也有饕餮紋,這大概因爲在祭祀儀式中會有樂器演奏。由漆器和木器構成的葬具基本全都腐朽了,但一些石質的隨葬品上有饕餮紋(圖 4)。另外,饕餮紋也經常出現在與戰爭相關的物品上,如戰士的頭盔和戰車的裝飾,以及砍殺犧牲的斧子上(圖 5)。這些情況都證明了饕餮紋的使用語境與"死亡"(mortuary)有關,並表現在與喪葬、殺戮和祭祀相關的器物上。

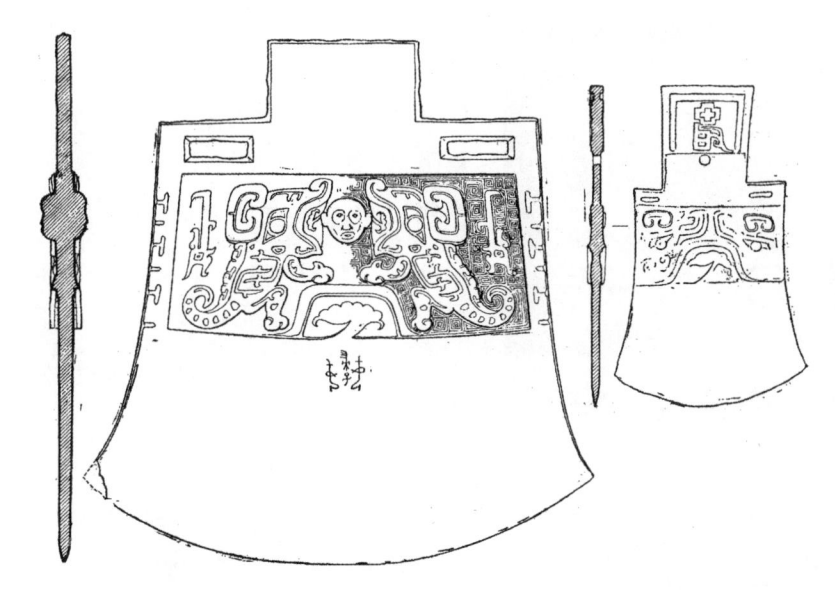

圖 5 鉞,晚商時期(約 1300—1050 BCE),出土於殷墟婦好墓。左器:全長 39.3 釐米,刃長 38.5 釐米。右器:全長 24.4 釐米,刃長14.8 釐米

出處:中國社會科學院考古研究所《殷墟婦好墓》,文物出版社,1980 年,頁 106,圖 66。

與之形成對比的是其他一些玉質器物上却鮮有饕餮紋出現。這些玉器所屬儀式似乎與祭祖儀式不同,例如璧和琮,我們不能確定它們在商代的意義,但在後來被用於象徵天和地。商代墓葬中也出土了很多相當寫實的立體玉雕,如一些小的動物和人像。就筆者所知,這些圓雕中並沒有饕餮的形象,這可能反映了它們在商代儀式中的不同角色。另一種可能是饕餮紋最初就是由綫條構成,並沒有立體的形象。但也應注意到,玉質的容器和武器却可以飾有饕餮紋,可見,不是材質而是儀式功能決定了是否會飾有饕餮紋。

三、饕餮紋的名稱

儘管饕餮紋在商代的青銅器上非常普遍,但我們仍不知道商人是如何稱呼它的。儘管對祖先和自然神祭祀是甲骨卜辭中的最主要內容,但其中並沒有出現能與饕餮紋相匹配的記載。① 這個問題已經折磨了學者們近一個世紀。我們所使用的"饕餮"一詞來形容青銅器上的這種紋飾,可以追溯到宋代(公元 960—公元 1279),當時的金石學家呂大臨,用《呂氏春秋》中的"饕餮"一詞來命名青銅器上的這一紋樣,書中記載:"周鼎著饕餮,有首無身,食人未咽,害及其身。"② 但是汪濤的研究提到,不同的宋代古物學家對該紋樣的命名是有差別的,這些名稱往往也是借鑒古籍,但他們的這些研究後來並未被所采信。例如羅泌(生於公元 1131)認爲,該紋飾代表了蚩尤,蚩尤也是古籍中的人物名稱。羅泌的兒子羅苹深化了其父的觀點:"蚩尤天符之神,狀類不常,三代彝器多著蚩尤之像,爲貪虐者之戒,其狀率爲獸形,傅以肉翅。"(《路史》卷十三)③ 宋代古物學家將該紋飾與貪吃相聯繫是很有啓發性的推測,因爲根據筆者的研究,在商代信仰中,吞噬、穿越和瀕死都是相互關聯的(下文詳述),但並沒有證據顯示宋代古物學家所猜測的紋飾名稱是商人使用的。

汪濤曾建議用"雙目紋"來代替"饕餮紋",因爲只有雙目是貫穿饕餮紋始終的一個特點。但是以雙目紋爲特徵的紋樣在若干新石器時代的文化中就已出現,如良渚文化(約公元前 3300—公元前 2100)(圖 6)中就有大量的雙目

圖 6　琮,外方内圓管狀物。良渚文化(約 3300—2000 BCE),出土於常州武進寺墩遺址,玉質,高 7.2 釐米,寬 8.3—8.5 釐米

出處:李學勤等《中國美術全集》,文物出版社,1985 年,vol.9,頁 40。

---

① 儘管學界普遍認爲饕餮紋與甲骨卜辭中的神靈無關,但也有學者嘗試將它與某些祖神相匹配。其中有代表性的研究是林巳奈夫將饕餮紋視爲商代神祖夔,其方法是將甲骨文中"夔"字的(並不明晰的)頭、足與饕餮紋頭、足的某些特徵相比較。參見 Hayashi Minao, "In Shū jidai no ibutsumotsu ni arawasareta kishin," *Kōgaku zasshi* 46, no. 2 (September 1960): 129, and "Iwayaru tōtetsumon wa nani o hyō shita mono ka," *Tōhō Gakuhō* 56 (March 1984): 1-97.江伊莉也基本贊同這一觀點,參見 Childs-Johnson, "The Ghost Head Mask and Metamorphic Shang Imagery," p.80, and "The Metamorphic Image: A Predominant Theme in the Ritual Art of Shang China," pp.55-56. 其實,並沒有證據證明甲骨文中的祖先或其他神靈與青銅器紋飾相關。而且,饕餮紋也出現在那些不崇拜商代祖先的人群的青銅器上。同時,饕餮紋的多變性也是對這種理論的巨大挑戰。
② 《呂氏春秋》卷十六《先識覽》。
③ Wang Tao, "A Textual Investigation of the Taotie," in *The Problem of Meaning in Early Chinese Ritual Bronzes*, ed. Roderick Whitfield (London: Percival David Foundation of Chinese Art, School of Oriental and African Studies, 1993), pp.102-118.

紋。縱然這些文化中的雙目紋與饕餮紋可能存在一定的傳承關係，但它們的意義和形式特徵却與饕餮紋存在太大的差異，若是不加以區别會造成不必要的混亂。許多中國學者也認識到"饕餮"一詞的不準確性，建議使用"獸面"來代替。但饕餮紋並不僅只包括面部，它通常還有身軀的部分。西方學者中也有相似的觀點，建議使用"獸形面具"來代替。① 我在這裏仍依傳統，稱之爲"饕餮"，雖然明知商人不會這樣叫它，但至少近千年來都這樣使用。基於同樣的原因，我仍用"夔"來指代商代青銅器上各種一條腿的似龍形象。

四、解釋的困境

饕餮紋所蘊含的"死亡"的語境（mortuary contexts），以及大量裝飾在祭祖所用酒器和食器之上，這些證據都證明了饕餮紋在商代信仰體系中所占據的重要地位。饕餮紋所承載的宗教意義通過其視覺效果得到加强。我們也許不瞭解商代青銅器的藝術語言，但即使對饕餮紋毫不瞭解的人也能感受到它的視覺衝擊力，而且這種衝擊力不會因爲不熟悉而變弱。饕餮紋以及其他紋飾其自身都充滿着不確定性，任何可能的地方都會發生變化。它們呈現出最原始的恐怖感，並能激起觀者內心的敬畏。考慮到它所飾器物的功能，飾於給祖先獻祭的食器和酒器上、宗教性盥洗的水器上、戰爭和儀式中用於殺戮敵人和犧牲的武器上，②這些敬畏感就變得容易理解。

所有嘗試對饕餮紋的解釋都必須面對一個難題，那就是它的多變性，晚商階段尤是如此。視覺上來看，雖然某一種動物在饕餮紋中占主導地位，但它却是由分裂或分解的形式構成，而且，仔細觀察就會發現幾乎所有饕餮紋均是由幾種動物結合組成的。雖然商代青銅器是在作坊中生產，而且生產工藝牽涉到多道工序，但是，每件青銅器都是獨一無二的個體，没有兩件一樣的青銅器。饕餮紋多樣的形式，皆是經過精心設計的，以呈現其美學特徵。饕餮紋的多變性讓我們無法將其解釋爲任何一種或

---

① Jordan Paper, "The Meaning of the 'T'ao-T'ieh,'1st" *History of Religions* 18 (1978): 18-41, and Elizabeth Childs-Johnson, "The Ghost Head Mask and Metamorphic Shang Imagery," *Early China* 20 (1995): 79-92, 上兩文認爲面具是饕餮紋的原形。但我認爲從饕餮紋的發展來看，這種觀點難以成立，因爲狀似"面具"的饕餮紋出現得非常晚。

② 對西方學者關於此問題研究的梳理和評介，可參見 Sarah Allan, "Chinese Bronzes through Western Eyes," in *Exploring China's Past: New Discoveries and Studies in Archaeology and Art*, ed. Roderick Whitfield and Wang Tao (London: Saffron, 1999), pp.461-496; 另外，一些不同的觀點可參見: Robert W. Bagley, *Max Loehr and the Study of Chinese Bronzes: Style and Classification in the History of Art* (Ithaca, N.Y.: Cornell University Press, 2008).

一組生物,無論是真實的或是假想的,這也讓我們無法單獨去解讀某一個饕餮紋。正如羅樾所觀察到的:"用'傳統文獻中的觀念'(traditional literary sense)來認知饕餮紋,饕餮紋是没有意義的。"①

饕餮紋是如此的多變,以至於我們無法將其劃歸爲任一具體或設想的動物(們),那麽它是如何表達意義的呢?或者説,它有意義嗎?我認爲回答這一問題的關鍵就在於羅樾所警告的"傳統文獻中的觀念"。爲了理解饕餮紋的意義,我們不僅需要瞭解饕餮紋發揮功能的信仰體系,同時,還要拓展解釋模式,突破歐洲美學傳統觀念範疇。② 在本文中,筆者將探討饕餮紋的發展歷程,從饕餮紋最初出現的二里頭文化(約公元前1900—公元前1500)一直到晚商階段。筆者將探討以簡單雙目爲主要特徵的饕餮紋最初出現就在一個特殊的情境之中,即與薩滿或靈媒(religious interlocutors or spirit mediums)相關聯,他們藉助酒的力量在宗教儀式中作法。薩滿一詞,來自通古斯語,但在本文中作爲西方人類學術語,指能够具有"出神"能力,即脱魂或附體能力的人。在中文中,薩滿一詞往往與巫師相關聯,但筆者使用此詞,僅在上述定義的範圍内。考察饕餮紋最初的使用環境和在祭祀儀式中的功能,對於理解饕餮紋在商代的發展有重要的啓示意義。③

五、商代青銅藝術的意義

西方人類學雖然傳統上常被分爲神話、藝術與儀式三個系統,但語言在三者間均發揮着重要的作用,正如神話被認爲是一種原始叙事,儀式被視爲一種展現(或者用

---

① Max Loehr, *Ritual Vessels of Bronze Age China* (New York: Asia House, 1968), p.13. 羅樾的看法不單單基於饕餮紋的多變性,他認爲商代青銅藝術來源於仰韶文化彩陶圖案,以及蘇珊·朗格(Suzanne Langer)提出的"形式在先"(form comes first)的觀點,都對他觀點的形成產生了影響。對羅樾觀點及發展的更詳盡的評述,可參見 Bagley, *Max Loehr and the Study of Chinese Bronzes*, esp.49-97.
② See Allan, "Art and Meaning," in *The Problem of Meaning in Early Chinese Ritual Bronzes*, ed. Roderick Whitfield (London: Percival David Foundation of Chinese Art, School of Oriental and African Studies, 1992), 9-33, and *The Shape of the Turtle*, chapter 6. 也見於 Robert Bagley, "Meaning and Explanation," in *The Problem of Meaning in Early Chinese Ritual Bronzes*, ed. Roderick Whitfield (London: Percival David Foundation of Chinese Art, School of Oriental and African Studies, 1992), pp.34-55,其中有相應的評論。筆者的回應可參見書中"Epilogue," pp.161-176.
③ 我最初提出這個理論是在《龜之謎》中,探討了在没有發達的文獻體系文化中藝術與神話關係的本質。之後,我深化了這一觀點,認爲源於宗教體驗的神話性藝術有着神經官能性的起源,這就是説不僅是專業的薩滿,即使是普通人也能有這種體驗。

現在的術語是"表演"),藝術是用於表達。傳統藝術史傾向於假定"寫實"是我們天生的審美追求,但我們發現,目前所說的"原始藝術"不僅不重視寫實,而且還常故意打破這一模式,運用各種手段來使它的意義更加難以理解,比如多種透視相結合、表現現實中不可能實現的融合。實際上,這種藝術並不"原始",它通常具有久遠的文化傳統,同時,藝術工藝也非常複雜且悠久。這種類型的藝術在世界許多文化中都有出現,它們的特點是故意表現出對"寫實"的違背,並讓人不能單一或簡單地對其進行解讀,這些對於它們意義的表達都是至關重要的。

　　隨着"文獻"(literature)的發展(不只是"文字"),人們開始外化他們的思想。一旦書寫下來,思想就有了獨立的生命,因而就可以去判斷思考它們,並探索其真實性。表述故事和思想、創制可被理解的符號系統都需要語言,因此,在美學表達上,藝術相對於語言就成爲第二位的。而在文學叙事尚未得到高度發展的文化中,藝術常常用於直接表達宗教經驗。比較商代青銅藝術和子彈庫楚帛書(公元前4世紀—公元前3世紀)文字四周的圖像就可以發現:帛書上,藝術家在表現它們文學中神的形象時是非常困難的,比如用三個頭來表現一個神像(圖7)。

　　最常見的神話的定義是"超自然的故事",但是"超自然"(supernatural)是一個有問題的術語,當超驗的主體不是與人截然不同的神,

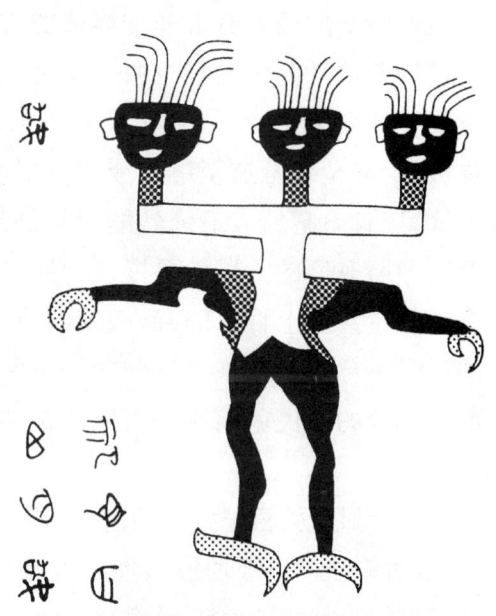

圖7　楚帛書局部細節,約 300 BCE,一般認爲出土於湖南長沙子彈庫,絲質墨迹

出處: *The Ch'u Silk Manuscript: Translation and Commentary* (Canberra, Australia: Australian National University, 1973), p.2。

而是死去後仍需要供養的祖先時,[①]"超自然"就顯得不夠準確。因此,筆者認爲神話更恰當的定義應是可隨意打破自然規律的語言表達,所謂的"原始"(筆者更願意稱之爲"神話性")藝術用違背自然的方式來展示它的神聖本質時,並不是爲了表達或再現可感知的世界,也不是去描繪神話。實際上,它與該文化的神話具有相同的宇宙觀和思維結構,同樣,也必然與宗教經驗暗示了相同的主題和圖像。

　　晚商青銅藝術中,饕餮紋具有雙眼、張開的虎口以及暗示了來自多種犧牲動物的角,但它並不確指某種具體的動物。實際上,它運用了多種表現手法,如不確指性、多

---

① 值得注意的是,在非洲和美洲的部分文化的"原始藝術"中祖先的功能和"神"是一樣的。

種透視混合、不同動物相拼合等,這些都暗示了該圖像是超出我們認知的。用這些方法,青銅器紋飾創造出一種"非現實"觀念(sense of the other),它不會被客觀世界所限制,也不能被準確的定義。不僅商代青銅器上的紋飾在不斷地變化,它們還充滿了狀態變化的暗示,比如宴饗與祭祀,紋飾既是龍而又是鳥,蛇的蜕皮,鹿角的脱落與新生,蟬從地下出來蜕去外殼獲得翅膀等。

儘管商代藝術體現出某些與無文字文明藝術的相似之處,但我們通過甲骨文可知殷墟時期的商人有着非常發達的文字體系。[①] 這種占卜涉及一系列複雜的工序,吉德煒曾估計商代的祭祀每十天就需要六只牛和十三只龜,僅完成殷墟期的甲骨就需要300萬工時。[②] 爲了滿足需求,牛的肩胛骨和龜的腹甲大量地從其他區域送往殷墟,甚至包括遠至緬甸或印度尼西亞的龜甲。[③] 晚商時期祭祀程式化爲周祭的形式,甲骨卜辭給人最强烈的感受仍是商人内心的恐懼和避開灾難的需求,而爲了避開即將發生的灾難就要提供合適且會被接受的祭品,這些祭品包括的動物和人,有時數量甚至上百。的確,與其說甲骨卜辭的目的是預見未來,不如說是保證現在的行爲不會招致未來的灾難。[④] 如果在祭祀環節中出現差錯導致祖先不滿意,那麽商王和他的子民就將被詛咒:收成將減産,他們會生病、遭遇灾禍,或者在戰爭中失敗。

這種對逝去祖先祭祀的需求,爲我們提供了理解商代祭祀禮器紋飾意義的語境。這裏,青銅器可以被理解爲現實世界和祖先(亡靈)世界之間超然的中介,依靠它們,商王嚮祖先獻祭。這樣,青銅器上的紋飾可被理解爲用另一個世界的神聖語言所書寫,用於殺戮的武器也共用了這種具有暗語性質的裝飾語言。饕餮紋影射了多種與祭祀相關的動物,而青銅器和其他禮器正是在這些祭祀儀式中發揮功能。下面我將

[①] 在《龜之謎》中,我認爲商代的書寫關注而且被限制在占卜和儀式中,但也有不同意見,如 William G. Boltz, *The Origin and Development of the Chinese Writing System* (New Haven, Conn.: American Oriental Society, 1994), or Robert Bagley, "Anyang Writing and the Origins of the Chinese Writing System," in *The First Writing: Script Invention as History and Process*, ed. Stephen D. Houston (Cambridge: Cambridge University Press, 2004), pp.190-249,但 Adam Daniel Smith 已經列出了令人信服的書寫被限制的證據,參見 Adam Daniel Smith, "Writing at Anyang: The Role of the Divination Record in the Emergence of Chinese Literacy" (PhD diss., University of California at Los Angeles, 2008).

[②] David N. Keightley, *Sources of Shang History* (Berkeley: University of California Press, 1978), p.89, p.169.

[③] 李學勤、齊文心、艾蘭:《英國所藏甲骨集(下)》卷一,北京:文物出版社1991年版,頁248。

[④] See Allan, *The Shape of the Turtle: Myth, Art and Cosmos in Early China* (Albany: State University of New York Press, 1991), pp.112-123.

再次討論眼睛,眼睛代表了薩滿在出神狀態下的視覺經歷,所以很多文化中薩滿也被稱爲"視者"(seer)。眼睛同時也代表了能力,這種能力使它能够看到我們,但我們却無法看到或理解它。而張開的虎口,則象徵了通往另一個世界的通道,這些角和耳所屬動物是獻祭所用犧牲,包括牛、水牛、綿羊、山羊、鹿和人,而龍和鳥則分別象徵了地下和天上。

六、新石器時代藝術主題的神經學基礎

在《新石器時代的心理》(Neolithic Mind)一書中,皮爾斯(Pearce)和路易斯·威廉姆斯(Lewis-Williams)認爲幻覺和視覺幻象(類似於醒睡之際的視覺體驗)都是神經官能性的,這些體驗包括那些醒睡之際看到的生動的心象(mental imagery),以及由酒精、節奏性樂舞、致幻藥物引起的意識狀態的改變過程,更重要的是,這種體驗没有文化或人群的差別。[1] 所以,世界各地的新石器時代藝術中往往會突出表現眼睛。實驗證明,處於這種幻覺狀態的人腦常經歷相似的情景:包括看見明亮的幾何圖案、穿越隧道、體驗漂浮或飛翔,以及看到人獸之間的轉換變形。這種既奇特又細緻生動的視覺體驗成爲古老文明中藝術圖案的豐富資源,也正是由於這種相似的幻覺感受,使得在新石器時代無關聯的文化中,常能發現相近的紋飾圖樣。

在幻覺體驗中,意識狀態的改變會激發神經官能產生一系列感覺,包括被卷入漩渦或隧道,聽到水聲和看到飛翔。正是這種普遍性的神經性體驗,以至於在幾乎所有的信仰中都有對宇宙分層的認識。[2] 這種分層的宇宙觀通常認爲上方代表了"天界"(celestial)與鳥和各種天體相關聯,而下方則是"水界"(watery tier)(這些認識都與商代的情况恰好一致)。[3] 皮爾斯和路易斯·威廉姆斯的理論中有一個重要的觀點:這種幻覺體驗並非只有靈媒或巫才能感受,它具有普遍性,一般人都能體驗到,他們斷言這是基於人腦的硬件(hard-wired in the human brain)。薩滿相比於一般人,只是

---

[1] 儘管皮爾斯和路易斯·威廉姆斯在《新石器時代的心理》一書中所提出的假設是基於新石器時代社會,而我的研究則是中國早期青銅時代,但他們的理論對於我的研究並非没有意義,因爲文獻傳統的發展,並不是文字本身或社會的發展,這就導致了藝術表達的變化,從源於經驗到源於文學內容的意義。

[2] Pearce and Lewis-Williams, *Inside the Neolithic Mind*, p.68,該書將這種分層的宇宙觀描述爲"人腦自身的硬件"所致使,我認爲它更類似於神經體驗陷落和飛翔的感覺後而得出的邏輯結論。

[3] 見 Allan, *The Shape of the Turtle*, pp.27-30.

強化了這種人所共有的能力,所以他們能够更輕鬆地在不同宇宙層際間溝通交流,但這種體驗並不異於常人。

七、饕餮紋的淵源

下文中,我們將通過一系列的考古證據去證明:在二里頭文化中,饕餮紋的最早相關形式是與薩滿緊密聯繫的,它以雙目爲主要特徵,這是爲了强化薩滿眼睛的力量。早商階段,目紋被裝飾於青銅器之上。早商時期的饕餮紋還没有出現明晰的身軀,整體形象也較抽象,但同時期,也有反映具象圖案的例子,鄭州商城出土的一件早商陶片上(經復原)有一個寫實的"雙身"人,他面露微笑,頭兩側是張開嘴的蛇或龍(下文詳述)。隨着饕餮紋的發展,口部變成了張開的虎口,以此暗示了通往另一個世界的通道,同時,它的模糊性由多變性所取代,表現爲:它的角來自不同動物,而且這些動物還相互組合連接。因此,理解這種紋飾是非常困難的。

李學勤曾指出,以浙江和江蘇爲中心區域的良渚文化中(約公元前3300—公元前2000),有大量包含雙目紋的玉雕,並認爲這應是饕餮紋的源頭。值得注意的是,良渚文化的該主題包括兩種目形:帶眼角的人目和圓形的獸目(圖6)。在最簡略形式中,雙目間僅由一條綫相連;而最複雜形式中,人和獸被雜糅在一起。這種紋飾在玉琮上最常見,[1]琮是一種外方内圓的管狀物。這種禮器沿用的時期非常長,在殷墟中也有出土。從良渚玉器上該紋飾的最複雜的形式來看,它與饕餮紋有着明顯的不同。在人獸雜糅的圖像中,人物頭戴羽冠,身份可能是靈媒或薩滿,但人的位置是在獸的上方,這似乎表現的是人騎在獸上(圖8)。而另一方面,通過晚商階段的

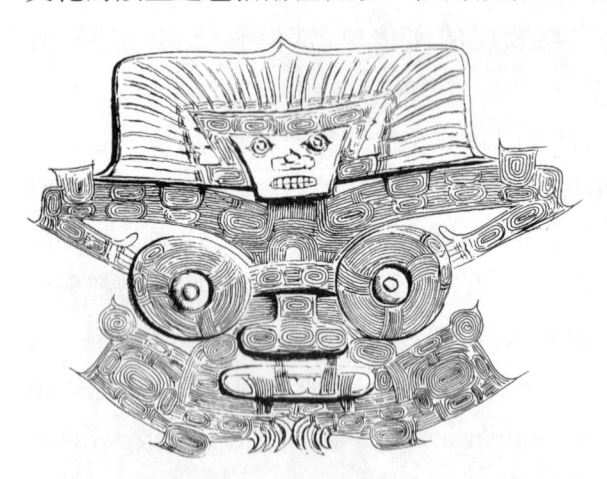

圖8 良渚文化琮上人獸主題紋飾,良渚文化(約3300—2000 BCE),出土於江蘇反山 M12

出處:《文物》1988年第1期,頁12,圖20。

---

[1] Xueqin Li, "Liangzhu Culture and the Shang Dynasty Taotie Motif," in *The Problem of Meaning in Early Chinese Ritual Bronzes*, ed. Roderick Whitfield (London: Percival David Foundation of Chinese Art, School of Oriental and African Studies, 1992), pp.56-66. 中文見《良渚文化玉器與饕餮紋的演變》,《東南文化》1991年第5期。

饕餮紋我們可以發現，饕餮紋的面部有時也會包含人的面部器官，另外，通過"人入獸口"主題（下詳）可發現，人首是在動物的下方（與人騎獸有着根本的不同）。因此，我們很難想象殷墟的饕餮紋是僅基於良渚文化發展而來。

八、二里頭文化

二里頭遺址是二里頭文化的核心區域，最初形成於約公元前兩千年左右，以河南偃師二里頭爲中心。二里頭文化形成了一種"文化霸權"，商代繼之，並影響了當前中國的大部分區域。[1] 這種"文化霸權"形成的關鍵因素與不斷精進的冶金技術緊密相關，而這是爲青銅器禮器化服務的。[2] 二里頭的青銅器已經使用了模範技術，這是之後中國青銅器鑄造的重要特徵，但該時期技術還不成熟，器壁很薄。因此，直至二里頭文化晚期也只有一小部分青銅器有紋飾，而且多爲最基礎的幾何紋樣（如圓圈紋和乳釘紋）。然而，二里頭文化中的鑲嵌綠松石的銅牌飾和漆器殘片上却出現了饕餮紋的早期形式（下文詳述）。

鑲嵌綠松石銅牌飾目前已知至少有16件。經考古發掘出土的包括二里頭的3件，以及四川三星堆的3件（兩件出土於真武的祭祀坑中，一件出土於高駢）。[3] 三星堆的銅牌飾的起源和具體年代目前尚不清楚，但根據所鑲嵌的不同類型的玉石以及更加抽象的設計風格，均説明這些銅牌飾模仿了二里頭銅牌飾的形式，但它們並非由中原地區輸入，應是當地生產的。二里頭出土的銅牌飾上具有一雙眼睛和一個（可能的）身軀。眼睛依照是否有眼角也能分爲兩種類型（圖9、10）。考古證明這些銅牌飾都是放在墓主人的胸前，銅牌飾每側均有兩個孔，應是用於綁在什麼東西上，可能是衣服上。

在二里頭文化第二期的一個墓葬中（M3，V區）發現了一件由兩千餘塊小緑松石

---

[1] 見 Sarah Allan, "Erlitou and the Formation of Chinese Civilizaton: Toward a New Paradigm," *Journal of Asian Studies* 66, no. 2 (2007): 461–496, esp. 485–486.

[2] In *State Formation in Early China* (London: Duckworth, 2003)，劉莉和陳星燦認爲二里頭遺址可以被視爲是一個國家，並以區域聚落形態作爲證據：二里頭所統治的小的中心和村落按可分爲4個層次，相比於同時代或更早期的遺址，二里頭遺址得到大範圍的擴展。

[3] 王青：《鑲嵌銅牌飾的初步研究》，《文物》2004年第5期；葉萬松、李德方：《偃師二里頭遺址獸紋銅牌考識》，《考古與文物》2001年第5期。

圖9 綠松石銅牌飾，二里頭文化（約1900—1500 BCE），出土於河南二里頭遺址六區，M11。材質爲綠松石和青銅，高16.5 釐米

出處：中國青銅器全集編輯委員會《中國青銅器全集》卷1，文物出版社，1996年，頁20。

圖10 綠松石銅牌飾，二里頭文化（約1900—1500 BCE），出土於河南二里頭遺址五區，M4。材質爲綠松石和青銅，高14.2 釐米

出處：中國青銅器全集編輯委員會《中國青銅器全集》卷1，文物出版社，1996年，頁21。

片組成的龍形器，它最初可能是粘在某些現已腐朽的材質上（如布料）。[1] 這件龍形器有65釐米長（圖11），頭部呈梯形，上下分別寬13.6和15.6釐米，長11釐米，眼睛由白色石頭制成。它被放置於墓主人的胸前，"龍"尾穿越整個上身。面部以三節實心半圓形的青、白玉柱組成額面中脊和鼻梁，由綠松石制成圓形鼻頭。在龍形器之下有一個獨立存在的綠松石條形飾，也許是這件器物的另一部分。這件龍形器在墓主人胸前，説明其功能應類似於稍晚的綠松石銅牌飾。同時，該墓主人腰間位置有一銅鈴，這與出土銅牌飾的墓葬情況一致，因此，這些墓主人的身份可能類似。

將突出雙目的綠松石銅牌飾置於胸前，這無疑是用於強化佩戴者的視覺力量。儘管目前並未發現二里頭文化之後的綠松石銅牌飾，但殷墟婦好墓出土的一件玉人却有與之相近之處，該玉人胸前有似鹿角的饕餮紋，這可能是其衣服的一

---

[1] 許宏等：《河南偃師市二里頭遺址中心區的考古新發現》，《考古》2005年第7期；徐宏：《河南偃師二里頭遺址發現大型綠松石龍形器》，《中國文物報》2005年1月21日；Erlitou Fieldwork Team, Institute of Archaeology, Chinese Academy of Social Sciences, "A Large Turquoise Dragon-Form Artifact Discovered at the Erlitou Site," *Chinese Archaeology* 5 (2005): 10-12.

商代饕餮紋及相關紋飾的意義

圖 11 綠松石龍形器及銅鈴，二里頭文化（約 1900—1500 BCE），
出土於五區 M3，長 64.5 釐米

出處：《考古》2005 年第 7 期，圖版 6。

部分（圖 12）。① 在饕餮紋之下有一個高度風格化的蟬紋，蟬因爲其非同尋常的生命歷程使得它們成爲轉換或變形（transformation or metamorphosis）的自然象徵，因此它們在商代藝術中經常出現，其他文化藝術中也有類似情況。同時，蛇紋也出現在這個玉人的四肢之上，其背後的紋飾與二里頭出土的銅牌飾有相似之處。這個玉人呈跪坐狀，雙脚赤裸，許多文化中薩滿常以赤脚爲特徵。另外，他頭上没帶任何東西，但髮型很獨特，頭髮集中於頭頂，中央有一條小辮。

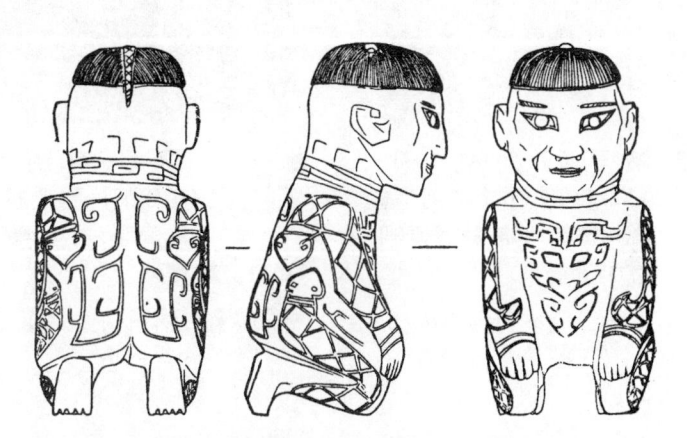

圖 12 跽坐玉人（胸前有饕餮紋），晚商時期（約 1300—1050 BCE），出土於殷墟婦好墓（M5），玉質，高 8.5 釐米

出處：中國社科院考古研究所《殷墟的發現與研究》，科學出版社，1994 年，頁 141，圖 200.4。

---

① 中國社會科學院考古研究所：《殷墟婦好墓》，北京：文物出版社 1980 年版，頁 151、153，圖 80.2，彩版 24.2，圖版 130.1（M5∶372）。

在細緻考察隨葬有龍形器和銅牌飾的墓葬後,我們推測這些墓的墓主人身份應是職業"視者"(seer),他們在祭祀中會用到酒,携帶銅鈴、擊鼓,同時還會用到一些特殊的玉器。酒精作爲一種改變精神狀態的"藥劑",與薩滿(以及其他早期宗教儀式)有着非常緊密的聯繫。同時,音樂和舞蹈同樣可以誘發穿越感或幻象。早在公元前7000年左右,中國已經出現了發酵飲品。[①] 二里頭墓葬中發現的成套陶制禮器中就包含酒器(此處,"酒"泛指發酵飲品,以穀物而非葡萄爲主要原料)。[②] 除了第四期出土的一件鼎,目前二里頭文化中所出土的青銅器均爲酒器。爵最多,同時,與爵緊密相關的斝、角、盉和觚(細高且有外展的口沿)也有發現(早商階段的觚、盉,見圖13、14,晚商階段的鼎、簋,見圖15、16)。

圖13 觚,早商時期(約 1600—1300 BCE),出土於河南省鄭州市銘功路,材質青銅,高 17.8 釐米

出處:中國青銅器全集編輯委員會《中國青銅器全集》,文物出版社,1996年,vol.1,pl.149。

圖14 盉,早商時期(約 1600—1300 BCE),出土於河南中牟黄店,材質青銅,高 25 釐米

出處:李學勤等《中國美術全集》,文物出版社,1985年,vol.4,pl.13。

---

① Mai Gewen (Patrick McGovern) *et al*, "Shandong Rizhaoshi Liangchengzhen yizhi Longshan wenhua jiu yicun de huaxue fenxi," *Kaogu* 2003(3): 73 - 85; Patrick McGovern, *Ancient Wine* (Princeton: Princeton University Press, 1993), pp.314 - 315.

② 鄭光:《二里頭陶器集粹》,北京:中國社會科學出版社1995年版。參見書中所繪二里頭墓葬中較多出現的成套的陶製禮器。

圖 15　鼎,晚商時期(約 1300—1050 BCE),材質青銅,高 21.8 釐米

出處: Courtesy of the Staatliche Museum für Völkerkunde (OA22.426), Munich (formerly collection of Hans Luerchen von Lochow)。

圖 16　簋,晚商時期(約 1300—1050 BCE),材質青銅,高 15.6 釐米

出處: Trustees of the British Museum (1957, 0221.1, donated by P. T. Brooke Sewell)。

　　學界一般將二里頭遺址分爲四期,上文所論龍形器出土於第二期的墓葬 M3 中(M3,V 區),M3 所述墓葬群位於 3 號宮殿基址院內(2002 年發掘)。這一特殊的位置證明它有着不同尋常的意義,但從其規模來看,應不是王室墓葬。M3 長 2.2 米,中部寬約 1.2 米,深約 0.5 米。墓主人爲男性,30 至 35 歲之間,頭向北。未發現棺痕,但在墓底散見"紅色粉末"痕迹,中國考古學家習慣於將這些"紅色粉末"視爲"朱砂",但其實其中很有可能包含腐朽的漆器。隨葬品除墓主人胸前的綠松石龍形器外,腰間位置還發現一件有玉質鈴舌的銅鈴,頭部附近還有一件鳥首玉飾。銅鈴表面粘附一層紅漆皮和紡織品印痕。頭頂之上還發現有一組 3 件的斗笠狀白陶器,頂部圓孔處各有一穿孔綠松石珠,可能是某種特殊的冠飾。此墓葬還陪葬有十餘件陶器和豐富的漆器,可辨器形的漆器有觚、鉢形器和帶柄容器。陶器和漆器殘片的數量和細節在報告中沒有記述,這可能是由於殘損程度較嚴重的緣故。[1]

　　出土綠松石銅牌飾的墓葬 M4 位於二里頭遺址第五區,分期屬第二期(或第三期)銅牌飾出土時位於墓主人胸前,其身份可能是專職的神職人員。此墓長約 2.5 米,寬 1.6 米。墓底部有一層厚厚的"朱砂",最厚處達 8 釐米,棺木外表用紅漆刷過,隨葬有

---

[1] 中國社會科學院考古研究所二里頭工作隊:《河南偃師市二里頭遺址中心區的考古新發現》,《考古》2005 年第 7 期。

陶盉和漆器(已朽),可辨識的包括觚、鉢等。① 此外,漆器殘痕中還能辨識出鼓,這是與薩滿活動相關的又一證據。距銅牌飾不遠處有一件銅鈴,銅鈴上方有穿孔,出土位置距離腰部較近(圖17)。② 此墓還出土有一件素面玉柄形飾,玉柄形器直至晚商階段仍有出現,大部分沒有紋飾,功能也尚不明確。但1975年出土的一件玉柄形器(75VKM4:1)應引起我們的注意,其上雕刻有精美的"神面紋"(圖18),如此精美的雕刻說明其具有宗教功能,該器形象與上文所述M3中鳥首玉飾相仿(長、薄,但鳥首玉飾為圓的而非方的),因此,它們也可能具有相似的功能。

圖17　銅鈴,二里頭文化(約1900—1500 BCE),出土於偃師二里頭,材質青銅,高7.5釐米

出處:中國青銅器全集編輯委員會《中國青銅器全集》卷1,文物出版社,1996年,圖版23。

圖18　神人面柄形器,二里頭文化,(約1900—1500 BCE),出土於二里頭五區M4,高17.1釐米

另兩件出土銅牌飾的墓葬均屬第四期,並都有青銅器隨葬。M57長2米,寬1.05米,M11長2米,寬0.95米。和早期的M4一致,銅牌飾位於墓主人胸前,銅鈴位於腰

---

① 中國社會科學院考古研究所二里頭工作隊:《1981年河南偃師二里頭墓葬發掘簡報》,《考古》1984年第1期;葉萬松、李德方:《偃師二里頭遺址獸紋銅牌考識》,《考古與文物》2001年第5期。文中認為依據陶器形式該墓應劃為第3期。

② 山西省的一個新石器時代晚期墓葬中曾出土一件體型較小但形式相近的銅鈴,襄汾陶寺(M3296)。中國社會科學院考古研究所山西工作隊、臨汾地區文化局:《山西襄汾陶寺遺址首次發掘青銅器》,《考古》1984年第12期。Wangping Shao, "The Interaction Sphere of the Longshan Period," in *The Formation of Chinese Civilization: An Archeological Perspective*, ed. Sarah Allan (New Haven, Conn.: Yale University Press, 2005), p.91.

部。M57還出土有青銅爵，M11有爵和斝。M57出土兩件玉柄形器，M11出土三件。另外，此兩墓都出土了多種玉器、陶器、海貝等物。M57墓底有一層漆木器的朽灰層，M11也發現有漆器容器的遺存痕迹。① 綜合各種考古發現，我們推測：墓主人胸前佩戴强調雙目的銅牌飾，並隨葬酒器、鈴、鼓、玉柄形器，有些還佩戴有不同尋常的頭飾，這些證據都表明墓主人爲職業的"視者"（seer）。

早商階段，早期的饕餮紋能如此迅速地普及於各種青銅器之上，説明這一主題應早已在其他介質上存在，只是在鑄造技術成熟後轉移於青銅器上。二里頭文化的陶器常是素面或僅裝飾簡單幾何圖案，因此，陶器並非饕餮紋的直接來源。而僅存的幾片尚没有腐朽爲"紅色粉末"的漆器殘片却給了我們啓發，二里頭文化第三期的一個墓葬中出土的一片漆器殘片，②其上紋飾具有雙目紋（圖19a），時代更晚的第四期陶片

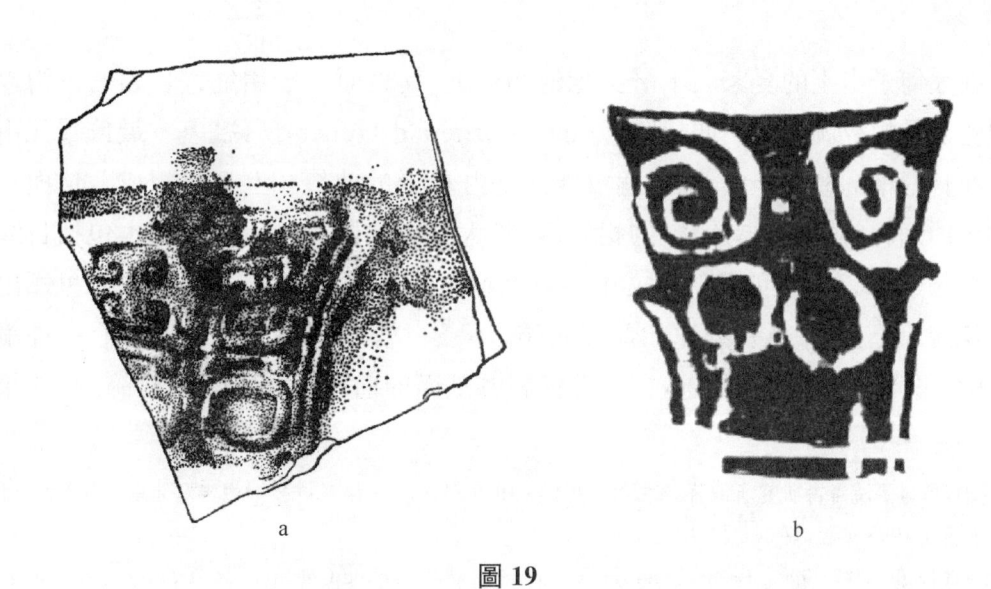

圖 19

a. 饕餮紋漆器殘片，二里頭文化（約1900—1500 BCE），出土於偃師二里頭三區M2。出處：中國社會科學院考古研究所二里頭工作隊《1980年秋河南偃師二里頭遺址發掘簡報》，《考古》1983年第3期，頁203，圖九-9。b. 獸面陶片，二里頭文化（約1900—1500 BCE），出土於偃師二里頭，編號2005 V H421∶8。出處：中國社會科學院考古研究所《二里頭：1999—2006》第4卷，文物出版社，2014年，彩版242。

---

① 中國社會科學院考古研究所二里頭工作隊：《1984年秋河南偃師二里頭遺址發現的幾座墓葬》，《考古》1986年第4期（M11）；中國社會科學院考古研究所二里頭工作隊：《1987年偃師二里頭遺址墓葬發掘簡報》，《考古》1992年第4期（M57）；葉萬松、李德方：《偃師二里頭遺址獸紋銅牌考識》，《考古與文物》2001年第5期。文中認爲依據陶器形式該墓應劃爲第3期。

② 中國社會科學院考古研究所二里頭工作隊：《1980年秋河南偃師二里頭遺址發掘簡報》，《考古》1983年第3期。199-205，219（203, fig. 9.9）。

上也發現了一例類似紋飾（圖 19b）。① 這樣看來，早商青銅器上的饕餮紋很可能源於漆木器上已經頗爲成熟的紋樣，只是這些材質容易腐朽，所以我們難以見到實證。當青銅器的鑄造技術一旦達到了能在器壁上裝飾更複雜紋樣的水平，這些已經成熟的紋飾就迅速轉移過來。②

漆器在中國北方地區的墓葬中極少能保存完好，但大甸子出土的陶器卻給了我們關於這種裝飾紋樣的綫索，大甸子是夏家店下層文化的一個遺址，夏家店下層文化與二里頭文化時代相當。大甸子位於内蒙古中部，與二里頭相距甚遠，但該遺址出土的諸多器物都明顯地表現出受到二里頭文化的影響或兩者間有過文化交流。③ 這種相關性在大甸子出土的陶爵和陶角上表現得最爲明顯，與之形式相似的陶器或青銅器均在二里頭曾有出土。另外，大甸子出土的一件漆觚也是這種相關性的有力證據。④

在大甸子出土的夏家店下層文化的陶器上，其表面一般用紅、白、黑三色繪以頗具視覺衝擊的紋飾圖案。如胡博（Louisa Fitzgerald-Huber）所説"基本裝飾單元由兩個相鄰且對稱的紋樣組成，而這個紋樣又是由 C 形的曲綫相互連接組成"，這與二里頭出土的銅牌飾紋樣也有一定的相似性。⑤ 大甸子的陶器上所繪紋樣也包括目紋和菱形紋飾（圖 20）。正如我們下文中將要看到的，這個菱形紋飾還出現在二里頭出土的一塊陶片上，它作爲雙身蛇的前額紋飾。保羅·辛格（Paul Singer）藏有一件銅牌飾，與二里頭出土的形式相近，在這件銅牌飾獸面的前額上也有菱形紋飾。⑥ 如果大

---

① 中國社會科學院考古研究所編著：《偃師二里頭：1959 年—1978 年考古發掘報告》，北京：中國大百科全書出版社 1999 年版，頁 302，圖 199：7。

② Robert Bagley, "Erligang Bronzes and the Discovery of the Erligang Culture," in *Art and Archaeology of the Erligang Civilization*, ed. Kyle Steinke and Dora C. Y. Ching (Princeton, N.J.: P. Y. and Kinmay W. Tang Center for East Asian Art and the Dept. of Art and Archeology, Princeton University, 2014), p.42, 認爲："我們不再需要在其他材質上找原形，這裏已經有原形了而且是青銅所製。"但是，這裏有一個公元前 2000 年左右的很重要的漆木器證據，如果説青銅藝術的發展與之無關，似乎有些説不過去。

③ Rowan Flad, "Ritual or Structure? Analysis of Burial Elaboration at Dadianzi, Inner Mongolia," *Journal of East Asian Archaeology* 3, no. 3-4 (2001): 23-52；李延祥等：《大甸子墓地出土銅器初步研究》，《文物》2003 年第 7 期；Allan, "Erlitou and the Formation of Chinese Civilization," pp.480-483.

④ 中國社會科學院考古研究所：《大甸子——夏家店下層遺址與墓葬發掘報告》，北京：科學出版社 1998 年版，頁 350，pl.20.1。

⑤ Louisa G. Fitzgerald-Huber, "Qijia and Erlitou: The Question of Contacts with Distant Cultures," *Early China* 20 (1995): 22.

⑥ 王青：《鑲嵌銅牌飾的初步研究》，《文物》2004 年第 5 期，頁 66。

甸子陶器上的彩繪和二里頭的紋飾主題一致,那麼我們或許可以由此推測二里頭文化中已腐朽的漆木器上的紋飾特徵。①

二里頭的陶器很少有裝飾,但目前經考古發掘也出土了若干具有紋飾的陶片。它們展示出複雜的紋飾系統,並與後來饕餮紋相關。其中一件陶片(圖 21a)上有雙身蛇,蛇頭部形態與圖 2 所示商代方彝饕餮紋之上的蛇頭相近。陶片上的蛇有菱形額飾,而在方彝的蛇和饕餮紋頭上也都有此紋飾。② 菱形紋飾在商代饕餮紋的前額上經常出現(見圖 1a、1b、1e、1g,圖 4 中每個面上的饕餮紋前額)。許多蛇(包括毒蛇)背部都有菱形紋,它們也常在商代藝術中得到表現,但筆者尚不能確定哪種蛇在前額有菱形。菱形紋飾在商代藝術中長時期存在,並常出現在饕餮以及與饕餮相關動物的前額上(如虎),但目前很難確定它究竟來自哪種動物。二里頭還出土一件早期形式的饕餮紋骨匕,屬二里頭四期晚段,但該階段與早商時段有重疊(圖 21b)。

圖 20　有着雙目和菱形紋飾的彩繪陶鬲,夏家店下層文化(2000—1400 BCE),出土於内蒙古赤峰大甸子 M612,陶器

出處:中國社會科學院考古研究所《大甸子——夏家店下層遺址與墓葬發掘報告》,科學出版社,1996 年,頁 105,圖 54.5。

綜上,考古證據證明:在二里頭文化中,出土鑲嵌綠松石銅牌飾的墓葬往往伴有酒器、銅鈴、玉柄形器,它們共同證明其墓主人是專職的神職人員,他們在儀式中使用酒精改變精神狀態,胸前衣服上繫有強調雙目的銅牌飾,以證明他們具有非凡的視覺能力。這樣,雙目紋與青銅這種材質產生關聯之初,其意義便與薩滿幻覺體驗有關,這就更接近皮爾斯和路易斯·威廉姆斯的理論:早期宗教藝術中突出表現眼睛的意義是與"視者"(seer,此處強調薩滿出神時的視覺經歷)和意識狀態的改變(altered consciousness)相關的。這也為理解這種藝術特徵提供了一種解釋,即通過表現不同形式的眼睛,喚起宗教體驗,其中就包括看到變形的事物。

---

① 也見 Fitzgerald-Huber, in Xiaoneng Yang, *New Perspectives on China's Past: Chinese Archaeology in the Twentieth Century* (New Haven, Conn.: Yale University Press, 2004), pp.155 - 158.

② 葉萬松、李德方:《偃師二里頭遺址獸紋銅牌考識》,《考古與文物》2001 年第 5 期,頁 43,圖 8。

a   b

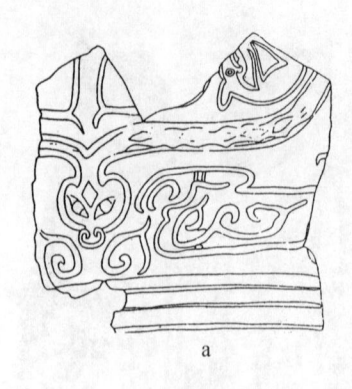

圖 21

a. 菱形額飾的雙身蛇紋陶片,二里頭文化(約 1900—1500 BCE),出土於三區,H57。出處:葉萬松、李德方《偃師二里頭遺址獸紋銅牌考識》,《考古與文物》2001 年第 5 期,頁 43,圖八。b. 二里頭出土獸面紋骨匕,二里頭文化(約 1900—1500 BCE),編號 2004 V H285∶8。出處:中國社會科學院考古研究所:《二里頭:1999—2006》第 4 卷,文物出版社,2014 年,彩版 345。

九、早商時期(二里崗文化)

饕餮紋最初出現在青銅器上是在屬早商階段的二里崗文化中。二里崗遺址在河南鄭州,該遺址有城牆,學界一般認爲它是商代早期的都城之一。距離二里崗不遠的偃師商城,被認爲是商代另一早期都城。[1] 目前,中原區域以外也發現了若干重要的早商遺址(如湖北盤龍城、陝西城固、安徽六安等),這些地區出土的青銅器與中原的非常相近,雖然有證據表明銅礦是在中原之外開采和熔煉的,青銅器何時在中原以外開始鑄造却仍是一個有待解決的問題,[2]但本文重點並不在此。我們應

---

[1] See Robert Thorp, *China in the Early Bronze Age: Shang Civilization* (Philadelphia: University of Pennsylvania Press, 2006), pp.62 - 73,該文對這些發現做了總結。重要的報告包括:河南文物考古研究所:《鄭州商代銅器窖藏》,北京:科學出版社 1999 年版;河南省文物考古研究所:《鄭州商城——1953—1985 年考古發掘報告》,北京:文物出版社 2001 年版;河南省文物考古研究所:《鄭州商城新發現的幾座商墓》,《文物》2003 年第 4 期;杜金鵬:《偃師商城遺址研究》,北京:科學出版社 2004 年版。

[2] Robert Thorp 曾對這一問題做過簡明的總結,見 Robert Thorp, *China in the Early Bronze Age*, pp.74 - 116. 在 *State Formation in Early China*,劉莉和陳星燦提出一個核心的假設,即青銅器鑄造在早商階段是壟斷的。他們認爲所有的青銅容器都是在核心區域鑄造,儘管有證據表明青銅可能熔煉於其他地方,這一觀點基於核心區以外考古工作中鮮有發現模範和鑄造作坊,但這很有可能是因爲發掘有限所致。例如,他們認爲湖北盤龍城的青銅器均在鄭州鑄造。值得注意的是,盤龍城發現的青銅器比中原地區發現的青銅器含鉛量更高。參見湖北省文物考古研究所編著《盤龍城——1963—1994 年考古發掘報告》,北京:文物出版社 2001 年版,vol.1: 529—532。另外,我還認爲經過細緻分析盤龍城青銅器的形制和紋飾,也能發現其與中原青銅器的細小差別,至少有一部分盤龍城青銅器應是在當地鑄造,並模仿了鄭州青銅器的形制。

該重視的是,從早商開始無論在何地發現的青銅器,它們的主體特徵紋飾均是饕餮紋。

隨着鑄造技術的發展,早商階段青銅器種類不斷增多,最終形成整套的青銅禮器。二里頭文化中出現的青銅酒器在二里崗時期依然延續,但種類更加豐富,如新出現了尊、罍、卣、壺等盛酒器。此外,烹食器(鬲、甗、簋)和水器(盤、盂)種類也增多。①

如上文所述,從早商開始,饕餮紋成了青銅器紋飾中最普遍的主題,其形式與二里頭出土的漆器殘片和一件骨雕(圖)相似。早商饕餮紋一般被安置於一個帶狀的裝飾空間內,它包含兩種目紋:圓眼(形似動物眼睛)和臣字目(形似人目的帶眼角的眼睛),角和鼻子,有時目紋旁還有耳朵,這些紋飾的指代並不確定,但目紋却普遍存在。同時,勾紋狀的綫條存在於面部兩邊,從位置來看,它可能和晚期饕餮紋一樣是指身軀,但這些不確定的身軀和地紋間却没有清晰的分界。

十、目紋的意義

當雙目紋出現在佩戴者胸前,就向觀看者强調了他特殊的視覺能力。當雙目紋出現於青銅器上,視覺的力量或者説溝通不同宇宙層次(生死)的能力,就賦予了青銅器,使之成爲獻祭給祖先的通道。目紋的出現表明:儀式的主導者和參與者,他們並不是去看,而是被注視着。也就是説,這些眼睛並不是薩滿的,而與那些被祭祀的靈魂有關。

皮爾斯和路易斯·威廉姆斯曾指出:在許多文化中,薩滿經歷幻象(seeing)和真正的死亡被認爲是相近的,甚至是一樣的。人們認爲死亡並不是生命的終結而是進入另一個世界,這和幻覺體驗中經歷意識狀態的轉變過程是一致的。因此,那些强化了體驗幻象(seeing)能力的人,常被認爲具有控制死亡的能力,因爲他們能從死者的世界中返回人間。也就是説,由於死亡也可以被視爲一種幻象經歷,"視者"(seer)體驗幻覺的經歷其實類似於死亡,只是他有能力再返回人間。因此,獻祭過程就被視爲

---

① 楊育彬、孫廣清:《河南考古探索》,鄭州:中州古籍出版社 2002 年版,頁 319—324;Boqian Li, "Patterns of Development among China's Bronze Cultures," in *New Perspectives on China's Past: Chinese Archaeology in the Twentieth Century*, ed. Yang Xiaoneng (New Haven, Conn.: Yale University Press, 2004), pp.188-199.

不同宇宙層際間(生死)的穿越，把犧牲從人間送至死者的世界。①

　　根據這一理論，早期藝術中目紋之所以重要，就在於它反映了神經官能性的幻覺體驗。被注視或被盯看的體驗也是神經性的，讓人感到不安甚至是恐懼，所以眼睛的圖案常被認爲有辟邪功能。② 通過晚商時期的甲骨卜辭可知，商人認爲祖先的靈魂仍以某種形式存活着，他們仍需要食物，而且還有影響人間的能力。這就説明，他們仍在"注視"着人間。我並不是説商代青銅器上的目紋是在表現哪位祖先的眼睛，而是從更寬泛的意義上來講，認爲饕餮紋的雙目暗示了與祖先靈魂的相關性，我們無法看到他們，但他們一直注視着人間。因爲亡靈的存在形式是不可知的，所以，在描繪時就不能用具象的模式表現。

　　皮爾斯和路易斯·威廉姆斯在描述新石器時代藝術主題時，似乎在暗示這些主題與人的視幻覺經驗相關，它們是"藝術家"實際體驗的外化表現。在此文中，我並非要論證商代藝術表現的是哪種幻覺體驗，因爲這是不可能的。我想説的是商代的饕餮紋(以及其他紋飾)在更寬泛的意義上講是與幻覺經驗相關的(但並非特指製作者的個人體驗)，它們作爲連接亡靈世界的意象來源而存在，而這些亡靈正是青銅禮器所獻祭的對象。吉德煒認爲商代藝術是不同模塊間的組合，而非個人的創作。③ 但若基於這種觀點，商代藝術就與其他古代宗教藝術(包括歐洲宗教藝術)没什麽區別了，因爲它們都是在作坊中生産，雖然美學效果多樣，但均表達相同的宗教核心主題。商代青銅器雖然是由很多工匠共同完成的，但有理由推斷：每件青銅器都有一個負責其内容和形式的設計師。因此，每件青銅器均是獨一無二的創造，其藝術表現力的強弱來源於設計效果和製作工藝。

---

① Pearce and Lewis-Williams, *Inside the Neolithic Mind*, p.100; J. D. Lewis-Williams, "Quanto?: The Issue of 'Many Meanings' in Southern African San Rock Art Research," *The South African Archaeological Bulletin* 53, no. 168 (1998): 86-97, 93. *Inside the Neolithic Mind*, p.100; J. D. Lewis-Williams, "Quanto?: The Issue of 'Many Meanings' in Southern African San Rock Art Research," *The South African Archaeological Bulletin* 53, no. 168 (1998): 86-97, 93. 這一假設是基於人類學家對南非San人的分析，他們將薩滿的出神等同爲死亡，雖然有學者對路易斯·威廉姆斯對San人的理論提出質疑，但並不影響此處的分析。

② E. H. Gombrich, *The Sense of Order: A Study in the Psychology of Decorative Art* (Oxford: Phaidon, 1979), 264 ff. See also William Watson, *Style in the Arts of China* (Harmondsworth: Penguin, 1974), p.29。此兩文研究了饕餮紋的産生效果的原因。饕餮紋後來的遺存成了漢代門上的鋪首啣環，它大概也有辟邪的意義，但辟邪的意義可能並不適用於解釋獻祭所用青銅禮器上的饕餮紋。

③ David N. Keightley, "The 'Science' of the Ancestors: Divination, Curing, and Bronze-Casting in Late Shang China," *Asia Major*, Third Series 14, no. 2 (2001): 177-181.

十一、早商陶片上"剖展"(bifurcated)的人

1975 年於鄭州商城出土了一件早商陶片,其上圖案可能與薩滿的活動相關,同時,也表明饕餮紋的發展並非僅簡單地來自同時期的雙目紋。這件陶片發現於一處大型建築基址的夯土中,年代屬二里崗下層第二期(約公元前 15 世紀內),原應是陶製容器上的一片。2008 年,該陶片的研究有了新的突破——湯威、張巍兩位學者辨識出陶片上人物脖頸下的身軀應是左右對稱的,並對此陶片圖案進行了對稱復原(圖 22)。① 在圖片 23 中,我依照他們的思路在電腦上對陶片進行了復原,將陶片的右邊部分對稱至左邊。

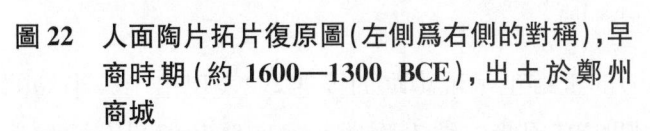

圖 22 人面陶片拓片復原圖(左側爲右側的對稱),早商時期(約 1600—1300 BCE),出土於鄭州商城

出處:湯威、張巍:《鄭州商城"人獸母題"陶片圖案復原及相關問題探討》,《中國歷史文物》2008 年第 1 期,頁 39,圖 6。

圖 23 人面陶片電腦復原(左側爲右側的對稱),早商時期(約 1600—1300 BCE),出土於鄭州商城

出處:基於河南省文物考古研究所《鄭州商城——1953—1985 年考古發掘報告》,文物出版社,2001 年,彩圖,圖 6.1。

觀察復原圖,它顯示出一個正面的臉孔,從脖頸處向下一分爲二,每部分均有一個側視的身軀,胸部朝下。在身體上方,頭部兩側各有一個類似蛇的動物側視圖,口中伸出分叉舌頭。儘管蛇的舌頭就要碰到他的耳朵,但這個人物却在笑,同時,他的

---

① 湯威、張巍:《鄭州商城"人獸母題"陶片圖案復原及相關問題探討》,《中國歷史文物》2008 年第 1 期,頁 34—48。筆者也曾探討過此陶片和相關紋飾,見"He Flies Like a Bird, He Dives Like a Dragon, Who is That Man in the Animal mouth? Shamanic images in Shang and Western Zhou art," *Orientations* 41, no. 3 (April 2010): 45 – 51.

姿勢也非同尋常的。第一眼看過去，這個人物似乎是在俯身爬行，腿彎曲着弓在身下，他的手指都是向內彎曲的，説明並不是由手臂支撐身體。如果我們把他的身體旋轉 90 度，使其脚掌踩在地上，只看其中一側，這個形象就變成了四肢均蜷曲的蹲踞狀，這一姿態與某些晚商的玉雕相似（參見圖 24a）。因此，該陶片就可視爲一個蹲踞的人像被剖開後，水平放置於帶狀裝飾區域内的結果。

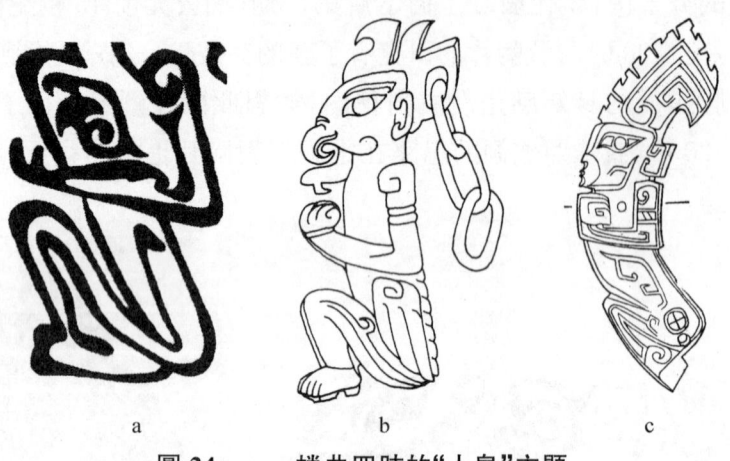

圖 24a—e　蜷曲四肢的"人鳥"主題

a. 圖 22 中人的身體旋轉 90 度。b. 薩滿形象，晚商時期（約 1300—1050 BCE），出土於江西省新干大洋洲，高 11.5 釐米。出處：江西省文物考古研究所等《新干商代大墓》，文物出版社，1997 年，頁 158，圖 80.1。c、d、e. 婦好墓出土玉雕，晚商時期（約 1300—1050 BCE），（c）M5：576，高 9.2 釐米。出處：中國社科院考古研究所《殷墟的發現與研究》，科學出版社，1994 年，頁 342，圖 202.2、202.6；Jessica Rawson, *Chinese Jade: From the Neolithic to the Qing* (London: British Museum, 1995), 219, fig. 1b.

出土於江西新干商墓中（圖 24b）的玉雕也呈現蹲踞的姿態，並表現出半人半鳥的特徵——有鳥喙和冠，人的四肢，大腿處有翅膀。該人物蜷曲的四肢和鄭州商城陶片上的形象是一致的。另外，兩者肩膀處的卷曲紋也是一致的。儘管新干距離商王朝的核心區域非常遠，但殷墟發現的諸多玉雕也表現出半人半鳥的形態。例如圖 24c，婦好墓出土的一件玉雕上有鳥冠和蜷曲的人腿，膝蓋在身前蜷曲，肘部也呈彎曲狀，手（或爪）向內彎，這些特點和鄭州商城陶片及新干玉人的情況均一致。同時，他和新干玉人一樣也帶着臂釧，而在新干玉人是翅膀的地方則爲一個帶圈的十字。[①]

[①] See Jessica Rawson, *Chinese Jade: From the Neolithic to the Qing* (London: British Museum, 1995), pp. 218 - 219,該書中有更多例子。江伊莉曾將這些圖像關聯到薩滿式的人獸變形，她將這個蜷曲的形象視爲胎兒的形象。見 Childs-Johnson, "Jade as Confucian Ideal, Immortal Cloak, and Medium for the Metamorphic Fetal Pose," in *Enduring Art of Jade Age China*, vol. 2 (New York: Throckmorton Fine Art, 2002), pp. 15 - 24.

這種形象的一再出現表明蹲踞的姿勢（包括膝蓋蜷曲、手臂彎曲、手掌内彎）是用於表現鳥的部分特徵或模仿鳥的特徵。許多文化中，薩滿被認爲具有飛翔的能力，並經常在儀式中穿戴一些具有鳥的特徵的服裝，或者模仿鳥類的行動。瞭解了姿態的可能含義，再看這個陶片上的人物，他的頭部在兩個蛇口之間，身體用剖展表現，其身份應是薩滿或靈媒一類。這就能解釋爲什麽他的頭在蛇口間還能微笑，因爲他不是普通人，他能穿越生死的界限。

鄭州商城陶片上的人物身體用剖展的形式表現，即在一個帶狀裝飾空間内，一個正視的頭部連接左右兩個側視的身軀。熟悉饕餮紋的人一眼就能認出這種表現形式和饕餮紋是一樣的，但饕餮紋的身軀，未曾用人身表現。事實上，在該時期，饕餮紋尚没有明確的身軀。儘管晚商陶器上常有花紋，但早商階段却相當罕見。這塊陶片上的圖案刻畫得很精細，應是在陶器半乾時刻畫的。此紋飾可能是模仿其他材質上更普遍的紋飾，比如雕刻在漆木器上的紋飾。

張光直先生曾提出過諸多有創見的觀點，其中之一就是將商代的青銅藝術放在環太平洋薩滿文化的語境中考察。[1] 我的觀點支持了他那具有遠見的結論，即商代青銅藝術與薩滿相關。但我並非完全同意他的觀點，我認爲商王應該不會親自擔任薩滿的角色。[2] 正如我上文討論的，在二里頭文化中饕餮紋首次出現於與死亡相關的語境（mortuary context），表明這些墓主人是那些專職的"視者"（seer），但從墓葬規模來看，不應是王室墓葬。

另一方面，我們知道在晚商時期，製作甲骨卜辭消耗了大量資源，所有的努力就是爲了查看卜骨燒灼後的紋路。商王的責任就是組織占卜的整個過程，準備、燒裂、刻辭，而且他常親自解釋這些燒裂的紋路（若他能直接與祖先交流，那麽解釋占卜結果就顯得多餘）。也許商王有時會扮演"視者"（seer）的角色，或者要求"視者"（seer）去協助他溝通祖先靈魂，但其王權和神權却主要依賴於他占卜的能力和有計劃地爲

---

[1] K. C. Chang, "Changing Relationships of Man and Animal in Shang and Chou Myths and Art," in K. C. Chang, *Early Chinese Civilization: Anthropological Perspectives* (Cambridge, Mass.: Harvard-Yenching Institute, 1976), pp. 175 - 196; "The Animal in Shang and Zhou Bronze Art," *Harvard Journal of Asiatic Studies* 41, no. 2 (1981): 527 - 554; *Art, Myth, and Ritual: The Path to Political Authority in Ancient China* (Cambridge, Mass.: Harvard University Press, 1983), pp. 44 - 55.

[2] 這一假設最早由陳夢家提出，參見陳夢家《商代的巫術與神話》，《燕京學報》第 20 期，1936 年，頁 486—576。

祖先提供合適的祭品。①

總的來説，我們從饕餮紋的發展過程中發現其與薩滿"（精神）穿越"形式存在聯繫，但這種聯繫是一般化的，並非爲商王所獨占。這也就是爲什麽飾有饕餮紋的器物在大小墓葬中均有，同時，在商代的王畿地區和受商文化影響的邊遠區域都有出現。

十二、獸口中的人

商代青銅藝術的一個重要特徵就是其紋飾内容不是"叙述性"的。不同紋飾雖然被安置在一起，它們之間並没有明顯的關係，其關聯是静止的。但據我所知，商代藝術中唯一的例外是"人入虎口"紋飾主題。上文中我們討論了鄭州商城出土的陶片，由於形式相近於人入虎口主題，故在最初的發掘報告中，就把此陶片歸爲此類。但陶片上的圖像並不支持這一觀點，人首兩側明顯是蛇頭而非虎頭，但這件陶片與人入虎口主題以及饕餮紋都存在明顯的關聯。

人入虎口主題主要體現在四件青銅器上：兩件形式相似的尊，一件出土於安徽阜南，一件出土於四川廣漢三星堆；②另兩件是卣，一般認爲出土於湖南省，一件在法國賽努奇亞洲藝術博物館，一件在日本泉屋博古館。③ 因爲這四件器物出自南方，而且風格特徵也表現出南方特色，因此，許多學者認爲人入虎口主題是南方的，與饕餮無關，但我認爲這是對中原紋飾主題的具體化展現。④

上述4件容器，安徽阜南的尊爲理解鄭州商城陶片提供重要啓示，如圖25a和

---

① 質疑商王是薩滿的學者及研究包括：Lothar von Falkenhausen, "Reflections on the Political Role of Spirit Mediums in Early China: The *Wu* Officials in the *Zhou Li*," *Early China* 20 (1995): 278-300; David N. Keightley, "Shamanism, Death, and the Ancestors," *Asiatische Studien* 52, no. 3 (1998): 763-783; Gilles Boilleau, "Wu and Shaman," *Bulletin of the School of Oriental and African Studies* 65, no. 2 (2002): 350-378.

② 中國青銅器全集編輯委員會：《中國青銅器全集》第1卷，北京：文物出版社1996年版，vol.1, 116-117, vol.13, 87-88；也見於 Robert W. Bagley, ed., *Ancient Sichuan: Treasures from a Lost Civilization* (Seattle and Princeton, N.J.: Seattle Art Museum and Princeton University Press, 2001), pp.140-141.

③ Vadime Elisseeff, *Bronzes Archaiques Chinois au Musée Cernuschi* (Paris: L'Asiatique, 1977), pp.122-131 (no. 46); Robert W. Bagley, *Shang Ritual Bronzes in the Arthur M. Sackler Collections* (Cambridge, Mass.: Harvard University Press, 1987), fig.179.

④ Allan, *The Shape of the Turtle*, p.149.

25b。阜南尊的頸部很長，紋飾的自然風格濃郁，這都表明它屬於南方青銅器。尊上的虎也用剖展的形式表現，類似一首雙身，這和鄭州陶片上的人物形象以及饕餮紋都是一致的。虎的額頭上有一個菱形標誌，和上文所提二里頭陶片上的雙身蛇一樣（圖21）。人物正面朝向我們，頭在虎口中，他胳膊和腿都是蜷曲的，臉上帶有微笑，這些都和鄭州陶片上是相同（圖22、23）。① 這個圖案在該尊的另一面也有表現。其他兩邊是傳統饕餮紋，在尊的圈足上還有早商期風格的饕餮紋。

圖 25a—b 尊，晚商時期（約 1300—1050 BCE），出土於安徽阜南，材質青銅，高 50.5 釐米

出處：From the catalog of the exhibition, Prized Treasures of Chinese Art — from the National Museum of China, at the Tokyo National Museum, from January 2 to February 25, 2007, pl.19.

儘管這四件器物都是南方的，但在安陽地區也發現了這一主題的簡略形式。其中一個例子是在司母戊鼎的鼎耳上（該鼎是用於祭祀武丁的一個妻子所做，圖 26），② 另一例是在一件鉞上，出土於婦好的墓中（武丁的另一位妻子）。③ 這兩例中，虎被分裂表現爲兩個側視的獨立圖案，虎口中有人頭。在鉞上，虎口中的尖牙在該紋飾的下面也被再次表現，所以，這個鉞的刃部就變成了虎口的延伸。同墓的另一件鉞上也有帶有虎口的饕餮紋形象，其刃部也是虎口的延伸。由於鉞用於屠殺或分解犧牲，所以，延伸至刃部的張開的虎口，必然指代死亡以及人間和亡靈世界的通道。

---

① 三星堆出土的形制相近的尊其鑄造稍顯粗糙，而且人面沒有被表現出來。
② 上海博物館青銅器研究組編：《商周青銅器紋飾》，北京：文物出版社 1984 年版，頁 589。
③ 中國社會科學院考古研究所：《殷墟婦好墓》，北京：文物出版社 1980 年版，頁 105—106，figs. 66 - 67，color pl.13.1。

图 26　司母戊鼎鼎耳拓片，晚商時期（約 1300—1050 BCE），材質青銅

出處：上海博物館青銅器研究組編《商周青銅器紋飾》，文物出版社，1984 年，頁 589。

十三、虎和饕餮

到了晚商階段，饕餮往往具有一個張開的大口，常在上、下顎或者上顎上飾有尖牙（如果下顎被縮減表現）。儘管並非只有老虎有長尖牙，但甲骨文中的"虎"（以及體型相近的豹），都以尖牙爲特徵區別於其他動物。因爲青銅器中所盛放食物是要獻給已逝的祭祀對象所享用，所以在人入虎口主題中，以及青銅器饕餮紋上張開的虎口，都暗示了穿越至另一個世界的通道。[①]

圖 27a—c　甲骨文中的"虎"字，晚商時期（約 1300—1050 BCE）

在甲骨文中，動物用簡單的側視圖加之一兩個顯著特徵予以區別。例如，"象"有一個長長的彎曲的鼻子，"馬"有大眼睛和鬃毛，"虎"字則用爪子和張開的有獠牙的大口區別於其他動物，獠牙用上下顎上的短綫表示（圖 27a—c）。因爲在

[①] 關於虎在"穿越"期間意義更全面的探討，可參考艾蘭《虎與中國南方文化》，《"迎接二十一世紀的中國考古學"國際學術討論會論文集》，北京：科學出版社 1998 年版，頁 149—182。

甲骨文中只有老虎有這樣的獠牙和張開的口,所以,我們可以推測,饕餮紋上的張開的口部來自老虎。

　　早商階段,饕餮紋最常見的耳(或角)是圓T形(參見圖13,14,28a,28b,28c)。這種耳型一直存在,例如婦好墓青銅鉞上的虎耳也屬此類(圖5)。晚商階段,虎耳有兩種類型:一種是圓T形,另一種是類似家猫的尖耳,如"人入虎口"卣上的虎耳(圖29a、b)。① 按照李學勤先生提出來的甲骨卜辭新分組,我認爲最早的王室貞人史組,在他們的刻辭中"虎"字是圓T形耳;在武丁時期的賓組卜辭中,虎字的耳朵則是尖的。②

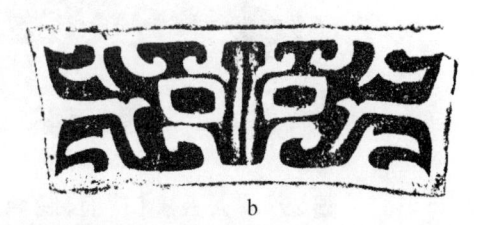

圖 28a—c　早商青銅器饕餮紋拓片

出處:上海博物館青銅器研究組編《商周青銅器紋飾》,文物出版社,1984年,頁83(編號222,223),頁27(編號64,63),頁55(編號147),頁56(編號154)。

　　綜上所述,我們看到在商代對虎的表現有兩種方式——圓耳和尖耳,這種區別在藝術和文字中均有出現,顯然這對於理解商代歷史有着重要的意義,但現在還沒有足

---

① 有些學者依據這些不同將它們視爲不同的文字。參看趙誠《甲骨文簡明詞典》,北京:中華書局1988年版,頁202—203;島邦男《殷墟卜辭總類》,東京:汲古書院1971年版,頁225。但也有將其視爲一組的情況,如中國科學院考古研究所《甲骨文編》,北京:中華書局1965年版,頁224—225(no. 0619);姚孝遂編《殷墟甲骨刻辭類纂》,北京:中華書局1989年版,頁635—636。我認爲這些圖像中的差異來自於不同的占刻傳統,而不是表現了不同的動物。所以,我同意後兩部書中的意見。
② 我對貞人分組是基於李學勤和彭裕商的研究。參看李學勤、彭裕商《殷墟甲骨分期研究》,上海:上海古籍出版社1996年版。史組的刻辭中,用圓形的T型耳,參見郭沫若《甲骨文合集》,北京:中華書局1982年版,nos.17849,20463,20706—20713,21385—21392(序號出自《合集》);李學勤、齊文心、艾蘭《英國所藏甲骨集》,nos.1779,1799。T形發展爲楔形或類似蘑菇的形式,參見《合集》nos.27339,32552。

图 29 "人入虎口"卣,晚商時期(約 1300—1050 BCE),材質青銅,全高 35 釐米,容器高 32 釐米

出處:法國賽努奇亞洲藝術博物館(Musée Cernuschi, Paris)惠贈照片(MC6155)。

够的證據表明這與宗教或其他事項相關。但我們應該注意到,與二里崗青銅器上一樣的圓耳"虎"字的文字來自史組貞人集團,然而賓組寫"虎"字則用類似上述兩件南方青銅器上的尖耳。

　　希臘人將火葬描述爲火焰張開大口狂烈地撕裂了這個人。[①] 捕食性動物在全世界許多文化的祭祀儀式中都非常重要,從南美的美洲虎到中東的獅子,再到中國的老虎,他們都在神話和藝術中扮演着重要的角色。張光直等學者曾注意到,猛獸張開大口,尤其是那些能帶來致命傷害的獸口,很容易被視爲分離生死世界的符號。[②] 大型貓科動物是夜間的捕食者,也是肉食者,它們捕食動物也吃人,所以,它們張開的大嘴很容易被理解爲通向死亡的道路,或者至少是通向宇宙的另一個層面的渠道。另一方面,如前文所述,精神狀態的轉變很容易讓人產生進入一個隧道或漩渦的感受,因

[①] Walter Burkert, *Homo Necans*, p.43.

[②] K. C. Chang, *Art, Myth, and Ritual, The Path to Political Authority in Ancient China* (Cambridge, Mass.: Harvard University Press, 1983), pp.73 - 75. 張光直引用了 Nelson Wu, Carl Hentze 以及其他學者的意見,通過分析其他文化中的薩滿(shamanism),他發現這些動物是相似的,一種超自然的存在以動物的形式來協助薩滿,他描述了動物的呼吸變爲風。這樣的信仰形式在皮爾斯和路易斯·威廉姆斯的研究中也有討論,在《新石器時代的心理》頁 139—140。但我不認爲這對於商代有充分的説服力。

此,在諸多不同文化中,這種感覺便在人獸主題中産生關聯。

在甲骨卜辭中也明顯表現出捕獵老虎的特殊性,在狩獵前占卜捕獲老虎的可能性。① 若是捕獲老虎,這在卜辭中也會得到特殊明顯的表述。② 商代絕大多數的卜辭是刻在牛的肩胛骨或龜的腹甲上,但偶爾也用其他骨頭,這往往是出於特殊的目的。例如,人的頭骨常被用於獻祭的記録,而且若此人較爲重要,那麽犧牲顯然就是他自己。③ 虎骨卜辭也體現出不同尋常的意義,例如在虎的肱骨上用漂亮的字迹記録:成功捕獲一只兇猛的大虎並用於某種祭祀。這個骨頭是否就是這只虎的還不得而知,但該骨頭的另一面有鑲嵌並雕刻紋飾,這些都説明其特殊的重要性。④

在後來的文學作品中,老虎被認爲是最兇猛的野獸。正如我們常説獅子是叢林之王,老虎在《説文》中被譽爲"山獸之君"。⑤ 周代的一片甲骨提到戰車有一個"虎蓋",⑥也許是用虎皮或其他類似老虎的形象裝飾。⑦ 戰士也被形容爲勇猛如虎,公元6世紀的一件鐘上提到最好的戰士"如虎"。總之,青銅器是將食物獻祭給祖先的媒介,饕餮作爲這些神聖容器的一部分,它的虎口也可以被寬泛地理解爲通向另一個世界的通道。

十四、結　　論

綜上所述,饕餮紋外觀上的最顯著的特徵是存在雙目紋以及形式的不確定性。二里頭文化的饕餮紋與死亡語境有關,並與薩滿表現出一定的相關性,墓主人胸前所佩戴的雙目紋銅牌飾可視爲青銅器上饕餮紋的先驅形式。含有銅牌飾的墓藏往往隨葬有青銅酒器、銅鈴、玉器(這些器物均與薩滿相關)。銅牌飾上的眼睛告訴我們,其佩戴者是"視者"(seer),這些人強化了體驗幻覺的能力,同時,他們在儀式中要用到酒精的幫助。另外在形式上,有證據表明該主題曾出現在漆木器等易朽的器物上。這

---

① 郭沫若:《甲骨文合集》,北京:中華書局1982年版,nos.10201—10205。
② 郭沫若:《甲骨文合集》,北京:中華書局1982年版,nos.10196—10198。
③ 參見饒宗頤《殷代貞卜人物通考》,香港:香港大學出版社1959年版,vol.1, 13。
④ Chin-hsiung Hsü, *Oracle Bones from the White and Other Collections* (Toronto: Royal Ontario Museum, 1979), no. 1915; William Charles White, *Bone Culture of Ancient China* (Toronto: University of Toronto Press, 1945), pp.96 - 98.
⑤ 段玉裁:《説文解字注》,上海:上海古籍出版社1981年版,頁210。
⑥ 馬承源編:《商周青銅器銘文選》,北京:文物出版社1988年版,vol 3, 118, note 6 (no. 180)。
⑦ 中國社會科學院考古研究所:《殷周金文集成》,北京:中華書局1984年版,1.276,1.285。

樣，早商時期當青銅器製作工藝一旦達到可以鑄造更複雜花紋的水平，這些紋飾主題就被轉移到青銅器之上。

早商階段，青銅器上的饕餮紋具有明顯的雙目和難以確定的面紋，似乎表明"視者"（seer）能夠穿越生死界限，同時，不知名的力量還在注視着人間，但它並不能被看見，這樣就給看到它的人一種不安和恐懼。這種缺乏具體形象特徵，以及主體紋飾和地紋不分，就增加了這種不可知感。鄭州商城出土的一件陶片上有一個用剖展手法表現的人，頭部兩側有兩條蛇，表明除青銅器外，更爲複雜的圖案存在於其他介質上，如漆木器上。到了晚商階段，饕餮紋的變化更爲豐富，表現手法也不斷精進，這就阻礙了對饕餮紋（以及其他紋飾）的簡單的解讀。饕餮的面部，包括被捕獲並用於祭祀的動物的角和耳，也包括個別人的特徵。那些似龍似鳥的紋飾其實暗示了宇宙的不同層次，上方的天空和下方的水（黃泉）。

一些晚商青銅器，尤其是那些南方的青銅器，表現出自然主義的風格特徵，我們經常能看到沒有混入其他動物特徵的真實的動物存在。如盤，用於盥洗的水器，有時被裝飾爲一個水塘，有體現宇宙觀的龜紋在中央。商代的人入虎口主題是商代唯一一種兩個藝術表現主體發生關聯的情況。換言之，這是一種暗示性的表達，表現了人進入了獸口。其他紋飾主題，雖然有些紋飾包含了動物和人的特徵，但它們之間却沒有什麼動態關聯，它們只是組成饕餮紋的互不影響的元素，但這些元素往往包括對宇宙的看法，如暗示上方宇宙的鳥和地下（黃泉）的龍。

感受到不同動物間以及動物和人之間的穿越變形是神經性的，由類似半睡半醒精神狀態的體驗所引發，與薩滿出神相關。儘管在饕餮紋中某種動物可能是占主導地位的，甚至表現出某種自然寫實主義的風格，但却常因圖像結合了其他動物而破壞了這種寫實性。另外，水生動物的身軀只有前肢，但有與四肢動物相似的角和耳。這樣，我們就看到了一個無窮變化的圖像，其中，動物間以及動物和人之間相互變化組合。這些動物由商人捕獲或飼養，並作爲犧牲在儀式上獻祭，而青銅器也正是爲這些儀式所鑄造的。饕餮紋的眼睛代表了某種不能被看到的超自然力量的出席，而虎口則暗示了不同世界層次（生死）間的通道。

最後，雖然我不想探索周代饕餮紋的發展，但我還是要提出在西周早期，酒器喪失了其主要禮器的地位，大約同時期，饕餮紋也不再是青銅器上的主體紋飾。這就進一步確定了饕餮紋與祭祀儀式相關，而儀式中酒是用於穿越不同宇宙的主要方法。

甲骨文字契刻方法的初步顯微分析

趙孝龍

(中國社會科學院歷史研究所博士後流動站,
出土文獻與中國古代文明研究協同創新中心)

甲骨文字是迄今爲止所發現的最早具有嚴密系統的中國文字,因爲它涉及文字起源,其内容亦極爲重要,故而一直是學術界研究的焦點之一。自甲骨文字被發現至今,學術界對甲骨文字的研究取得了巨大的成就,其中不乏對甲骨文字契刻方法的研究,主要集中在以下幾個方面:1. 書與契的關係。董作賓先生是較早討論這個問題的學者之一,也是少數支持"先寫後刻"的代表,他認爲書與契是分工的,卜辭有僅用毛筆書寫而未刻的,也有先寫後刻的,如果不寫而刻,那麼在每個字的結構上,稍繁的便不容易刻。[1] 董作賓先生的公子董敏先生亦持相同觀點。[2] 陳夢家先生認爲董作賓先生的觀點有不妥之處,他在《殷墟卜辭綜述》中提道:"刻辭有小如蠅頭的,不容易先書後刻,況且卜辭所常用的字並不多,刻慣了自然先直後橫,本無需乎先寫了作底子。"[3]郭沫若先生在《古文字之辯證的發展》一文中提出了自己的觀點,他認爲"甲骨文是信手刻上去的,而不是先寫後刻"。[4] Allan先生在對英國所藏甲骨文字進行顯微觀察以後提出了自己的一些觀點,她表示,在英藏甲骨中没有發現毛筆書寫的痕迹,不過,有證據表明刻手是在抄寫一種底本。[5] 2. 文字筆順。郭沫若先生、[6]董作賓先生[7]

---

[1] 董作賓:《甲骨文斷代研究例》,《董作賓全集》,臺北:藝文印書館1977年版。
[2] 董作賓、董敏:《甲骨文的故事》,海口:海南出版社2015年版。
[3] 陳夢家:《殷墟卜辭綜述》,北京:中華書局1988年版,頁15。
[4] 郭沫若:《古文字之辯證的發展》,《考古》1972年第3期,頁4。
[5] Allan:《論甲骨文的契刻》,《英國所藏甲骨集》下編上册,附錄,北京:中華書局1991年版,頁203—208。
[6] 同注[4]。
[7] 同注[1]。

和彭邦炯先生①提出甲骨文字具有一定的筆順，其書寫順序是先刻豎畫或斜畫，然後再刻橫畫，彭邦炯先生還總結了甲骨書刻慣例的五個特點。但 Allan 先生通過對英國所藏甲骨進行觀察分析後認爲，甲骨文字並沒有特定的筆順。3. 刻畫工具。孫詒讓先生指出："金契即開書之刀鑿，將卜，開甲俾易兆；卜竟，紀事以徵吉；殆皆有契刻之事。"②周鴻翔先生通過搜集殷墟出土銅刀和玉刀資料，認定甲骨文字的刻畫工具有銅刀和玉刀之分，但銅刀應用較爲普遍，並推測刀鋒大約存在四種形態。③ 之後，董作賓先生推測認爲，甲骨文字的契刻工具應該是青銅刀。④ 進入 80 年代後，朱鴻元先生認爲殷代擁有使青銅刀刀硬化的技術，並根據自己的實際經驗試製了三種青銅刀以進行甲骨契刻。⑤ 此外，趙銓先生等人根據類比實驗提出，青銅刀在商代已被用來刻寫甲骨文字。⑥ 侯乃峰先生通過對"契"字字形的探討，進而指出商人契刻甲骨的工具是青銅刀。⑦ 在諸多學者的努力下，甲骨文字契刻方法領域的研究取得了重要成果。但是，這一領域的研究一直是甲骨文字研究的薄弱環節，因此還存在許多問題值得商榷。究其原因，很重要的一點便是，探尋甲骨文字的契刻方法需要對實物進行觀察分析，然而甲骨爲珍貴文物，多數學者無法接觸到甲骨實物。此外，學者研究甲骨契刻方法的手段較爲傳統，很少借助現代先進的實驗儀器。因此，要想在這一領域有所突破，改進研究方法或許是一個很值得一試的途徑。

目前，國內外已開始利用顯微技術對文物的刻痕進行分析從而達到研究契刻方法的目的，其中包括對石英封印、⑧中國玉器⑨的分析研究。在上述工作中，光學顯微

---

① 彭邦炯：《書契缺刻筆畫再探索》，《甲骨文發現一百周年學術研討會論文集》，臺灣師範大學國文系、中研院歷史語言研究所，1998 年，頁 191—201。
② 孫詒讓：《契文舉例》，《甲骨文獻集成》第 7 册，成都：四川大學出版社 2001 年版。
③ 周鴻翔：《殷代刻字刀的推測》，《聯合書院學報》第 6 期，頁 1967—1968。
④ 董作賓：《甲骨文斷代研究例》，《董作賓全集》，臺北：藝文印書館 1977 年版。
⑤ 朱鴻元：《青銅刀契刻甲骨文字的探討》，《甲骨文與殷商史》第 2 輯，上海：上海古籍出版社 1986 年版。
⑥ 趙銓、鍾少林、白榮金：《甲骨文字契刻初探》，《考古》1982 年第 1 期，頁 85—91。
⑦ 侯乃峰：《商周時期契龜刻字專用刀稽考》，《殷都學刊》2011 年第 2 期，頁 10—15。
⑧ Sax, M., Meeks, N. D., "Methods of engraving Mesopotamian quartz cylinder seals," *Archaeometry*, 1995(37): 25–36.
⑨ Sax, M., Meeks, N. D., Michaelson, C., Middleton, A. P, "The identification of carving techniques on chinese jade," *Journal of Archaeological Science*, 2004(31): 1413–1428.
Sax, M., Meeks, N. D., Ambers, J., Michaelson, C., "The introduction of rotary incising wheels for working jade in China," *Scientific research on the sculptural arts of Asia*, ed. J. G. Douglas (London: Archetype Publications Ltd., 2007), pp.20–25.

鏡或掃描電鏡配合硅膠翻模技術已經成爲常規的研究手段。硅膠翻模技術雖然可以很好地將刻痕深處的特徵展現出來,但是不如直接觀察方便快捷,且甲骨歷經千年地下侵蝕,有的已非常脆弱,並不適合硅膠翻模觀察。超景深數碼顯微鏡擁有 3D 重建功能,並且可以對樣品進行直接觀察,無需進行硅膠翻模。在此之前,運用此類顯微鏡對綠松石及曹操墓畫像石等的研究已取得很好的效果。[①] 但是,無論是哪種方法,用來研究甲骨契刻的工作却相對較少。因此,本文將采用超景深數碼顯微鏡對甲骨契刻方法進行嘗試性分析。

一、材料與方法

本文所分析的甲骨出自殷墟花園莊東地遺址,此遺址於 1991 年由中國社會科學院考古研究所發掘,所得甲骨藏於安陽工作站。由於客觀條件所限,我們只選取了甲骨中的幾十片進行了顯微觀察,其中 H3 坑出土的四版龜甲因保存較爲完整且文字較多,從而被作爲樣品放在文章中進行分析。這四版龜甲的編號分別爲:H3∶7+34+94+269+1559(圖一),H3∶1366(圖二),H3∶1390(圖三),H3∶1406(圖四)。應綴合及研究的需要,這些龜甲在出土後已被仔細清理,因此它們可以直接用於顯微觀察分析而無需再做清理工作。

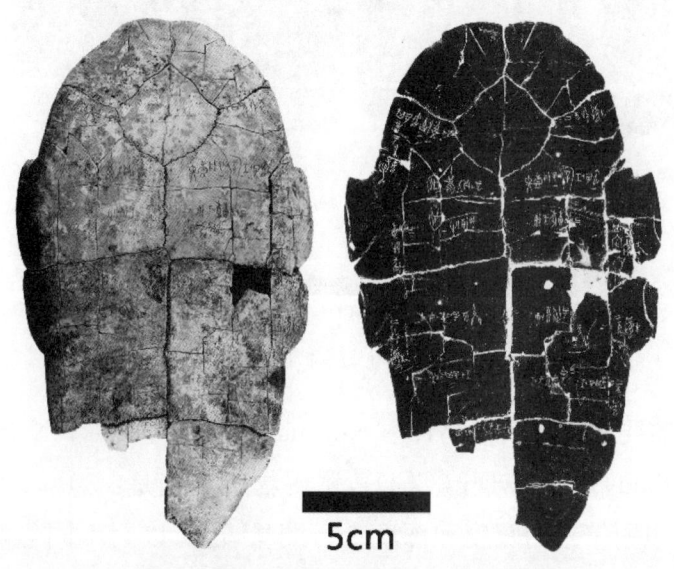

圖一 H3∶7+34+94+269+1559

[①] Gu, Z., Pan, W. B., Song, G., Qiu, Z. W., Yang, Y. M., Wang, C. S., "Investigating the tool marks of stone reliefs from the mausoleum of cao cao (AD 155 - AD 220) in China," *Journal of Archaeological Science*, 2014(43): 31-37.

图二　H3：1366

图三　H3：1390

本次研究所需要的實驗設備爲日本 Keyence 公司生產的 VHX－600 型超景深數碼顯微鏡(54 million pixels with 3CCD)，選用物鏡分別是：30X，50X，100X，150X，200X。此設備可以對筆畫的寬度和深度進行測量，還可以對不同焦距所獲得的一組照片進行自動合成，從而獲得一張新的高清照片，最終將筆畫内部及其周圍的形態結構特徵清晰地顯現出來以便於觀察分析。此外，超景深數碼顯微鏡能夠對筆畫的内部結構進行三維重建，以利於從不同角度進行觀察。對於顯微測量的資料，可用 Orange 軟件進行導出並形成坐標圖，以供直觀分析。

图四　H3∶1406

二、結果與討論

在被分析的文字當中，其筆畫兩端的形狀大體可分爲三類（圖五），分別爲平頭、圓頭和尖頭，其中尖頭的外形類似於毛筆書法中的懸針豎，並且它基本存在於每一道筆畫當中。尖頭筆端縱截面的形狀呈均勻上升的緩坡狀（圖六），而平頭與圓頭筆端縱截面的形狀較爲相似，皆呈較爲陡峭的懸崖狀，且懸崖底部低於主體筆畫的底部（圖七）。要想弄清楚哪些是起筆端，哪些是收筆端，模擬實驗應該是較好的解決辦法。爲此我們用篆刻刀與龜甲來做契刻實驗，實驗結果證明，起筆端較爲容易呈現平頭和圓頭，而收筆端容易呈現尖頭，起筆端的底部縱截面形狀與平頭和圓頭筆端相似。

由此可知，尖頭應該是筆畫的收筆端，而平頭與圓頭則爲多爲起筆端。起筆端陡峭處底部低於筆畫主體底端，應該是刻刀進入甲骨時所需力度較大所致。根據圖八可知，筆畫的橫截面基本呈"V"形，這說明刻手在契刻過程中，刻刀與龜甲的角度基本保持在90度。

關於甲骨文字的刻寫方法，董作賓先生已經提出"先用毛筆書寫然後再刻"的觀點，雖然有很多學者持反對態度，但目前藏於臺北中研院歷史語言研究所的一片甲骨却給出了很好的佐證（圖九），這片甲骨於1936年出土於小屯村北YH127坑，文字爲朱書"丁未卜永"，書寫工具應該是毛筆，寫好後又用刀刻過，"寫"與"刻"的痕

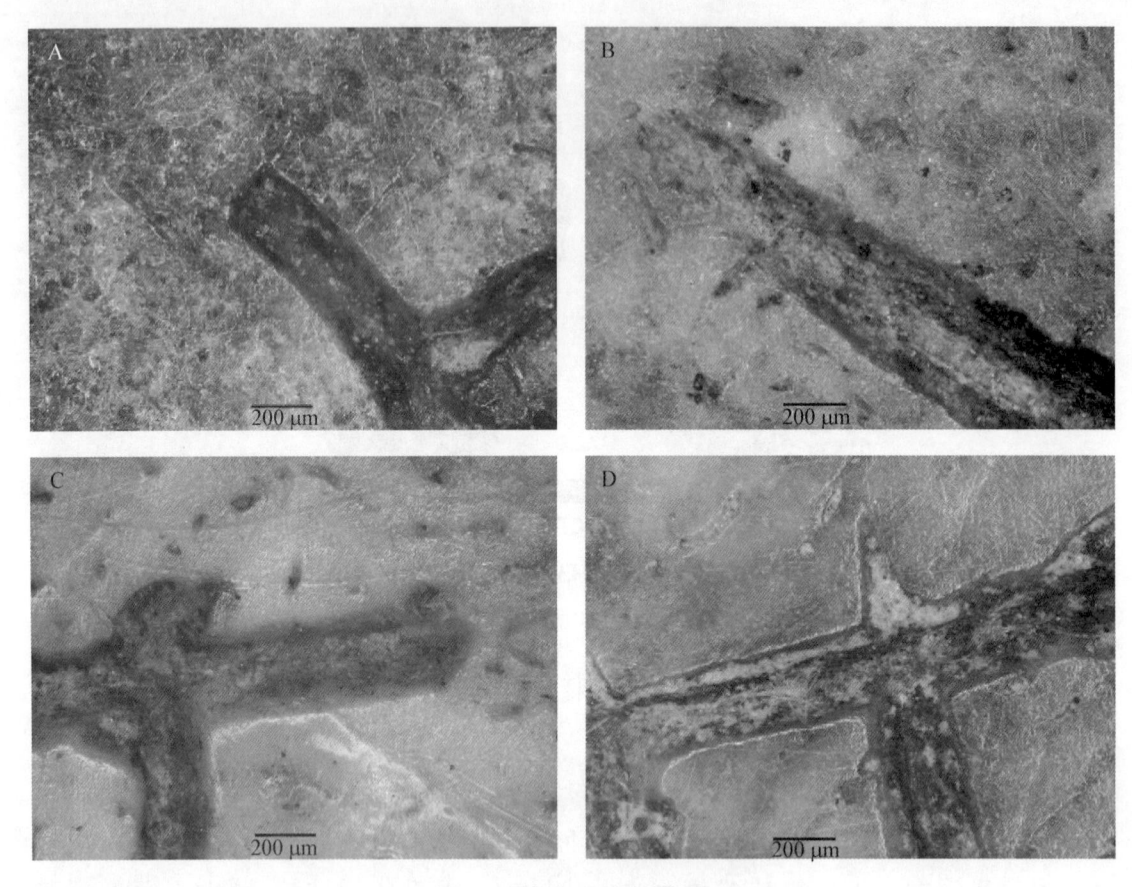

圖五　筆畫兩端形狀圖

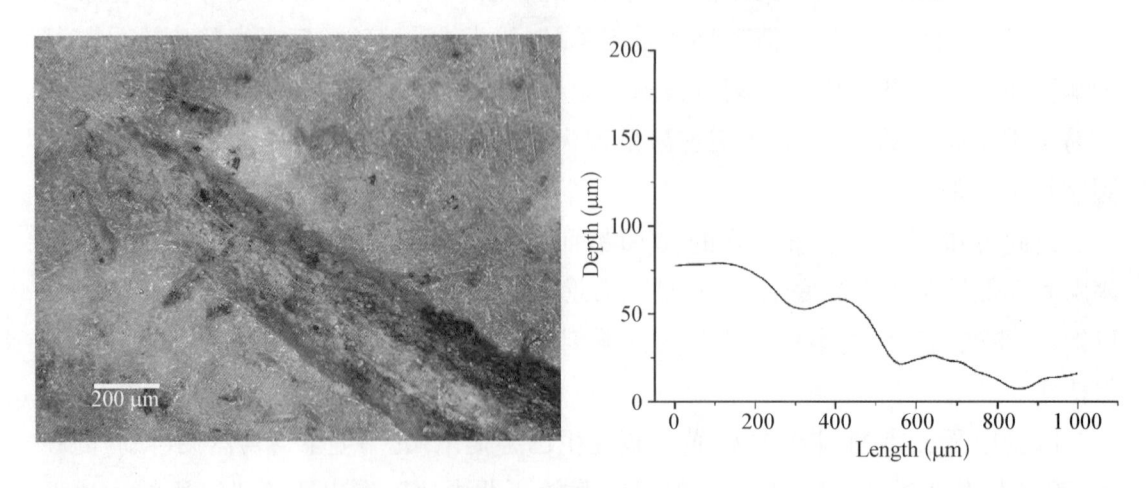

圖六　尖頭端縱截面

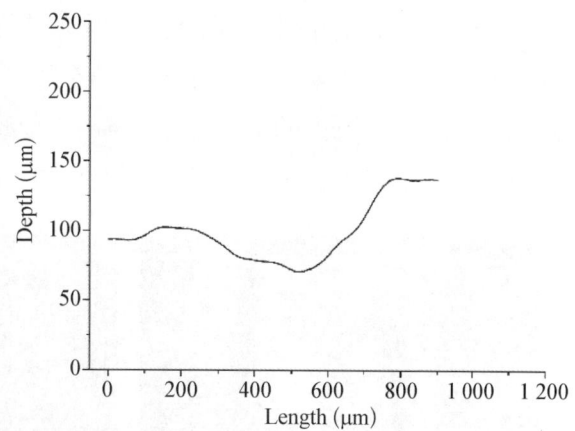

圖七　平頭端縱面圖

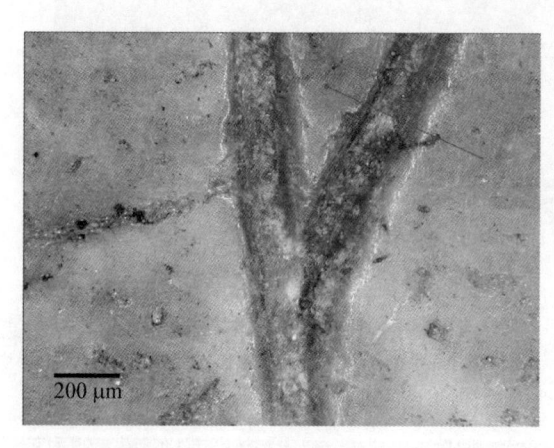

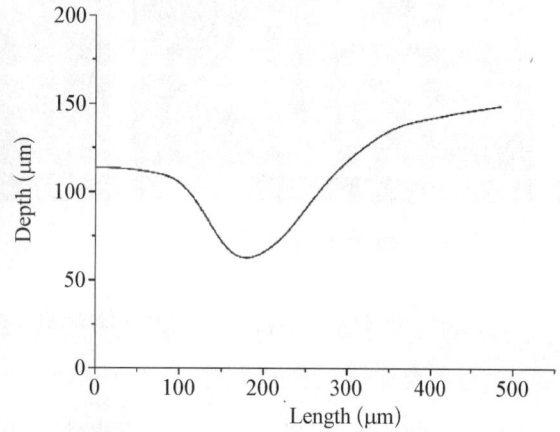

圖八　筆畫橫截面

迹清晰可見。[①] 除了這種傳統意義上的"先寫後刻"之外，在本文所分析的甲骨中，H3：7+34+94+269+1559號龜甲呈現出了另外一種"先寫後刻"的方法（圖十），即用鋭器先在甲骨上"寫"出筆畫極爲纖細的文字，然後再進行正式契刻。在正式契刻的過程中，有的文字是在預先刻好的文字上將筆畫繼續加粗加深而成，也有另起筆畫成字的現象。這類契刻方法尚屬首次發現，如不借助顯微鏡，很難將其顯露出來，此類文字的發現大大豐富了"先寫後刻"的甲骨文字資料。由此可見，"先寫後刻"可分爲兩類：一類是用毛筆書寫，另一類則是用鋭器"書寫"。這兩類之間的區别不僅僅表現在"書寫"的工具上，還表現在字數上。一般來説，如果一條卜辭是用毛筆書寫的，那麽它的字數不會太多，而用鋭器書寫的卜辭與大多數卜辭一樣，所含字數較多。這應該與毛筆字體所占的面積相對

---

① 宋鎮豪：《中國法書全集・先秦秦漢卷》，北京：文物出版社2009年版。

較大,無法在一定的甲骨上書寫更多的文字有關。此外,這兩種方法或許出現在不同的占卜場合,可能代表着不同的文化含義,這有待於今後繼續探討。雖然甲骨文字資料數量龐大,無法對"先寫後刻"的文字進行準確的數量統計,但是根據對某些大宗甲骨的統計資料可知:"先寫後刻"的文字顯然屬於少數,相當一部分文字還是直接進行契刻的。

圖九　臺灣史語所藏甲骨　　　　圖十　利用鋭器"先寫後刻"

　　通過對文字筆畫的疊壓打破順序的觀察可知,這批甲骨文字總體上遵循着先寫豎畫、斜畫再寫橫畫的書寫順序,例如在圖十一 A 中,兩筆斜畫被橫畫打破,表明斜畫爲先寫而橫畫爲後寫。因此,甲骨文字是具有一定書寫順序的。但是,這裏所說的書寫順序並非現代意義上的漢字筆順。現在的漢字筆順是由國家語言文字工作委員會根據書寫的習慣、速度及字形好壞等條件,通過頒布《現代漢語通用字筆順規範》才確定下來。然而即使有這樣規範存在,在不同時間、不同地區亦有不同,更不用說在古代,國家根本沒有出臺這樣的規範。我們說甲骨文字有一定的書寫順序是指文字在總體上有一個基本的筆順,這裏是允許有一些特殊現象存在的。例如在圖十一 B 中,"于"字的書寫筆順正好與主流筆順相反,即先寫兩橫再寫豎。然而,"于"字的這種書寫順序自早期至晚期基本沒變,這種違背主流却又固定不變的書寫順序正好反映出這個字有其自己筆順,同時也說明甲骨文字的筆順存在代際傳承的現象。筆者曾在 *Investigating the tool marks on oracle bones inscriptions from the Yinxu site（ca.,1319-1046 BC）,Henan province,China* 一文中根據"于"字的筆順特點提出了"甲骨文字沒有特定書寫筆順"的觀點。[1]

---

[1] Xiaolong Zhao et al.,"Investigating the tool marks on oracle bones inscriptions from the Yinxu site（ca.,1319-1046 BC）,Henan province,China," *Microscopy Research and Technique*（2016）.

隨着研究的深入，筆者發現這個觀點是錯誤的，不能因爲某些文字存在一些特殊的書寫順序而全部否認這個文字系統所擁有的基本特徵，所以特意在此文中對以前的錯誤觀點進行檢討和勘正。根據顯微觀察分析及前人的研究成果，我們初步認爲，甲骨文字總體上遵循着一定的書寫順序，同時每一時期的文字也會遵循自己時代的書寫順序，不同的刻手也會擁有自己的書寫順序，當然這個論點還需要在今後的研究中加以證實。

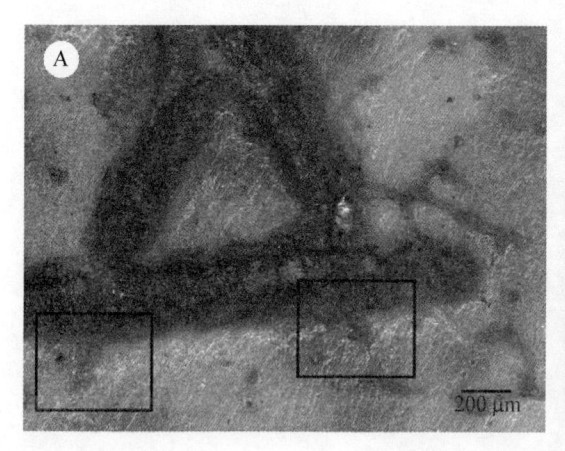

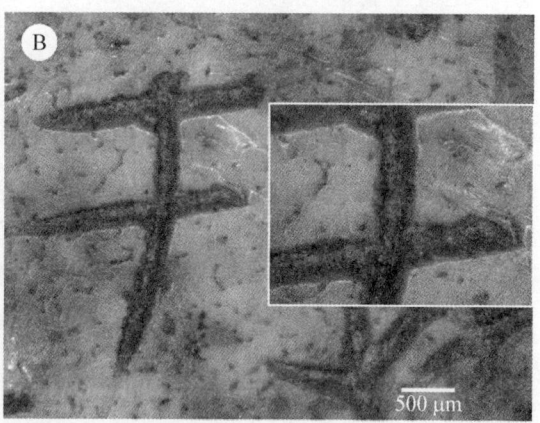

圖十一　筆畫叠壓打破順序

在圖十二中，"酉"字的五筆横畫呈平行狀，且它們的起筆端同在右側，兩筆豎畫將其中的四條横畫打破，這説明横畫是批量完成的且是先於豎畫刻寫的。根據筆畫的特點，再考慮到刻字時的用力習慣，筆者認爲這些甲骨文字在契刻過程中，存在將某些平行筆畫刻寫完畢後，將甲骨進行旋轉再刻寫其他筆畫的現象。

三、結　　論

本文首次運用超景深數碼顯微鏡對甲骨文字的契刻特徵進行了研究，並得出了以下結論：

首先，文字的刻寫方法有兩種，一種是直接刻寫，另外一種是先寫後刻。先寫後刻又可分爲

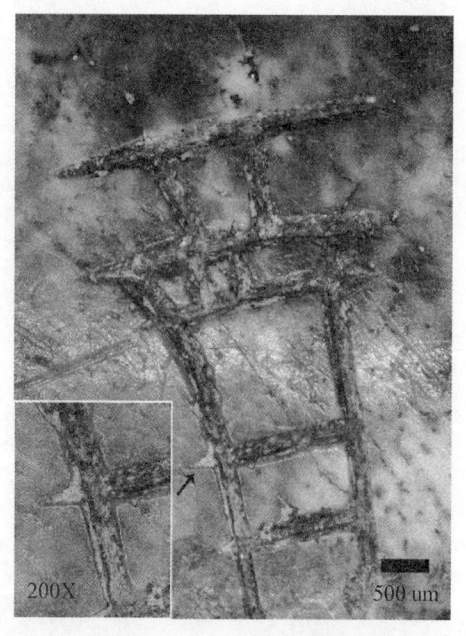

圖十二　"酉"字筆畫特徵

兩種方式，一種是用毛筆書寫後再刻，另外一種是用鋭器"書寫"後再刻。從所觀察的材料來看，大部分文字都是直接刻寫的，先寫後刻的文字出現的概率較低，而在先寫

後刻的兩種方式中,以用毛筆書寫後再進行刻寫的文字最爲少見。

其次,甲骨文字應該有特定的書寫順序,同時也存在一些特殊現象,但不能據此來否定總體的筆順特徵。

再次,文字筆畫兩端的形狀大體可分爲平頭、圓頭和尖頭三類,其中平頭和圓頭多爲起筆端,尖頭多爲收筆端。筆畫的橫截面基本呈"V"形,説明刻手在刻寫時刻刀基本是與甲骨垂直的。

甲骨傳拓技藝的繼承和創新

何海慧

(中國社會科學院考古研究所安陽工作站)

一、傳拓甲骨的二十年歷程

從 1992 年至今,我從事甲骨傳拓工作已經 20 餘年了,不僅參與了中國社科院考古所的幾次重要考古出土甲骨的整理和傳拓,而且還到數個文博科研單位墨拓傳世及部分考古出土甲骨。20 多年來的親身實踐,使我深深感到:傳拓甲骨不僅是工作,是完成單位分配的任務,而且還是一個繼承傳統、享受藝術的過程。

1991 年,我到中國社科院考古所安陽工作站工作,適逢殷墟花園莊東地 H3 甲骨坑的發現,H3 共發現甲骨 1583 片,其中卜甲 1558 片,占大宗,帶刻辭的有 684 片。花東 H3 甲骨是自 1936 年 H127 坑及 1973 年小屯南地甲骨發現以後殷墟甲骨文的第三次重大發現,被評爲 1991 年中國考古十大發現。最初工作站分配我做 H3 甲骨的清理、拼對、粘接和加固等修復工作。到了 1992 年,工作站讓我墨拓甲骨,從此我與甲骨傳拓結下了不解之緣。當時工作站的王好義老師給我準備了做拓片的工具,並簡單講解了製作拓片的方法。學習傳拓之初,儘管拓出來的字很清晰,但拓片上留有墨疙瘩。主持 H3 甲骨窖藏發掘的劉一曼老師,向我指出拓片上的不足之處,告訴我哪些地方應該再加墨,哪些要少用墨,促使我提高了技術。

當我拓完花園莊東地甲骨後,2002 年小屯村又出土了甲骨。這些甲骨中牛肩胛骨比較多,甲骨質地比花東甲骨質地好。但是甲骨上的泥垢比較多,不易去掉,若硬去的話,會傷到骨面。通過對花東和小屯村的甲骨的整理,我掌握了拓龜甲和牛肩胛骨的方法。

《殷墟花園莊東地甲骨》一書出版後,得到了學界好評,書中刊載的拓片也備受關注,後來中國社科院歷史所的孫亞冰老師到工作站看甲骨,向我學習拓甲骨的方法,並向宋鎮豪老師大力推薦,於是宋老師邀請我到歷史所講解傳拓甲骨的方法,并帶我到旅順博物館、山東博物館拓甲骨。有此機緣,我走出了安陽,接觸了更多的甲骨,認識了更多的傳拓工作者,如國家圖書館的賈雙喜老師、故宫博物院的郭玉海老師,我還向郭玉海老師拜師學習銅器全形拓技術。

2012年,我和宋鎮豪老師帶領的歷史所團隊一起到旅順博物館拓甲骨。該館藏甲骨2 000餘片,大都是羅振玉的舊藏。我在這裏除拓甲骨外,還幫助博物館修復了一些甲骨。比如,被譽爲旅順博物館鎮館之寶的那版的龜腹甲(《旅藏》1949),在剛從庫房拿出來的時候,骨面上滿是膠水,膠水把字都糊住了,粘合之處縫隙也比較大,還有粘錯位的地方。我花了很長時間才將這版甲骨重新修復好,方法是先用丙酮化膠,把甲骨上的膠清洗掉,文字露出來後,再將碎甲一片片粘起來,修正原來錯位的地方。重新修復的甲骨,縫隙没有了,拓出來的拓片字迹也非常清晰,整體效果非常漂亮。這是我在旅順博物館墨拓和修復的最好的一版。

2014年2月,我又在宋鎮豪老師的帶領下到山東博物館墨拓甲骨。山東博物館館藏甲骨10 518片,藏品來源有罗振玉、孙文澜、柏根氏等,其中新發現了一批明義士的甲骨。

2014年10月,我應臺灣中研院史語所李宗焜老師邀請,前往史語所墨拓。所拓甲骨原是1929年至1930年間,當時的河南省博物館發掘出土的,甲骨共3 650片。這批甲骨原來都用石膏和蠟做底座,爲了看清楚背面是否有字,就得把背面的底座去掉。我見臺灣同行用刀子和鋸條去底座,不但不容易去,而且還弄得到處都是石膏粉。於是建議他們,先用水把石膏泡濕,再順着甲骨和石膏的界面,慢慢用刀子清理就可以了。如此操作,石膏與甲骨果然很容易分開,也不髒。

2015年3月,中國社科院考古所要再版《小屯南地甲骨》,馮時老師讓我到考古所拓甲骨,主要是對此書出版後新綴合的屯南甲骨重新施拓,並做些補拓工作。在墨拓之前,要對甲骨進行修復整理,將原來粘好的甲骨全部分化,即使用丙酮把三甲樹脂洗掉,再按照新的研究成果,重新粘合。

2015年7月,故宫博物院郭玉海老師推薦我到故宫拓甲骨。故宫藏甲骨20 000餘片,數量比較大,内容也較好,有的甲骨字很少見,小片甲骨居多。

二、傳拓方法的不斷提高和改進

甲骨傳拓的工具和一般步驟大致如下:

(一) 工具

我開始做甲骨拓片的時候所用工具有：墨、硯臺、白芨、打刷、宣紙、拷貝紙、海綿、手術刀、鑷子、針、絲綢、油泥、裁紙刀、脫脂棉、乙醇等。

(二) 步驟

1. 觀察甲骨。這是拓甲骨很重要的一個方面。面對即將要施拓的甲骨，首先要仔細觀察它的質地、文字分佈和清晰程度、兆數劃界以及鑽鑿等；

2. 上油泥。油泥是用來固定甲骨的，上油泥時不能大意，只要輕輕把油泥固定在甲骨的背面就行；

3. 清洗甲骨。先用手術刀輕輕地把殘留在甲骨表面上的膠（膠是甲骨修復過程中留下的）和髒物去掉。甲骨是文物，易損壞，用手術刀時，千萬不能碰到甲骨的骨面，否則容易損壞甲骨，然後用脫脂棉蘸上乙醇清洗甲骨面；

4. 裁紙。將紙在甲骨面上比一下，確定大小，裁紙時上下左右要留出一兩寸的空；

5. 上紙。先把紙放在甲骨上，再用白芨水輕輕抹到紙上，不能抹得太多，多了，紙就會粘到甲骨上，很難揭下來。如果紙上有褶子，用針輕輕地來回撥開即可，再用打刷在上面輕輕敲打幾下就可以了；

6. 做拓包。用絲綢包住海綿，海綿和絲綢中間要用一層蠟紙隔開，否則海綿會吸墨太多；

7. 上墨。上墨過程中，注意掌握用力的程度，手法要靈活輕巧有彈性。墨要均勻，一般上三遍墨就可以了。

文物傳拓在我國已經有很長的歷史了。以上流程，各家所用工具和操作步驟都差不多，但追求拓片完美是每一位傳拓工作者的人生目標，在二十年的工作中，我也在不斷地摸索和思考。我覺得，甲骨拓片不僅是重要的學術資料，爲專家學者提供更多、更好的參考，而且也是藝術品，一件精美的拓片傳達出的時代信息、書法藝術，會使人愛不釋手、爲之着迷。還有一點，也是最爲重要的一點，必須要時時刻刻牢記在心，那就是甲骨是珍貴的歷史文物，是祖先留給我們的寶貴遺產，所以做甲骨拓片時，首先要考慮如何保護好甲骨。我認爲，吸取別人的經驗教訓，提高和改進自己的傳拓技術，就是對甲骨的最好保護。

下面簡單介紹一下我在技術上的改進和創新：

1. 用蒸餾水代替白芨水。過去做拓片時，一般都使用白芨水。白芨是一種中藥，黏性大，會使拓片出現黃色的浮水印，用量多了，還會粘在甲骨上，揭紙時可能會損傷到甲骨。白芨水也容易滲入甲骨，時間長了會對甲骨有所損害，非常不利於文物保護。蒸餾水不含任何礦物質和雜質，不僅能減少對文物的損壞，而且還不會在甲骨和拓片上留下痕迹。

2. 用蓬鬆棉代替海綿做拓包。傳統拓包均用綢布包裹棉花或海綿，棉花和海綿做的拓包易吸墨，不好掌控。蓬鬆棉吸墨少，出墨均匀，不容易洇紙，用蓬鬆棉做拓包，拓出來的拓片光滑、潤澤。

3. 用橡皮泥替換雕塑泥。過去拓甲骨時一般用油泥來固定甲骨，後來我使用雕塑泥。雕塑泥黏性雖小，但與油泥一樣都含有油，對保護甲骨也不是太好。我到故宫作拓片時，發現郭玉海老師用的是橡皮泥。郭老師說橡皮泥裹面没有油，利於保護甲骨。用橡皮泥固定甲骨的時候不用滿上，只要在甲骨的周圍上一圈就可以了。橡皮泥既保護甲骨，又使用方便，何樂而不爲呢。

4. 用塑膠薄膜代替拷貝紙。拓紙上好後，還要鋪一層拷貝紙，用棕墩在拷貝紙上面來回蹭幾下，壓平拓紙上由於敲打形成的紙毛，目的是爲了上墨時讓字更清晰地顯現出來。在山東博物館做拓片的時候，我試着用塑膠薄膜代替拷貝紙，感覺用起來也不錯。塑膠薄膜不粘宣紙，不會把上好的拓紙粘帶起來，所以拓出來的拓片，字口更清楚，也更漂亮。

5. 使用牙籤。清理甲骨時一般用手術刀和針，在山東博物館等單位，我按照對甲骨保護的要求，用牙籤代替手術刀和針，撥平紙折和清理泥土。

以上提到的一些技術性方面的改進，供大家參考。

不論是考古出土品，還是傳世品，由於埋藏環境的不同、保存條件的差異，文物所呈現出來的狀態也會千差萬別，所以修復時，要具體問題具體分析，除走規定流程外，還要采取有針對性的辦法。近幾年來，我到一些地方和博物館參觀訪問、學習交流，開闊了眼界，增長了見識，積累了一些經驗。比如，我在社科院考古所拓屯南甲骨時，遇到一片既有書寫又有刻辭的甲骨，如何把刻辭拓出來，又不損傷書寫文字？我採取的辦法是：先洇濕宣紙，等宣紙快乾的時候才放到甲骨上面；然後用蓬鬆棉在上面按一下，再用棕墩在刻辭上方來回擦幾下就可以了，不用打刷打。這樣書寫文字不會損壞，刻寫文字也能拓出來。再如，在故宫拓甲骨的時候，遇到一些甲骨字又小又細，有的骨質也不太好，面對這樣的甲骨，施拓時要特別注意不能"三多"——用水多、打刷多打、棕墩多擦，要適可而止。上墨時墨不能太濃，因爲甲骨上的字又小又細，墨濃了會把字遮住。若骨質起層的話，拓的時候更要注意用水，需要把水先抹到紙上，等紙快乾的時候再往甲骨上上紙。再如，有的甲骨盾紋裹刻有文字，上紙的時候，一定要用棕墩或打刷將紙打進盾紋裏，再用牙籤做成小棉簽，一點一點地把墨抹進盾紋裏，這樣字就會顯現出來。

在故宫拓甲骨時，郭玉海老師要求嚴格，對我這個"老手"，也是從教如何裁紙、如何上墨開始，他說紙一定要讓紙紋豎着，紙橫着對折，根據文物的大小，紙要翻倍，這樣用紙會好看；上墨時要注意墨色的薄厚和墨色的透氣感。郭老師提出"傳拓者在完善手工技巧同時，必須深刻認識文物，並對此二者保持不懈的鑽研與探索"。墨拓不光是一門技術，也是一門獨立的藝術。

今後我還要不斷學習，向前輩多請教，與同行常交流，提升自己，使傳拓技藝傳承下去，並繼續發揮它不可替代的作用。

徵 稿 啓 事

一、《甲骨文與殷商史》爲中國社會科學院甲骨學殷商史研究中心集刊,中國社會科學引文索引(CSSCI)來源集刊,中國高等院校創新能力提升計劃("2011計劃")、"出土文獻與中國古代文明研究協同創新中心"認定本領域重要刊物。

二、《甲骨文與殷商史》1983年創刊,1986年和1991年又先後出版第二、三輯。2008年復刊,編次以新一輯爲始。

三、本集刊擇優刊布中國社會科學院歷史研究所同人最新甲骨學與殷商史研究成果,也竭誠歡迎海内外專家學者惠賜以下研究領域的大作:

1. 甲骨文殷商史專題研究;
2. 商周甲骨文新材料發現整理與研究;
3. 甲骨文字考釋;
4. 甲骨文例與語法研究;
5. 甲骨文組類區分與斷代;
6. 甲骨綴合與辨僞;
7. 甲金文及與殷墟考古研究;
8. 甲骨學與海内外甲骨文研究動態。

四、稿件格式:

1. 投稿請同時提供word及pdf兩種格式電子文檔,word文檔采用橫排、繁體字。

2. 稿件中請注明作者姓名、工作單位及聯繫方式(通訊地址與郵編、電子郵址、電話或手機)。

3. 稿件注釋一律采用頁下注,每頁另起,注號用①、②、③、④……

4. 引用專著采用以下形式:

作者:《專著名》,出版所在城市:出版社××××年版,頁×。

5. 引用論文采用以下兩種形式：

作者：《論文名》，《刊物名》××××年第×期，或《刊物名》第×期第×卷，××××年。

作者：《論文名》，《論文集名》，出版所在城市：出版社××××年版。

6. 文中引用的古文字字形請造字後剪貼爲圖片插入 word 文檔中。如手寫則務必做到準確、清晰，也請以圖片形式插入文檔中。

五、來稿請用電子郵件發送，本集刊收到稿件後即予以回復。

六、本集刊稿件延請專家進行匿名審查，一經采用，會及時將有關意見反饋給作者。來稿如未被采用，恕不另行答覆，敬請見諒。

七、來稿地址：

電子郵址：zhhsong@yeah.net

地址：北京建國門內大街5號　中國社會科學院歷史研究所先秦史室

郵編：100732

電話：86-10-85195827　86-10-85195842

圖書在版編目(CIP)數據

甲骨文與殷商史.新七輯/宋鎮豪主編. —上海：上海古籍出版社，2017.11
ISBN 978-7-5325-8630-1

Ⅰ.①甲… Ⅱ.①宋… Ⅲ.①甲骨文-研究②中國歷史-研究-商周時代 Ⅳ.①K877.14②K223.07

中國版本圖書館CIP數據核字(2017)第245248號

甲骨文與殷商史（新七輯）

宋鎮豪　主編

上海古籍出版社出版发行

（上海瑞金二路272號　郵政編碼200020）

　（1）網址：www.guji.com.cn
　（2）E-mail：gujil@guji.com.cn
　（3）易文網網址：www.ewen.co

启东市人民印刷有限公司印刷

開本787×1092　1/16　印張23　插頁2　字數424,000
2017年11月第1版　2017年11月第1次印刷
ISBN 978-7-5325-8630-1
K·2390　定價：138.00元

如有質量問題，請與承印公司聯繫